2023年度国家出版基金资助项目
"十四五"时期国家重点出版物出版专项规划项目
中国建材工业智能制造研究与实践丛书

中国机制砂石行业
智能制造研究与实践

主 编 方立波 杨晓东

中国建材工业出版社
北 京

图书在版编目（CIP）数据

中国机制砂石行业智能制造研究与实践／方立波，杨晓东主编．--北京：中国建材工业出版社，2023.11
ISBN 978-7-5160-3428-6

Ⅰ.①中⋯ Ⅱ.①方⋯ ②杨⋯ Ⅲ.①砂-建筑材料工业-研究-中国 Ⅳ.①F426.1

中国版本图书馆CIP数据核字（2021）第273474号

中国机制砂石行业智能制造研究与实践
ZHONGGUO JIZHI SHASHI HANGYE ZHINENG ZHIZAO YANJIU YU SHIJIAN
主　编　方立波　杨晓东

出版发行：中国建材工业出版社
地　　址：北京市海淀区三里河路11号
邮　　编：100831
经　　销：全国各地新华书店
印　　刷：北京印刷集团有限责任公司
开　　本：787mm×1092mm　1/16
印　　张：22
字　　数：500千字
版　　次：2023年11月第1版
印　　次：2023年11月第1次
定　　价：98.00元

本社网址：www.jccbs.com，微信公众号：zgjcgycbs
请选用正版图书，采购、销售盗版图书属违法行为
版权专有，盗版必究。本社法律顾问：北京天驰君泰律师事务所，张杰律师
举报信箱：zhangjie@tiantailaw.com　举报电话：（010）57811389
本书如有印装质量问题，由我社市场营销部负责调换，联系电话：（010）57811387

《中国建材工业智能制造研究与实践丛书》

总 策 划：佟令玫（中国建材工业出版社原总编辑）

顾问委员会

顾　　问：杜善义（中国工程院院士）
　　　　　柴天佑（中国工程院院士）
　　　　　缪昌文（中国工程院院士）
　　　　　瞿金平（中国工程院院士）
　　　　　张联盟（中国工程院院士）
　　　　　彭　寿（中国工程院院士）
　　　　　董绍明（中国工程院院士）
　　　　　钟义信（发展中世界工程技术科学院院士）

主任委员会

主任委员：张广沛（中国建筑材料联合会监事长）
　　　　　孔祥忠（中国水泥协会执行会长）
　　　　　张佰恒（中国建筑玻璃与工业玻璃协会会长）
　　　　　齐子刚（中国石材协会常务副会长）
　　　　　徐熙武（中国建筑卫生陶瓷协会副会长）
　　　　　胡幼奕（中国砂石协会会长）
　　　　　李卫国（中国建筑防水协会会长）
　　　　　王　兵（中国绝热节能材料协会会长）
副主任委员：王郁涛（中国水泥协会秘书长）
　　　　　杨晓东（中国砂石协会副秘书长）

胡希宝（中国建筑防水协会副秘书长）
邓惠青（中国石材协会原副秘书长）
何　进（广东省玻璃行业协会会长）
万永宁（广东省玻璃行业协会原会长）
陈　林（广东省玻璃行业协会秘书长）
刘长雷（中国玻璃纤维工业协会秘书长）
韩继先（中国绝热节能材料协会常务副会长兼秘书长）

丛书编委会

名誉主编：曾令荣（中国建筑材料工业规划研究院院长/建筑材料工业信息中心主任）

主　　编：江　源（中国建筑材料工业规划研究院副院长/建筑材料工业信息中心常务副主任）

编　　委：王孝红（济南大学自动化研究所所长）
　　　　　曾令可（华南理工大学材料科学与工程学院教授）
　　　　　李如燕（中国物资再生协会墙材革新与再生建材工作委员会主任）
　　　　　何　成（上海第二工业大学智能制造与控制工程学院教授）
　　　　　胡立志（中建西部建设股份有限公司副总经理）
　　　　　刘华东（四川华西绿舍建材有限公司党委书记、董事长）
　　　　　师海霞（中国混凝土与水泥制品协会副秘书长）
　　　　　方立波（世邦工业科技集团股份有限公司总经理）
　　　　　许武毅（中国南玻集团股份有限公司工程玻璃事业部原应用技术总监）
　　　　　刘起英（中国玻璃控股有限公司总工程师）
　　　　　陆思远（广东高力威机械科技有限公司总经理）
　　　　　吴士慧（北京东方雨虹防水技术股份有限公司制造集团总裁）
　　　　　李　萍（新明珠集团股份有限公司智能制造与能源总监）
　　　　　韩　文（景德镇陶瓷大学机械电子工程学院院长）
　　　　　张进生（山东大学日照研究院院长）
　　　　　张文进（中材科技股份有限公司副总裁）
　　　　　于亚东（中国巨石股份有限公司信息技术中心主任）
　　　　　王　屹（南京玻璃纤维研究设计院有限公司院长、党委副书记）

本书编委会

主 任 委 员：胡幼奕（中国砂石协会会长）

副主任委员：杨松科（世邦工业科技集团股份有限公司董事长）

陈利华（浙矿重工股份有限公司董事长）

李顺山（南昌矿机集团股份有限公司董事长）

王宇翔（江苏山宝集团董事长）

主　　　编：方立波（世邦工业科技集团股份有限公司总经理）

杨晓东（中国砂石协会副秘书长）

副　主　编：韩冬阳（建筑材料工业信息中心主任助理）

宋立新（中国电建集团中南勘测设计研究院有限公司分院副总工）

参　　　编：刘孟辉（中电建安徽长九新材料股份有限公司党委副书记、总经理）

毛　嘉（上海云统信息科技有限公司副总经理）

刘跃庆（南昌矿机集团股份有限公司智能运维经理）

邹才超（湖州新开元碎石有限公司副总经理）

何军生（中国砂石协会专家委员会顾问）

王　军（中国水利水电第九工程局有限公司总工程师）

严章国（中国水利水电第九工程局有限公司六公司党委书记、总经理）

邓　飞（中国水利水电第九工程局有限公司六公司专业一级总工程师）

郭捷楠（建筑材料工业信息中心建材信息资源研究中心副主任）

沈　雪（建筑材料工业信息中心智能制造研究中心副主任）

杨乾乾（新乡市中誉鼎力软件科技股份有限公司总经理）

尹　静（北京建筑大学副教授）

李卫超（中电建长峡（浠水）新材料有限公司常务副总兼总工）

尹新伟（中国大唐集团科技工程有限公司新业态事业部总经理）

温　平（河北九洲矿业有限公司技术总监）

邵建峰（南京工业大学副教授）

张　朋（中国砂石协会信息部副部长）

刘　钗（中国砂石协会信息部职员）

胡振霖（枣庄鑫金山智能装备有限公司运营总监）

徐　杰（贵州省元石矿产资源研究院有限公司总经理）

黄双喜（清华大学教授）

赵　婧（中国砂石协会副秘书长）

撒　旭（建筑材料工业信息中心智能制造研究中心工程师）

马洪光（中国大唐集团科技工程有限公司新业态事业部副总经理）

指导单位：中国砂石协会

主编单位：世邦工业科技集团股份有限公司

参编单位：中电建安徽长九新材料股份有限公司

上海云统信息科技有限公司

湖州新开元碎石有限公司

南昌矿机集团股份有限公司

中国水利水电第九工程局有限公司

新乡市中誉鼎力软件科技股份有限公司

中国大唐集团科技工程有限公司

主编简介

方立波，世邦工业科技集团股份有限公司总经理、董事，中国砂石协会副秘书长，上海石材行业协会副会长，上海重型装备制造协会常务理事；2007年毕业于清华大学信息管理与信息系统专业获学士学位，2010年毕业于清华大学工商管理专业获硕士学位；硕士毕业后即加入世邦工业科技集团股份有限公司，曾任运营助理、客户服务中心副经理、产品中心经理、战略发展中心高级经理、运营总监、常务副总经理等岗位；从业10余年来一直致力于绿色智能矿山装备及解决方案领域的研究，主导世邦集团"VU骨料优化系统"的研发项目，获得7奖项专利，并通过"砂石行业科技成果鉴定"，参与多项行业标准编制工作；作为砂石装备企业代表，在2021年"世界互联网大会"上发表"智慧矿山发展模式"的报告，并在其他国内外重要行业会议上多次发表讲话，发表期刊学术论文10余篇。

杨晓东，正高级工程师、国际注册管理咨询师CMC、高级网络规划设计师、高级营销师、高级商务策划师，高品质砂石骨料院士工作站副主任、工信部国家级"单项冠军"专家库专家、工信部国家中小企业管理咨询服务专家、自然资源部矿产资源节约和综合利用先进适用技术专家库专家、自然资源节约集约示范县市评审专家库专家、中国地质矿产经济学会资源经济与规划专业委员会副主任、国家建筑材料工业机械标准化技术委员会委员、全国混凝土标准化技术委员会观察员、建材工业智能制造标准化工作组委员、中国建筑垃圾管理与资源化工作委员会专家、固废资源化智库研究员、矿业智库研究员等；长期致力于高品质机制砂石制备关键技术研究、高品质机制砂石装备关键技术研究、砂石战略规划和发展模式设计、绿色矿山和绿色基地规划与建设、数字矿山和智能工厂方案设计等工程技术服务工作，并获得多项知识产权；负责中国砂石协会科技创新、标准规范、砂石矿权与价格大数据应用、行业运行监测等行业研究咨询工作；为推动中国砂石行业高品质机制砂石制备技术和装备技术进步，完善砂石工业科技创新和标准规范体系，形成中国砂石产业绿色低碳高质量发展新格局做出贡献；《砂石行业绿色矿山建设规范解读》图书主编之一；曾荣获中国创新创业大赛优秀奖、中关村绿色矿山产业联盟绿色矿山科学技术奖一等奖、河北省科学技术奖一等奖、全国建材机械行业科技奖一等奖、中国建筑材料联合会·中国硅酸盐学会建筑材料科学技术奖二等奖、中关村绿色矿山产业联盟绿色矿山突出贡献奖、中国砂石协会砂石行业突出贡献奖、建筑材料工业技术情报研究所中国建筑固废行业突出贡献人物、工业和信息化部中小企业发展促进中心中国优秀管理咨询专家等。

出版者的话

实现中国式现代化需要出版出力发力

如果你不是在工厂里工作，就会觉得制造业离我们很远，厂房里那些巨型的机器设备和复杂的工艺流程是我们普通人无法想象的。但其实制造业又离我们很近，我们居住的空间内，看得见的门窗、地板、吊顶、瓷砖、卫生洁具，等等；看不见的混凝土、水泥、砂石、保温材料、防水材料……这些无处不在、数不清的建筑材料正是由大量的生产加工企业经过各种不同工艺流程制造完成的，并被用于社会生活中的各类场景中，构成了可以给我们带来安全舒适体验的生活和工作空间。由此可见，社会生活与制造业的发展息息相关，而作为制造业重要组成部分的建材行业的高质量发展，也必将助力人民实现对美好生活的向往。

我国制造业的基础很好，是世界上唯一一个拥有联合国产业分类当中全部工业门类的国家，拥有41个工业大类、207个工业中类、666个工业小类，形成了比较独立完整的产业链体系。我国已成为世界第二大经济体、第一工业大国、第一制造大国，在国际分工的格局中，成为全球产业链中不可或缺的重要环节。

从制造大国向制造强国迈进离不开智能化。我国拥有支撑智能化的巨大互联网基本盘，网民人数已达10.67亿，成为全球规模最大的网络社会。从2012年到2021年，我国数字经济年复合增速达15.9%。移动物联网发展已经实现了"物超人"，物联网连接数量超过人联网数量，已建成全球规模最大、技术领先的光纤宽带和5G网络，形成全球规模最大、应用广泛、创新活跃、生机勃勃的网络社会。这些阶段性成果是我国推动网络应用从虚拟到实体、从生活向生产跨越的重要基础。

建材行业作为我国传统制造业的重要组成部分，进行智能制造数字化转型十分迫切。通过出版相关图书，实现建材行业最新成果转化，促进建材工业与信息化、智能化技术在更广范围、更深程度、更高水平上实现高质量融合发展，是我们策划《中国建材工业智能制造研究与实践丛书》的初衷。

"明者远见于未萌，知者避危于无形"。智能化的书最令人担心的就是"一旦出版就已落伍"，因此我们对这套丛书的前瞻性或者说超前性提出了特别要求，希望这套书可以帮您预见未来，可以带领您前行几步，可以告诉您一些您不知道的，达到"启发"的目的，所以我们在丛书名里加上了"研究"两个字，希望本书可以收录一些在实验室阶段的研究工作成果，这些成果虽然充满未知，但是有方向感。丛书名里的"实践"二字，则希望通过这套书充分展示行业成功的智能化案例，让这些"干货"可以再次用于指导实践，让更多企业照着做就可以，最终协助更多企业创造更多社会价值。

《中国建材工业智能制造研究与实践丛书》有幸入选"十四五"时期国家重点出版物出版规划项目和2023年度国家出版基金项目。在立项之初，我们提出了"坚持正确导向，代表国家水平，体现创新创造"的目标要求、坚持"一主线、两延伸、三融合"的编写原则。"一主线"指的是要以智能制造工艺过程中关键核心技术为主；"两延伸"指的是我们对于智能制造的理解要往前端和后端适度延伸，并且应该包括机器智能和平台智能两部分，既要牢牢把握住关键技术这个核心，也要向前端的需求分析、客户信息、订单处理、原材料采购和后端的营销、仓储、物流、服务等环节延伸，以体现机器智能和平台智能的完整性；"三融合"指的是工艺技术与新发展理念的融合、工艺技术和智能技术的融合、工艺技术与先进案例的融合。

如今，这套丛书在众多院士、专家、教授、专业技术人员和行业协会、建材企业的共同努力下陆续出版面世，作为服务建材行业的专业出版机构，我们深感欣慰。欣慰的是，丛书的出版适逢党的二十大胜利召开后的春天，也正是全国上下深入学习贯彻习近平新时代中国特色社会主义思想和党的二十大精神，并以中国式现代化全面推进中华民族伟大复兴的重要历史时期。出版的意义格外重大。

中国式现代化离不开建材产业的现代化，建材产业的现代化更离不开每一个企业的现代化，而智能化又是当下每一个企业实现现代化的重要路径之一。

实现中国式现代化需要出版出力发力。希望《中国建材工业智能制造研究与实践丛书》能够发挥好"十四五"时期国家重点出版物出版规划项目的优势，让专业图书更好发挥产业价值，真正惠泽行业企业，助力建材行业在实现中国式现代化的道路上行稳致远。

中国建材工业出版社原总编辑

《中国建材工业智能制造研究与实践丛书》总策划

序　言

当前，世界各国均加快抢占全球制造业新一轮竞争制高点。作为制造强国建设的主攻方向，智能制造发展水平关乎我国未来制造业的全球地位。智能制造作为高端制造业竞争的主战场，对推动形成新的生产方式、产业形态、商业模式都将带来重要影响。工业和信息化部等8部门联合印发了的《"十四五"智能制造发展规划》中提出"十四五"及未来相当长一段时期，推进智能制造，构建虚实融合、知识驱动、动态优化、安全高效、绿色低碳的智能制造系统，推动制造业实现数字化转型、网络化协同、智能化变革。到2025年，规模以上制造业企业大部分实现数字化网络化，重点行业骨干企业初步应用智能化；到2035年，规模以上制造业企业全面普及数字化网络化，重点行业骨干企业基本实现智能化。

砂石是工程建设中最基本且不可或缺的建筑材料，我国每年消耗约200亿吨。随着国家环境保护和高质量发展的要求，我国的砂石骨料产业已逐渐从以河湖天然砂为主过渡到以机制砂为主。机制砂石产业可带动资源勘查、采矿、爆破、矿山运输、砂石生产工艺、技术、装备、检验、教育、培训、人才输出，以及近年来出现的智能制造和智慧矿山等上下游相关产业健康发展，创造相关工业产值高达数万亿元。机制砂石已经成为经济稳增长，新基建发展的"发动机和增长极"起到发展壮大制造业、培育稳定持续税源、增强经济发展新动力的关键支撑作用。2018年，国家统计局《战略性新兴产业分类（2018）》将机制砂、砂石尾矿和砂石骨料装备列入战略性新兴产业的重点产品服务目录；2019年11月4日，工业和信息化部等10部门发布的《关于推进机制砂石行业高质量发展的若干意见》提出，到2025年培育100家以上"智能化、绿色化、质量高、管理好的企业"的机制砂石高质量发展目标；2020年，国家发展改革委等15部门和单位联合印发了《关于促进砂石行业健康有序发展的指导意见》，提出推进互联网、大数据、人工智能等在机制砂石行业的应用，促进机制砂石行业健康有序发展，是当前国家对机制砂石产业发展要求。按照党的二十大报告"加快构建新发展格局，着力推动高质量发展"相关要求,砂石行业已正式进入高端化、智能化、绿色化发展,建设现代化产业体系新时期!

智能制造是基于新一代信息技术与先进制造技术深度融合,贯穿于设计、生产、管理、服务等制造活动各个环节,具有自感知、自决策、自执行、自适应、自学习等特征,旨在提高制造业质量、效益和核心竞争力的先进生产方式。作为制造强国建设的主攻方向,智能制造发展水平关乎我国未来制造业的全球地位,对于加快发展现代产业体系,巩固壮大实体经济根基,构建新发展格局,建设数字中国具有重要作用。

目前,我国砂石骨料产业整体自动化水平较高,但信息化、数字化水平较低,智能制造总体发展水平仍处于从自动化、信息化向数字化转型发展阶段。数字化和智能制造将成为机制砂石行业新一轮技术创新的核心驱动力,我国砂石行业要由大变强,实现质的飞跃和高质量发展,机制砂石的智能化是必然趋势。砂石矿山及装备企业转型升级、科学发展势在必行。新技术带来的机遇,以"立足当前,着眼长远"的原则分阶段、持续性地实施智能化转型。

为服务国家战略,加快新一代信息技术在砂石工业推广应用,促进砂石工业与新一代信息技术在更广范围、更深程度、更高水平上实现融合发展,推动砂石行业的智能化和信息化水平,实现砂石行业的高质量发展和健康有序发展。中国砂石协会牵头负责编写《中国机制砂石行业智能制造研究与实践》分册,联合建筑材料工业信息中心、砂石行业头部企业、高等院校及砂石行业专家学者,从机制砂石行业智能制造概述、机制砂石设计与原料智能化、砂石生产设备智能化及信息化管理、机制砂石环保与储运智能化、机制砂石智能工厂管理系统、机制砂石生产智能制造技术研究与实践、数字智能化电气控制在砂石系统中的应用以及机制砂石生产智能制造典型案例等八章节深入介绍机制砂石产业数字化、信息化、智能化的发展模式和产业体系,聚焦重点问题,采取务实举措,通过应用智能传感与控制、智能仪器仪表、智能物流等智能装备,采用工业机器人、5G、物联网、大数据、云计算、人工智能、无人驾驶等新一代智能技术,实现数字矿山和智能工厂在线监测和智能控制,最终实现机制砂石生产制造的全流程、全过程数据融合和决策优化。

砂石工业"十四五"发展实施方案明确提出:

一是要加快智能制造技术应用。开展覆盖砂石开采、加工、检测、物流等环节的工艺改进和创新,加快研究开发智能制造核心装备、工业软件及解决方案,推动设备联网和生产环节数字化连接,实现生产数据贯通化、制造柔性化和管理智能化。鼓励企业结合生产工艺条件，加快智能传感器、处理器、仪器仪表、智能装备、工业软件等软件系统和设备署，提升矿山开采、砂石生产等生产现场的数字化、自动化和智能化水平。鼓励数字孪生、人工智能、5G、区块链、虚拟现实、增强现实、大数据等新技术在矿山和工厂中的推广应用，培育一批系统解决方案供应商，为行业、企业技术改造提供解决方案和系统集成服务，推进矿石工业现场多维状态感知、生产过程精细管控、装备与生产过程数字孪生、砂石生产线质量在工艺流程中的质量监测、智能调控、装备故障诊断与预测性维护、基于人机协作的生产全流程智能决策、供应链协同优化等共性技术应用落地，使企业实现降本增效、安全生产、降耗减碳。

二是要培育智能工厂和数字矿山。积极推进和培育集智能生产、智能运维、智能管理于一体的智能工厂，以无人驾驶、数字矿山、车辆智能调度、新型清洁能源矿卡为重点，打造一批智能、安全、高效、绿色的数字矿山，提高砂石企业产品质量、运营效率、设备管理和安全绿色环保水平。培育一批智能制造试点示范项目和一批标杆企业，发挥智能制造标杆企业示范引领作，在砂石行业推广智能工厂和数字矿山建设所形成的经验和模式。鼓励企业开展智能制造评估诊断工作，参与砂石行业大型绿色基地遴选，引导砂石行业不断提高绿色发展和智能化水平，进一步推进砂石产业的现代化、集约化、规模化、标准化、生态化和智能化发展。

本书以砂石行业关键技术为主线，以前端砂石市场需求、客户信息和后端仓储、物流、服务为延伸，以新发展技术的融合、工业技术与智能技术的融合、工业技术与先进案例的融合为出发点，引领砂石行业智能制造的未来。该书旨在为砂石行业智能制造提出方向、目标、路径，共同推动砂石行业在智能制造领域转型升级。加快构建智能制造发展生态，深入推进制造业数字化转型、智能化升级，为促进制造业高质量发展、加快制造强国建设、构筑国际竞争新优势提供有力支撑。

中国砂石协会 会长 胡幼奕

目　录

1　机制砂石行业智能制造概述 / 1

1.1　机制砂石行业现状　/ 1
1.2　机制砂石行业生产制造现状　/ 7
1.3　机制砂石行业智能制造发展现状与趋势　/ 13

2　机制砂石设计与原料智能化 / 36

2.1　设计计算与模拟优化技术　/ 36
2.2　砂石原料分析与监测　/ 49

3　砂石生产设备智能化及信息化管理 / 84

3.1　砂石设备智能化技术的基础（传感器）　/ 84
3.2　砂石设备运行管理　/ 91
3.3　砂石设备维护管理（预测性运维与远程运维）　/ 103
3.4　砂石设备故障诊断与预警　/ 106

4　机制砂石环保与储运智能化 / 110

4.1　砂石生产环保监控　/ 110
4.2　砂石储运的集成管理　/ 144

5　机制砂石智能工厂管理系统 / 152

5.1　机制砂石智能工厂的时代背景　/ 152
5.2　机制砂石智能工厂系统架构　/ 153
5.3　机制砂石智能工厂的数字化基础建设　/ 158

5.4　机制砂石智能工厂管理系统主要内容　　　　　　　　　　　　/ 159
5.5　绿色智慧矿山及粗碎车间智能化生产管理技术　　　　　　　/ 162
5.6　机制砂石加工车间绿色智能化生产技术　　　　　　　　　　/ 175

6　机制砂石生产智能制造技术研究与实践　　　　　　　　　　/ 209

6.1　智能装备　　　　　　　　　　　　　　　　　　　　　　　/ 209
6.2　智能技术　　　　　　　　　　　　　　　　　　　　　　　/ 213
6.3　在线监测和智能控制　　　　　　　　　　　　　　　　　　/ 220
6.4　数据融合和决策优化　　　　　　　　　　　　　　　　　　/ 223

7　数字智能化电气控制在砂石系统中的应用　　　　　　　　　/ 226

7.1　数字智能化电气控制安装的简便性　　　　　　　　　　　　/ 226
7.2　数字智能化电气控制操作及维护的简便性　　　　　　　　　/ 227
7.3　数字智能化电气控制数模转换的可靠性　　　　　　　　　　/ 235

8　机制砂石生产智能制造典型案例　　　　　　　　　　　　　/ 238

8.1　案例1：中电建年产7000万吨神山灰岩矿项目　　　　　　　/ 238
8.2　案例2：舟山大皇山凝灰岩矿砂石骨料项目　　　　　　　　/ 269
8.3　案例3：山东鑫厦新型建材智能工厂项目　　　　　　　　　/ 276
8.4　案例4：雄安智慧砂石项目　　　　　　　　　　　　　　　/ 285
8.5　案例5：淇县二道庄废弃矿山治理综合利用项目　　　　　　/ 296
8.6　案例6：蓝天项目　　　　　　　　　　　　　　　　　　　/ 316

1 机制砂石行业智能制造概述

1.1 机制砂石行业现状

砂石是全球最大的原材料、矿产品和大宗商品。我国砂石年产值2万多亿元,运输费用高达5000多亿元。据不完全统计,截止到2022年底,人均砂石12.8吨,砂石矿山约1.4万个,相关企业超过2万家,从业人员近百万人。我国砂石年产量和消费量已跃居世界首位,是经济发展和"大国基石"的重要支撑。

砂石是矿产资源的重要组成部分,是经济社会发展重要的物质基础和支撑。我国砂石矿产资源分布广、用途多,长期以来,砂石主要是开采天然资源,随着我国基础设施持续大规模建设,江河湖泊优质可采的天然砂石资源枯竭,海砂由于氯离子含量等原因被严格限制应用。部分地区矿山监管不力,矿山开采违法违规、盗采河砂问题较为突出导致部分地区生态遭到破坏。近年来,砂石供需一度失衡,出现了阶段性价格暴涨。随着砂石行业国家政策陆续发布,相关地区在资源优势地区和交通便利地区,划定砂石集中开采区,建设大型绿色砂石矿山,砂石集中度显著提升。年产300万吨及以上规模机制砂石生产企业已经成为主流,年产1000万吨以上规模企业陆续涌现,已投产最大规模企业年产达7000万吨,年产1亿吨机制砂石项目一期已经投产。砂石产品已形成以机制砂石为主,天然砂石和再生砂石为辅的产品结构格局。

党的十八大以来,砂石行业认真贯彻落实党中央国务院决策部署,通过转变发展方式、实施供给侧结构性改革、推动科技创新与进步,行业各方面取得了长足的发展。砂石生产工艺和装备水平、智能化创新技术、政策和标准引导、市场行为和行业监管、产业规模和质量等诸多方面得到显著提高,行业全产业链呈现出健康有序的发展趋势。

我国矿产资源丰富,机制砂石原料来源充足,除多个常见矿种适合制备机制砂石外,多种尾矿、废石也可以制备品质优良的机制砂石。机制砂石可采用工业化生产,且生产过程基本不受天气、汛期等因素的影响,产量和产品质量稳定;采用机械化加工,成品砂石级配、粒型、石粉含量等指标更可控,可达到高品质砂石标准。机制砂石在世界范围内的推广应用已有多年历史,很多工程项目早已使用机制砂石来替代河砂和卵石，技术成熟，性能可靠。面对资源约束趋紧、环境污染严重、生态系统退化的严峻形势，必须树立尊重自然、顺应自然、保护自然的生态文明理念，走可持续发展道路。生态文明建设是关系中华民族永续发展的千年大计。推动传统砂石产业转型升级和绿色发展，已迫在眉睫。机制砂石高质量发展已成为新时代生态文明建设的必由之路。

现代化机制砂石标准化工厂生产的优质砂石骨料，其品质已达到或超过天然砂石，我国于1952年在北京南口采石厂筹建第一条机制砂石生产线，开始规模化生产，并于1958年首次大规模应用于人民大会堂等北京十大建筑，后来的猫跳河大坝、三峡大坝、京沪高铁、雄安新区、北京夏季奥运会、北京冬季奥运会、北京城市副中心等国家重点工程和地铁、高速、高档写字楼等建设项目使用了机制砂，且效果良好。

机制砂石行业体系基本完善，正在建立健全标准体系，质量管控措施日益齐备，机制砂石产量、质量、价格稳定，能为经济建设源源不断提供原材料。

机制砂石产业可带动资源勘查、采矿、爆破、矿山运输、砂石生产工艺、技术、装备、检验、教育、培训、人才输出，以及近年来出现的智能制造和智慧矿山等上下游相关产业健康发展，创造相关工业产值高达数万亿元，机制砂石已经成为经济稳增长，新基建发展的"发动机和增长极"，起到发展壮大制造业、培育稳定持续税源、增强经济发展新动力的关键支撑作用。

目前，机制砂石是自然界最大宗的矿产品和基础建筑材料，我国已经是全球最大的应用机制砂石的市场，每年使用量约200亿t，产值2万亿元，约占全球的1/2。经过40年的跨越式发展，我国的机制砂石规模和效益已跃居世界第一位，自主创新了一批先进适用技术。世界砂石看中国，中国砂石行业已在世界砂石行业中处于重要地位。"中国砂石"已成长为一张闪亮的国家名片。

伴随我国经济转向高质量发展和新基建的提速发力，作为工程建设的基础建筑材料——中国砂石行业的高质量发展仍有巨大潜力，未来可期。

2019年11月工信部等十部委发布《关于推进机制砂石行业高质量发展的若干意见》明确要求，"到2025年，培育100家以上智能化、绿色化、质量高、管理好的企业"的机制砂石高质量发展目标。数字化和智能制造将成为机制砂石行业新一轮技术创新的核心驱动力，中国砂石行业要由大变强，实现质的飞跃和高质量发展，机制砂石的智能制造是必然趋势。

2022年10月习近平总书记在党的二十大报告中指出："建设现代化产业体系，坚持把发展经济的着力点放在实体经济上，推动制造业高端化、智能化、绿色化发展。"这为加快推进机制砂石行业高质量发展、助力提升砂石行业数字化转型、推动中国制造向中国创造、"中国智造"转变，指明了方向、提供了遵循。

目前，我国砂石行业已从增量扩张进入存量发展时期。"十四五"期间，我国机制砂石行业进入存量提质增效和增量结构调整并重的发展新阶段，砂石市场从供不应求转变到动态平衡。砂石行业"十四五"实施方案中提出要总量控制，鼓励存量更新，推动砂石行业绿色低碳安全高质量健康有序发展。

1.1.1 我国砂石行业发展经历了四个阶段

（1）起步阶段（1949—1977年）——以人工开采天然砂石资源为主，设备简单，发展缓慢；

（2）天然砂石实现机械化开采阶段（1978—2010年）——市场需求量大，供应充足，但自然资源储量已显不足，机制砂石开始发展，市场供应以天然砂石为主，机制砂石为辅，是传统的粗放式的发展；

（3）机制砂石快速发展阶段（2011—2015年）（"十二五"期间）——以机制砂石为主，以天然砂石为辅，市场需求量大，部分区域天然资源枯竭，供应紧张，机制砂石产业快速发展，行业产业政策、标准规范体系等逐步建立；

（4）产业转型升级，大型化、创新和绿色发展阶段（2016年至今）——整合资源，建设绿色矿山，保护环境，高品质砂石比重不断增加，市场需求大，机制砂石大规模工业化生产快速发展，行业政策、标准规范等逐渐完善。

1.1.2 国家政策推动砂石行业转型升级

长期以来，砂石产业不受重视，近年来随着国家环境资源政策约束，落后砂石产能退出市场，砂石产品出现短缺，砂石关注度不断升级。由于供需失衡，砂石涨价导致承建工程亏损，甚至出现劣质砂石滥用、盗采海砂及使用未净化海砂严重等现象，直接造成一些建筑质量安全问题。为此，国家逐步重视砂石行业，发布了一系列政策或提出相关指示要求，推进砂石行业健康有序发展和高质量发展。

2010年《关于贯彻落实全国矿产资源规划发展绿色矿业建设绿色矿山工作的指导意见》为全面落实规划目标任务指明了方向；2011年国务院发布《工业转型升级规划（2011—2015年）》，砂石行业开启了绿色发展和工业化的新征程；2015年8月31日，工业和信息化部、住房城乡建设部发布《促进绿色建材生产与应用行动方案》，加快机制砂石行业化、标准化、绿色化发展；2016年2月，中国砂石协会建议国家发改委、北京市政府等，根据各地市场用量，对可开采的石矿进行重新规划和布局；2016年5月18日，国务院印发《关于促进建材工业稳增长调结构增效益的指导意见》，提出加快发展砂石骨料；2016年12月11日，中共中央办公厅、国务院办公厅印发《关于全面推行河长制的意见》，这是限制天然砂石开采的明显信号；2017年5月10日，原国土资源部等六部委联合发布《关于加快建设绿色矿山的实施意见》。

2018年6月28日，自然资源部（原国土部）发布由中国砂石协会组织专家编制的《砂石行业绿色矿山建设规范》，跻身九大矿业领域绿色矿山建设标准；2018年9月5日，国家发展改革委向有关协会、八省发特急文件《关于开展砂石、水泥、混凝土等建材价格形势调研的通知》；多地政府出台文件规定符合环保要求的砂石企业不能停产；2018年9月中旬，中国砂石协会向多地省市政府发出《关于保障砂石供应、平抑砂石价格建议》的函；2018年9月底，湖北省发改委发布《关于加强重大项目建设砂石料供应保障有关事项的通知》，明确表示，砂石料供应事关全省重点项目建设，事关全年目标任务的完成，马虎不得，为缓解"用砂难"，湖北省发展改革委提出了13条措施；2018年10月22日，住房城乡建设部等八部门发布《加强海砂管理防止违法海砂用于建设工程》；2018年11月，江苏省11个部门联合发布《关于建立违规海砂联动工作机制的实施意见》；2018年11月16日，国家统计局公布《战略性新兴产业分类（2018）》，机制砂、砂石尾矿再利用等被列入我国战略新兴产业的重点产品服务。

自2019年以来，2月22日，水利部发布《关于河道采砂管理工作的指导意见》；2月26日，水利部、交通运输部发布《关于长江河道采砂管理实行砂石采运管理单制度的通知》；2月28日，国家审计署到中国砂石协会调研砂石行业形势，拟以建筑砂石市场供应问题突出影响"稳投资"政策落地，向国务院汇报；全国"两会"期间，全国政协委员建议，在保护水清天蓝的生态环境和经济快速发展的情况下，推动使用机制砂取代河砂；4月，自然资源部发布《关于开展长江经济带废弃露天矿山生态修复工作的通知》，要求对长江干流及主要支流沿岸废弃露天矿山（含采矿点）生态环境破坏问题进行综合整治，到2020年底，全面完成长江干流及主要支流两岸各10km范围内废弃露天矿山治理任务；4月，国务院安委会办公室印发《关于做好关闭不具备安全生产条件非煤矿山工作的通知》，要求关停相邻开采范围之间最小距离达不到300m的小型露天采石场；5月，国家发展改革委价格监测中心陆续公示全国部分省份砂石价格信息，如广东省、河南省；这表明，国家发展改革委正全面统计砂石价格信息；6月，自然资源部发布《自然资源部办公厅关于做好2019年度绿色矿山遴选工作的通知》，要求按照《关于加快建设绿色矿山的实施意见》（国土资规〔2017〕4号）要求和自然资源部2018年公告发布的《砂石行业绿色矿山建设规范》等9项行业标准开展遴选；9月11日，生态环境部发布《关于进一步深化生态环境监管服务推动经济高质量发展的意见》，强调要重视环保督察对企业正常生产经营造成的影响，要求严禁为应付督察不分青红皂白采取紧急停工停业停产等简单粗暴的措施，以及"一律关停""先停再说"等敷衍应对的做法；9月15日，国务院办公厅转发住房城乡建设部《关于完善质量保障体系提升建筑工程品质指导意见》，提出建材生产单位和供应单位终身责任；9月24日，水利部发布通知《加快规划编制工作，合理开发利用河道砂石资源》，充分认识合理开发利用河道砂石资源的重要性。合理开发利用河道砂石，避免采取"一禁了之"的做法，片面"一刀切"；交通运输部海事局发布《关于优化砂类货物港口建设费征管工作流程的通知》，该文件于2019年10月1日实施。

2019年9月29日，北京市八部门联合发布《北京市建筑砂石绿色供应链建设指导意见》（以下简称《指导意见》）。该《指导意见》指出：2019年，启动以建筑砂石为主的混凝土原材料"公转铁"试点；2025年，基本完成北京市及环京10个左右建筑砂石绿色基地建设；针对北京市砂石供应紧缺现状，建设绿色基地形成总量1亿吨左右的年供应能力；优化调整货物运输结构，逐步提升铁路货运比例，打造绿色运输体系。

2019年9月29日，自然资源部办公厅发布《全国矿产资源规划（2021—2025年）》前期研究选题遴选结果。在新时代背景下矿产资源在经济社会发展大局中的战略地位与作用方面：《建筑用石料、黏土矿布局与社会经济发展关系的研究及对策》入选；在矿业绿色发展的模式总结和政策建议方面：《砂石矿山绿色开发与布局研究》入选。

2019年11月4日，工业和信息化部、国家发展改革委、自然资源部、生态环境部、住房城乡建设部、交通运输部、水利部、应急部、市场监管总局和国铁集团等国家十部门发布《关于推进机制砂石行业高质量发展的若干意见》，这是有史以来我国关于砂石行业发展的首个指导意见，标志着中国砂石行业从2019年正式进入高质量发展的新时代。

2020年3月25日，国家发展改革委等十五部门和单位联合印发了《关于促进砂石行业健康有序发展的指导意见》（以下简称《指导意见》）。这是继2019年11月4日十部门联合发布《关于推进机制砂石行业高质量发展的若干意见》后，国家出台的关于砂石行业的又一个专门的指导文件。受工信部委托，中国砂石协会组织专家参与了《指导意见》的相关工作。

2020年9月1日，《中华人民共和国资源税法》施行。砂石原矿或选矿按照1%～5%或每吨（或每立方米）0.1～5元税率征收。

住房城乡建设部2021年发布的《混凝土结构通用规范》（GB 55008—2021）于2022年4月1日起正式实施，其中对结构混凝土用砂石料做出了强制性的规定，比如砂子的坚固性、含泥量和泥块含量、氯离子等指标。

2021年底，工信部联合科学技术部、自然资源部印发《"十四五"原材料工业发展规划》，旨在提升原材料工业保障能力，提出到2025年，原材料工业初步形成更高质量、更好效益、更优布局、更加绿色、更为安全的产业发展格局，到2035年，成为世界重要原材料产品的研发、生产、应用高地，产业体系安全自主可控。

2022年11月，工业和信息化部、国家发展改革委、生态环境部、住房城乡建设部等四部门联合发布《建材行业碳达峰实施方案》（以下简称《实施方案》），"十四五"乃至"十五五"时期，建材行业将进入高质量发展新阶段，仍处于重要战略机遇期。总体来看，随着发展方式转变，需求结构升级，传统建材产品需求量将进入平台调整期，呈现稳中有降的态势。

2022年11月，中国砂石协会发布了《砂石行业"十四五"发展实施方案》，将对我国砂石行业未来5年发展起到把舵定向的作用"十四五"期间，砂石行业应着眼于产业链供应链的先进性、安全性，着眼于产业基础的绿色化、现代化，全面推动技术创新、管理创新和模式创新，强化砂石矿产资源高效利用和产品保供能力，提升产业质量和绿色发展水平，开启行业绿色低碳安全高质量发展新征程。到2025年，形成初步完善的机制砂石供应保障体系和绿色低碳产业发展格局。

2023年1月，《水利部 交通运输部关于推行河道砂石采运管理单制度的通知》发布，要求依法开采的河道管理范围内砂石，其运输、过驳、装卸、堆存等，实行河道砂石采运管理单制度。

2023年4月财政部、自然资源部、税务总局修订印发了《矿业权出让收益征收办法》（财综〔2023〕10号），明确矿业权出让收益为中央和地方共享收入，由中央和地方按照4∶6的比例分成，纳入一般公共预算管理。

2023年4月19日，自然资源部发布《关于规范和完善砂石开采管理的通知》，要求自然资源管理部门要聚焦市场需求，统筹考虑资源保障、规范开发、生态保护等各方面要求，推进砂石资源开发高质量发展。

近年来，国家相关部门多次联合发文大力发展机制砂石行业，国家发展砂石产业的力度史无前例，砂石行业的发展机遇千载难逢。按照党的二十大报告"加快构建新发展格局，着力推动高质量发展"相关要求，砂石行业已正式进入高端化、智能化、绿色化发展，建设现代化产业体系新时期。

1.1.3 我国砂石及装备企业在部分领域已达世界领先水平

我国砂石产量变化情况如图1-1所示。

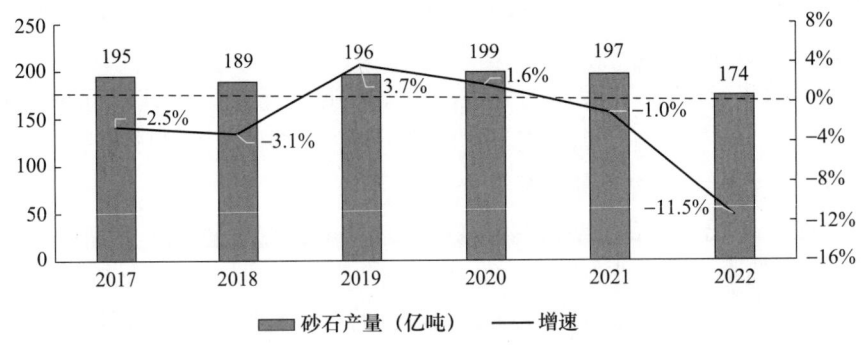

图1-1 我国砂石产量变化情况

我国每年用于混凝土的砂石骨料约150亿t，加上沥青混凝土、铁路道砟、水处理等其他用量，每年约200亿t，占全世界的1/2。我国砂石骨料产业年产值2万多亿元，运输费5000多亿元，约占GDP的1/40，是一个庞大的产业。目前我国已建成了400多家集矿山开采、加工、储运高度集成化、自动化、规模化的现代化企业，有的企业已经达到国际先进水平。我国砂石企业能够生产各种性能质量要求、各种级配的砂石骨料，高性能混凝土用骨料的比重不断增加。砂石加工成套装备取得了长足发展，现已能制造规格品种齐全的系列产品。部分先进适用技术和装备已达到国际先进水平，并能提供全系统的解决方案。从我国破碎机的发展起步来看——1951年第一台颚式破碎机；1953年第一台弹簧圆锥破碎机；1959年第一台锤式破碎机；1961年第一台旋回破碎机；1969年第一台单缸液压破碎机——目前国内规模以上的砂石装备制造企业有3000多家。

砂石先进适用技术装备快速发展，新技术、新工艺、新装备等不断推出。目前砂石行业已有30余项先进适用技术装备入选多个国家级鼓励目录，有多项原创技术，科技创新成果丰硕。入选的相关技术从矿山穿孔、凿岩、爆破、转运到砂石加工，从软岩到硬岩，从干法生产到湿法洗砂，从主机装备到辅助设备，实现了砂石生产工艺设计、装备制造、生产智能管控全过程覆盖，使矿产资源开发领域技术创新实力整体提升。实现了资源绿色高效开采、砂石智能生产、绿色低碳技术应用的历史性突破和跨越式发展。

对比国外砂石矿山企业的发展现状，如美国火神材料、拉法基豪瑞、老城堡、海德堡、阿联酋史蒂文采石场等世界知名砂石企业，我国部分现代化砂石矿山企业的规模和技术已经达到世界领先水平。

1.1.4 机制砂石逐步成为主力

几十年来，我国使用的砂石几乎是天然砂石，是从河道、山上直接采集。近年来随着我国生态文明建设的不断加强，资源约束趋紧，砂石转为开采石矿，用矿石来加工制造。国内机制砂石最早在1953年北京的"四大建筑"上使用，1958年在贵州中部猫跳河梯级水电站应用。近年来，港珠澳大桥、三峡大坝、核电站等重大工程，高品质机制砂石的使用越来越广泛。目前，我国机制砂石使用占比超80%。

高品质机制砂石是用现代化的破碎筛分装备大规模制造的工业产品，其性能等要比天然砂石好。天然砂石相对离散性较大。当然，天然砂石由于在河道通过上万年的冲刷，其表面和形态等与机制砂石不同。但是随着机制砂石加工技术的不断进步，装备技术水平的不断提升，可以把机制砂石做的比天然砂石还要好。一般来说，工业化生产的产品，要比天然产品在品质均衡性等方面都要好。

机制砂石有以下优势：

（1）质量优势：料源固定、稳定、机械化的生产方式，保证了机制砂石产品的质量稳定、可调、可控。

（2）品质优势：有较高的表面能和亲水性，有完整的级配，有多种的矿物成分可选择。颗粒级配稳定，可调整，粒型可改善。

（3）资源优势：可利用各种废弃资源，适当分选与加工尾矿，不少尾矿就可以利用机制砂设备制成机制砂石。这既解决了环境污染的问题，又提高了自然资源利用率，完全符合循环经济和资源综合利用的要求。

目前，机制砂石代替天然砂石已成为砂石行业发展的重要供应渠道。

1.2 机制砂石行业生产制造现状

1.2.1 机制砂石加工技术的现状和发展

自改革开放以来，随着我国高层建筑、公路、铁路等基础设施建设特别是水电工程建设的快速发展，砂石骨料生产技术和规模也得到了迅猛发展，2011年我国的砂石产量达到了100亿t，到2020年我国的砂石产量就突破了200亿t。砂石料生产技术的快速发展大致经历了以下几个阶段。

第一阶段，中华人民共和国成立后到20世纪60年代中期，原料以河道或陆上天然砂卵石料为主，生产工艺从半机械化到机械化，主要加工设备均为苏联矿山设备。

第二阶段，20世纪60年代中期到90年代中期。原料以天然砂石场和开采岩石原料并用，生产工艺实行机械化、半自动化，主要加工设备从苏联设备向引进西方设备过渡。

第三阶段，20世纪90年代中期到2015年。原料以开采岩石料为主，天然砂卵石为辅，生产工艺实施机械化、自动化、信息化，主要加工设备在引进国外设备的同时，国内装备企业的开始快速发展。

第四阶段，2016年到现在。在总结国内外先进技术的基础上，破碎、筛分、制砂等主机设备实现了系列化、模块化、制砂楼站、新型湿法制砂技术、长胶带等新技术新装备开始广泛应用。目前砂石行业以《露天矿山压缩空气储能（CAES）生产技术》《露天矿山精准台阶爆破技术》《短流程低能耗高品质砂石制备技术》等为代表的数十项技术入选国家鼓励先进适用技术目录。这些技术从矿山穿孔、凿岩、爆破、转运到砂石加工，从软岩到硬岩，从干法生产到湿法洗砂，从破碎主机到环保除尘，实现了砂石骨料生产、加工、工艺的全流程、全过程覆盖。实现了高效开采技术、高效选矿技术、绿色低碳技术、数字化智能化技术的历史性突破和跨越式发展。以2016年2月，中电建安徽长九新材料总投资100亿元，年产能7000万吨长九（神山）灰岩矿项目为标志，大型化、智能化、绿色低碳成为主要特点。

1.2.2 机制砂石加工技术特点

（1）原料的多样性

机制砂石原料具有多样性和复杂性。《矿产资源储量规模划分标准》（DZ/T 0400—2022）明确规定常见的建筑用石料主要包括石灰岩、白云岩、花岗岩、凝灰岩、石英砂岩、片麻岩、玄武岩、大理岩、石英岩、安山岩、辉绿岩、闪长岩、橄榄岩、辉长岩、辉石岩、角闪岩、板岩、页岩、卵石共19种岩石）。此外，为节约循环利用资源，国家出台一系列政策，明确在符合安全、生态环保要求的前提下，鼓励和支持综合利用采矿和工程施工废石、尾矿、建筑固废生产符合标准的机制砂石，开发利用河道砂石，加大河道疏浚砂石，库区等淤积砂石开采利用，推进海砂开采利用，支持就地取材，利用建筑、开山、道路、桥梁、铁路、隧洞、场地平整等工程施工产生的废石、洞渣等原料生产机制砂石。

因此，机制砂石原料的多样性和复杂性是极其复杂罕见的。

（2）砂石加工工艺对不同原料的适应性

为适应料源的多样性，我国机制砂石加工技术和装备得到了长足发展。可以根据矿石性质、试验数据、生产规模、产品要求等因素，采用不同加工工艺、不同类型的加工设备、不同系统布置方式进行机制砂石生产。从干法、湿法、半干半湿法生产工艺，到根据地形特点砂石生产线采用平面式、阶梯式、楼站式布置形式，均有成功应用案例。

（3）复杂地形条件下的矿山开拓获得重大突破

部分露天矿山地形陡峭、场地狭窄，传统的以汽车为主的开拓运输方法难以实施，打破传统砂石矿山单一公路开拓运输方式，采用溜井＋平硐开拓运输方式（适应大采高、复杂地形的溜井平硐开拓方式被国内多个大型砂石矿山采用），辅以大运量带式输送机运输半成品料，取得巨大的经济效益和环保效益。

（4）制砂技术不断发展完善

我国建筑石料用岩石由于原料地质条件不同，开采过程中会混入一定量的黏土杂质，一般需要进行预先筛除，在筛除黏土的同时，黏土中含有的有用岩石碎颗粒作为废料排弃，造成资源浪费。湿法制砂工艺通过水动力冲洗和泥砂分离工序，冲洗后的废水输送至废水处理系统，水洗后分离出的砂石颗粒筛分后作为机制砂产品或进入制砂工序。湿法制砂系统可以很好地控制机制砂含粉量、含泥量，解决粉尘污染问题，在机制砂粒形、级配等产品质量上也有较大提升，湿法制砂技术可以降低能耗，从源头解决粉尘污染，实现资源最大化利用。尤其是在南方多雨地区可以广泛使用湿法制砂工艺。应根据母岩材质性能、产品结构、产能要求等因素选择短流程、低能耗的工艺和设备，配置与生产规模和工艺相符的辅助设施。

从20世纪60年代试验成功的锤式破碎机、棒磨机制砂到现在，制砂方式经历了单一锤式破碎机制砂、棒磨机制砂、圆锥（旋盘）破碎机制砂、立轴破碎机制砂，到立轴破碎机与棒磨机联合制砂、常速立轴破碎机和高速立轴破碎机联合制砂等方式，制砂工艺日益完善，干法制砂工艺和湿法制砂均有大量成功应用。

按照国家标准《机制砂石骨料工厂设计规范》（GB51186—2016）工艺流程要求，生产工艺设计应根据矿石性质、试验数据、生产规模、产品要求等因素综合确定。生产工艺设计应遵循简捷、节能、减排的原则，并应经多方案综合比较，择优确定。须配有收尘系统，湿式制砂作业的生产工艺设计，应利用回水。当原矿含泥（土）量较高时，应采取除泥（土）工艺。

基于制备砂石骨料原料的广泛来源和复杂性，国家标准《机制砂石骨料工厂设计规范》（GB51186—2016）明确规定，当干法制砂产品的含泥量、细度模数、颗粒级配不能满足现行国家标准《建设用砂》（GB/T 14684—2022）的有关规定时，宜采用湿法制砂工艺。

相对干法制砂存在粉尘难以彻底根除、机制砂裹泥裹粉、对天气敏感的不足，湿法制砂工艺具有产品洁净度高、从源头解决粉尘问题、更好地控制石粉含量和泥块含量、让资源更高效利用的突出优势。

基于项目建设条件的复杂性，近年来新型湿法制砂工艺和干湿联合制砂工艺得到了行业的广泛认可。

新型湿法制砂技术是在传统湿法工艺基础上，采用性能优秀的设备进行工艺设备优化，生产高品质机制砂石，实现"高效利用、清洁环保、绿色生产、智能控制"的生产理念。其主要工艺流程是对物料破碎的同时通过加入循环水进行破碎、整形、研磨、筛分、多级水洗，使机制砂更加洁净、圆润，同时通过水洗实现泥砂有效分离，从而达到高品质机制砂的标准。该技术工艺具有模块化组装设计、智能化运行、资源利用高、废水零排放、安装周期短等显著优势。

经过多年的快速发展，我国砂石骨料装备有了长足发展，在短流程、低能耗、高品质、大产量机制砂装备的创新和研发中，崭露头角开始引领全球制砂装备技术发展方向。有多项先进适用技术装备入选国家级鼓励技术目录。

（5）长距离带式输送机应用广泛

长距离带式输送机（以下简称长带机）包括水平直线运输长带机、水平可转向长带机和空间可转向长带机，其中向家坝水电站砂石加工系统建成了31.1km（由5段头尾相接，单段最大长度8.3km）长的长带机线（2007年投产），长九（神山）灰岩矿项目采用12.9km水平可转向长带机运输砂石混合料，取得了较好的技术、经济和环保效果。目前国内砂石行业在建和拟建的长带机达数十条。长带机的成功应用，为大量砂石料运输和扩展料源选择范围开拓了新思路。

（6）重视环保技术

这是砂石行业推进生态文明建设和环境保护工作的一项重大制度安排和制度创新。在砂石生产过程中高度重视保护环境，绿色生产，产生了一大批绿色矿山及绿色砂石企业。砂石行业涉及环保内容主要是粉尘处理、噪声防护、废水处理，技术及装备日臻成熟，处理效果满足环保要求。针对砂石生产具有粉尘产尘点多、粉尘产生量大的特点，主要采用布袋负压收尘和喷淋水雾降尘措施，无组织排放采用水雾除尘。砂石加工因工艺不同，湿法生产工序废水产量大、泥粉含量浓度高、废水处理设施投资大、运行成本高（加药量大）等特性。砂石生产废水处理工艺主要包括洗砂、细砂回收、废水输送、废水中泥粉自然沉降、废水中泥粉絮凝辅助沉降、泥浆压滤脱水、净化废水收集储存循环利用等系统。废水处理关键环节絮凝剂加药、泥浆压滤机设备实现了自动化智能控制。

1.2.3 机制砂石系统的种类和组成

1. 机制砂石系统的种类

（1）按生产规模划分

工厂建设规模应根据资源情况、建设条件、市场等因素，经技术经济综合比较后确定。机制砂石骨料工厂设计规模划分标准见表1-1。

表1-1 机制砂石骨料工厂设计规模划分标准

规 模	产量（万吨/年）
大 型	≥500
中 型	100~500
小 型	<100

注：数据来源《机制砂石骨料工厂设计规范》（GB 51186—2016）。

（2）按生产设备的机动性划分

砂石加工厂按设备的机动性可分为固定式砂石加工厂、移动式或半移动式砂石加工厂。

2. 机制砂石生产系统的组成

一般由破碎车间、筛分（冲洗）车间、制砂（脱粉）车间、半成品料仓及成品储料仓、供配电及自动化控制系统、供排水系统、废水处理车间、除尘系统、带式输送机以及辅助设施等部分组成。破碎车间根据原料情况和骨料级配要求设置，一般设粗、中、细三段破碎，也可根据工艺试验情况增加或减少破碎工序；筛分次数根据破碎段数和骨料分级要求设置；主要破碎、筛分车间及制砂车间最好都设置相应的调节给料仓，使其成为相对独立的生产工艺环节，避免某点发生故障时就必须全线停止生产的弊端；以上车间均由带式输送机输送石料，必要时配套提升机、输送泵等连接成一个整体的生产系统。供、配电系统根据系统设备功率和整体运行情况进行设置；供、排水系统，废水处理车间以及除尘系统根据其为干法还是湿法的生产工艺而设置。另外，计量系统、试验室、仓库、办公生活营地等辅助设施可根据工程整体规划和实际需要进行设置。

1.2.4 机制砂石加工技术

机制砂石加工系统一般由粗碎车间（工段）、中碎车间（工段）、细碎车间（工段）、超细碎（工段）、制砂车间（工段）组成。按生产产品类型划分为机制碎石生产系统、机制砂生产系统、机制砂石料生产系统；按流程形式划分为开路流程、闭路流程、开路与闭路结合流程；按破碎段划分为单段破碎、多段破碎。

1. 破碎流程

棒条给料机（或辊轴式给料机）将车辆运输卸入受料仓的原料（毛料）分成两部分：筛分出小于某一尺寸的物料（通常选取 100~150mm）落入固定筛（或振动筛分机），再次筛分出小于某一尺寸的物料（通常选取 10~20mm）进入带式输送机作为弃料或进入水洗岩石颗粒回收工序；筛分出的大块料通过皮带机输送到向下一级中细碎破碎机（通常为颚式破碎机或反击式破碎机、旋回破碎机、圆锥破碎机等）。当采用旋回破碎机时，可以不设给料机，由受料仓直接向旋回破碎机供料。

2. 筛分与破碎闭路流程

为控制砂石成品最大粒径，细碎环节筛分和破碎需闭路。砂石原料波动较大时，易导致砂石料级配分布不均衡，波动较大，需在加工厂进行级配调整，以满足标准或应用需要。当原料中粗粒偏多时，宜增设细碎设备闭路生产工艺进行级配调整。原料中缺少粗粒径碎石时，则可用其他机制骨料补充。制砂流程中设 2.5mm 的筛网孔，以控制砂的细度模数。

3. 砂石冲洗流程

砂石原料中常含有泥土，一般可在振动筛上用高压力水（>0.2MPa）冲洗。如泥土附着牢固，增设机械清洗砂石工序。

4. 机制砂生产工艺流程

机制砂工艺有单段破碎制砂工艺与多段破碎联合制砂工艺。单段破碎制砂工艺，主要有立轴冲击式破碎机（以下简称立轴破）制砂、锤式破碎机制砂、柱碎机制砂、辊压机制砂、棒磨机制砂等。多段破碎联合制砂工艺，目前使用的有立轴破碎机与棒磨机联合制砂工艺、两级立轴破（高、低速）联合制砂工艺。

按湿法生产工艺、干法生产工艺、半干法生产工艺划分的机制砂石生产流程如下：

（1）湿法生产工艺

湿法生产工艺是指砂石生产过程中，通过向破碎、筛分、整形等生产环节喷水，抑制粉尘产生，同时对石料混合物冲洗，使泥粉与砂、石分离的生产加工过程。

湿法生产的特点：粉尘扬尘少；来料含水率高于3%，建议采用湿式筛分。但湿法生产用水量大，水处理费用高，细砂、石粉流失严重、砂脱水困难。

湿法加工工艺一般在原料中含泥较多时采用，当成品砂石粉含量和含水率（高于2%）偏高或应用项目对砂石石粉含量要求过低时，也可采用湿法生产去除部分石粉。

（2）干法生产工艺

干法生产工艺指砂石生产过程不添加水的生产加工过程。

干法生产工艺的优点是用水量少、石粉流失量少、废水处理量少，主要适用于原料较清洁，石粉含量低的砂石系统。雨水丰富的地区如采用干法加工工艺，应特别注意各工艺环节的防雨水措施。

干法生产工艺的缺点是扬尘点较多、粉尘产生量大、原料含水时颗粒筛分效率不高。随着除尘技术及设备不断发展与应用，干法加工工艺越来越多地在特大型、大型砂石系统中采用。采用干法生产时，有些系统成品砂石粉含量偏高，可用风选法去除多余的石粉。干法加工一般不宜采用喷水降尘，应结合实际情况配置除尘设备，料仓可做成封闭结构。起到控制粉尘扩散及防雨。

（3）半干法生产工艺

半干法生产指砂石生产过程中，部分工序采用干法生产、部分工序采用湿法生产的生产加工过程。其主要适用于原料含泥量不太高，细骨料（砂）要求含粉量较高的系统。半干法加工工艺系统耗水量较少、废水处理量不大、粗骨料表面清洁、细骨料石粉流失少、扬尘少。

其缺点是制砂原料经过水洗，在进入立轴破等破碎设备前必须采取可靠措施脱水，确保进入立轴破等破碎设备的原料含水率不大于3%，否则严重影响制砂系统的生产效率。

砂石生产工艺应根据岩石的特性（如岩石性质、破碎性能、功能指数、抗压强度、岩石成分等），矿山（原料）含泥量、含水量，加工厂所处的地理位置的环境条件等进行选择合适的生产工艺及设备。当加工厂所在地区严重缺水或取水成本较高时，采用湿法或半干法生产，其生产成本较高，应谨慎考虑。当加工厂所在地区雨量充沛、雨天较多时，原料含水率较高，采用干法或半干法生产，对破碎用机筛分效率有影响，应采取有效控制进入破碎、筛分设备原料含水率的措施。当原料含泥量较高时，采用干法或半干法生产，应设有效脱泥设施（工艺）或采用湿法与干法并用方案。

并行干湿法工艺是近年来提出的新一代半干法工艺，原矿根据含泥含水情况，进入生产线前即进行分料，干燥和干净的原矿分线或分时进入产线进行干法生产，潮湿、含泥或软物质的原矿分线或分时进行产线进行湿法生产。也可以在粗碎前后通过高筛分率的给料机、振动筛对干净块石、含泥含水碎石强化分离，干净块石干法生产、含泥含水碎石湿法生产。

1.3 机制砂石行业智能制造发展现状与趋势

1.3.1 机制砂石行业智能制造发展现状

砂石是建筑工程和基础设施必不可少的支撑，是国民经济和社会发展的基础性行业，是战略性新兴产业和国防军工发展的重要保障，是环境治理和生态文明建设不可缺少的重要一环。经过 40 余年的高速发展，机制砂石生产已由简单分散人工或半机械的作坊，快速转变为大规模集约化机械化自动化工厂，但机制砂石行业"大而不强"的特征仍然明显，质量保障能力弱、产业结构不合理、资源能源消耗大、劳动生产率低、集约化程度低、科技含量低、产品附加值低等一系列问题依然存在，仍存在新技术引入缺乏、生产环节复杂、智能化程度不足带来的应用接受度低、效益不显著等问题，制约了我国机制砂石行业智能制造的推进步伐。传统的机制砂石产业必须转型升级、高质量发展。随着大数据、云计算、人工智能、5G、物联网等新一代信息技术在生产管理过程中不断应用，近几年机制砂石生产线设计水平大有提高，机制砂装备制造企业取得了长足的进步，行业日益呈现出数字化、网络化、智能化发展趋势，建立新的发展模式和新的产业体系，构建高质量、个性化的智能工厂将极大促进行业健康有序发展。

为促进砂石行业与新一代信息技术在更广范围、更深程度、更高水平上实现融合发展，促进砂石行业转方式、调结构、增动力，加快迈向高质量发展。2020 年 9 月 16 日，工业和信息化部办公厅印发《建材工业智能制造数字转型行动计划（2021—2023 年)》工信厅原〔2020〕39 号的通知。要求以习近平新时代中国特色社会主义思想为指导，全面贯彻党的十九大和十九届二中、三中、四中、五中全会精神，坚持新发展理念，坚持以供给侧结构性改革为主线，加快新一代信息技术在砂石行业推广应用，促进砂石行业全产业链价值链与工业互联网深度融合，构建网络安全和密码应用支撑体系，促进行业智能化生产、网络化协同、规模化定制、服务化延伸，夯实砂石行业信息化支撑基础，提升智能制造关键技术创新能力，实现生产方式和企业形态根本性变革，引领砂石行业迈向高质量发展。

重点建立并完善机制砂石行业系统解决方案，重点形成破碎整型、级配调整、质量监测、粉尘收集、废水处理、物料储运等集成系统解决方案。推动大数据、人工智能、工业互联网等在机制砂石行业应用，提升自动化、智能化、网络化水平。建设集矿石破碎、粉尘收集、废水处理、物料储运、智能监控、环境检测等于一体的数字化、柔性化的智能工厂。以矿山三维仿真、矿石在线监测、生产自动配矿和车辆智能调度为重点，着力打造数字矿山。开发和推广适合砂石骨料行业的智能设备、控制系统、检测设备，利用信息化手段提高对砂石产品粒型、级配、产出率的控制能力。

近几年机制砂石头生产线设计水平大有提高，仿真设计、有限元分析等技术综合运用，各项数据的积累，大数据、云计算、人工智能、5G通信、工业互联网等新一代信息通信技术蓬勃兴起，制造业日益呈现出数字化、网络化、智能化发展趋势。都为机制砂石智能制造打下了坚实基础，提供了保障。

截至目前，砂石行业已有上海云统信息科技有限公司、建材工业信息中心、北京智矿时代科技有限公司等单位提供数字矿山和智能工厂等机制砂石智能制造集成系统解决方案。

世邦工业科技集团股份有限公司、枣庄鑫金山智能装备有限公司、浙矿重工股份有限公司、江苏山宝集团、北京百旺环境科技股份有限公司等企业提供智能化、数字化砂石装备和技术。

北京得到运通科技有限公司、山东临工工程机械有限公司、陕西同力重工股份有限公司等企业可以提供电动、增程式、无人驾驶、新能源智能矿卡技术及装备。

砂石智能化解决方案和智能化砂石装备已经广泛应用在中电建长九神山灰岩矿项目、舟山大皇山凝灰岩矿砂石骨料项目、山东鑫厦新型建材有限公司项目、华新（阳新）亿吨机制砂项目、雄安智慧砂石项目、蓝天环保项目等中国砂石行业多个绿色矿山、绿色工厂、绿色基地标杆项目。

焦作千业新材料有限公司入选"建材行业智能制造示范工厂"，新乡市中誉鼎力软件科技股份有限公司入选砂石骨料行业工业互联网平台，甘肃建投绿色建材产业发展集团有限公司、首钢集团有限公司矿业公司、平邑中联水泥有限公司入选"建材行业智能矿山试点示范项目"，华新水泥股份有限公司、上海云统信息科技有限公司、枣庄鑫金山智能装备有限公司、浙江交投嵊兴矿业有限公司入选"建材行业智能制造数字转型优秀解决方案"。

总体来看，我国砂石行业智能制造取得了快速发展，但整体仍处于应用普及阶段，机制砂石企业的数字化研发设计工具普及率、关键工序数控化率均有待进一步提升。

1.3.1.1 行业处于初步发展阶段，智能制造基础薄弱

砂石行业对智能制造的认识还不充分，部分企业简单地把智能制造等同于制造的自动化，认为工厂自动化就是智能制造，没有能够从"互联网+"、工业化与信息化融合去理解，由此制约智能制造的推进。更大程度地，一些企业对实现数字化、智能化设计、生产和服务的具体路径选择和成本效益评价存在判断上的不确定性，因而在研发与创新、转型升级的投入上尚有观望现象。这也是智能制造发展需要经历的一个过程。

1.3.1.2 行业缺乏顶层设计，智能制造标准体系欠缺

标准的制订是智能制造实现互联互通和信息融合的必要前提，尽管《关于推进机制

砂石行业高质量发展的若干意见》的出台为机制砂石行业提供了战略性指导，但目前基于行业的智能制造顶层设计规划较为缺乏，智能制造标准尚未有序开展，众多企业发展方向不明，产业需求与供给不能匹配。为使智能制造大规模普及，必须从国家、行业层面构建统一、规范的标准体系，发挥标准的引领作用，推动标准制定与技术创新、产业化和市场开拓等方面的有效结合。

1.3.1.3 智能制造成本高昂，企业智能升级动力不足

中投顾问的研究报告显示，中国仅16%的企业进入智能制造应用阶段，从智能制造的经济效益来看，52%的企业其智能制造收入贡献率低于10%，60%的企业智能制造利润贡献率低于10%。而90%的中小企业智能制造实现程度较低的原因在于，智能化升级成本抑制了企业需求，其中缺乏融资渠道影响最大。年收入小于5亿元人民币的企业中，50%的企业在智能化升级过程中采用自有资金，25%为政府补贴，银行贷款和资本市场融资各占11%。而企业收入规模大于50亿元人民币的企业，其智能化升级资金来源中自有资金占67%，银行贷款占比25%。整体而言，中小微型企业的银行贷款比例低于大中型企业，占企业数量绝大多数的中小企业只能依靠自有资金进行智能化改造。

机制砂石生产线的整体数字化和系统化升级改造成本较高，工业机器人等智能装备使用成本高、应用难度大，对于市场上大量的中小型企业而言，本身基础设施较差，人工作业比例较高，更容易认为数字化、智能化改造投入产出不如机器换人价值更清晰或者更大，因此智能化改造升级的动力不足。

1.3.1.4 行业缺乏相应智能制造系统解决方案供应商

我国工业所采用的工业辅助设计、工业流程控制、三维建模、产品设计等软件产品均以国外软件产品为主，导致制造业对国外产品形成依赖，缺乏对关键工艺里程和基础数据的研发积累，技术空心化趋势明显。

由于流程行业工艺门槛普遍较高、资质要求较高等因素，目前供应商的整体数量仍相对较少。流程行业供应商大多数依靠现有的控制系统、工业软件进行相关的系统集成和功能实现，关注底层控制系统优化和工艺算法优化的供应商相对较少。近年来，虽然制造企业和软件企业的系统集成能力有所增强，但鲜有企业和科研机构进行智能制造基础软件系统的开发，国产数控机床、机器人等高端产品仍大量使用国外软件系统，国内软件企业的研发也主要针对消费产品市场。资本市场多专注于工业机器人、汽车、冶金、化工等发展及智能制造应用相对成熟的市场，对于一些产业规模较小、定制化要求较高行业的智能化设备及其解决方案领域投入较小，导致各行业间智能化水平存在较大差异。

对于自动化水平较高的流程行业，智能制造解决方案的侧重点和市场情况较离散行业有较大区别。根据中国制造系统解决方案供应商联盟对320家智能制造解决方案供应商主营业务的调查统计（图1-2），从数量上来看，能够提供流程行业智能制造解决方案的供应商数量占总数的18%，另外72%的供应商均属于离散行业；从行业分布上看，

供应商涉及的行业有钢铁、有色、医药、化工、石油、电池、水泥、煤炭等，同时也存在能够为若干行业同时提供智能制造解决方案的供应商。可以明显看出，机制砂石行业缺乏相应的智能制造系统解决方案供应商，一定程度上制约了智能设备、工业软件等的应用。

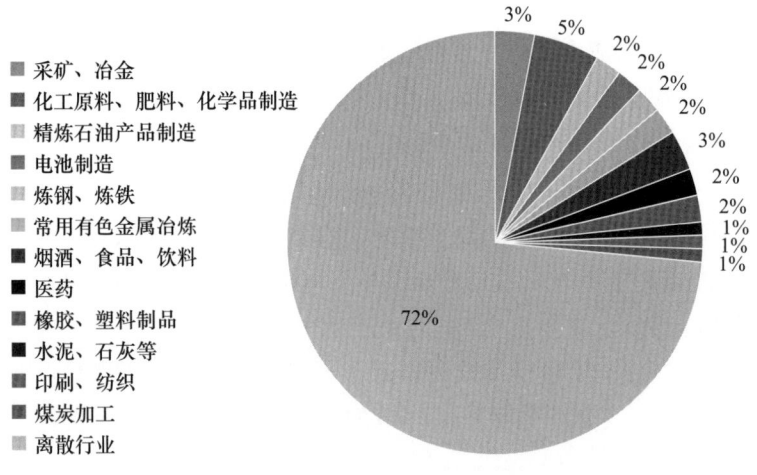

图 1-2　智能制造解决方案供应商行业分类

数据来源：中国制造系统解决方案供应商联盟

1.3.1.5　人才资本短板凸显，行业转型升级遭遇掣肘

据数据分析，到 2025 年，人才需求预测 900 万人，人才缺口预测 450 万人，不断加强人才培养，补齐人才短板，是制造业转型升级的当务之急。机制砂石行业科技含量低，投入大量人力、物力，但劳动生产率却偏低，大部分中小型企业处于产业价值链中的低端环节，从业人员多以熟练技工居多，而企业搭建智能制造系统需要管理、技术等多方面人才，尤其是既懂业务又熟悉智能制造的复合型人才更是紧缺。随着新一代信息技术在制造领域的深入应用，机制砂石行业发展呈现出数字化、网络化和智能化的特征，对劳动者素质提出更高要求，对技术技能型人才的需求急剧增长，制约日益显现。

1.3.2　机制砂石行业发展智能制造的驱动因素

在加快形成以国内大循环为主体、国内国际双循环相互促进的新发展格局的背景下，机制砂石行业作为传统制造业，需充分认识和理解当下面临的发展新机遇，聚焦重点问题，采取务实举措，推动互联网、大数据、人工智能和实体经济深度融合，促进我国制造业迈向全球价值链中高端。

1.3.2.1　政策护驾智能制造，强力推动机制砂石行业智能化升级

近年来，中国不断出台鼓励性政策支持智能制造（表 1-2）。国家清晰的政策导向和充分的支持力度，为机制砂石行业快速发展智能制造提供了良好的机遇。

2015年5月，国务院正式发布《中国制造2025》，这是我国政府全面推进实施制造强国的战略文件，是我国实施制造强国战略第一个十年的行动纲领，是我国实现制造大国向制造强国转变、中国制造向中国创造转变、中国速度向中国质量转变、中国产品向中国品牌转变的国家级战略。《中国制造2025》立足国情与现实，制订了制造强国"三步走"的战略目标：第一步，到2025年迈入制造强国行列；第二步，到2035年中国制造业整体达到世界制造强国阵营中等水平；第三步，到新中国成立100年时，综合实力进入世界制造强国前列。《中国制造2025》对于引领制造业高质量发展、引导传统制造业加快转型升级具有重要的战略性指导作用。在中国制造2025战略中，推进新一代信息通信技术和制造业的深度融合是一个贯彻始终的话题。

2016年12月，工信部、财政部印发的《智能制造发展规划（2016—2020年）》提出在2025年前，推进智能制造发展实施"两步走"战略：第一步，到2020年，智能制造发展基础和支撑能力明显增强，传统制造业重点领域基本实现数字化制造，有条件、有基础的重点产业智能转型取得明显进展；第二步，到2025年，智能制造支撑体系基本建立，重点产业初步实现智能转型。

砂石是工程建设中最基本且不可或缺的建筑材料，党中央、国务院对砂石行业健康有序发展高度重视。2019年11月，工业和信息化部等国家10部门联合发布《关于推进机制砂石行业高质量发展的若干意见》，这是首次针对砂石行业出台的重要政策。该意见指出，要推进智能制造，推动大数据、人工智能、工业互联网等在机制砂石行业应用，提升自动化、网络化、智能化水平；建设集矿石破碎、粉尘收集、废水处理、物料储运、智能监控、环境检测等于一体的数字化、柔性化的智能工厂；以矿山三维仿真、矿石在线监测、生产自动配矿和车辆智能调度为重点，着力打造数字矿山；开发和推广适合砂石骨料行业的智能设备、控制系统、检测设备，利用信息化手段提高对砂石产品粒型、级配、产出率的控制能力。2020年3月，国家发展改革委等15部门和单位联合印发的《关于促进砂石行业健康有序发展的指导意见》指出，要大力发展和推广应用机制砂石，在规划布局、工艺装备、产品质量、污染防治、综合利用、安全生产等方面加强联动，加快推动机制砂石产业转型升级；强化上下游衔接，加快建立并逐步完善机制砂石产品及应用标准规范体系，不断提高优质和专用产品应用比例。2020年9月，工业和信息化部印发《建材工业智能制造数字转型行动计划（2021—2023年）》，再次强调机制砂石行业要重点形成破碎整型、级配调整、质量监测、粉尘收集、废水处理、物料储运等集成系统解决方案。

为响应国家对砂石行业的重视，各地方政府加紧行动，相继出台砂石行业政策。2020年8月，江西省工业和信息化厅等7部门联合印发《关于促进我省机制砂石行业高质量发展的实施意见》，提出将实施一批重大项目，培育一批骨干企业，打造若干产业集群，引导机制砂石行业规模化、集约化、智能化、绿色化发展。水泥、预拌混凝土和预拌砂浆等企业利用尾矿、废石、建筑垃圾等生产机制砂石，形成"散装水泥、机制砂石、混凝土（砂浆）"一体化发展，促进产业链上下游联动发展。山东省工业和信息化厅等提出要大力推进机制砂石生产规模化、集约化，建设一批大型生产基地，积极扶持发展一批规范化、产业化、工业化机制砂生产项目，促进全省砂石生产规范有序健康发展。广东省工业和信息化厅等指出要着力加强统筹布局，提升优质砂石供给能力，优化产业结构，不断提高绿色发展和本质安全水平，实现产业现代化、集约化、规模化、标准化、生态化，引导机制砂石行业高质量发展。

表1-2　智能制造及机制砂石行业相关政策

时间	政策文件	发布部门
2015.05	《中国制造2025》	国务院
2016.04	《装备制造业标准化和质量提升规划》	质检总局、国家标准委、工信部
2016.09	《智能制造工程实施指南（2016—2020）》	工信部、发展改革委、科技部、财政部
2016.04	《机器人产业发展规划（2016—2020）》	工信部、发展改革委、财政部
2016.12	《智能制造发展规划（2016—2020年）》	工信部、财政部
2017.07	《新一代人工智能发展规划》	国务院
2017.11	《高端智能再创造行动计划（2018—2020年）》	工信部
2017.12	《促进新一代人工智能产业发展三年行动计划（2018—2020）》	工信部
2018.08	《国家智能制造标准体系建设指南（2018版）》	工信部、国标管理委员会
2019.11	《关于推进机制砂石行业高质量发展的若干意见》	工信部、发改委等10部门
2020.09	《建材工业智能制造数字转型行动计划（2021—2023年）》	工信部
2021.12	《"十四五"机器人产业发展规划》	工信部、发展改革委等15部门
2021.12	《"十四五"智能制造发展规划》	工信部、发展改革委等8部门
2021.12	《"十四五"原材料工业发展规划》	工信部、科技部、自然资源部
2022.01	《国家智能制造标准体系建设指南（2021版）》	工信部、国标管理委员会
2022.01	《建材行业智能制造标准体系建设指南（2021版）》	工信部
2023.04	《建材工业鼓励推广应用的技术和产品目录（2023年本）》	工信部

1.3.2.2　生态文明建设加快，倒逼机制砂石行业走绿色制造之路

当前，生态文明和绿色发展已成为社会主旋律，以提高环境质量为核心，实施严格的环境保护制度已成趋势。建设生态文明，必须全面推行绿色制造，不断缩小与世界领先绿色制造能力的差距，加快赶超国际先进绿色发展水平。但是，我国工业发展依然没有摆脱高投入、高消耗、高排放的粗放模式，工业仍然是消耗资源能源和产生排放的主要领域，资源能源的瓶颈制约问题日益突出，与发达国家仍有差距，其中建材行业国内平均能效水平与国际先进水平相比还落后10%左右，我国万美元工业增加值用水量为569m³，远高于日本的88m³、韩国的55m³、英国的89m³。因此，迫切需要加快制造业绿色发展，形成节约资源、保护环境的产业结构和生产方式，改变传统的高投入、高消耗、高污染生产方式，建立投入低、消耗少、污染轻、产出高、效益好的资源节约型、环境友好型工业体系。

《中国制造 2025》提到，要加快实施传统行业绿色改造升级，全面推进钢铁、有色、化工、建材、造纸、印染等传统制造业绿色化改造，加快新一代可循环流程工艺技术研发，大力开发推广具备能源高效利用、污染减量化、废弃物资源化利用和无害化处理等功能的工艺技术，积极采用高效电机、锅炉等先进设备，用高效绿色生产工艺技术装备改造传统制造流程，加快实现重点行业绿色升级。要广泛应用清洁高效铸造、锻压、焊接、表面处理、切削等加工工艺，实现绿色生产。

随着全球基础设施建设高潮迭起，砂石骨料持续走俏，由于干燥材料、强风和其他周围环境的影响，很容易发生粉尘污染，因此机制砂石的环境问题颇受各方关注。国家部委及地方政府陆续出台政策，要求全面推动砂石行业绿色矿山建设工作，实现矿区环境生态化、开采方式科学化、资源利用高效化、管理信息数字化、矿区社区和谐化，采用先进的工艺技术与装备，做到绿色开采、绿色生产、绿色存贮、绿色运输。绿色化的关键在于重大绿色技术的不断创新和推广应用，在于先进工程科技的不断突破和坚实支撑，智能制造正成为机制砂石行业实现绿色制造的必由之路。机制砂石行业发展绿色制造的本质是提高制造过程效率，以更小的消耗和排放来实现同样或者更大的产出价值，而智能化技术或设备的应用有助于提升排放无害化处理过程的效率和能力。通过工业机器人、人工智能、集成电路、工业物联网、数字孪生、生态制造等先进技术，可以提高砂石行业生产效率，强化产品的全生命周期管理，实现资源的循环利用。可见，智能制造与绿色制造中的循环化和集约化节能改造正相吻合，加快发展智能制造对于砂石行业发展循环经济、促进绿色转型将发挥叠加作用。

1.3.2.3　新一代信息技术日渐成熟，行业智能制造可鉴经验增多

随着云计算、大数据、物联网、5G、人工智能技术的不断发展，目前已经被广泛用于图像识别、智能机器人、语音识别、故障诊断与预测性维护、智能驾驶、自动驾驶等领域，为建材、纺织、冶金、汽车等传统制造业和装备制造、新能源等战略性新兴产业提供了强有力的支持。

借助人工智能技术，可在生产制造过程中实时获取各种信息，如工艺参数、设备工况、质量检测等。离线状态下，人工智能可利用机器学习技术对产品缺陷和物联网历史数据之间的关系进行深度挖掘，形成控制规则；在线状态下，人工智能可利用增强学习技术，通过实时反馈减少缺陷产品的出现概率，同时还能对专家经验进行整合，持续改进学习结果。

物联网技术在生产过程中对污染物排放与治理环节进行实时监测的应用已较为成熟，对于冶金、煤矿、石油等典型的高污染行业的应用较为广泛，对于机制砂石行业也具有一定参考价值。例如，在重点污染排污企业污染源口安装无线传感设备，对其排污数据实时监测，并通过远程控制手段对排污口执行开启或关闭操作，防范恶性环境污染事件的发生。RFID 作为物联网技术的典型代表，凭借低成本、操作便捷等优势被制造业广泛应用，RFID 在库存管理环节的应用已相对成熟，通过管理人员使用手持终端对库存设备进行扫描，即可获取各类商品的仓储信息，显著降低了劳动强度，并大幅提高了工作效率。

数字孪生目前主要运用于工业中，在工厂设计、建造、生产线调试、安装，工厂运行监控、工业安全等方面数字孪生都可以为企业带来价值。对于正在运行的工厂，通过数字孪生模型可以实现工厂运行的可视化，包括生产设备目前的状态，在加工什么订单，设备和生产线的 OEE、产量、质量与能耗等，还可以定位每一台物流装备的位置和状态。对于出现故障的设备，可以显示出具体的故障类型。华龙讯达应用数字孪生技术，在烟草行业进行了工厂运行状态的实时模拟和远程监控实践，中烟集团在北京就可以实现对分布在各地的工厂进行远程监控。海尔、美的在工厂的数字孪生应用方面也开展了卓有成效的实践。

ERP 是现阶段成熟度最高的现代化企业管理解决方案，其功能集过去的 MES、CRM、OA 等于一体，它使企业管理者实时获得企业生产经营信息成为可能。目前，部分制造企业已经具备了相当高的信息化管理水平，建立了基于 ERP 的现代企业管理体系，能够促进关键信息在组织内部及供应链上下游企业之间进行实时传输。

此外，中国装备工业整体实力不断提升，尤其是智能制造等高端装备制造业蓄势待发，成为科技与产业融合发展的新亮点。智能制造装备是指具有感知、分析、推理、决策、控制功能的制造装备，它是先进的制造技术、信息技术和智能技术的集成和深度整合。经过 30 多年的发展，我国智能制造装备行业已初步形成了以新型传感器、智能控制系统、工业机器人、自动化成套生产线为代表的产业体系。目前，工业机器人逐渐向一般工业领域拓展，包括金属和建材、机械加工、橡胶和塑料制品、钢铁、石化、纺织等行业。此外，在政策、技术等因素的推动下，中国已经出现一批工业互联网平台，产业体系已初步完善。

智能制造系统解决方案供应商在智能制造的推进过程中起到至关重要的作用。智能制造工程实施三年以来，我国顶层规划、试点示范、标准体系建设有效推进，全社会智能制造的氛围逐步形成。2017 年，我国智能制造系统解决方案市场规模达 1280 亿元，同比增长 20.8%；2018 年市场规模约为 1560 亿元，同比增长 21.9%。受益于用户数字化建设的持续推进，用于研发、物流、服务等环节的智能制造系统解决方案也日益成熟，柔性装配系统、加工环节数字化系统、智能输送系统、智能仓储系统、企业资源计划等智能制造系统解决方案的应用效果愈发显著。

1.3.3 机制砂石行业发展智能制造的趋势

1.3.3.1 智能制造的技术基础

波士顿咨询公司在《工业 4.0：未来生产力与制造业发展前景》研究报告中提出，工业 4.0 应当包含的九个支撑技术，分别为自动机器人、增材制造、增强现实、模拟仿真、水平和垂直的系统集成、工业物联网、云计算、网络安全技术、大数据分析。结合上述观点与建材制造业行业特点，本书提出智能制造的九项技术基础，分别为工业机器人、增强现实、增材制造、5G、物联网、大数据、云计算、人工智能、网络安全技术。

1. 工业机器人

机器人自 20 世纪 60 年代问世以来，经过半个多世纪的发展，已广泛应用于各个领域，成为航天航空、深海探秘、工业制造以及自动化生产的主要机电一体化设备。机器人根据其应用特点，可以分为服务机器人和工业机器人，工业机器人包括搬运机器人、装配机器人、处理机器人等。服务机器人包括个人/家用机器人和专业服务机器人等。

工业机器人是面向工业领域的多关节机械手或多自由度的机器装置，它能自动执行工作，是靠自身动力和控制能力实现各种功能的一种机器。它既可以接受人类指挥，也可以按照预先编排的程序运行。现代的工业机器人还可以根据人工智能技术制定的原则纲领行动。从工业机器人的用途而言，其主要完成的是通过计算机来控制机器人的自主自动化控制系统。美国机器人协会将其定义为："用来进行搬运机械部件或工件的、可编程序的多功能操作器，或通过改变程序可以完成各种工作的特殊机械装置"。国际标准化组织对工业机器人的定义为："工业机器人是一种具有自动控制的操作和移动功能，能完成各种作业的可编程操作机器"。

机器人基本由机械本体结构、关节伺服驱动、计算机控制系统、感知系统、通信接口等组成。

（1）机械本体结构

机器人的机械本体结构主要分为操作型本体结构和移动型本体结构。操作型本体结构类似于人类的手臂和手腕，配合各种手爪和末端操作器，进行各种抓取动作和作业操作；移动型本体结构的主要目的是实现移动功能，包括轮式车、履带车和足腿式结构，以实现蛇行、蠕动、变形运动等。

（2）关节伺服驱动

机器人本体机构结构的动作靠的是关节驱动，机器人的关节驱动大多是基于闭环控制的原理来实现的。常用的驱动单元是各种伺服电动机，由于一般伺服电动机的输出转速很高，输出转矩较小，而关节需带动的负载的转速不高，负载力矩却不小，因此，经常在电动机与负载之间用一套传动装置来进行转速和转矩的匹配。

（3）计算机控制系统

各关节伺服驱动的指令值由主计算机计算后在每个采样周期给出。主计算机根据示教点参考坐标空间位置、方位及速度，先进行点与点的插补，得到空间轨迹在各采样时刻的数据，通过逆运动学计算把空间数据转变为各关节的指令值。

（4）感知系统

机器人要正常进行工作，必须与周围环境保持密切的联系。除了关节驱动系统中供反馈用的位置、速度、加速度的传感器外，机器人还可配备视觉、力觉、触觉、接近觉等多种类型的传感器，以及传感信号的采集处理系统。

（5）通信接口

为了与周边设备及操作进行联系与应答，机器人还具有各种通信接口及人机通信装置，包括在语音合成和识别技术上实现人机对话，以及各种多媒体系统。

机器人的性能正向高速度、高精度、高可靠性、低价格、便于操作和维修方面发展；而机器人的机械结构向着模块化、可重构化发展。

2. 增强现实

增强现实是在虚拟现实的基础上发展起来的新兴技术，可以将真实世界信息和虚拟世界信息"无缝"集成。通过计算机等科学技术，增强现实可以把原本在现实世界的一定时间空间范围内很难体验到的实体信息（视觉信息、声音、味道、触觉等）模拟仿真后再叠加，将虚拟的信息应用到真实世界，使得真实的环境和虚拟的物体同时地存在同一个画面或空间，从而达到超越现实的感官体验。

增强现实技术包含了多媒体、三维建模、实时视频显示及控制、多传感器融合、实时跟踪及注册、场景融合等新技术与新手段。增强现实提供了在一般情况下，不同于人类可以感知的信息。

增强现实在信息领域，尤其利用国际互联网和全球卫星定位等技术，这些技术的结合，发展空间是无限的。而随着输入和输出设备价格的不断下降、视频显示质量的提高以及功能很强大但易于使用的软件的实用化，AR 技术必将在人工智能、CAD、图形仿真、虚拟通信、遥感、娱乐、模拟训练等许多领域带来革命性的变化。

增强现实技术具有三大特点，分别是虚实结合、实时交互以及在三维尺度空间中增添定位虚拟物体。一个完整的增强现实系统是由一组紧密联结、实时工作的硬件部件与相关的软件系统协同实现的，常用的有如下三种组成形式。

（1）Monitor-Based

摄像机摄取的真实世界图像输入计算机中，与计算机图形系统产生的虚拟景象合成，并输出到屏幕显示器。用户从屏幕上看到最终的增强场景图片。虽然简单，但沉浸感较弱。

（2）光学透视式

根据虚实场景融合方式的不同，AR 系统可划分为两大类，分别是基于光学原理的穿透式 HMD（Optical See-through HMD）和基于视频合成技术的穿透式 HMD（Video See-throughHMD）。光学透视式增强现实系统具有简单、分辨率高、没有视觉偏差等优点，但同时也存在着定位精度要求高、延迟匹配难、视野相对较窄和价格高等缺点。

（3）视频透视式

视频透视式增强现实系统采用的基于视频合成技术的穿透式 HMD（VideoSee-throughHMD），具有在虚实场景的遮挡、融合策略上更为灵活；具有较宽的视野；虚实视图之间的延迟可以实现比较精确的匹配；可以根据真实场景的图像提供附加的定位策略等优点。

3. 增材制造

Additive Manufacturing（增材制造），又称作 3D 打印（3D Printing，是一种用数字文件生成一个三维物体的过程。在 3D 打印的过程中，一层层的材料被逐次叠加起来，直到形成最终的物体形态。每一层可以看作这个物体的一个很薄的横截面，而每层的厚度则决定了打印的精度，层的厚度越小，打印的精度越高，打印出来的实体与数字模型本身越接近。

3D打印在创建物体形态上有极大的自由度，几乎不受形态复杂度限制，这也是3D打印相比于传统制造方法（主要是Subtractive Manufacturing，即减材制造）的一个重要优势。使用传统减材制造方法时，部件复杂的形态会使开模难度加大、使用工具更加复杂、成本大幅上涨。然而对于3D打印技术来说，由于其独特的分层成型原理，简单的形态和复杂的形态在创建时并无差异。

传统制造业中普遍应用减材制造技术，对材料的利用率低。而增材制造通过极小单位的原材料的叠加产生三维物体形态，虽然后期仍可能通过再加工产生废料，但总体来说对材料的浪费很少。当然，由于传统减材技术已经非常成熟，在工艺精细度、自动化和效率上都具有很大优势，量产的成本也能有效控制，因此在多数领域3D打印技术还不具备取代它的优势。但3D打印技术在原型制作以及小批量生产上明显优于传统减材技术，而且基于3D打印技术的发展速度和工艺独特性，3D打印技术必将在制造业中占据重要的位置。

从20世纪80年代至今，3D打印技术的应用和研究已经涉及机械工程、航天、交通运输、医疗、建筑、食品、时尚、艺术、教育等各个领域，打印维度囊括纳米级到建筑尺寸，而对于3D打印材料的研究也极大的挑战了人们对于传统材料的认知，拓展了3D打印的可能。传统意义的木材、石材等如今也通过材料上的创新成为能够3D打印的材料。生物材料、导电材料、可食用材料等大大拓宽了3D打印的应用领域。3D打印技术催生了数字材料的概念，即通过数字化控制，聚合不同材料而创造的具有混合材料特性的新材料。在此过程中，原材料的选择，原材料混合比例，可以有多种可能性，混合后产生的新材料的特性也相应的有多种可能性。从最初只能打印单一材料，到如今能一体打印多种材料，并实现在同一个物体中变化材料特性，增材制造对未来各个领域的影响可见一斑。

4.5 G

5G是面向2020年以后移动通信需求而发展的新一代移动通信系统。根据移动通信的发展规律，5G将具有超高的频谱利用率和能效，在传输速率和资源利用率等方面较4G移动通信提高一个量级或更高，其无线覆盖性能、传输时延、系统安全和用户体验也将得到显著的提高。5G移动通信将与其他无线移动通信技术密切结合，构成新一代无所不在的移动信息网络，满足未来10年移动互联网流量增加1000倍的发展需求。5G移动通信系统的应用领域也将进一步扩展，对海量传感设备及机器与机器（M2M）通信的支撑能力将成为系统设计的重要指标之一。未来5G系统还须具备充分的灵活性，具有网络自感知、自调整等智能化能力，以应对未来移动信息社会难以预计的快速变化。

当前信息技术发展正处于新的变革时期，5G技术发展呈现出如下新的特点。

一是5G研究在推进技术变革的同时将更加注重用户体验，网络平均吞吐速率、传输时延以及对虚拟现实、3D、交互式游戏等新兴移动业务的支撑能力等将成为衡量5G系统性能的关键指标。

二是与传统的移动通信系统理念不同，5G系统研究将不仅把点到点的物理层传输与信道编译码等经典技术作为核心目标,还以更为广泛的多点、多用户、多天线、多小区协作组网作为突破的重点,力求在体系构架上寻求系统性能的大幅度提高。

三是室内移动通信业务已占据应用的主导地位,5G 室内无线覆盖性能及业务支撑能力将作为系统优先设计目标,从而改变传统移动通信系统"以大范围覆盖为主、兼顾室内"的设计理念。

四是高频段频谱资源将更多地应用于 5G 移动通信系统,但由于受到高频段无线电波穿透能力的限制,无线与有线的融合、光载无线组网等技术将被更为普遍地应用。

五是可"软"配置的 5G 无线网络将成为未来的重要研究方向,运营商可根据业务流量的动态变化实时调整网络资源,有效地降低网络运营的成本和能源的消耗。

为提升其业务支撑能力,5G 在无线传输技术和网络技术方面将有新的突破。在无线传输技术方面,将引入能进一步挖掘频谱效率提升潜力的技术,如先进的多址接入技术、多天线技术、编码调制技术、新的波形设计技术等;在无线网络方面,将采用更灵活、更智能的网络架构和组网技术,如采用控制与转发分离的软件定义无线网络的架构、统一的自组织网络、异构超密集部署等。

5G 移动通信标志性的关键技术主要体现在超高效能的无线传输技术和高密度无线网络(High Density Wireless Network)技术。其中基于大规模 MIMO 的无线传输技术将有可能使频谱效率和功率效率在 4G 的基础上再提升一个量级,该项技术走向实用化的主要瓶颈问题是高维度信道建模与估计以及复杂度控制。全双工(Full Duplex)技术将可能开辟新一代移动通信频谱利用的新格局。超密集网络(Ultra-Dense Network,UDN)已引起业界的广泛关注,网络协同与干扰管理将是提升高密度无线网络容量的核心关键问题。

体系结构变革将是新一代无线移动通信系统发展的主要方向。现有的扁平化 SAE/LTE(System Architecture Evolution/Long Term Evolution)体系结构促进了移动通信系统与互联网的高度融合,高密度、智能化、可编程则代表了未来移动通信演进的进一步发展趋势,而内容分发网络(CDN)向核心网络的边缘部署,可有效减少网络访问路由的负荷,并显著改善移动互联网用户的业务体验。

5. 物联网

物联网(Internet of Things),国内外普遍公认的是 MIT Auto ID 中心 Ashton 教授于 1999 年在研究 RFID 时最早提出来的。2005 年 11 月 17 日,在突尼斯举行的信息社会世界峰会(WSIS)上,国际电信联盟(ITU)发布了《ITU 互联网报告 2005:物联网》,正式提出了"物联网"的概念,并且提出了物联网的四项核心技术,物联网的定义和范围已经发生了变化,覆盖范围有了较大的拓展。

国际电信联盟 ITU 对物联网的定义是:物联网是在计算机互联网的基础上,利用 RFID、无线数据通信等技术,构造一个覆盖世界上万事万物的"Internet of Things"。在这个网络中,物品(商品)能够彼此进行"交流",而无需人的干预。其实质是利用射频自动识别(RFID)技术,通过计算机互联网实现物品(商品)的自动识别和信息的互联与共享。

现今物联网的核心和基础依然是互联网，是在互联网基础上的延伸和扩展的网络。同时，用户端延伸到任何物品和物品之间进行信息交换和通信，也就是物物相息。

国际电信联盟（ITU）提出的物联网四大核心技术分别是无线射频识别技术（RFID）、无线传感技术、嵌入式智能技术以及纳米技术。无线射频识别技术提供了一套简单有效的物体识别系统，是大量物体数据处理的基础。数据收集受益于探测物体物理状态改变的能力，而无线传感技术正提供了这样的功能。嵌入式智能技术能够把数据处理能力分发到网络边界，提供更高的网络弹性，使物体和设备在网络边界做出独立决定。最后，纳米技术的优势意味着体积越来越小的物体可以进行交互与连接。这些技术融合在一起，将世界上的物体从感官上和智能上连接到一起，形成了物联网。

从技术架构上来看，物联网可分为三层：感知层、网络层和应用层。

感知层由各种传感器以及传感器网关构成，包括各类传感器、二维码标签、RFID标签和读写器、摄像头、GPS等感知终端。感知层的作用相当于人的眼耳鼻喉和皮肤等神经末梢，它是物联网识别物体、采集信息的来源，其主要功能是识别物体，采集信息。

网络层由各种私有网络、互联网、有线和无线通信网、网络管理系统和云计算平台等组成，相当于人的神经中枢和大脑，负责传递和处理感知层获取的信息。

应用层是物联网和用户（包括人、组织和其他系统）的接口，它与行业需求结合，实现物联网的智能应用。

6. 大数据

目前，业界对大数据还没有一个统一的定义，但是大家普遍认为，大数据具备 Volume、Velocity、Variety 和 Value 四个特征，简称"4V"，即数据体量巨大、数据速度快、数据类型繁多和数据价值密度低，如图 1-3 所示。

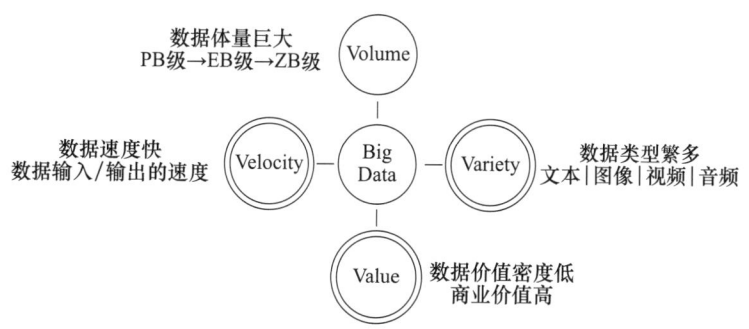

图 1-3 大数据特征

大数据时代，数据的应用已经渗透各行各业，大数据技术为企业业务分析和行业发展带来了新的思维角度，将会充分激发数据对社会发展的影响和推动。大数据技术的特点，首先，能够处理比较大的数据量。其次，能对不同类型的数据进行处理。大数据技术不仅对一些大量的、简单的数据能够进行处理，还能够处理一些复杂的数据，如文本数据、声音数据以及图像数据等。另外，大数据技术的应用具有密度低和价值大的效果。一些零散的、各种类型的数据，那么可以利用大数据分析技术，将信息中潜藏的价值挖掘出来，以便于工作研究或者其他用途的分析。

大数据技术体系包含六个层次，分别为数据收集、数据存储、资源管理与协调、计算引擎、数据分析以及数据可视化。数据收集技术，在大数据的生命周期中，数据采集处于第一个环节。根据 Map/Reduce 产生数据的应用系统分类，大数据的采集主要有 4 种来源：管理信息系统、Web 信息系统、物理信息系统、科学实验系统。数据存储技术，大数据的存储采用不同的技术路线，大致可以分为三类。第一类主要面对的是大规模的结构化数据。第二类主要面对的是半结构化和非结构化数据。第三类面对的是结构化和非结构化混合的大数据。分布式协调与资源管理技术，涉及资源管理和调度系统 YARN 以及资源协调系统 Zookeeper。计算引擎技术，涉及批处理、交互式处理以及流式实时处理三类引擎，包括 Map/Reduce、Spark、Impala/Presto、Storm 等常用技术。数据分析技术，对于采集到的不同的数据集，可能存在不同的结构和模式，如文件、XML 树、关系表等，表现为数据的异构性。对多个异构的数据集，需要做进一步集成处理或整合处理，将来自不同数据集的数据收集、整理、清洗、转换后，生成一个新的数据集，为后续查询和分析处理提供统一的数据视图。

7. 云计算

云计算（Cloud Computing）由分布式计算、并行处理、网格计算发展而来，是一种新兴的商业计算模型。IBM 公司于 2007 年年底宣布了云计算计划，云计算的概念出现在大众面前，在 IBM 的技术白皮书"Cloud Computing"中的云计算定义："云计算一词用来同时描述一个系统平台或者一种类型的应用程序。一个云计算的平台按需进行动态地部署（Provision）、配置（Configuration）、重新配置（Reconfigure）以及取消服务（Deprovision）等。在云计算平台中的服务器可以是物理的服务器或者虚拟的服务器。高级的计算云通常包含一些其他的计算资源，如存储区域网络（SANs）、网络设备、防火墙以及其他安全设备等。云计算在描述应用方面，描述了一种可以通过互联网进行访问的可扩展的应用程序。云应用使用大规模的数据中心以及功能强劲的服务器来运行网络应用程序与网络服务。任何一个用户可以通过合适的互联网接入设备以及一个标准的浏览器就能够访问一个云计算应用程序"。

通过对云计算的定义，可以看出云计算具有高可靠性、高扩展性、高可用性、支持虚拟技术以及服务多样性的特点。现有的云计算技术体现了以下 3 个方面的特征：

一是硬件基础设施架构在大规模的廉价服务器集群之上；

二是应用程序与底层服务协作开发，最大限度地利用资源；

三是通过多个廉价服务器之间的冗余，使用软件获得高可用性。

云计算是一种新兴的计算模式，其发展离不开自身独特的技术和所涉及的一系列其他传统技术的支持，并借助 SaaS/PaaS/LaaS 等先进的商业模式把这强大的计算能力分布到终端用户手中。

(1) 虚拟化技术

虚拟化是实现云计算的最重要的技术基础,虚拟化技术实现了物理资源的逻辑抽象和统一表示,它是指计算元件在虚拟硬件的基础上运行。通过虚拟化技术可以提高资源的利用率,并能够根据用户业务需求的变化,快速、灵活地进行资源部署,实现动态负载均衡;同时与硬件无关的特性带来系统自愈功能,提升系统的可靠性。

(2) 数据存储技术

为保证高可用性、高可靠性和经济性,云计算采用分布式存储的方式来存储数据,采用冗余存储的方式来保证存储数据的可靠性,即为同一份数据存储多个副本。这样用户就无需考虑存储容量、数据存储位置以及数据的安全性和可靠性等问题。

(3) 数据管理技术

云计算系统对大数据集进行处理、分析,并向用户提供高效的服务,因此,数据管理技术必须能够高效地管理大量的数据。另外,如何在规模巨大的数据中找到特定的数据,也是云计算数据管理技术所必须解决的问题。

(4) 编程模型

为了使用户利用该编程模型编写简单的程序,云计算上的编程模型必须十分简单,保证后台复杂的并行执行和任务调度向用户和编程人员透明。当前比较有代表性的是 Google 和 Hadoop 项目。Google 开发了编程工具 Map/Reduce,它不仅是一种编程模型,也是一种高效的任务调度模型,主要用于数据集的并行运算和并行任务的调度处理。

(5) 云安全

云计算是一种基于互联网的计算模式,提供服务时也就不可避免地出现普遍存在于既有信息系统中的共性安全问题,如安全漏洞、信息泄露、恶意攻击和病毒侵害等。云安全目前已发展到了第三代的可信云安全,可以做到自动安全检测和防御,同时可以优化客户端,以提高性能、减少资源消耗。

8. 人工智能

1936 年,年仅 24 岁的英国数学家图灵(A. M. Turing)在一篇名为《理想计算机》的论文中提出了著名的图灵机模型,1950 年又在《计算机能思维吗》一书中提出了机器能够思维的论述。1956 年,在美国召开的达特茅斯会议中首度提出了"人工智能"概念,该次会议被誉为"人工智能的起点"。

根据美国数学博士约翰麦卡锡的说法,它是"制造智能机器的科学与工程,特别是智能计算机程序"。人工智能(Artificial Intelligence,)是一种使计算机控制的机器人或软件智能地思考的方式。因此,从科学角度讲,当前的人工智能是计算机科学的一个分支。人工智能研究的是人类大脑如何思考,以及人类在尝试解决问题时如何分析与决策,然后通过计算机语言使机器模拟人类智能。人工智能主要研究焦点包括机器人、语言识别、图像识别、自然语言处理和专家系统等。

人工智能是一个非常广泛的领域。当前人工智能涵盖很多大的学科,主要有六类:

一是计算机视觉(包含模式识别、图像处理等问题归入其中);

二是自然语言理解与交流(包含语音识别、合成归入其中,包括对话);

三是认知与推理（包含各种物理和社会常识）；

四是机器人学（机械、控制、设计、运动规划、任务规划等）；

五是博弈与伦理（多代理人 agents 的交互、对抗与合作，机器人与社会融合等议题）；

六是机器学习（各种统计的建模、分析工具和计算的方法）。

9. 网络安全技术

网络安全，通常指计算机网络的安全，实际上也可以指计算机通信网络的安全。计算机通信网络是将若干台具有独立功能的计算机通过通信设备及传输媒体互连起来，在通信软件的支持下，实现计算机间的信息传输与交换的系统。计算机网络的根本目的在于资源共享，通信网络是实现网络资源共享的途径，因此，计算机网络是安全的，相应的计算机通信网络也必须是安全的。

安全的基本含义：客观上不存在威胁，主观上不存在恐惧。可以把网络安全定义为：一个网络系统不受任何威胁与侵害，能正常地实现资源共享功能。要使网络能正常地实现资源共享功能，首先要保证网络的硬件、软件能正常运行，然后要保证数据信息交换的安全。

网络安全由于不同的环境和应用而产生了不同的类型。主要有以下几种：

（1）系统安全

运行系统安全即保证信息处理和传输系统的安全。它侧重于保证系统正常运行。避免因为系统的崩溃和损坏而对系统存储、处理和传输的消息造成破坏和损失。避免由于电磁泄漏，产生信息泄露，干扰他人或受他人干扰。

（2）网络信息安全

网络上系统信息的安全包括用户口令鉴别，用户存取权限控制，数据存取权限、方式控制，安全审计，安全问题跟踪，计算机病毒防治，数据加密等。

（3）信息传播安全

网络上信息传播安全，即信息传播后果的安全，包括信息过滤等。它侧重于防止和控制由非法、有害的信息进行传播所产生的后果，避免公用网络上自由传输的信息失控。

（4）信息内容安全

网络上信息内容的安全侧重于保护信息的保密性、真实性和完整性。避免攻击者利用系统的安全漏洞进行窃听、冒充、诈骗等有损于合法用户的行为，其本质是保护用户的个人利益与隐私。

1.3.3.2 机制砂石行业智能制造技术基础

近年来，随着国家建设的高速发展，建设用砂石量越来越大，优质的天然砂石资源几近枯竭，机制砂石的使用越来越广泛。但传统的机制砂石生产线一般规模较小、不考虑长远规划、设备简陋、产品质量差、环境破坏严重，已经远远不能满足行业发展的需要。因此，机制砂石行业智能化、绿色化转型发展迫在眉睫。

想要将智能制造技术与机制砂石行业深度融合，首先要了解机制砂石生产线。机制砂石生产线主要由振动给料机、挤压式/冲击式破碎机、振动筛、制砂机、胶带输送机、集中电控等设备组成。为满足客户不同的加工需要，可配备水洗设备、除尘设备等。

基于机制砂石生产线作业流程，可将机制砂石行业智能制造技术基础分为砂石矿山数字化开采、工厂生产线规范化设计、机制砂石生产线智能化管理（生产线智能管控、砂石料质量自动检测、生产线设备管理、砂石生产环保管理）、智能仓储物流管理、智慧供应链协同管理等。

1. 机制砂石数字化矿山

结合矿山生产工艺流程，应用工业机器人、智能感知、物联网、5G 等技术对钻机、铲装车、卡车、装药车、破碎机等采选工业设备及其他基础设施进行数字化改造，完善工业网络及信息安全建设，通过生产设备的自动化、集成化、智能化改造替代人工操作，以设备改造提升实现节能减排、减员增效，提高劳动生产率和资源综合利用率。

利用无人机进行地表模型的遥感遥测，集合矿体模型进行采矿现状和资源储量的计算和动态管理。利用工业机器人取代人在危险环境中进行作业，如凿岩机器人、智能巡检机器人等。通过计算机图像识别算法，在线检测矿石粒度，对破碎效果进行识别，参与系统控制。矿山人员定位技术以 RFID 技术为基础，应用现代无线电通信技术中的信令技术及无线发射接收技术，结合数据通信、数据处理及图形展示软件等，实现作业人员实时定位及动态监管系统。通过物联网、大数据采集、GPS 定位获取卡车实际作业位置、运行状态、数量质量指标等信息，并实现精准定位、智能调度、安全监测、自主感知、主动避障以及自动错车。未来持续推进"5G + 智能采矿""5G 矿用设备研究"等技术项目落地，全面覆盖矿区通信网络，不仅可以增大信息传输量，而且可以使信息的传输更加稳定、高效。同时，解决挖掘机等特种车辆作业人员成本高、工作危险性大等问题，有效降低矿区人力成本和作业风险。

2. 机制砂石生产线规范化设计

按照"统筹规划，分类施策"的原则，规范生产线智能装备规格及其产量标识；规范智能工厂设计、智能生产要求等内容；规范个性化定制、远程运维服务、网络协同制造、电子商务等智能服务；规范新一代信息技术等智能赋能应用。

数字孪生，是充分利用物理模型、计算机技术、运行历史等数据，集成多学科、多物理量、多尺度、多概率的仿真过程，在虚拟空间中完成映射，从而反映相对应的实体装备的全生命周期过程，为决策提供量化依据的一种方法。在工业应用中往往体现为工程模拟。通常分以下几个主要阶段进行：提出任务（确定建厂目标和生产管理准则），拟制想定，建立模型并编制运算程序，检查模型与真实过程是否相符，编写模型详细说明书和使用规则，把模型传送给计算中心并实际运行，进行费效评估，提供决策依据。运用工程模拟，可检验机制砂石生产线工程保障效果，研究各种工程措施和工程装备的运用，论证工程实施的落地性。

3. 机制砂石生产线智能化管理

（1）智能控制

智能控制系统安全涉及计算机、自动化、通信、管理、经济、行为科学等多个学科，同时拥有广泛的研究和应用背景。

机制砂石生产线智能控制系统，可分为设备运行状态智能化监控和砂石生产线运行状态智能化监控。以智能传感技术和滑动参数平衡模糊控制技术为核心，通过对大型机制砂石生产线的设备主机及物料在线监测等环节的信息化设计，实现生产线参数自动匹配、效率自动寻优，并且在设计中采用先进、可靠的DCS或PLC自动化控制系统，将生产线建成高效、节能、稳定生产的智能化生产线，并尽可能减少操作岗位定员，降低生产成本，满足各类客户的需求。

同时，在智能控制系统管理中，要重点关注工业控制系统安全问题。两化融合后，IT系统的信息安全也被融入工业控制系统安全中。不同于传统的生产安全（Safety），工业控制系统网络安全（Security）是要防范和抵御攻击者通过恶意行为人为制造生产事故、损害或伤亡。只有保证了系统不遭受恶意攻击和破坏，才能有效地保证生产过程的安全。

（2）生产管理

智能化设备主机和物料清单系统等构成了生产线的信息采集单元和执行单元，调度系统作为智能化生产线的大脑，根据通信网络传来的信息采集单位采到的信息进行模型处理，做出决策，并将命令通过通信网络传递到执行单元，以合理的方式完成智能化生产线的调度，保证生产线在最佳状态运行，使生产企业的效益尽可能最优。

传统方法下的生产过程优化基于系统理论的实际应用为主，具有较大的局限性，不能针对具体的问题进行调整优化。而基于大数据的生成过程优化，在制造过程数字化监控的基础上，用大数据、人工智能算法建立模型，研究不同参数变化对设备状态与整体生产过程的影响，并根据实时数据与现场工况动态调优，提供智能设备故障预警、工艺参数优推荐，降低能耗，提升良品率等一项或多项功能，对于一些危险生产行业，还能用于控制降低风险。概括起来即提质、增效、降耗、控险。

（3）质量检测

样品的制备具备数字化能力，实现数据准确、实时采集。具备质量检测能力，应用机器视觉检测、化学传感器、物联网等技术，实现机制砂石级配、粒形、含水率、石粉含量、堆积密度、硫化物含量以及有机物含量等物理与化学指标监测的智能化，并可以自动生成质量检测报告单；通过与检测设备对接，采集各环节检测数据，具备大数据统计分析能力，可以按时间周期生成质量日表、周报或月报以及质量优化方案；与DCS系统或专家系统对接，将优化配方传输至DCS系统，指导生产线配料动态优化。

（4）设备管理

通过物联网技术，建立设备系统的在线诊断平台，加强对设备机组的在线监测与诊断，时刻掌握设备的运行状况和变化趋势，准确记录设备运行信息。通过工业互联网，远程地控制设备，包含从进厂到报废的各个阶段运维，有效地结合预测性维护、检修，并形成分析统计信息，避免设备重大事故的发生，提高设备现代化管理水平。

预防性维修主要面向设备的运用环节。工业运维经历了四个阶段，目前已经从事后维修，逐渐向预防性维修发展。通过实施预测性维护，而不是应对性维护，可以降低设备整个生命周期内的费用，这样大多数的生产设施都有机会大幅提升它们的盈利水平。这有助于优化能源利用，减少设备停机，以及获得在其他方面的提升。

预防性维修主要依赖于数据和建模。建模过去主要有两种思路，一种基于机理辨别，对未知对象建立参数估计、进行阶次判定、时域分析、频域分析或者建立多变量系统、进行线性和非线性、随机或稳定的系统分析等，试图揭示系统的内在规律和运行机理；另一种则是基于 AI 相关的灰度建模思路，利用专家系统、决策树、基于主元分析的聚类算法、SVM 和深度学习等相关方法，对数据进行分析和预测。

（5）环保管理

环境保护是一个持久的话题，任何生产线、任何行业都应该将环境保护作为第一要题来引起重视。机制砂石生产线也必须注重环保措施，在生产线布置智能仪器仪表，通过光学传感器、声学传感器、化学传感器等传感装备实时对生产过程中产生的粉尘、噪声和废水进行监测。严格遵守国家和地方的环保法规，确保各种污染因子的排放达到国家规定的排放标准，使周围环境不受影响或降到最低污染程度。此外，使用细沙回收机等智能装备实现回收利用过程自动化，有效控制人工制砂过程中细沙流失率，提高成品砂的细度模数。

各类传感器采集到的大量数据，为大数据技术应用于环保提供了基础，而大数据技术又为解决工厂复杂的环境治理问题带来了新的机遇。通过合适的数据分析方法，大数据产生的结果将指导工厂治理方案的制定，并根据治理效果反馈动态更新方案。

4. 智能仓储物流管理

条码技术是在计算机的应用实践中产生和发展起来的一种自动识别技术。它是实现快速、准确而可靠地采集数据的有效手段，为物流管理提供了有力的技术支持。基于条形码、二维码、无线射频识别（RFID）等识别技术实现物流信息采集、自动出入库管理、货物实时监控。

GIS 应用于物流分析，主要是指利用 GIS 强大的地理数据功能来完善物流分析技术。完整的 GIS 物流分析软件集成了车辆路线模型、最短路径模型、网络物流模型、分配集合模型和设施定位模型等。依据 GIS 技术以及工业互联网平台建立物料智能分拣系统、配送路径规划系统以及配送状态跟踪系统，整合订单、车辆、货物、人员等各类资源，通过大数据进行分析挖掘，提出最优的运输方案、配送方案、物流方案、仓储方案及应急处置方案，通过资源的合理调度和配置，实现智能仓储配送，确保物料仓储配送准确高效和运输精益化管控。最大程度满足客户需求，降低物流成本，提升对不确定市场需求的响应能力。

5. 智慧供应链协同管理

"智慧供应链协同"是结合物联网技术和现代供应链管理的理论、方法和技术，在企业中和企业间构建的，实现供应链的智能化、网络化和自动化的技术与管理综合集成系统。智慧供应链与传统供应链相比，可视化、移动化特征更加明显。智慧供应链更倾向于使用可视化的手段来表现数据，采用移动化的手段来访问数据。同时，智慧供应链也更人性化。在主动吸收物联网、互联网、人工智能等技术的同时，智慧供应链更加系统地考虑问题，考虑行业内上中下游的协调性，实现协同发展。

构建机制砂石电子商务平台，发展"互联网+砂石骨料"。从原料购买、销售订单、调度生产、成品发运等方面深度融合上游矿石供应商、中游生产企业、下游企业用户三方信息，切实推进机制砂石行业供应链协同。

智慧供应链协同涉及订单、生产、仓储、运输、配送、调度、应急、安防等诸多环节，涉及人员、车辆、物资等诸多资源，机制砂石工厂应结合自身发展定位，充分利用各种资源共享渠道，把自身具有优势的资源共享出来服务于行业中其他企业，同时获取其他企业富余的资源，在深化内部协同的同时，不断交换内外两类要素资源，以"开放、共享、协作、共赢"的心态，推动产业链长足发展。

1.3.3.3 机制砂石行业智能制造总体架构

参照我国智能制造系统架构，结合机制砂石行业特点，本书提出了机制砂石行业智能制造系统架构，该架构从生命周期和系统层级两个维度对机制砂石行业智能制造过程中涉及的活动、装备、特征等内容进行描述。（图1-4）

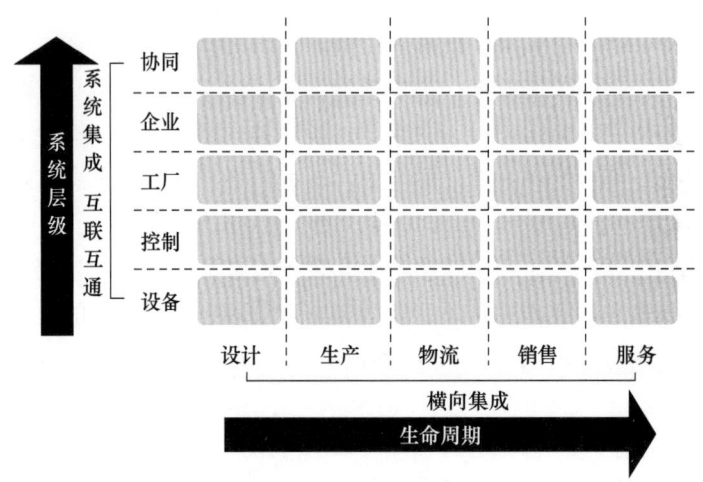

图1-4 机制砂石行业智能制造总体架构

1. 生命周期

生命周期是指从机制砂石配料设计开始到交付到用户过程的各个阶段，包括设计、生产、物流、销售、服务等一系列相互联系的价值创造活动。生命周期中各环节需要实现横向集成，根据客户反馈意见，不断迭代优化工艺流程和配料方案。通过柔性化生产的方式，促进企业的可持续发展，延长整个工程链的使用时间。

设计是指根据生产约束条件以及工艺技术来对机制砂石的生产需求进行构造、仿真、验证、优化等研发活动过程。机制砂石行业的工艺设计关系到生产设备能否顺利运行、实现预计生产能力、产品是否合格等，通过对生产工艺的优化和生产全流程整体优化，实现生产的高效化和绿色化。

生产是指通过劳动创造所需要的物质资料的过程。机制砂石行业是典型的流程行业，生产过程的刚性较强，物料流、能量流、信息流始终贯穿整个生产过程，生产过程受原料供应量、原料组分变化、成品市场需求变化等因素的影响较大。

物流是指机制砂石从开采地向接收地的实体流动过程，可以利用条形码、射频识别、传感器等物联网技术，通过信息处理和网络通信技术平台实现机制砂石运输过程的自动化运作、可视化监控以及对车辆、路径的优化管理等。

销售是指机制砂石从生产企业转移到客户手中的经营活动。传统销售的模式主要以大型批发为主，未来销售模式将向电商平台销售，产业链一体化销售模式转变。服务是指企业与客户接触过程中所产生的一系列活动的过程及其结果。机制砂石行业智能制造服务主要包括线上交易、客户关系管理、用户反馈管理等内容。

2. 系统层级

系统层级共包括5层，分别为设备层、单元层、车间层、企业层和协同层，体现了装备的智能化和互联网协议化，以及网络的扁平化趋势。随着智能制造推进，不断实现各系统间集成共享以及数据融合，打破数据孤岛的现象，实现一体化管理模式，提高企业运行效率。

设备层包含给料机、破碎机、制砂机、传输机等工艺设备，以及传感器、智能仪器仪表、工业机器人等智能化设备。通过对设备的智能化改造，实现物理流程的实时感知与在线监控，为上层控制系统和信息系统提供真实、及时、准确的数据支撑。

单元层是指机制砂石生产线信息处理、实时监测和流程控制等过程，一般采用SCADA、DCS、PLC等实现生产过程的智能控制。

工厂层是指机制砂石的生产现场，通过合理的通信网络和管理类系统，实现生产过程的智能管理，如生产计划、生产调度、设备管理、质量管理、能源管理等。

企业层是指企业经营决策管理，为机制砂石企业内部提供智能决策支持，实现管理系统的纵向集成。

协同层是指企业内部、外部信息实现互联和共享，支持跨企业资源共享以及关键制造环节协同优化。

1.3.3.4　机制砂石行业智能制造阶段目标

机制砂石生产制造将通过应用智能传感与控制、智能仪器仪表、智能物流等智能装备，采用工业机器人、5G、物联网、大数据、云计算、人工智能、无人驾驶等新一代智能技术，实现数字矿山或智能工厂在线监测和智能控制，最终实现机制砂石生产制造的全流程、全过程数据融合和决策优化。

2020年9月，工业和信息化部印发《建材工业智能制造数字转型行动计划（2021—2023年）》明确要求，到2023年，建材工业信息化基础支撑能力显著增强，智能制造关键共性技术取得明显突破，重点领域示范引领和推广应用取得较好成效，全行业数字化、网络化、智能化水平大幅提升，经营成本、生产效率、服务水平持续改进，推动建材工业全产业链高级化、现代化、安全化，加快迈入先进制造业。

支撑体系基本完善。制修订30项以上建材行业智能制造相关标准，培育5家年产值过亿元的建材行业信息化、智能化供应商，建立10个建材细分公共服务平台，基本满足建材行业信息化发展需要。

创新能力明显增强。建立5个建材行业智能制造创新平台，形成15套系统解决方案，突破50项建材领域智能制造关键共性技术，培育100个建材工业App，形成若干大数据、云计算、物联网、区块链、5G通信、虚拟现实、工业互联网等新一代技术应用场景。推广应用成效显著。推选6家智能制造标杆企业，建立50个建材行业智能工厂，打造20个数字矿山，培育100个在研发设计、生产制造、供应链管理、电子商务、设备运维等领域单项应用取得突出成效的典型项目。

建立建材智能制造标准体系。加强建材行业智能制造标准化协调机制建设，建立健全行业智能制造标准体系。组织开展智能工厂、数字矿山等标准和规程研究制定及宣贯落实。搭建智能制造标准试验验证平台，结合企业实际验证标准的有效性和可行性。

突破一批关键核心技术。依托行业骨干企业创建开放共享的建材智能制造创新平台，推动关键共性技术研究以及智能部件、装备、系统研发。引导各类企业加大研发投入，开展适用于建材工业的智能传感器、神经网络芯片等基础元器件以及工业机器人、智能交互系统等智能产品的研发、制造与应用，突破智能控制和优化、数据采集与分析、故障诊断与维护、密码防护等一批核心技术，夯实建材工业智能制造硬件和软件基础。

形成一批系统解决方案。针对建材细分行业特点，以矿山开采、原料制备、破碎粉磨、物流仓储、在线检测等关键环节为重点，提炼形成若干套具有智能感知、自动执行、深度学习、智能决策、密码防护等功能的智能化、数字化、集成化系统解决方案，促进机制砂石行业生产方式的自动化、智能化、无人化变革。

创新一批工业互联网场景。构建网络、平台、安全三大功能体系，鼓励企业积极探索"5G+工业互联网"，促进工业互联网与建材工业深度融合。推动建材行业工业互联网标识解析二级节点建设，深化标识解析应用。大力发展建材行业工业互联网创新应用平台，加快开发建材工业APP，推动建材企业和设备上云上平台，实现制造资源和制造能力互联互通。构建工业互联网密码支撑体系，加快商用密码在建材行业深度应用。

大力培育智能工厂和数字矿山。发挥智能制造标杆企业的示范引领作用，通过持续完善、迭代和提升，在行业内大规模复制推广。按照智能工厂建设规程和标准，培育一批集智能生产、智能运维和智能管理为一体的建材行业智能工厂，切实提高产品质量、运营效率、设备管理和安全环保水平。运用三维仿真、智能采选、自动配矿、无人驾驶、灾害监控等手段，实施机械化换人和自动化减人，打造一批安全、高效、绿色的数字矿山。

加快提高中小建材企业信息化水平。支持大型企业建设工业互联网平台，通过网络协同、平台集成、线上对接等方式，实施产业链协同和大中小企业资源融通，带动中小企业转型发展。结合数字化赋能中小企业专项行动，培育针对中小建材企业的信息技术供应商及产品方案，建设第三方工业互联网公共服务平台，在线提供工业软件、研发设计、市场营销、物流仓储等服务，促进中小企业上云上平台，支撑数字化转型进程。

深化产融合作，加大金融支持，鼓励产业和金融资本设立建材智能制造数字转型投资基金，重点投向人工智能、大数据、工业软件、5G通信、工业互联网等在建材领域的创新应用。支持符合条件的建材智能技术装备企业按规定享受税收优惠、融资担保政策，申请有关保险补偿和资金支持。

支持开展职业技能培训，鼓励有条件的企业、院校、科研院所联合建设智能制造实训基地，培养一批面向工业化和信息化深度融合的复合型人才，形成一批建材工业智能化数字化发展领军队伍。创新人才引进政策与方式，加强国外高端信息技术人才的引进和交流。

2 机制砂石设计与原料智能化

2.1 设计计算与模拟优化技术

2.1.1 工艺设计计算软件

2.1.1.1 目的和意义

现今砂石矿山行业对工作效率、成本控制的要求越来越高,投资开发企业不仅需要高品质的设计成果,对于工程设计周期以及生产成本控制的要求也越来越高。

砂石矿山工程设计项目中砂石原料的开采量大,砂石原料加工工艺复杂多样,其加工成本占整个混凝土生产成本比重较大。在砂石矿山投资立项、可研和初步设计阶段乃至施工详图设计阶段,均需根据不同矿山的原料岩性、岩石物理力学参数、砂石产品质量要求等,结合砂石加工工艺设计要求,提出多个砂石加工工艺流程和设备选型设计方案,经过技术经济综合比较后,才能选择技术先进可靠、经济合理的工艺设计方案。设计成果涉及粗碎、中碎、细碎、制砂、筛分和石粉控制等多道砂石加工工序,涉及的可变技术参数多,计算公式复杂,为了合理选择工艺流程和配置加工设备,往往需要进行多次工艺流程试算工作。

传统的工艺流程手工设计、电子表格计算方法,工作效率低、工作时间长,难以进行多方案技术比较,设计成果精度较低且容易出错,效率无法保证。为了解决上述问题,有必要开发砂石工艺设计计算软件。

开发具有自主知识产权的砂石工艺设计软件,可形象、方便地建立多个符合砂石生产要求的设计方案并开展比选,能自动、精确地进行流程计算,可统计分析,优化调整,在确定推荐方案后,输出符合要求的设计成果。

2.1.1.2 基本构架（图2-1）

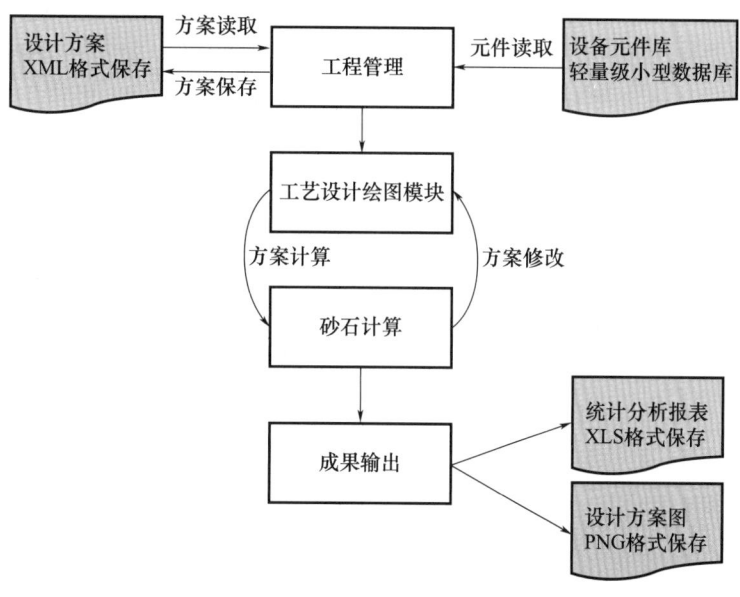

图2-1 基本构架

2.1.1.3 主要功能

其主要功能是模拟原料爆破级配和不同岩石破碎特性，自动计算流程量和产品比例，不合理参数或选型自动报警，比例调节匹配，自动生成出料曲线，实时模拟运行（计算）参数变化对计算结果的影响。

1. 元件库

元件库主要用于储存和管理砂石料生产设备、料堆及其他元件。所有元件应按照相关标准分类分级进行管理。

2. 工艺设计与计算

工艺设计绘图计算模块主要用于工艺流程设计中各作业环节的元件选择与布置，用户通过选择元件、摆放元件、设置参数、工艺流程关联，完成整个工艺流程的设计，然后进行流程数据（包含流程量、粒度分布、设备台数和设备负荷率等）计算，最后将计算结果输出显示到元件及流程中的对应位置。其中设计绘图时用户通过使用线性元素或对齐方式完成元件间的工艺关联，若流程设计某个环节计算不满足要求则提供定位报错、报警提示。

3. 统计分析报表

统计分析报表模块主要用于将已完成设计的工艺流程图中所包含的各类数据按照用户要求的格式统计输出。

2.1.2 BIM设计建模技术与运用

众所周知，BIM模型是现代BIM的一个媒介，它是以3D数字化技术为基础，整合了建筑工程项目中各种相关信息的工程数据模型，用以解决建筑工程中所遇到的问题，使设计人员及工程技术人员能够对各种建筑信息做正确应用，并提供未来协同作业稳固的基础信息。同时，BIM 模型也是一种应用于设计、建造、管理的数字化方法，应用于建筑工地智能化管理环境，使建筑工程在整个项目流程中提高效率和减小风险。

由于 BIM 模型需要应用于建筑工程全生命周期管理的集中化管理环境，因此 BIM 模型的结构为一具备数字模型和行为模型相结合的复合结构。除了包含几何图形及数据有关的数字模型，还包含与管理有关的行为模型，两者结合后，通过关联赋予数据意义，因此可用于模拟真实世界的行为。如 BIM 模型可以模拟建筑物的应力分布、材料导热状况、生产过程，其行为的模拟结构当然与信息的品质息息相关。

2.1.2.1 BIM 设计建模的必要性和意义

BIM 模型将所有信息经由数据库集中统一管理，使建筑项目高品质、高准确率、集中化协调，大大提高建筑设计乃至整体工程的品质和效率，显著降低成本。从建筑设计阶段开始建立 BIM 模型，使建筑工程可以更快速、更节省、更精确地执行，同时有助于各相关工程衔接，减小传统文件错误风险，降低时间成本，产出更完善的设计成果。对应项目全生命周期，甚至超越设计和施工阶段，更有效地帮助建筑项目竣工后的运营、维护和设施管理等作业，以利于可持续发展。

从技术观点而言，BIM 模型的成功与否就在于能否有效整合建筑项目中所有的信息。简而言之，建立 BIM 模型等同于建立一个动态的建筑数据库，无论是在建筑设计、施工或运维等阶段都可以支持不断反复发生的变更设计。最为重要的是，由于自始至终都是对同一个模型进行建立、编辑、修改，因此无论从任何图面或报表进行修改，BIM 模型本身的核心引擎都同步协调其余视图与报表文件至正确位置及数据，让图面不需要因对建筑设计的变更而需做重复修正，并使用参数化的方式真正达到设计人员急需的效能提升。

对于机制砂石工厂而言，具体实现以下目的：

（1）充分利用三维可视化协同设计平台和砂石工厂三维模型库，通过构建砂石工厂 BIM 设计标准体系，实现数字化砂石工厂全流程三维可视化协同设计，从而提高设计效率、精度和质量，降低各专业协同设计难度，提高设计成果的可视性和可读性。

（2）通过梳理和分析砂石工厂空间布局、施工过程和施工进度安排，利用赋予了各类属性和信息的 BIM 三维模型动态模拟砂石工厂的建造施工全过程，辅助寻找施工薄弱环节、优化施工作业空间布局、施工作业流程、关键路线和施工进度，实现施工资源优化配置，减少施工临时用地，为缩短工期提供技术支撑。

（3）将全信息 BIM 模型运用于砂石工厂的生产作业管控过程，通过工业互联网和虚拟现实技术，构建砂石加工、运输、储存和装卸全流程三维虚拟可视化管控平台，实现生产过程三维可视化组态管控。

（4）以 BIM 平台为基础的三维协同设计平台的搭建和 BIM 建模，实现全流程的 BIM 正向设计，并以该平台为核心实现与业务系统深度融合，贯通设计、建造、运维全阶段，实现基于模型的工程全生命周期数字化应用。

2.1.2.2 主要标准体系

BIM 标准体系框架分为两层，第一层的标准是国际标准，国、行、地、团标准；第二层的标准是企业自行编制的企业标准，企业标准必须服从于第一层的"最高标准"。其具体划分为技术标准、实施标准、管理标准（图 2-2）。

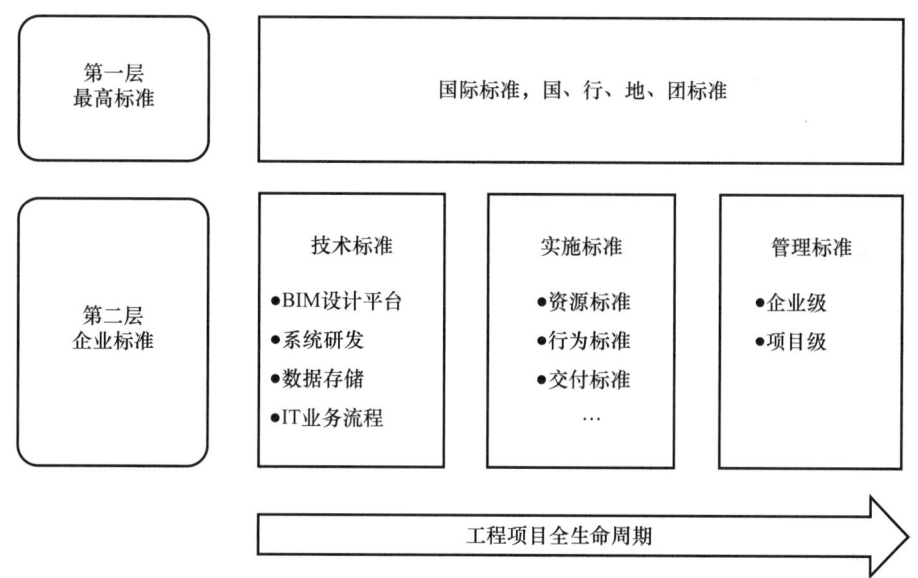

图 2-2 BIM 标准体系框架示意图

1. BIM 标准分类

（1）技术标准按 IT 工具和 IT 软件规则可划分为 BIM 设计平台、系统研发标准、数据存储标准、IT 业务流程标准。

（2）实施标准主要从资源、行为、交付物三方面指导工程全生命周期 BIM 应用的实施。内容主要体现对自身的工作程序、管理模式、资源搭建、环境配置以及成果交付物的规范化。实施标准区分不同业务板块统筹建设，可划分为资源标准、行为标准、交付标准。

资源标准：指 BIM 应用所需要条件和环境的规则，包括软件要求、硬件要求、网络要求、元（构）件库要求等资源组织和定义的相关标准。

行为标准：指 BIM 应用中人员活动和动作的规范，包括建模、制图、协同相关标准。

交付标准：指 BIM 应用中定义、组织和管理 BIM 应用中所形成的成果的标准。

（3）管理标准按管理层级，可划分为企业级、项目级。

2. BIM 应用标准体系清单

（1）国标、行标、地标、团标

①《建筑信息模型应用统一标准》（GB/T 51212—2016）。

②《建筑信息模型分类和编码标准》（GB/T 51269—2017）。

③《建筑工程信息模型存储标准》征求意见稿。

④《建筑信息模型设计交付标准》（GB/T 51301—2018）。

⑤《建筑信息模型施工应用标准》（GB/T 51235—2017）。

⑥《制造工业工程设计信息模型应用标准》（GB/T 51362—2019）。

（2）技术标准

①《工程数字化平台数据描述及存储标准》。

②《工程 GIS 数据标准》。

（3）实施标准

①各板块信息模型分类与编码标准。

②各板块建筑信息模型应用统一标准。

③各板块建筑信息模型施工应用标准。

④各板块建筑信息模型设计交付标准。

⑤各板块 BIM 设计产品卷（册）。

⑥各板块工程信息模型建设（制图）标准。

⑦BIM 协同设计工作标准。

⑧碰撞检查通用性原则。

（4）管理标准

①BIM 设计过程通用控制程序。

②BIM 产品归档实施细则。

③工程项目 BIM 实施工作导则。

2.1.2.3　BIM 三维协同设计主要平台及其适用范围

1. BIM 三维协同设计主要平台

Autodesk 平台（即 A 平台）：欧特克公司成立于 1982 年，最早以图形平台软件 AutoCAD 闻名于世，是全球第四大 PC 软件公司。

Bentley 平台（即 B 平台）：Bentley 软件公司是一家基础设施工程软件公司。提供创新的软件解决方案，致力于推动全球的基础设施进步，推动全球经济和环境的可持续发展。产品运用于公路和桥梁、轨道交通、给排水、公共工程和公用事业、建筑和园区以及工业设施的设计、建造和运营。产品主要包括用于建模和模拟的基于 Micro Station 的应用程序，用于项目交付的 Project Wise，用于资产和网络性能管理的 Asset Wise，以及用于基础设施数字孪生的 iTwin 平台。

Catia（即 C 平台）：是由成立于 1981 年的法国 Dassault System（达索系统）公司旗下的软件，主要用于 CAD、CAE、CAM 领域，广泛运用于汽车、机械、航空航天、轮船、军工、仪器仪表、建筑工程、电气管道、通信等行业。

2. 平台对比和适用范围（表2-1、表2-2）

表2-1 平台对比

类别	A 平台	B 平台	C 平台
三维设计平台	Revit	Micro Station	Catia
专注的领域	建筑以及各领域基础应用	土木工程	航空航天、机械
相互兼容性	兼容 Bentley	兼容 Autodesk	兼容机械类软件
三维建模能力	图形化建模、参数化建模，曲线建模能力一般	图形化建模、参数化建模，曲线建模能力较强	参数化建模，曲线建模能力突出
协同类别	工作共享协同	文件链接协同	工作共享协同
协同模式	理论上解决了多人同时分区域建模的问题，又解决了同一模型可被多人同时编辑问题，实现上比较复杂，性能稳定性和速度上都存在一些问题	技术成熟，性能稳定，尤其是对于大型模型在协同工作时，性能表现优异，占用的硬件资源相对于"共享工作"模式小很多	针对小范围模型的协同设计还行，但是针对大土木设计无法完全满足协同设计要求
有限元分析能力	三维模型需导入到有限元软件（如 Ansys）中进行计算	三维模型需导入到有限元软件（如 Ansys）中进行计算	平台本身具有有限元计算分析功能
硬件要求	对服务器要求不高，但对客户端 PC 要求高	对服务器、客户端 PC 要求适中	对服务器、客户端 PC 要求均非常高

表2-2 平台适用范围

类别	适用范围
A 平台	Revit 平台在建筑领域优势明显，特别是建筑出图，但异型建模能力有待加强；Autodesk 底层数据格式巨大，需要配置高性能计算机；二次开发商众多，专业定制和国产化应用速度快
B 平台	底层数据架构轻量化较好，对于大场景工程项目设计优势明显；数据格式统一，便于协同工作数据交互，协同平台符合国内设计环境习惯；软件操作对于设计人员要求较高，二次开发商较少，用户体验不好，我国标准化程度不高，遇到问题无法及时解决
C 平台	底层参数化驱动功能强大，通过变量驱动可以快速修改模型；与有限元分析软件实现交互式修改，在 Abaqus 中修改 CATIA 模型中的特征参数，修改后的参数会更新 CATIA 和 Abaqus 中的模型；在航天、汽车、机械、桥梁领域优势明显，但还未能很好地适应大土木领域

2.1.2.4 BIM 设计建模

1. BIM 设计原则

BIM 设计工作启动前，对基本设计工作原则进行确定，包括应用软件目录、设计坐标统一规定、文件命名与存储、资料互提、专业接口及责任划分、BIM 校审及会审、模型组装基本要求等。

（1）设计模型坐标

为了满足专业内部组装、专业间资料互提、专业间模型总装的协同要求，对设计模型的坐标进行统一规定。

(2)模型产品分类

BIM模型产品分为四类：专业设计模型、专业分装模型、相邻专业总装模型、工程总装模型。

专业设计模型：设计专业的单体建筑物模型、设计专业子系统模型。专业分装模型：由组装模型构成，专业内各子专业/系统模型组合成的模型。相邻专业总装模型：由相邻专业的分装模型组装形成的模型。工程总装模型：项目所有专业模型组装形成的模型。

(3)模型文件命名

模型文件命名应按照《三维可视化协同设计系统平台管理规定》执行。

(4)文件存储规定

项目的种子文件分为图纸种子、建模种子、开挖种子文件，统一存放于"综合>模型>种子文件"文件夹下。

各专业设计成果，应区分模型、图纸、算稿、文档分类存放于平台服务器数据源三维协同流程的设计项目下相应设计阶段和专业目录中对应的文件夹里。

各专业涉及多个模型产品时，应自行在本专业模型夹下新建子文件夹，子文件夹名称按模型产品名称进行命名，每个子文件夹仅存放一个模型产品文件。各专业模型文件夹下需自设"模型组装"文件夹，用于存放本专业分装模型。

项目总装模型统一存放于"综合>其他>模型>三维模型总装"文件夹下。

2. BIM设计工作

BIM设计实施的主要工作内容是编制项目勘察设计阶段BIM总体实施方案及相关专项实施方案。依据BIM实施方案及BIM标准体系的要求，进行BIM全专业（包括测绘、地质、工艺、机电、土建结构等）正向设计工作。基于创建的BIM设计模型完成如碰撞检查、工程量统计、可视化汇报材料、设计技术交底等BIM技术应用，并交付符合项目BIM标准、信息属性丰富完整、遵循平台接入规则的BIM设计模型，为实现基于模型的工程全生命周期应用打下基础。

BIM设计的主要流程包括设计基础模型建立（测绘、地质）；总布置概念设计；各专业内BIM设计与建模；专业内模型分装与BIM校审；专业间碰撞检查；模型总装与会审；模型后期应用。BIM工作流程如图2-3所示。

2.1.2.5 BIM建模深化应用

基于工程建设管理平台，针对工程各专业BIM模型深化应用需求，将BIM技术应用贯穿设计、建设和运营全阶段，结合GIS、Web、移动互联、大数据、云计算、人工智能等技术手段，对建设管理平台的功能进行梳理扩充，借助BIM手段实现"信息可视化、操作透明化、管理集中化"，具体的模型深化应用点包括在工程进度及质量安全、碰撞检测、造价、施工模拟和运行管理系统等方面的应用。

1. 工程进度及质量安全

基于项目全专业WBS与统一BIM编码，将BIM模型与工程进度以及质量安全等信息进行关联，所有模型和工程数据有机整合到平台中，通过平台开展施工阶段BIM应用和项目管控。在施工管理阶段，BIM技术协助业主进行施工阶段的管控控制工作，包括安全风控、质量风控、投资风控、进度风控等。进度管理：以工程的分部、分项为基础，可进行项目进度计划的导入、编制；结合现场手段采集数据，以此为依据填报工程量，通过模型展示未建、在建、已完成等工程状态，实现对进度的对比、分析、预警和反馈。

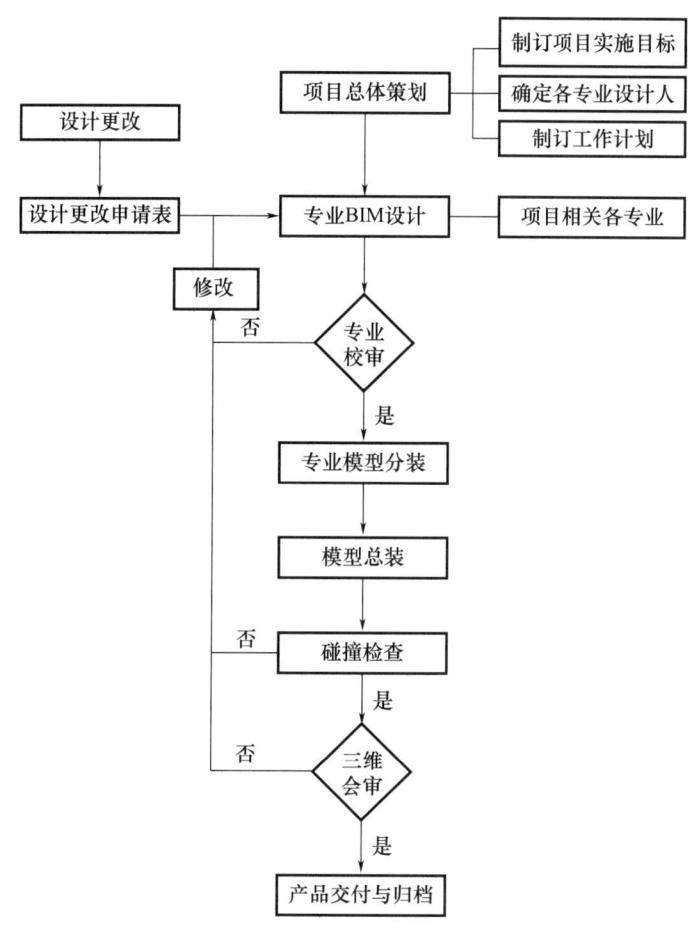

图 2-3　BIM 工作流程

2. 碰撞检测

对拟建管线进行碰撞分析，提前发现碰撞点，避免施工浪费，有效控制投资。对设计的所有管线可以进行三维管线碰撞分析，并出具碰撞分析报告，通过该工作，在施工前发现碰撞点，避免了施工浪费，有效地控制了工程投资。

3. 造价

通过三维可视、数据共享，将 BIM 模型与造价清单关联，使项目估算、概算、预算、结算、计量、支付各环节的管控更加有效。基于通用模块加定制化开发去快速响应和适应项目本身的特点。

4. 施工模拟

通过 BIM 模型的建立和融合应用，将完成的模型进行动画编辑，形成动态视频，最后将原始文件以施工逻辑串联成完整的视频。通过视频展示预先演示施工现场的施工场布置、施工顺序、复杂工艺以及重点难点解决方案。

5. 运行管理系统

采用BIM技术与运行管理系统相结合，可对建筑的空间、设备资产、隐蔽工程、应急事件、节能减排等进行科学管理，对可能发生的灾害进行预防，降低运行管理成本。

智慧运行管理系统对骨料加工信息进行整合共享，有效支撑骨料生产运行管理和综合生产管理业务，该系统基于BIM可视化系统开展各项生产和管理工作。

系统以"数据+BIM+业务"为理念，构建基于骨料加工"一张图"的海量数据可视化展现平台；它以数据为基础，从空间维度、业务视角展示骨料各系统的数据，并在此基础上进行综合展示、分析，实现统一平台化管理，使业务操作更加方便快捷，交互性更加突出。

2.1.3 柔性化工艺设计与模拟优化

"柔性"是相对于"刚性"而言的。现在绝大多数工厂及生产加工企业都在使用刚性工艺设计及加工，其生产线主要实现单一品种的大批量生产。"刚性"的优点是生产率高、设备利用率高、单件产品的成本低；其缺点是难以应对多品种、多变化的生产。在砂石骨料生产加工中，面临的多样性不仅有产品的多样性还有原料的多变性，因此，随着产品的市场需求的多变、客户的定制需求日益多样化，"柔性化工艺设计"应运而生。

在砂石骨料加工系统中，柔性化工艺设计就是按照客户的不同要求进行变化的、适应能力达最优的柔性工艺设计。柔性化工艺设计的目标是设计一个用最少的破碎筛分设备、最少的人员配置，最大限度地满足客户的各种需要的工艺流程。设计这样一个制造工艺流程就必须能够适应需求的变化，缩短生产周期，缩减库存，实现较低的结构成本。从整体来看，"柔性化工艺设计"中的"柔性"表现在砂石生产加工系统能够适应外部环境变化，这一点可用系统满足客户不同要求的程度来衡量。

柔性化工艺技术对于提升生产力有着十分重要且明显的作用，具体表现在以下三点：

（1）柔性化工艺技术是从成组技术发展起来的，因此，柔性技术也带有成组技术的特点。

（2）各品种在中、大批量生产时，虽然每个品种的批量相对来说是小的，但是多个小批量的总和就构成大批量，因此柔性生产线几乎无停工损失，设计利用率高。

（3）该项技术可缩短新产品的上马时间，转产快，能够适应多变的市场需求。

在砂石骨料生产系统中，配线工艺设计是为生产合适粒形骨料的配线方法、配线顺序和破碎装备等，它是骨料生产线设计过程中的重要一环。一个理想的工艺设计可以保证适度可靠，缩短安装周期，降低制造成本，提高骨料品质。

传统的工艺设计模式，首先对客户的原料进行分析，结合客户的粒形需求及产量，匹配出一条达标达产的工艺产线。而柔性化加工工艺设计采用并行工程和逆向思维方式，从工艺设计的底层出发，抽出工艺过程中最为本质的表述——不同物料输入、不同的粒形需求。首先对原料的多样性和成品料的多样性进行分析，整理汇总出各种粒形级配产品的关键特性，同时按照有序的加工要求，进行骨料的工艺配线设计。

在实际的柔性工艺设计方案中，为了体现出快速、柔性试制新产品的目的导向，体现出关键特性集中原则的精神，配线工艺人员需要注意以下几处细节：干湿法骨料生产线的合作与分行，关键振动筛配制选型的可置换性，转接缓冲仓的多点设计。此外，工艺人员自然也需要遵循一般的工艺配线设计原则，如先粗破后细破、多筛少破、多筛少洗。

综上可知，砂石骨料的柔性化设计的关键就是要在工艺设计中针对各种原料，对成品料的粒形及占比建立模块化数据库（包括规格、产量和流量等），实现工艺规程模块化；建立相对柔性破碎加工设备库，解决自动化小批量生产中破碎设备通用性问题，把工艺设计人员从烦琐、重复的生产技术准备中解放出来，从而大大缩短骨料工艺设计、技术准备的周期，提高工艺设计的标准化和质量，促进快速、柔性的小批量产品生产，加快新产品的替代速度，这是企业最终能适应市场的重要一环。

在完成工艺方案的初步设计之后，为了有效保证工艺设计的科学性，工艺人员往往需要根据该工艺方案，运用数据模拟软件对初步工艺方案进行模拟，根据结果对缺陷部位产生的原因进行分析并给出优化方案。优化后，调整工艺参数，再次根据优化后的方案进行模拟。如此循环往复，直至工艺缺陷明显减少且满足该设计要求为止。运用模拟仿真软件对工艺方案进行模拟优化，可以有效降低工厂的生产成本，而且生产质量明显改善，工艺方案的科学性与合理性得以保障。

在计算机技术不断发展的今天，柔性化工艺技术和模拟优化是未来骨料生产线工艺设计的新颖模式和新的发展趋势。要结合生产实际，深入研究这项技术的应用，努力发挥这项技术的优势，从而在保证工艺设计科学性的同时提高制造工艺的经济性，降低生产成本，提升生产效益，为产品的研发、设计提供基础保障。

2.1.4 砂石生产线的数字孪生与三维动态模拟

新一代信息技术如物联网、云计算、人工智能等的快速发展给制造业带来了新的高质量发展契机，针对如何深化落实信息技术在制造业中的融合和应用，各个国家基于自身国情分别提出了相应的发展战略，这促使信息物理融合（Cyber-Physical-Systems，CPS）、数字孪生（Digital Twin）等相关技术的快速发展。其中数字孪生作为践行智能制造、工业4.0、工业互联网、智慧城市等先进理念的技术与手段，广受学术界和企业界关注，数字孪生的落地应用更是关注热点。

实现智能化水平的首要任务是实现数字化，为了实现数字化，提高生产过程的透明度和管理控制水平，数字孪生这一先进制造理念被提出并被运用于砂石生产线。

数字孪生在信息集成融合、虚实融合、动态实时优化决策等方面的强大优势有助于解决传统砂石骨料生产线的信息集成融合不足、虚实融合不足、车间决策滞后等问题，可以帮助车间实现全要素集成融合、全流程可视化、规避问题、闭合环路、迭代运行优化、实时动态决策等功能。由于其先进特性和优势，基于数字孪生的三维可视化生产线引起了各方面的兴趣和行业的重视。

数字孪生也被称为数字镜像、数字映射，是指以数字化的方式建立物理实体的多维、多时空、多尺度、多学科、多物理量的动态虚拟模型来仿真和刻画物理实体在真实环境中的属性、行为、规则等。根据数字孪生五维模型，数字孪生概念主要包括以下五个部分：

（1）物理空间的物理实体（PE）；

（2）以数字化方式建立的与物理实体对应的虚拟实体（VE）；

（3）对数字孪生应用过程中所需各类数据、模型、算法、仿真、结果进行服务化封装，以工具组件、中间件、模块引擎等形式支撑数字孪生内部功能运行与实现的功能性服务（Ss）；

（4）数字孪生的驱动数据（DD）；

（5）物理产品与虚拟产品之间数据和信息的连接（CN）。

数字孪生五维模型如图 2-4 所示。

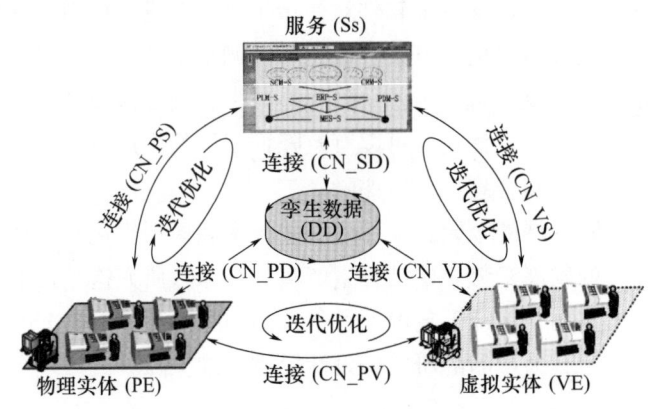

图 2-4　数字孪生五维模型

数字孪生的概念最初是由美国宇航局阿波罗计划开发的两个完全相同的太空飞行器以及之后由 Michael Grives 教授提出的"信息镜像模型"演变而来的。在美国的阿波罗探月项目中，NASA（美国航空航天局）构建两个完全相同的空间飞行器；一个用于空间飞行，被称为物理实体；另一个被留在地球上，被称为孪生体。通过执行任务前对物理实体与孪生体的充分训练，使孪生体具有能够较为准确地反映物理实体运行状态的能力，从而实现对物理实体的有效监控。Michael Grives 教授将数字孪生称为信息镜像模型，其概念是创建能抽象表达物理实体的数字虚拟模型。其后又指出数字孪生有机会在实际生成物理系统之前在虚拟环境下设计、测试、制造和使用系统，从而减少复杂物理系统在部署和使用时的故障或其他不可预测的紧急行为。数字孪生具备虚实融合与实时交互、迭代运行与优化以及全要素、全流程、全业务数据驱动等特点。

数字孪生概念是在MBD（Model Based Definition）技术的基础上发展而来的。MBD技术是指将产品的所有相关设计定义、工艺描述、属性和管理等信息都附着在产品三维模型中的先进的数字化定义方法。

数字孪生作为一种在信息世界刻画物理世界、仿真物理世界、优化物理世界、可视化物理世界的重要技术，为实现数字化转型、智能化（如智慧城市、智能制造）、服务化、绿色可持续的砂石骨料生产线的发展提供了有效途径。

在数字孪生生产线出现之前，数字化工厂、生产线仿真等概念已被提出，并应用于产前的车间布局规划和生产线优化，但是以上技术不能直接用于数字孪生车间的实时可视化监控。随着物联网技术的出现和发展，围绕设备实时可视化监控问题，出现了百花齐放的技术成果。如工厂数据采集及建模技术的实现；工厂可视化监控由二维向三维转变，能够提供更多的车间信息等。基于数字孪生的三维可视化车间逐渐从想法走向现实，并在更多的生产行业中得到了广泛应用。

生产线的三维可视化技术是指将生产现场采集的信息或者车间场景以图形、图像形式在计算机、手机等智能设备上动态直观地表示出来的技术。它借助计算机图形图像技术以及虚拟现实、增强现实技术，将车间场景布局、数据及制造状态直观显示出来，提高了车间可视化程度，同时仿真技术和计算机图形学的进步也促进了可视化技术的发展及其在制造行业的应用。将数字孪生运用于砂石骨料生产线三维可视化中，可以帮助砂石加工厂实现全要素集成融合、全流程可视化、规避问题、闭合环路、迭代运行优化、实时动态决策等功能。其目的在于实现现实世界物理车间与数字化环境虚拟车间之间的交互融合，从而达到全生命周期内物虚车间之间的协调统一，还可以基于数字孪生对车间进行数据收集存储、分析挖掘、仿真评估、自主决策，进而实现人工智能应用，更好地服务于骨料加工系统。

为了让物理产线与虚拟产线进行深度融合达到更高层次的数字化，有必要将数字孪生理念运用于砂石骨料生产加工过程中，使不同类型设备能互联互通和进行数据采集，并开发一种可视化程度高、实时性好、人机交互能力强、沉浸感强、能实时展示各种状态信息的三维可视化系统。该三维可视化车间是物理车间的准确映射并能与物理车间进行实时信息交互，可以根据车间数据进行加工路线实时动态调度，得到实时优化调度策略并下发指导设备生产加工，实现闭环控制，还可以将调度得到的加工路线进行三维可视化显示。该系统可以提高车间的智能化程度及自治性，还可以节约人工管理成本，具有较大开发应用意义。

结合数字孪生五维模型，从砂石加工产线层面来看，基于数字孪生的三维可视化车间由实际的砂石生产加工产线、虚拟砂石生产加工产线、数字孪生数据、服务系统及它们之间的连接五部分组成。

实际的砂石生产加工产线可划分为资源层、感知层和网络层。资源层主要包括人机物环境。人指车间操作人员、机制砂石加工设备；物指物料成品料等；环境指车间的温湿度、粉尘度等。这些资源构成真实物理车间。感知层主要包括RFID设备、温湿度传感器、压力传感器、光电传感器等多种传感器，另外还有工业摄像头及PLC采集设备等。这些感知设备可以感知数据以及状态和事件的发生。网络层主要包括车间网络相关设备，如以太网、路由器等，这些设备可以将感知的数据进行有效传输和互相交换。

虚拟砂石加工生产线指通过数字化手段建立的实际产线虚拟模型，要求其可视化好、能刻画反映物理的特征和行为，能对物理生产线进行仿真、优化、预测等。虚拟加工产线是与实际产线对应的模型集合，包括能对实际加工生产线的人机物环境等要素的几何要素和物理属性进行描述和刻画的数字化模型，并能对设备行为进行描述，在生产前通过虚拟模型可以先对生产任务进行仿真分析，模拟生产过程，生成初始调度指令；生产中，通过生产数据达到和实际生产线的生产同步，使用逼真的三维可视化效果展示出来，能和用户进行交互，具有很强的沉浸感，同时基于数据驱动来进行实时仿真分析，得到动态调度策略或者优化方案，并将调度策略下发给实际产线形成闭环，实现和实际产线的交互融合。

数字孪生数据是指虚拟砂石加工产线的功能建立在虚拟模型上，因此最重要的是对实际的砂石产线进行数学建模而得到虚拟模型。要能生动刻画砂石生产线，需要具备很好的三维可视效果并能进行人机交互。实际加工产线与虚拟实际加工产线信息交互是物理车间与虚拟车间建立连接的重要纽带，不能交互也就算不上数字孪生。因此，对于信息交互最重要的是依赖各种数据和服务来实现信息在车间中的传递来消除信息孤岛。

服务系统指由MES、PLM、ERP等服务系统或各种微服务组成的集合，关键在于通过提供服务来管理实际的砂石生产线。

实际加工产线与虚拟加工产线的信息交互依赖于数字孪生数据和服务系统来实现，分别对应着数据层和业务服务层。数据层主要包括各种数据的集合，通过对数据进行存储实现对数据的共享集中控制。业务服务层指在数据上进行封装的微服务或者接口，如包括获取人员信息、存储人员信息的用户服务，由获取订单、录入订单、订单分析、订单修改等业务组成的订单服务等。一般将其设计成模块化的，可以方便调用某个服务后返回结果。

基于数字孪生的可视化砂石骨料发展可按照四个层次进行划分（图2-5）：第一层为模型映射，即建立物理车间的虚拟映射；第二层为车间可视化，即通过物理车间数据驱动实现物虚车间的动态同步；第三层为实时决策，通过物虚交互实现实时动态决策；第四层为车间自治，通过人工智能和大数据分析来进行预测和自动控制。

(1) 模型映射。在计算机建立物理加工产线的数字化模型，通过模型反映各设备及环境状态，没有结合通过传感器等数据采集手段获得真实数据信息，因此不能算完整的数字孪生产线。

(2) 车间可视化。虚拟骨料加工产线可以生动刻画物理的加工产线，通过数据实时驱动建立好的虚拟模型运行，最后通过虚实融合、人机交互技术将多种信息展示出来，可以实现物理产线的实时可视化，同时能在虚拟产线进行仿真得到仿真数据用于指导生产。

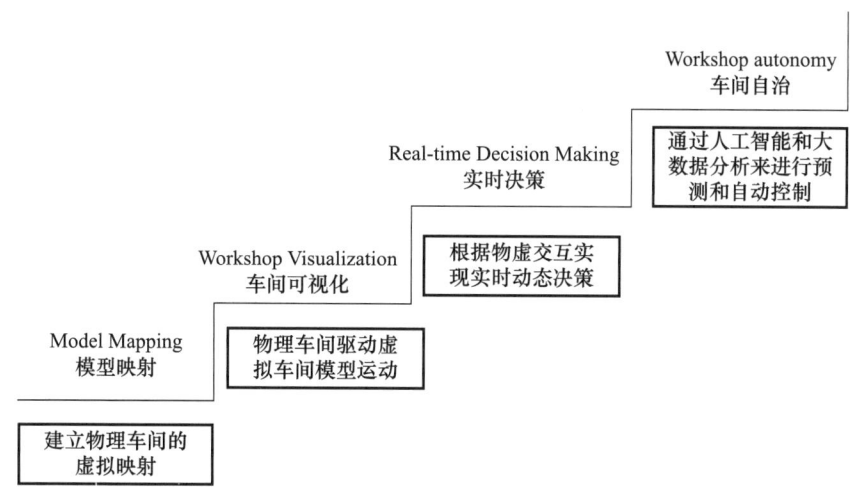

图 2-5 基于数字孪生的可视化发展层次

（3）实时决策。在数字虚拟骨料加工产线孪生加工生产线里，各个部分都实现了两两交互连接，根据双向数据流动形成了闭环系统，可以基于实时数据来辅助进行动态决策并作用于实际的砂石产线，如进行实时调度。

（4）车间自治。通过产线及设备环境状态数据、模型数据、指令数据的集成和融合可以得到大量数据，通过大数据和人工智能算法以实现预测或者自动控制，如故障预测、能耗预测、物料预测等，预知产线中设备状态，从而提前做出准备和处置，达到生产加工产线的自治。

2.2 砂石原料分析与监测

2.2.1 砂石原料来源和种类的多样性

砂石原料来源多样，包括岩石、天然砂、卵（漂）石、采矿废石碴、选矿尾矿（砂）、工程施工石碴、建筑固体废弃物及其他固体废弃物等，其中大多是由各种不同的岩石、矿物质所组成。

2.2.1.1 天然砂石

天然砂和卵（砾）石（以下称"天然砂石"）是指自然条件下自然界中的岩石遭受太阳能、风力、水力、地热等多种物理化学作用，岩石发生风化、剥蚀、破碎分离而成大小不一的陆源岩石碎屑，在水、风、冰川等外力作用下，这些自然风化颗粒由河流搬运、分选、堆积形成松散沉积砂卵石层。砂和卵石往往共生在一起，形成各种类型的砂卵石矿床，并可直接开采出、具有一定形状和尺寸的砂、卵石矿产品。

天然砂卵石的原岩可以是岩浆岩、沉积岩和变质岩，原岩风化后产生的岩石碎屑颗粒形成砂石矿床，小于1mm的天然砂通常主要由石英和长石等单矿物颗粒组成。

2.2.1.2 岩石原料

岩石是组成地球地壳的基本物质，在地球地壳的表面分布最广的是沉积岩（约占65%），地壳内部主要为岩浆岩（约占94%）。地质作用包括以地球内力引起的岩浆活动为主的内生作用、以太阳能为主的外力沉积作用以及构造运动为主引起的变质作用。由这三种作用的产物分别形成了岩浆岩（火成岩）、沉积岩（水成岩）、变质岩三大类岩石体。

大陆上分布最广的是岩浆岩，其次是沉积岩。地质作用形成的各种岩石构成的大型岩体，广泛分布在山区、丘陵地区，为我国机制砂石提供了丰富的岩石原料资源。

岩石是由各种矿物组成的，在岩石学上称为造岩矿物。矿物是具有一定化学成分和结构特征的天然化合物或单质，某些岩石由一种矿物组成，大部分岩石由多种矿物组成，主要造岩矿物有：石英、长石、云母、角闪石、方解石、白云石和黄铁矿等。

岩石原料常用岩石有：石灰岩、花岗岩、凝灰岩、白云岩、片麻岩、玄武岩、安山岩、辉绿岩、闪长岩、辉长岩、大理岩、石英砂岩、大理岩、石英岩、花岗斑岩、流纹岩等几十种岩石。不同造岩矿物和成岩条件使各类岩石具有不同的化学成分和结构构造特征，对机制砂石产品的质量影响甚大。

我国机制砂原料天然岩石各个地质年代都有产出，遍布全国各地。天然岩石物理化学性能稳定，具有良好的加工性能，机制砂石生产过程可控，产品品质可调性强，机制砂石表面特性与水泥有较好的粘结性。

2.2.1.3 卵石与漂石

卵石和漂石是指岩石自然风化破碎后，经水流长期搬运和分选、堆积而成的卵形岩石颗粒。粒径大于4.75mm的无棱角，表面光滑的天然卵形岩石颗粒称为卵（鹅卵）石；粒径大于200mm，具棱角，光滑度不明显者则称漂石。自然形成的无棱角岩石颗粒，如再经胶结可形成砾岩。

卵石和漂石形成机理是：岩石经过自然风化破碎→残积→坡积→洪积→冲积过程中，漂石和卵石及天然砂一起堆积于第四系地层内。

卵石是一种优良天然的石料，按照卵石来源和分布地段可分为山卵石、河卵石和海卵石。

2.2.1.4 固体废弃物原料

减量化综合利用各种固体废弃物是砂石行业的独特优势，可作为机制砂石生产原料的主要固体废弃物有：矿山开采产生废石碴（围岩和夹石）、选矿厂尾矿渣（砂）、建筑固体废弃物等。固体废弃物长期堆积，既污染环境、占用土地、浪费资源，还存在重大安全隐患，如果科学加以利用，可以成为机制砂石的宝贵原料，节约大量的天然岩石资源。我国废石碴的主要来源为金属矿、非金属矿、煤炭等矿产及工业岩石开采加工环节。这些废石碴由于当时的技术经济条件限制，暂时不能被利用，它们以不同的方式就地堆积、储存。人工开采产生的废石碴大多未经风化，化学性能稳定，质地坚硬，具有良好的物理化学性能。

尾矿砂是矿山开采出的岩矿石经破碎、研磨、筛分后的矿石颗粒，采用各种选矿手段从矿石中提取出有用物质后，最后排放至尾矿库或堆场暂时不用的岩石颗粒。

2.2.1.5 建筑固体废弃物

建筑固体废弃物是指人们在建构筑物开展拆除、维修、改造、建设等建设活动中产生的固体废弃物。建筑固体废弃物主要包括建筑拆除产生的砖瓦碎块、混凝土块、碎石块、废砂浆、沥青块、废塑料、废金属、废竹木及施工产生的渣土等。我国建筑固体废弃物资源化利用还处于初级阶段，面临产生量巨大、资源化利用处理能力不足、处理水平不高、产业链不健全等一系列亟待解决的问题。

2.2.1.6 施工石碴

石碴是矿山修复、土地整理、建筑基坑、公路、铁路、硐室等各种工程建设施工中，针对各种基岩开挖及爆破施工产生的岩石碎块。他们就地集中堆积，很大一部分选择性使用于施工工程中。

产生石碴的基岩岩石种类可以是单一或多种岩石，石碴呈不规则块状，具刀刃状棱角，大小规格不一，化学成分及物理性能与基岩本身基本一致。

硐室开挖爆破施工产生的石碴，就地堆存的石碴混入杂质较少，隧道硐室施工地段一般会考虑选择易于爆破施工的地段，故产生的石碴只有部分能生产高品质机制砂石，大部分用于砌筑与基础回填。建筑基坑开挖产生的石碴一般会混入较多的泥土杂物，分选难度大，符合质量要求的可用于施工工程作为砌筑石料材料，多作为施工工程的基础垫层填筑物。

2.2.2 传统实验室分析与图像识别技术的结合

2.2.2.1 传统实验室分析

1. 砂石骨料实验室的作用

伴随社会生产和经济的进一步发展，建筑工程得到了迅猛的发展，同时也出现了一些"豆腐渣工程"。影响建筑工程质量的因素较多，其中混凝土的质量是最为重要的影响因素之一。因此，在建筑工程施工中，必须加强混凝土相关材料的实验室检测，了解混凝土中砂石材料的性能指标，做好其质量检测工作，进一步提高混凝土的性能和质量。含泥量是砂石骨料质量检测的一项重要标准，其含泥量是否合格，直接影响混凝土的性能。

2. 砂石骨料概述

砂石骨料是混凝土中重要组成部分，约占混凝土体积的3/4。通常，在每立方米的混凝土中，大约需要$1.5m^3$的砂石骨料。混凝土中的砂石骨料主要包括砂、砾石、碎石、块石、料石等，根据其粒径的大小，可分为砂（细骨料）、石（粗骨料）两种。其中，粒径>5mm的骨料被称为粗骨料；粒径<5mm的骨料被称为细骨料。从砂石骨料的来源上讲，砂石骨料可分为天然砂石骨料、人工砂石骨料、混合砂石骨料三种。其

中，天然砂石骨料主要是指天然形成的砂石，无须进行人工生产。在建筑工程中，天然砂石骨料成本低廉，但其颗粒标准往往与混凝土应用标准存在一定的差异；人工砂石骨料主要是人工制成的，其质量较高，与混凝土应用标准最为接近，可以根据建筑工程项目的具体情况选择最为合适的骨料。

3. 砂石生产流程

制砂生产线在工作过程中，大块石料经料仓由振动给料机均匀地送进颚式破碎机进行粗碎，粗碎后的石料由胶带输送机送入圆锥破碎机（或反击式破碎机）进行中碎，中碎后的石料由胶带输送机送进振动筛进行筛分，成品砂子（筛下物）由胶带输送机送至洗砂机清洗后通过胶带输送机送至成品料堆；大颗粒石料（筛上物）由胶带输送机送至立式冲击破碎机（制砂机）进行细碎，细碎后的石料由胶带输送机再次送进振动筛进行筛分，这样形成闭路多次循环。

4. 砂石生产系统

（1）给料系统

该系统是向各段破碎机设备和筛分机送入原料，根据破碎筛分工艺流程，完成给料环节的设备有振动给料机或其他类型的给料设备。在砂石生产线中，一般都是使用振动给料机设备负责石料的供应。

（2）破碎系统

该系统是整套设备的心脏。它的工作是将各种矿石原料破碎成所需粒度的成品料，一条联合砂石生产线可由多台破碎机组成。这些破碎机械性能各异，共同完成石料的破碎工作。

（3）筛分输送系统

该系统是将破碎后的矿石经筛分机械进行筛分。在砂石料复合生产线中，砂和石料是需要分开的，而且分级后的砂石料需要输送到各自的场地。此过程使用的设备一般是直线振动筛或者其他的筛分机械设备。

5. 混凝土对砂石骨料的要求

（1）混凝土对砂石骨料的要求标准。在混凝土中，对砂石骨料的具体要求主要包括以下几方面：第一，保证砂石骨料的粗细、颗粒级配与混凝土设计性能相符合。第二，砂石骨料的含泥量要满足相关要求。第三，砂石骨料中有害物质的含量要满足相关的施工要求。第四，砂石骨料中材料的堆积密度、孔隙率、表观密度必须满足施工的要求。第五，砂石骨料的吸水率、坚固性必须符合施工的相关要求。

（2）砂石骨料品质对混凝土性能的影响。砂石骨料作为混凝土的重要材料，其级配、含泥量、坚固性、密度、吸水率等在一定程度上影响着混凝土的性能。通常，砂石骨料的级配合理，才会使混凝土保持最佳的流动性、均匀性、密实性；含泥量符合施工标准，才能确保混凝土的强度、耐久性，延长其使用寿命；坚固性与混凝土的强度、耐久性呈明显的正相关，直接影响混凝土的性能；密度越大，混凝土强度就越高，耐久性就越高；吸水率越小，混凝土的抗冻性、化学稳定性和抗磨性就越强。因此，通常施工中，砂石骨料的吸水率应控制在2.5%以下。

6. 含泥量对混凝土的影响

砂石材料的含泥量直接影响混凝土的性能。如果砂石骨料的含泥量较高，就会对水泥与骨料的粘结产生影响，使混凝土出现裂痕或者缝隙等现象。同时，由于砂石骨料含泥量较高，就会导致水泥的凝结力出现下降的现象，从而降低了混凝土的强度，影响混凝土的耐久性，最终导致混凝土使用寿命缩短，影响工程质量；另外，一旦砂石骨料含泥量超标，黏土就会因为体积的不稳定性，在干燥时出现收缩、潮湿时出现膨胀的现象，从而对混凝土产生一定的破坏。在相关的砂石骨料含泥量与混凝土性能的试验中，通过数据分析可以发现：当粗骨料含泥量增加时，混凝土立方体抗压强度也会出现降低的现象，而当粗骨料含泥量超过1.0%时，就会对混凝土坍落度和抗压强度产生严重的影响；当细骨料含泥量出现增加时，混凝土的坍落度也会增加。尤其是当细骨料含泥量超过3.0%时，将对混凝土的坍落度和抗压强度产生严重的影响。

砂石骨料在混凝土中的要求。鉴于混凝土的抗寒、抗旱的功能，混凝土中的砂石直径通常采用D_{20}、D_{40}。因此，通常情况下，混凝土中砂石骨料的含泥量必须保持在一定的规范要求之内。其中，砂骨料（细骨料）的含泥量应控制在3%以下，石骨料（粗骨料）的含泥量应控制在1%以下。

7. 砂石骨料含泥量的测定方法

（1）烘干法。在对砂石骨料的含泥量进行测定时，主要是将砂石骨料从大型的石料厂取回之后，将样本进行清洗，并在实验室的烘干设备中进行烘干。烘干之后再次将砂石骨料的样本进行浸泡、洗涤，最后再次烘干。通常，砂石骨料清洗、烘干的这一过程大约进行10h。而计算砂石骨料含泥量时，主要是利用砂石骨料烘干前的总质量减去烘干后的总质量，之后再求两者之差与砂石骨料烘干前总质量的比值，最后乘以百分数，即可得到砂石骨料的含泥量。

（2）饱和水测量法。在进行砂石骨料含泥量的检测中，上述的烘干法是最为常用的。此外，还有一种饱和水测量法。主要是将取得的砂石骨料样本加水，使其达到饱和的状态后称重，并进行浸泡和淘洗，再对澄清的饱和砂石骨料样本质量进行称重。

2.2.2.2 图像识别技术

1. 图像识别技术概论

从人体的构造上来看，眼睛是人类接收外界信息的器官，人们通过眼睛所看到的事物得到关于物质的信息，但这些信息都是眼睛直接看到的，对于像雷电等自然现象，由于人类不能直接观看到它的形成过程，便将这些人类肉眼看不到的事物赋予神话色彩。社会的不断进步，科学的发展带给人类极大的物质世界，上到太空宇宙，下至深海之渊，大到宇宙天体，小到微观粒子，因为科技，人类可以获得更多的物质信息，而让人类可以直观地看到这一切物质的科技，最重要的核心便是计算机技术。自20世纪30年代以来，计算机技术已经成为人类生产生活各个领域必不可缺的基础。而计算机图像识别技术的出现，创造出新的领域，同时，它的不断发展，给人类带来新的期望。

图像识别技术的一般过程主要包括图像采集、图像处理、特征提取及图像识别四个阶段。近年来，图像识别技术广泛应用于交通、医疗、刑侦等各个行业，这充分体现了图像识别技术的日趋成熟。图像处理是图像识别过程中的关键步骤，图像处理的精细程度决定了图像识别的精度。下面主要介绍图像采集、图像处理、特征提取。

（1）图像采集

随着当今科技的进步，图像采集方式越来越多样化，且采集到的图像质量也不断提高。智能手机、相机都能满足图像采集的需要，但有些尖端的设备必须使用专业采集工具进行图像采集，例如发动机的内部故障检测90%以上是根据内窥检查来确定故障情况，目前国际上较先进的孔探仪有日本的奥林巴斯（Olympus）、美国的韦林和ITI（Instrument Technology Inc）以及德国的狼牌HSW（Henke Sass Wolf）等。

（2）图像处理

图像在采集、传输或处理的过程中，受外界光源、图像采集仪器的性能以及各种噪声和通道带宽等因素影响，往往会出现图像清晰度下降、包含噪声、动态范围不足、对比度偏低等现象。为提高图像质量，需要进行增强处理，一方面是改善图像的视觉效果，提高图像的清晰度、对比度。另一方面为了便于人类或机器从图像中获取更多的有用信息，需将图像转换成一种更适合于分析处理的形式。由于发动机维修过程中图像采集基本在不拆卸发动机的情况下进行，这就造成了采集到的图像偏暗、对比不强、图像不清晰等，因此图像增强处理极为关键。经过增强处理得到的图像还需进一步进行分割处理，主要包括基于边缘、区域、阈值、图论等分割方法。

（3）特征提取

特征提取是利用计算机图像信息进行提取，并判断图像的每个点是否属于一个图像特征，最终把图像上的点分为不同的子集，构成这些子集的可能是孤立的点、连续的曲线或连续的区域，如在航空发动机叶片的裂纹图像提取出来的特征点所构成的就是连续的曲线。图像特征提取主要有三大算法：描述图像在局部范围内像素值明暗变换信息的Haar特征；描述图像在局部范围内对应的纹理信息的LBP特征；描述图像在局部范围内对应的形状边缘梯度信息的HOG特征。

2. 计算机图像识别技术的变革

计算机图像识别技术，就是通过计算机来识别各类物质，对图像进行各种分类和进行标识，替代人类的眼睛去比较直观准确地认知事物，最后再反馈人类，实现人"千里眼"甚至"万里眼"的作用。计算机图像识别技除了用于辨别之外，在日常生活中，常被应用于交通系统的人脸识别查验票系统。就交通系统识别查验票系统来看，计算机通过搜索数据库中的人像和姓名等信息，再与正在识别的人脸进行对比核验，通过数据库中人的眼睛、面部、发型等这些特征，计算机系统自动分析，最终得出一个结果。在图像识别的过程中，数据库中关于图像的信息及特征越多，在识别过程中的结果就会越准确，但是与此同时，需要的数据就更多，在图像识别的过程中需要的数据处理过程也就相应增多。随着现今计算机技术的发展，计算机图像识别技术也在不断进步。再以交通系统的人脸查验识别票系统来讲，由于交通系统讲究快速处理与快速通行，这是基于交通系统的客流量所决定的，在以往交通系统中需要人工核对查验车票，在客流量过多的情况下，就显得有些力不从心。如今的计算机图像识别系统就能够在同时处理很多数据的情况下，还能够实现数据信息的便捷保存。人工查验车票就渐渐退出了交通系统。这便是计算机图像识别技术对人类社会的变革。

3. 计算机图像识别技术的特征

计算机图像识别技术之所以能够被编码出来，并且能够得到实际应用，是因为人们对于这方面有需求。总体来说，计算机图像识别技术有三大特征：第一个特征是处理数据的高效率；第二个特征是处理数据的精确性；第三个特征是能够与其他计算机系统技术配合使用。从第一个特征来说，因为图像处理系统是依托计算机处理系统存在的，所以其本身便具备计算机技术极大的数据处理能力，图像处理系统从另一个层面上来讲，本身就是一个大的数据库，从数据库中筛选出来一些信息进行进一步的图像处理和图像识别，这是图像处理系统的软实力。对于硬件配置来说，当今计算机处理系统的配置能够在一定时间和数据范围内精准地完成数据处理和信息识别，这还是十分可靠的。从第二个特征来说，计算机图像识别技术准确率高，要实现这一个层面的特征，就必须配备分辨率较好的数码设备，硬件设置到位即可实现。第三个特征是计算机图像识别技术的灵活运用，计算机图像识别技术能够运用在所需要的地方，这也是它能够得到广泛应用的基础。

4. 计算机图像识别技术的现状

就计算机图像识别技术的发展阶段来说，早在20世纪20年代起，这一技术已经在西方国家出现并且初步得到运用。计算机应用技术在当时主要是通过电缆来传输信息，而对于图像信息来说，往往需要多重编码和数据才能够完成传输，因此，图像信息的传输在当时来看就比较困难。后来，一些科学家将绘图仪和电子计算机相结合，创造了图像传输速度的新里程碑。但是图像传输在当时看来并不实用，主要矛盾点在于图像传输的速度、质量和大小。自20世纪60年代以后，第三次科技革命的开展，电子计算机的技术迅速提高。电子计算机图像传输技术能够很巧妙地将图像压缩成一定大小的格式文件，在保证图像质量的前提下能够实现低损耗传输图像，最大限度地保留了图像原始的模样。比较突出的例子就是20世纪60年代左右美苏的空间技术的发展，太空飞船拍摄的关于太空的图像资料，就是通过这种传输技术来实现的，这就又证明了图像传输技术对于生活改变的可行性。正因为有了这种技术，人类能够有机会在几万公里外目睹自己所生活的星球，也能够让人类的航空航天技术得到进一步的发展。回归人类的日常生活来说，图像传输技术的发展，在当时的又一大发明就是医学影像技术的研究和发展。通过各种超声波检测器，将检测到的各类数据变为一张张图像，这也是计算机图像处理后的结果。

5. 计算机图像识别技术的发展

进入21世纪后，计算机图像识别技术在我国的发展越来越迅猛，到如今，我国国民步入智能化生活阶段，生活中与人们生活息息相关的事物身上都可以找到该技术的身影。大致可以表现在：医学领域越来越追求精确化和可视化，所以图像识别技术在医学领域的应用是十分广泛的，通过 CT 以及核磁共振，可以将人体内的各种情况通过计算机图像识别技术实现可视化，医生可以直观地看到病人体内的器官病变情况，这就大大提高了病人被治愈的概率，对于医疗行业来说，意义重大。这是其一，其二是在交通领域的作用。众所周知，随着人民生活水平的提高，我国家庭汽车保有量逐年提升，那么，如何对上路车辆进行管理和把控，就成为当下必须解决的一个问题，从传统的交通警察到如今的电子警察就是一个非常大的飞跃。电子警察系统是基于计算机图像识别技术研发的，高速摄像头可以清晰地拍下每一辆机动车的行驶状况，通过计算机计算来辨别行驶中的车辆是否存在违法行为。计算机图像识别技术在交通领域的另一个应用就是在道路导航上，如今的导航系统可以在任何情况下提供当前的最近路线，这种技术的出现就是因为事先通过交通道路测绘车记录和拍摄每一条道路的具体情况，存入数据库，有了数据信息，系统再根据车辆的实时位置，通过计算来为车辆分析出最适合的路线情况，再通过图像识别技术显示出来。其三是计算机图像识别技术在农业领域的发展。如今，农业呈现大机器大生产的趋势，智能化农业、科学农业的出现，使农业种植渐渐摆脱了靠天吃饭的局面，如计算机图像识别技术被应用在大型水果园的采摘上。计算机技术链接天眼系统可以大面积地通过农业卫星分析该种植园果品的成熟情况，通过数据分析，图像信息被反馈到人的手中，人再把这些反馈回来的图像信息传输到采摘果品的机械上，机械通过位置感应来实现成熟的果品采摘。在这一农业过程中，仅仅需要数位劳动力完成，这就是现如今的自动化采摘技术的应用。其四是图像识别技术在安保系统中的应用。如今在监控的大范围应用下，城市的安保情况得到了最起码的保障，但唯一需要做的就是，需要人力进行监控的安全排查和问题识别，也就是说，监控系统还不够智能化，这就给犯罪分子可乘之机。计算机图像识别技术的应用，能够将监控系统中的情况反映到计算机中，通过系统智能识别来进行记录和自动预警，避免了由于人为忽略影响下的安全危机的出现。

6. 计算机图像识别技术的改进

（1）提高图像处理的质量

在现今运用的计算机图像识别技术中，往往都会受限于一些硬件的水平，如显示器等，不能够很好地发挥出计算机图像识别技术的最优效果，如在需要排查一些作案人员或者犯罪现场时，不清晰的图像就给警方增加了侦破案件的难度，所以这就需要计算机图像识别技术的图像分辨率能够在一些特殊的领域得到一定的提高。

（2）图像处理系统的研发

从计算机图像识别技术的发展来看，到现在图像识别处理技术仍然依附于计算机处理系统；从专业角度来看，对于图像在计算机数据中的处理一般都是矩阵运算，然而，如今大部分全能型的计算机为保证其他功能的使用，都采用了浮点运算，这两种运算的不同势必会影响图像后期处理的效率和质量，因此，开发一种专门适用于计算机图像识别技术的芯片是当务之急。

(3) 计算机图像识别系统新阶段的运用

科技随着实践不断向前发展，时代更新的步伐加快，新技术的出现带来了新理论的更新，对于计算机图像识别技术理论来说也是如此，如何在当今科技飞速发展的今天探寻一条属于图像识别系统发展的道路，使之不断更新和进步，是个巨大的挑战。在总结理论的基础上不断进行实践研发，是当今专业人士的责任与使命。如何确定计算机图像识别技术的发展方向，最重要的就是紧紧依托使用者，发展人类需要的技术、能够被实践应用的技术，这点是很重要。

7. 计算机图像识别技术动态演化发展

任何技术的演进都会跟随实用性的变化，计算机图像识别技术能够和计算机智能技术相结合，通过人们使用的数据判断人们需要这些技术应用的层面，从而进一步做出相应的改进，以便更适应人类的需要。

总体来说，计算机图像识别技术在我国的发展时间短，目前已经在多个领域得到实际应用，发展前景还十分广阔。此外，计算机图像识别技术要配合好当前人工智能发展的新阶段，搭上人工智能领域的顺风车，为今后该技术的发展铺平道路。从国与国之间来看，我国图像识别技术与其他发达国家相比还有不小的差距，相信在不久，计算机图像识别技术能够更好地应用于民。

8. 矿石粒度分布与计算机图像结合

矿石的粒度分布是评价破碎效果的一项重要依据，粒度参数主要包括面积、周长、粒径和体积等。选矿厂目前常用的粒度检测方法主要是传统的离线筛分，费时、费力，能耗较大，而且检测结果不能实时反馈。随着现代人工智能及机器视觉技术的迅速发展，我国出现了为数不多的粒度工业测定系统方面的研究，如马鞍山矿山研究院的"露天台阶爆破块度分布的计算机模型"，王卫星的"岩石实时图像处理与分析系统"等，但由于其测试工作量大、效率低、成本高，或因参数难以确定、精度低，因此安全性能差而具有局限性。为此，以适应性强、处理效率高为原则，通过在破碎过程的传送带上方安装机器视觉装置，利用计算机图像法，结合现代数据处理等软测量技术，实时连续地进行在线粒度测量及自动统计结果，是矿石粒度检测技术发展的必然趋势。

2.2.2.3　砂石指标分析智能手段

1. 砂石质量标准

一般工业与民用建筑和构筑物中使用的砂、石料应符合《普通混凝土用砂、石质量及检验方法标准》（JGJ 52—2006）规定的质量标准及检验方法。

（1）砂石料的原料标准

在普通混凝土中合理使用天然砂、机制砂、碎石、卵石，保证普通混凝土用砂石质量。

适用：一般工业与民用建筑和构筑物中普通混凝土用砂、石质量要求和检验。

对于长期处于潮湿环境的重要混凝土结构所用的砂、石应进行碱活性检验。

天然砂：自然形成，公称粒径小于4.75mm的岩石颗粒。

碎石：岩石破碎后公称粒径大于4.75mm的岩石颗粒。

含泥量：天然砂中粒径小于 0.075mm 的颗粒含量。

泥块含量：砂中粒径大于 1.18mm，经水洗处理后小于 0.60mm 的颗粒含量。

表观密度：骨料颗粒单位体积（包括内封闭孔隙）的质量。

紧密密度：骨料按规定方法颠实后单位体积的质量。

堆积密度：骨料在自然状态下单位体积的质量。

坚固性：骨料在气候变化或其他物理因素作用下抵抗破裂的能力。

压碎指标：人工砂、碎石抵抗压碎的能力。

针片状颗粒含量：凡岩石颗粒的长度大于该颗粒所属粒级的平均粒径 2.4 倍的为针状颗粒；凡岩石颗粒厚度小于平均粒径的 40% 的为片状。平均粒径指该粒径级上下限粒径的平均值。

碱活性骨料：能在一定条件下与混凝土中的碱发生化学反应导致混凝土产生膨胀、开裂甚至破坏的骨料。

（2）砂石料主要检验指标

压碎值、碱活性骨料、堆积密度、含泥量、泥块含量；氯离子含量、石粉含量；碎石或卵石中针、片状颗粒含量；吸水率、含水率；砂的粗细程度（按细度模数）；其他有害物质含量等。

（3）砂石料检测与评判标准

①出厂检验：卵石和碎石的出厂检验项目有颗粒级配、含泥量、泥块含量、针片状含量。

②型式检验：卵石和碎石的型式检验项目为《普通混凝土用砂、石质量及检验方法标准》（JGJ 52—2006）5.1~5.6 所规定的所有技术要求，碱－骨料反应根据需要进行。

有下列情况之一时，应进行型式检验：

新产品投产和老产品转产时；

原料资源或生产工艺发生变化时；

正常生产时，每年进行一次；

国家质量监督机构要求检验时。

③组批规则：按同品种、规格、适用等级及日产量每 600t 为一批，不足 600t 也为一批；若产量超过 2000t，按 1000t 为一批，不足 1000t 也为一批；若产量超过 5000t，按 2000t 为一批，不足 2000t 也为一批。

④判定规则：

a. 检验（含复检）后，各项性能指标都符合《普通混凝土用砂、石质量及检验方法标准》（JGJ 52—2006）的相应类别规定时，可判为该产品合格。

b. 技术要求。若有一项性能指标不符合《普通混凝土用砂、石质量及检验方法标准》（JGJ 52—2006）5.1~5.6 要求时，则应从同一批产品中加倍取样，对不符合标准要求的项目进行复检。复检后，该项指标符合《普通混凝土用砂、石质量及检验方法标准》（JGJ 52—2006）要求时，可判该类产品合格；仍然不符合《普通混凝土用砂、石质量及检验方法标准》（JGJ 52—2006）要求时，则该批产品判为不合格。

（4）砂石质量检测的要求

砂石的质量检测包括碎石、人工砂、天然砂等的检测工作，因为这些都是砂石原料的重要构成部分。为了做好以上砂石材料的检测工作，在整个试验中确保选用的样本可以体现出原料真实状况，提高质量检验的效果，在具体的操作过程中应该利用四分法将样本缩分到试验所需数量。石子的颗粒很大，于是可以在自然潮湿的情况下把样本进行缩分，但这一过程中需要对全部细小颗粒进行收集。砂子的颗粒很细，为了确保在缩分操作时拌和均匀，有效避免细小颗粒损失等情况，在缩分操作时需要处在潮湿状态。但是如果样本很少，不必一定在潮湿状态下操作，可以在自然干燥情况下进行缩分操作，而此时仍然需要注意拌匀和避免颗粒丢失。要想保证样本含水率不会发生变动情况，在进行砂子含水率的试验操作时可以不必缩分，但是必须在拌匀的基础上选取样本。针对进行筛分析的样本，必须确保颗粒公称粒径小于或等于10mm。

2. 砂石检测项目中存在的问题及分析

（1）砂石的细度模数

砂石的细度模数能够表征砂的粗细程度，通常砂的粗细度按粒度可以分为粗砂、中砂、细砂、特细砂，相应的细度模数为粗砂 3.7~3.1，中砂 3.0~2.3，细砂 2.2~1.6，特细砂 1.5~0.7。细度模数能够反映砂石的粗细，细度模数越大，砂石越粗。但是细度模数不能反映砂石的级配（即各种粒级的颗粒组合情况），因此还需进行筛余量测定。

测定砂石筛余量时，通常需要用到筛子，一般会选择直径200mm或300mm的筛子。选用不同型号的筛子进行筛余量测定时，必须严格依照相关的生产控制检验标准，均不得超过相应的标准，通过试验筛的面积和公称筛孔直径来控制筛余量，对不同的粒级，在筛中的厚度应不同，由此才能保证每分钟筛出量不超过试验总量的0.1%的要求。

（2）砂石的颗粒级配

砂石的颗粒级配是指砂石的各粒级颗粒的组合情况，即大小搭配的情况。砂石的级配合理与否直接影响混凝土拌和物的稠度，是一个重要的检测项目。合理的砂石级配，能够减少拌和物的用水量，得到流动性、均匀性及密实性较好的混凝土，同时达到节约水泥的效果。

除特细砂外，砂的颗粒级配可按公称直径630μm筛孔的累计筛余量分成三个级配区，且砂的颗粒级配应处于某一区内。砂的实际颗粒级配与累计筛余相比，除公称粒径为5.00mm和630μm的累计筛余外，其余公称粒径的累计筛余可稍有超出分界线，但总超出量不应大于5%。当天然砂石的实际颗粒级配不符合要求时，宜采用相应的技术措施，并经试验证明能够保证混凝土质量后，方可允许使用。

（3）砂石中的含泥量及泥块含量

含泥量是指公称粒级小于0.08mm的颗粒在砂中所占的百分数。砂中的泥在某些情况下可以起到改善混凝土混合物的和易性、提高密实性的作用，如在低等级混凝土中。而在中等级和高等级混凝土中，含泥量过多时，为保持一定的坍落度，需增加用水量，对混凝土的质量就必然会产生不利影响；当含泥量超过 5% 时，应先将试样水洗，然后烘干恒重，再进行筛分。在将砂子浸水 2h 后，在进行淘洗时，之所以在 0.08mm 的筛上加一个 1.25mm 的筛是为保护它不受损。所以，砂石含泥量测定必须严格遵照相关标准，并考虑混凝土的等级。

砂石中的泥块指的是粒径大于 5mm，水洗后易捏碎的颗粒，除了常规泥以外，还包括砂石团块及包裹在砂石表面的泥。泥块含量影响混凝土的特性，在混凝土中，泥对砂石和水起到了隔离作用，影响水泥的粘结力，大大降低了水泥石的性能。测量砂石中泥块，首先要筛去粒径在 5mm 以下的颗粒，然后水洗，过公称直径为 2.5mm 的筛，此时若筛出粒径小于 2.5mm 的颗粒，就可以视为泥块。在砂石测量中可能出现泥块含量大于含泥量的情况。因此，在检测时必须关注这一指标，准确评估砂石质量。

（4）砂石的表观密度

在检测砂石表观密度这一重要指标时，对于各项的称重必须在恰当稳定范围之内。一般而言，测定环境的温度要控制在 15～25℃，从实验室加水静置的最后 2h 起直到试验结束，温度相差不超过 2℃。在实际测量过程中，通常存在温度变化较大问题，必须进行温度系数修正。试验中使用的水为冷开水，应为不同水质，如自来水、河水、井水等密度会存在差异，同时水中含有杂质，对试验结果影响较大。在试验中要通过手摇的方式排除气泡的影响。

（5）砂石的坚固性

砂石的坚固性能够反映其在不同气候环境条件下的耐久性，当混凝土的骨料坚固性较差，环境变化时，骨料表面会开裂或者深度碎裂。决定砂石强度和抗风化能力的因素通常与岩石的结构和构造有一定关系，一般岩石的结晶颗粒越大、矿物组成越复杂、构造越不均匀，其坚固性就越差。同时砂石的孔隙率也影响其坚固性，孔隙率越小，坚固性越好。可以通过这些特征来检测砂石坚固性。

砂石的坚固性还可以用硫酸钠溶液进行检验，计算试验后的质量损失百分率。对于粒径较大的颗粒经 5 次循环后可能还不能使它破裂，但是裂缝发展已相当严重，因此规定对公称粒径 2.0mm 以上的颗粒试验前应记录其颗粒数量、外观变化及其所占的百分率，与试验后情况进行对比。

（6）砂石压碎性能指标

砂石的压碎性能指标测定涉及沉积岩，如砂岩、石灰岩；变质岩如片麻岩和石英岩；深层侵入火山岩如花岗岩、闪长岩、橄榄岩等；喷出火山岩如玄武岩、辉绿岩等。为了反映岩石的力学性能，在进行压碎性能指标测定时采用公称粒级为 10～20mm 的岩石颗粒进行试验。研究表明，砂石的颗粒大小、针片状颗粒含量及砂石孔隙率影响压碎性能指标的测量结果，在试验中必须剔除针片状颗粒。

砂石的选材及理化性能检验检测对混凝土的施工性、强度、耐久性有着十分重要的影响，做好砂石骨料质量检测工作，具有非常重要的意义。在检测砂的过程中，检测人员要结合砂的种类，重点检测其细度模数、颗粒级配、含泥量、泥块含量。通常情况下，房屋建筑工程中的砂送样样品质量为 40kg 左右，在检测石的过程中，试验检测人员通过认真检测颗粒级配、含泥量与泥块含量，保证试验检测结果更加准确。一般情况下，房屋建筑工程中的石检测质量为10kg左右，送样样品质量为80kg左右。为了更好地提升检测结果的精确性，试验检测人员要对各项试验检测设备进行维护，定期保养，延长各项试验检测设备的使用寿命。

3. 人工砂石骨料

人工砂石骨料是工程建设中混凝土的重要原材料，合格的骨料直接影响混凝土的强度、和易性等各项指标。水泥中的颗粒分布及其优化对水泥以及混凝土强度、性能及外加剂适应性的影响，包括不同的粉磨工艺对水泥产量、质量特别是能耗的影响，越来越受到水泥工程技术人员的重视。

激光粒度分析方法改变了传统水泥仅凭细度（筛余）和比表面积进行粉磨质量参数控制的思路。激光粒度分析可非常直观地显示水泥成品的颗粒分布范围，对调整水泥颗粒级配，稳定控制产品质量，特别是在利用工业副产品资源降低水泥生产成本方面带来很大便利。

激光粒度仪作为一种新型的粒度测试仪器，已经在粉体加工、应用与研究领域得到广泛的应用。它的特点是测试速度快、测试范围宽、重复性和真实性好、操作简便等。

激光粒度仪是根据颗粒能使激光产生散射这一物理现象测试粒度分布的。由于激光具有很好的单色性和极强的方向性，因此一束平行的激光在没有阻碍的无限空间中将照射到无限远的地方，并且在传播过程中很少有发散的现象。

当光束遇到颗粒阻挡时，一部分光将发生散射现象。散射光的传播方向将与主光束的传播方向形成一个夹角 θ。散射理论和试验结果显示，散射角 θ 的大小与颗粒的大小有关，颗粒越大，产生的散射光的 θ 就越小；颗粒越小，产生的散射光的 θ 就越大。进一步研究表明，散射光的强度代表该粒径颗粒的数量。这样，在不同的角度上测量散射光的强度，就可以得到样品的粒度分布了。

4. 砂的比粒度

众所周知，混凝土用砂的细度以"细度模数 n"表述，细度模数是将一定量的砂子，经过常用的五种筛网筛分后，计算出每种筛网的筛余百分数，然后以每种筛网上累计筛余百分数之和称为"细度模数"，用以表述砂的细度。细度模数在2.3~3.0的为中砂，小于2.3为细砂，大于3.0为粗砂。用细一些的砂子拌制混凝土，需要增加拌和水量。又如，用某地的细砂或特细砂配制混凝土，工程技术人员都知道应减少砂子用量，但细度模数1.8的砂子比细度模数2.6的砂子的比表面积小多少，仅凭细度模数这个概念也是较难估计的。如果能将表述砂子细度的方法与砂子比表面积联系起来，不但可以更清楚地表述砂子的细度，而且可以了解不同细度砂子比表面积的差异，为此提出"比粒度"的概念。比粒度是砂子细度的一种新的表述方法。应用粒径与表面积差系法则，以我国砂子筛为例，以粒径25~50mm的砂为基数，即假定一定数量的粒径为2.5~5.0mm粒径的砂的总表面积为1，则同样质量（设该批砂子的表观密度相同）的粒径为1.25~2.5mm的砂的总表面积为2，相同质量的粒径为0.63~1.25mm的砂的总表面积为4，相同质量的粒径为0.315~0.63mm砂子的总表面积为8，相同质量的粒径为0.16~0.315mm砂子的总表面积为16。因此，将砂子细度的表述方法采取将25mm筛网上的筛余百分数乘以1，将1.25mm筛网上的筛余百分数乘以2，将0.63mm筛网上的筛余百分数乘以4，将0.315mm筛网上的筛余百分数乘以8，将0.16mm筛网上的筛余百分数乘以16，将这五个筛余百分数乘积之和称为比粒度，符号为β，用以表述砂子的细度。这样，这批砂子的比粒度值为同质量粒径为25~50mm砂子总表面积的倍数。因此，只要求出该批砂子的比粒度值，就可以较清楚地了解该批砂子的细度，而且可以立即知道该批砂子的总表面积为粒径为2.5~5.0mm砂子总表面积的多少倍，也即以粒径为2.5~5.0mm砂的表面积为基数的比表面积值。一般适于配制混凝土的中砂的比粒度在4~7，但比粒度与细度模数的计算方法不同，两者之间不存在线性关系。因此，比粒度为7的砂子，其细度模数并不等于2.3；比粒度为4的砂子，其细度模数并不等于3.0。由于比粒度在表述砂子细度的同时，表述了不同细度砂子比表面积之间的关系，因此可以认为，它是一种优于细度模数的砂子细度表述方法。

2.2.2.4 混凝土的智能检测分析手段

1. 混凝土检测方法

（1）单一回弹法

单一回弹法操作起来非常简单，并且能较好地反映出混凝土是否均匀。单一回弹法检测混凝土强度应分批进行验收。同一验收批的混凝土应由强度等级相同、原材料、龄期、养护条件相同以及生产工艺和配合比相同的同种构件组成，且对抽检数量有严格的规定。

（2）超声回弹综合法

超声回弹综合法相比单一回弹法来说，可以减少龄期及含水率对混凝土强度造成的影响，弥补不足，提高测试精度。这种检测方法是1966年罗马尼亚建筑及建筑经济科学研究院首次提出的，1988年我国也颁布了《超声回弹综合法检测混凝土强度技术规程》，现行标准为《超声回弹综合法检测混凝土抗压强度技术规程》（T/CECS 02—2020）。

（3）钻芯检测法

钻芯检测法是采用专用的钻机，从结构混凝土中钻取芯样以检测混凝土强度和观察混凝土内部质量的方法，也是一种半破损检测手段。这种方法对混凝土的强度检测具有可靠、直观与精度高的特点。同时，相关的试验表明，这种方法具有一定的局限性，如龄期过短或者强度没有达到10MPa的混凝土，不宜用钻芯检测法，而且因为钻芯时会对结构造成局部损伤，对钻芯的位置及数量也有一定的限制，以及钻芯后的孔洞需要修补、钻芯机设备笨重、成本较高等。

（4）后装拔出检测法

这种方法也是一种半破损的检测法，是指在已硬化的混凝土表面钻孔、磨槽、嵌入锚固件并安装拔出仪进行拔出试验，测定极限拔出力，根据预先建立的拔出力与混凝土强度之间的相关关系检测混凝土强度。这种方法也只能用拉拔强度作为衡量混凝土质量的相对指标，当用此法推定混凝土抗压强度时，则必须建立混凝土标准抗压强度与拉拔强度之间的经验关系。

2. 混凝土内部状况的检测

对混凝土进行内部状况检测，主要是为了避免施工过程因技术管理或一些疏忽造成混凝土内部出现空洞、疏松、施工缝等问题。通过内部检测可以及时对这些情况进行补救，如今采用的方法主要是超声测缺检测法，通过其反馈的各种参数来判断混凝土的内部状况。

（1）声速差异：混凝土如果内部存在缺陷就会出现超声波收发通道上的介质不连续、声波路程变长，声速差异是判断缺陷的参数之一。

（2）接收信号中的频率成分的变化：如果混凝土组织构造不均匀，内部有一定的缺陷，那么会使探测脉冲在传播过程中发生反射、折射。

（3）首波幅度高低：因为各介质声阻抗显著不同，使投射的声波产生不规则散射，造成超声波的较大损失，绕射到达的信号微弱，使首波幅度下降。

（4）接收的波形：超声波在缺陷的界面上的折射使声波传播的相位发生差异，叠加的结果导致接收信号的波形发生不同程度的畸变。

3. 混凝土无损检测

混凝土无损检测是指在不破坏混凝土结构构件的条件下，在构件原位上对混凝土强度和缺陷等进行直接定量的检测。依据不同的检测目的通常可分为以下五大类：

（1）结构构件混凝土强度检测；

（2）结构构件混凝土内部缺陷检测，如混凝土裂缝、混凝土结合面质量、混凝土损伤层、不密实区和孔洞等；

（3）几何尺寸检测，如钢筋位置、钢筋保护层厚度、板面厚度等；

（4）结构工程混凝土强度、质量的均匀性检测和控制；

（5）建筑物理特性的检测，如防水、热工、隔声等。

在混凝土无损检测技术中，超声波检测是一项非常重要的技术，1949 年加拿大和英国的研究人员将超声波检测技术应用到混凝土结构中，利用该技术对混凝土进行检测能够得到较为准确的结果。随着该领域的不断发展和进步，有许多国家和学术团体对混凝土超声波法检测提出了严格的标准以及规范的内容。我国于 20 世纪 50 年代开始利用这项技术，并且不断研究该技术，目前已经将其广泛地应用于工程检测中。

4. 超声波无损检测法的检测原理

所谓的超声波无损检测法，是指利用超声波对混凝土的成分和构造进行检测，或者根据试验的结果和相关数据建立回归方程，以此来判断混凝土的强度，判断混凝土是否存在缺陷或损伤。超声波无损检测法相对于传统的检测方法来讲，能够对同一混凝土结构进行多次试验，不会破坏混凝土的结构，同时还能够检测出混凝土的强度。在实际的检测过程中，超声波检测技术是根据超声波在混凝土中传播速度的不同，对混凝土的强度和缺陷问题进行检测。在目前的建筑项目施工过程中，由于使用的混凝土材料配合比不同，所利用的技术也不同，而且天气、环境、温度等因素都会影响混凝土结构的硬化过程，这就导致混凝土本身的性质可能发生较大的改变。因此，通过建立回归曲线或利用无损检测法对其进行检测，能够保证混凝土强度符合施工要求，保证项目建设的质量。

5. 对超声波法检测产生影响的因素

目前超声波法检测技术在实际的混凝土强度检测工作中得到了广泛的应用，而且也受到各界人士的重视，同时随着该技术的不断发展，相关的规范制度和具体要求也越发完善。但在实际检测过程中，由于许多外界因素的存在，超声法检测结果的精确度受到影响。为了保障检测结果的精确度，使混凝土结构整体更加可靠、更加稳定，必须对影响因素进行具体的分析和研究。对现场的检测工作进行研究，能够发现超声波在混凝土中的传播速度与混凝土本身的强度有着非常密切的关系，混凝土本身的强度值能够反映出混凝土本身的承载能力。而在实际的检测过程中，混凝土的配比、抽样数量等因素都会影响混凝土的强度值，因此总结一下对检测工作带来较大影响的因素。

（1）环境温度和湿度的影响

环境温度的不同会影响声波的传播速度，如环境温度在 5～30℃时，声波传播速度不会受到较大的影响，但是当温度在 40～60℃时，混凝土中声波的传播速度会有所下降。

同时由于声波在水中和在冰中的传播速度不同，在冬季需要了解现场的实际情况，如果出现冻结的情况，不能用该方法对混凝土进行检测。另外，在实际的检测过程中，混凝土中的含水率会影响检测结果的准确性，在水中进行养护的混凝土会产生大量的水化产物，超声波在水化产物中的传播速度会有所提高，在检测的过程中，要消除这一因素所带来的影响。

（2）测试结构断面尺寸的影响

在实际的超声波检测过程中发现被测结构的横向尺寸会对测量结果产生影响，在实际的检测过程中，必须避免该测量因素对整体结果所带来的影响。研究表明，如果测试面是狭长形状，在同一批次的混凝土检测中所检测到的结果存在差异性。研究产生的原因，发现随着横向尺寸的不断减小，纵向波速会发生一定的转变，从而影响最终结果的精确度。

（3）钢筋位置的影响

对于超声波来讲，在钢筋中的传播速度比混凝土中的传播速度快 1.3～1.9 倍。如果钢筋的位置存在偏差，在实际的测量过程中就会对混凝土强度的计算结果产生较大的影响。钢筋位置的影响分两种情况，一种是与声波传播方向平行，另一种是与声波传播方向垂直。由于钢筋与声波传播方向垂直时，会对检测结果产生较大的影响，因此针对该种情况需要在测试时尽量避免与钢筋垂直或者是对钢筋进行修正，这样能够保证测量结果的精确度。

（4）水灰比以及水泥用量的影响

混凝土本身的抗压强度与水灰比有着非常密切的联系，水灰比不断降低混凝土的强度，弹性会有所提高，超声波的传播速度也会提高，如果水灰比高，那么传播速度就会下降。实际上水灰比的变化改变了材料中骨灰比的含量，因此在考虑水灰比和水泥用量的影响时还需要考虑骨料的用量所带来的影响。

（5）骨料用量、颗粒组成的影响

在实际的检测过程中，每平方米的混凝土中，骨料的用量、颗粒组成等对混凝土实际强度所产生的影响十分小，但是骨料的用量、颗粒组成等对于超声波的传播速度有非常大的影响。因此在实际的检测过程中，为了降低该因素对检测结果所带来的影响，必须对其进行深入的分析研究，以此来保障检测结果的精确度。

（6）骨料品种的影响

对于混凝土超声波检测来讲，声波在骨料中的传播速度比在其他组分中的传播速度高得多，而且在混凝土中骨料所占比例十分大。因此，骨料对检测结果有着非常大的影响。在之前的检测工作进行中，许多检测人员忽略了骨料品种对检测结果所带来的影响，这样就导致混凝土强度与真实值存在较大的误差。所以在实际的检测过程中，检测人员应当认识到骨料对检测结果所带来的影响，充分考虑该因素，保证检测结果的精确性。

（7）骨料粒径的影响

随着骨料的粒径增大，声波传播的速度也会有所增加，这就导致检测结果和混凝土本身强度测定值呈现非线性的关系，骨料的颗粒直径越大，对检测结果所产生的影响也就越大，这就要求检测人员在检测时充分考虑骨料粒径所带来的影响，保证检测结果的精确度。

（8）骨料含量的影响

对于混凝土来讲，骨料的品种相同，骨料的含量对于混凝土本身的承载能力不会产生较大的影响，但是对于超声波传播的速度会产生较大的影响。在相同强度下，混凝土中的骨料含量越高，超声波传播的速度也越高。因此在检测时，检测人员要充分考虑骨料含量对检测结果所带来的影响，以此来保证对混凝土做出最准确的检测。

（9）构件损伤对测试所带来的影响

在实际的检测过程中，由于忽略了构件损伤对检测结果所带来的影响，直接将超声波数据代入公式中，使检测结果存在较大的误差，甚至无法对混凝土强度做出最准确的判断。因此在实际的检测过程中，检测人员应当充分认识到，混凝土内部如果存在损伤问题会对检测结果产生一定影响，尽可能保证检测结果的准确性。

6. 智能损伤检测方法的原理及研究状况

有时为了达到同一检测目的，可选用不同的检测方法，检测者可以根据具体情况选用最合适的检测方法。对于结构损伤的检测，传统的检测方法主要是目测法和基于仪器的局部检测法。目测法的准确性在很大程度上依赖于检测人员的专业水平和检测经验，而且目测法只能发现结构表面的缺陷，对于结构内部的缺陷则无法检测。基于仪器的局部损伤检测方法常用的主要是前面介绍的几种方法，但是它们的缺点是必须事先知道结构损伤的大致位置，并且结构中这些位置必须容易接近。检测所需要的时间较长且费用昂贵，检测过程中要中断结构的使用，因此这些方法在实际工程应用中受到了限制。针对传统结构损伤检测方法存在的缺陷，近年来基于结构整体参数的损伤检测方法成为研究的主要方向。其中主要分为两大类：基于静态测量数据的结构损伤检测方法和基于动力特性的结构损伤检测方法。前者由于测量的信息较少，难以得到理想的识别结果，同时对于结构变形影响较小的损伤构件难以识别。目前的研究还处于发展阶段。近年来随着计算机技术、信息处理与分析技术、传感器技术等的飞速发展，基于动力特性的结构损伤检测已成为国内外的研究热点。其中利用模态参数进行损伤识别是应用最广泛的方法，选择不同的模态参数对于损伤识别的难易程度和准确性都有重要的影响。以下将对几种结构智能损伤检测方法的原理及研究状况进行简要的介绍：

（1）基于固有频率变化的损伤检测。结构的损伤将造成结构固有频率的变化，因此可以通过检测结构固有频率的变化来判断结构的损伤状况。早在 1969 年，Lifshitz 和 Rotem 就提出通过结构频率的变化来进行损伤检测。至今基于结构频率变化的损伤检测已经发表了大量文献，Salawu 对这方面的文献进行了全面的综述。Stubbs 和 Osegueda 提出了结合敏感性分析的结构频率改变的损伤定位及损伤程度判断。但是利用频率作为损伤指标有其难以克服的缺点，首先因为频率是结构的整体动态特性，难以反映结构的局部损伤；其次，高阶频率比低阶频率对结构的损伤敏感，但是对大型复杂结构高阶频率难以获取和识别。

（2）基于振型变化的损伤检测。基于振型变化的损伤检测是利用损伤前振型与损伤后振型的差值与损伤前振型的比值作为损伤识别参数。该方法多采用模态保证准则（MAC）和坐标模态保证准则（COMAC）。Ndambi 等比较了基于 MAC、COMAC、频率、柔度矩阵、模态应变能变化识别钢筋混凝土梁损伤的能力，发现利用 MAC 的变化只能检测出结构发生了损伤，而不能判断出损伤发生的位置和损伤程度；利用 COMAC 的变化可以判断出对称加载的损伤位置，但对于非对称加载则不能检测。

（3）基于残余力向量的损伤检测。利用残余力检测损伤的原理是损伤单元对应的残余力向量元素不为零，因此该方法在进行损伤检测时不需要知道损伤后的结构刚度矩阵和质量矩阵，而只需知道损伤前的质量和刚度矩阵以及损伤后的结构模态参数。周先雁等运用该方法对钢筋混凝土框架结构模型的损伤进行了准确的定位。Rao 等利用残余力向量构造目标函数并结合遗传算法对悬臂梁、平面桁架等不同结构进行检测，均取得了很好的效果。

（4）基于神经网络法的损伤检测。神经网络法是模拟大脑的神经元构筑的一种大型网络，具有学习、联想记忆、综合处理等信息处理能力。神经网络法用于损伤检测的基本原理是：首先用无损系统的振动测量数据来进行网络的训练，用适当的学习方法确定网络的参数；然后将系统数据输入网络，如果网络的学习是成功的，无损结构的输出结果应当差别不大，相反有损结构的输出结果则会有较大的差异。利用神经网络进行损伤识别多采用 BP 网络，它具有结构简单、学习训练算法较成熟等优点。但其缺点在于收敛速度慢且容易收敛到局部最优解。针对此缺点，近年来发展了概率神经网络。王柏生等运用概率神经网络对结构损伤位置进行了识别，并与 BP 神经网络的结果做了比较。对比可知，无论是否在样本中加入噪声，概率神经网络的识别结果都优于 BP 神经网络。通过以上对常用无损检测技术的介绍可知，每种无损检测方法的适用范围各不相同，影响检测结果的因素也有较大的差异。通常根据检测目的和检测对象的不同需要选用不同的检测方法，对于同一检测对象有时也会选用不同的检测方法。但是对于不同的检测方法和不同时期所测得的结果往往是相互独立的。一方面，对于不同的检测方法测得的结果很难进行对比分析，即使超声回弹综合法可以在一定程度上实现对两种方法所得结果的相互修正，它所建立的测强曲线也是十分粗糙的。另一方面，对于不同时期的检测结果仅仅反映了结构在该时段的质量，未能形成反应质量变化的记录曲线。如何改变这种检测结果相互割裂的状况，实现对多种检测方法的综合并且形成对工程质量变化的监测，是检测技术发展过程中值得研究的一个问题。物联网技术的发展为这个问题的解决提供了可能性。

综上所述，对于混凝土强度来讲，通过超声法对其强度检测能够保证结构更安全，相对于传统的检测方法能够更准确地得到检测结果，也能够不破坏整体结构。但是在实际的检测过程中，现场的许多因素会对检测结果产生一定的影响，而且检测方法对检测人员有着较高的要求，需要其有丰富的工作经验，而且专业素质也要达到标准的要求，这样才能够保证检测结果的准确性。另外，在实际检测的过程中，需要检测人员对现场仪器设备的情况进行详细的检查，这样能够及时地发现影响因素，并且排除影响因素对整体检测所带来的影响，保证检测结果的精确度。

2.2.2.5　砂石骨料实验室的创新重点和发展模式

1. 砂石骨料实验室的创新重点

（1）砂石骨料装备的创新。砂石骨料的生产离不开一系列装备和技术的系统集成。关键环节的技术进步，能带来整个生产工艺的革命。要在新工艺、新技术、大型化、定制化上多下功夫，提高装备的性能，提高智能监控、环境监测、耐磨件的寿命和更换的难易程度等。砂石骨料破碎装备用于建筑固体废弃物资源化利用最有优势，应根据其特点进行开发和创新。

（2）砂石骨料产品的创新。目前砂石骨料产品单一，级配较少，产品同质化严重。要研究开发高性能砂石骨料、特种性能骨料，开发其他用途产品，如铸造行业、污水处理行业、沉管降水行业、喷砂除锈行业、耐磨地坪、高铁刹车用砂、环氧彩砂地坪、彩砂沥青瓦、真石漆涂料、仿石材艺术建材以及浮法玻璃，还有最近出现的彩色道路等。

创新会打破原有的行业平衡，创造出新的需求，其产品和服务将逐步取代甚至完全取代旧的产品。竞争力比较强的企业，都有自己的核心竞争力，有很好的产品品质，这不是花几天功夫就能实现的，而是需要持续的努力。专一并不等同于"单一"，而是要在某一领域具有深度挖掘和扩展产品或服务的能力。

砂石骨料实验室还要在提高产品质量、加大科技投入、加大环保投资、应用互联网和"两化"融合、加强合作、"走出去"、人才培养和团队建设等方面进行探索和创新。

2. 砂石骨料实验室的发展模式

我国砂石骨料的发展是伴随建筑和基础设施建设技术的发展以及砂石骨料生产设备技术的进步而不断发展的过程。砂石骨料也因天然砂石的减少和禁采而逐渐向机制砂石发展。在砂石骨料的生产中，其核心技术是"破碎和筛分"，其生产过程可概括为"精破细筛"。砂石骨料由早期的江河湖泊人工开采、天然砂石机械开采、机制砂石规模化生产，最终发展成为矿山开采、加工、物料储运高度集成化、自动化、规模化的现代产业。此外，在环保方面，城市建筑废弃混凝土、道路废弃沥青混凝土得到再生重复利用；在节能方面，输送石料发电得到普遍应用；在矿山恢复方面，达到绿色矿山、和谐矿区的要求。

2.2.3 生产过程中的实时监测和调整

2.2.3.1 溜井料位监测

对溜井矿石料位进行准确的实时监测，可防止溜井放空或矿物溢出。

溜井料位监测的数据需集成到管控平台，以便生产管理人员合理地进行矿车运输和溜井放矿的调度。

1. 常用料位计的分析

（1）重锤式料位计

料位探测过程由控制器发出的信号来控制，当传感器接到探测命令时，电动机正转，经蜗轮、蜗杆减速后带动齿轮轴和绕线筒转动，使钢丝绳下放，带动重锤由仓顶下降，当重锤降至料面被托起而失重，钢丝绳松弛，灵敏杠杆动作使微动开关接触，控制器得到该信号即发出电动机反转命令，重锤上升返回，直到碰顶开关电动机停转，重锤回到仓顶原位置完成一次探测过程。此过程中控制器通过检测绕线筒的圈数计算出重锤从仓顶到料面的距离。该料位计适用于块状、颗粒状及粉状的固态物位测量。

优点：测量不受介质密度、颗粒大小的影响。

缺点：机械内部易落灰尘而影响测量效果；机械磨损较严重，需经常维护，花费较大；重锤易发生被物料埋住的现象，发生掉锤头、断带故障。

（2）γ射线料位计

在料库一侧设置同位素源，另一侧设置探测器，同位素源向探测器定向发射γ射线。若库内料面低于它，则探测器检测料空信号；若料面高于它，则物料遮挡、吸收γ射线，得出料满信号。该料位计常被用作料位开关，因非接触式测量，特别适用于工作环境恶劣的大型混凝土料库，此时要求所用同位素源比较强。由于放射源污染环境等因素，此料位计在使用上受限制。

优点：日常运行维护工作量小，操作简单；依据料仓形状和工艺要求，γ射线料位计可安装在不同位置。

缺点：价格高昂；放射源污染环境；放射源衰减使料位控制不可靠。

(3) 超声波料位计

主要利用回波测距原理，通过测量换能器发射和接收到声波的时间，计算出换能器到物料表面的距离。该料位计适用于块状、颗粒状的固态料位测量。

优点：安装方便、工作可靠、维护量少；价格有竞争性。

缺点：超声波必须借助媒质传播，料位测量通常以空气作为传播介质，而空气的温度、湿度等变化会影响超声波传播速度，故在一些有温度、压力、蒸汽等场合，该料位计不能正常工作；料库空气中的粉尘也使超声波信号衰减，影响测量效果；由于粉仓料位表面在下料时非常疏松，对超声波信号有较强衰减，故对粉仓料位的测量效果较差。

(4) 雷达料位计

利用回波测距原理，其喇叭状或杆式天线向被测物料面发射微波，微波传播到不同相对介电率的物料表面时被反射，并被天线接收。发射波和接收波的时间差与物料面和天线的间距呈正比，测出传播时间即可得知距离。该料位计适用于块状、颗粒状、粉状的固态料位测量。

优点：此料位计大多为二线制的一体化产品，节省大量电缆；软件调试方便。

缺点：二线制雷达料位计要求 24VDC 电源质量较高，交流谐波一般不能超过 ±30VAC；雷达料位计内部电源模块易受其他大电流干扰而损坏，故应把料位计停电拆除；测量固体物料，易产生干扰回波，降低测量效果，故不适用于固体物料的测量。料位测量通常以空气作为传播介质，而空气的温度、湿度等变化会影响超声波传播速度，故在一些有温度、压力、蒸汽等场合，该料位计不能正常工作；料库空气中的粉尘、料位表面的疏松等原因，使信号有较强衰减，从而对粉仓料位的测量效果较差。

(5) 激光料位计

激光料位计由半导体激光器发射连续或高速脉冲激光束，激光束遇到被测物体表面进行反射，光线返回由激光接收器接收，并精确记录激光自发射到接收之间的时间差，从而确定从激光雷达到被测物之间的距离。

优点：测量光束发散角小、方向性好；量程大、测距远、盲点少；不受介质温度变化影响；非插入式测量，非接触测量；测量速度快，适合变化快的液位及料位测量；操作简单，可编程测量；测量精确，适合高要求项目；分辨率高出一般仪表 10 倍；波束角小，适合长距离定位，避免障碍物。

缺点：易受测试波段光源干扰、深色被测物吸收、价位较高。

2. 皮带卸料小车自动控制

皮带卸料小车自动控制系统主要由四大部分构成：PLC 控制部分、传感器部分、上位机部分和执行器部分。

(1) PLC 控制部分主要由中央处理器（CPU）、通信模块（CP）、IO 模块（数字量输入模块、数字量输出模块、模拟量输入模块、模拟量输出模块）等组成。IO 模块采集传感器的各种参数，通过 CPU 运算后输出控制信号，驱动执行机构完成对被控点的控制，通信模块主要用于上位机（PC）和下位机（PLC）之间的通信。

(2) 传感器部分是自动控制系统的"眼睛"，传感器的作用是将现场信号反馈到

PLC 中。自动布料控制系统中的传感器主要有料位信号传感器和位置监测传感器。

位置监测传感器的作用是实时检测卸料小车的位置信号，主要使用定位开关式、激光测距仪式等不同类型传感器。系统采用工业级激光测距仪检测卸料小车的位置，该测距仪带有标准的信号接口，具有防尘、耐高温、精确度高、运行稳定等优点。激光测距仪安装在皮带一端的固定位置，其激光束与卸料小车上的反射面相互作用，以测量卸料小车与激光测距仪的距离，处理后的 4~20mA 输出信号通过屏蔽双绞线传送到卸料小车远程 IO 柜中，用于生产监视和控制。

矿仓料位的测量部分是控制系统的核心。该处矿仓内矿石粒度较大、粉尘浓度高、噪声较大，环境恶劣。本设计采用雷达料位检测仪，较好地解决了料位监测的难题。矿仓料位的变化比较大，表面可以形成下锥形、锥形、凹凸形表面等，给料位仪的安装和测量精度带来了很大的困难。在实际中，将料位仪安装在卸料小车的中心顶部和料堆或料仓上方皮带钢架上，并配合安装基座上的瞄准器，找到比较理想的测量点。在测量范围内，仪表能准确跟随矿仓料位的变化。同时采用可伸缩的安装方式，方便仪表的日常保养和维护。

（3）上位机部分是人机交互界面，可以显示下位机（PLC）传输的实时信号、存储历史值并输出趋势图、通过授权进行远程 Web 发布和通过输出到打印机进行数据打印等，还可以通过上位机画面对下位机进行命令输出，在卸料小车自动布料控制系统中，主要的输出命令有是否选择自动布料、是否允许本料仓布料、小车急停等。

（4）执行器部分。在卸料小车自动布料控制系统中，执行器为卸料小车。外界信号输入 PLC 后，经中央处理器（CPU）进行运算，输出控制卸料小车的前进、后退和定点，完成自动布料动作。

2.2.3.2 车辆智能调度

车辆智能调度的主要目标如下：

（1）根据作业条件，系统及时计算出最佳路线，对矿车路线进行合理规划，通过调度台对车辆进行实时语音调度，使采掘设备怠滞时间最短、运输矿车排队时间最短，最大限度地提高车辆运行效率，获得最大生产量。

（2）通过实时获取车辆位置、运行状态（包括油箱油位、发动机温度、运行里程）、行驶轨迹等信息，实现对车辆的科学管理，提高车辆出勤率、减少车辆运行损耗、降低安全隐患。

车辆智能调度包括工程车辆、挖机、钻机的定位及调度，每台车辆安装有车载计算机，配有数据实时上传接口，根据车载系统监测车辆的运行健康状况，统计车辆保养情况，反馈给调度系统，实现智能排班调度。监测车辆实时油耗等运行数据，避免出现窝工和油耗异常等情况。利用全球定位系统（GPS）和地理信息系统（GIS），结合移动通信系统（4G），实现对车辆位置、速度、方向的实时监控；通过车载终端与车载计算机相连接，采集车辆运行数据（如油量、发动机转速等），经过后台软件系统的分析处理，实现报警、远程控制、数据统计、语音呼叫调度等功能，从而做到对车辆的定位、监控、调度和管理。

2.2.3.3 粗碎监测监控

1. 地表粗碎车间控制系统

地表粗碎车间控制系统对应的主要设备有重型板式给料机、锤式破碎机及带式输送机。

根据地表粗碎车间的设备数量及生产工艺流程，设计 PLC 分控操作台、远程 IO 柜；PLC 分控操作台放置在 PLC 室，通过网线接入工业以太网交换机；远程 IO 柜放置在地面粗碎车间低压配电室和地面粗碎车间高压配电室，通过环网现场总线接入主控制柜。

主要监测与控制内容：

监测设备运行状态（运行、停机、故障、就地/远程控制）；

监测皮带运行状态（运行、停机、故障、就地/远程控制、拉绳开关状态、跑偏开关状态、打滑检测状态）；

监测滚轴筛输出的物料尺寸，根据监测数据提醒管理人员，由人工调节滚轴筛口；

监测破碎机输出的物料尺寸，根据监测数据提醒管理人员，由人工调节破碎机；

监测锤式破碎机以及皮带的电机温度；

实现重型板式给料机、锤式破碎机及带式输送机设备启停，启动和停机顺序控制；

实现设备及皮带的集中与局部联锁（后接皮带停机，前车停机；配套设备有一个故障，相连设备都要停机）；

实现两套设备轮流工作（一套设备故障停机时开启另一套设备）；

系统开机顺序为带式输送机—锤式破碎机—重型板式给料机，停机顺序为重型板式给料机—锤式破碎机—带式输送机，并根据矿料的加工和输送情况做停机顺序的延时时间设置；系统开停机顺序及延时时间可根据现场实际生产情况调整控制。

2. 溜井粗碎车间控制系统

溜井粗碎车间控制系统对应的主要设备有重型板式给料机、滚轴筛、锤式破碎机及带式输送机。

根据溜井粗碎车间的设备数量及生产工艺流程，设计 PLC 分控操作台、远程 IO 柜。PLC 分控操作台放置在溜井井下 PLC 室，通过网线接入工业以太网交换机；远程 IO 柜分别放置在井下粗碎车间硐室外的高压配电室、井下粗碎车间硐室内的低压配电室和井下粗碎车间硐室外的胶带机低压配电室，通过环网现场总线接入主控制柜。

主要监测与控制内容：

监测设备运行状态（运行、停机、故障、就地/远程控制）；

监测皮带运行状态（运行、停机、故障、就地/远程控制、拉绳开关状态、跑偏开关状态、打滑检测）；

皮带及重型板式给料机由变频器控制，监测变频器相电压、相电流、频率、运行状态（运行、停机、故障）；

监测滚轴筛输出的物料尺寸，根据监测数据提醒管理人员，由人工调节滚轴筛口；

监测破碎机输出的物料尺寸，根据监测数据提醒管理人员，由人工调节破碎机；

监测锤式破碎机、重型板式给料机及皮带的电动机温度；

实现重型板式给料机、滚轴筛、锤式破碎机及带式输送机设备启停，启动和停机顺序控制；

实现设备及皮带的集中与局部联锁（后接皮带停机，前车停机；配套设备有一个故障，相连设备都要停机）；

实现两套设备轮流工作（一套设备故障停机时开启另一套设备）；

系统开机顺序为带式输送机—锤式破碎机—滚轴筛—重型板式给料机，停机顺序为重型板式给料机—滚轴筛—锤式破碎机—带式输送机，并根据矿料的加工和输送情况做停机顺序的延时时间设置；系统开停机顺序及延时时间可根据现场实际生产情况调整控制。

2.2.3.4 筛分监测监控

筛分级车间主要设备有圆振动筛、螺旋分级机、直线振动筛、电动机振动给料机、带式输送机及除尘站。

主要监测与控制内容：

监测设备运行状态（运行、停机、故障、就地/远程控制）；

监测皮带运行状态（运行、停机、故障、就地/远程控制、拉绳开关状态、跑偏开关状态、打滑检测）；

皮带由变频器控制，监测变频器相电压、相电流、频率、运行状态（运行、停机、故障）；

监测皮带的电动机温度；

监测调节料仓料堆高低，控制卸料小车均匀卸料；

圆振动筛、螺旋分级机、直线振动筛、振动给料机及带式输送机设备启停，启动和停机顺序控制；

设备及皮带的集中与局部联锁（后接皮带停机，前车停机；配套设备有一个故障，相连设备都要停机）；

系统开机顺序为带式输送机—圆振动筛—振动给料机，带式输送机—螺旋分级机—圆振动筛—振动给料机；停机顺序为振动给料机—圆振动筛—带式输送机，振动给料机—圆振动筛—螺旋分级机—带式输送机；根据矿料的加工和输送情况做停机顺序的延时时间设置；系统开停机顺序及延时时间可根据现场实际生产情况调整控制。

2.2.3.5 堆场监测监控

作为矿山自动化的一部分，堆场布料由于其现场工作环境恶劣、操作复杂、人工观察高低料位点不方便，需要依靠一套先进的系统来完成自动布料控制。

主要监测与控制内容：

（1）监测设备运行状态（运行、停机、故障、就地/远程控制）；

（2）监测皮带运行状态（运行、停机、故障、就地/远程控制、拉绳开关状态、跑偏开关状态、打滑检测）；

（3）皮带及给料机由变频器控制，监测变频器相电压、相电流、频率、运行状态（运行、停机、故障）；

（4）监测滚轴筛输出的物料尺寸，根据监测数据提醒管理人员，由人工调节滚轴筛口；

（5）监测破碎机输出的物料尺寸，根据监测数据提醒管理人员，由人工调节破碎机；

（6）监测破碎机、给料机及皮带的电动机温度；

（7）监测半成品堆场的料位数据，并控制皮带上的卸料小车实现均匀卸料；

（8）实现重型板式给料机、滚轴筛、锤式破碎机及带式输送机设备启停，启动和停机顺序控制；

（9）实现设备及皮带的集中与局部联锁（后接皮带停机，前车停机；配套设备有一个故障，相连设备都要停机）；

（10）实现两套设备轮流工作（一套设备故障停机时开启另一套设备）。

2.2.3.6　料仓计量和监测

料仓计量和监测系统主要包括皮带秤和料位监测两部分。

皮带秤是安装在带式输送机上的称重设备，可以实时获取皮带上输送的物料质量。料位监测是通过对堆场的料位进行监测，提供监测结果给自动控制系统，作为卸料依据。皮带秤采用平硐带式输送和地表带式输送方式，给部分胶带机安装称重设备，以方便统计堆场的存料情况以及装船的物料情况，同时可以实时获取主皮带和各条分皮带的产量、各类成品的销售和库存数据，合理安排生产计划。

2.2.3.7　皮带监测

皮带跑偏及拉绳定位：长度超过200m的皮带，需要对皮带输送机上的跑偏开关和拉绳开关进行精确定位。跑偏及拉绳开关的IO信号通过Modbus RTU协议采集到远程IO站上。

2.2.3.8　环境监测

1. 料场开采过程中的环境监测

在工程料源规划设计阶段，应充分重视整个工程的土石方平衡，对主体工程开挖的有用料加以综合利用。在技术指标相近的情况下，尽量使开挖料用于加工混凝土骨料，减少工程开挖料的弃置，这对环境保护和降低工程投资均有利。山场料源比选和开采方案的设计，应在保证骨料质量、储量的前提下，选择有用储量大于80%的料场，覆盖层厚度要尽量小，以减少剥离量和弃料。料场开采过程中，应采取以下环保措施：

（1）在开采施工的每个梯段上，设置必要的截水沟；当开采面坡顶汇水面积较大时，坡面上还应设置必要的急流槽，将汇集的雨水、地下水截至指定排水管涵，杜绝乱排、乱放，防止沟涵设置不合理而引发的泥石流。

（2）搞好弃渣规划，防止弃渣乱堆乱倒，同时应规划好施工道路的布置和支挡建筑物，做好必要的排水设施。

（3）在弃渣场的运行阶段，应加强弃渣场的运行维护和管理。弃渣场规模较大、堆存条件较复杂时，还应加强对堆存边坡的安全监测，防止发生偶然安全事故。

（4）制订切实可行的防尘、降噪措施，减少对大气的污染。钻爆时，优化爆破参数，控制扬尘。爆破前，应在岩石面洒水湿润，爆破后进行洒水降尘。

（5）爆破施工前，应注意对爆破冲击波和振动的控制，在爆破参数的设计上应优化控制单响药量，控制质点振动速度，以避免冲击波和飞石对邻近建筑物或设施的破坏。

（6）料场使用完毕后，做好清场与植被恢复，有条件时，可人造耕地或植树造林，并对已形成的开挖坡面、弃渣场加强防护处理，使其达到永久稳定，避免人为滑坡和泥石流发生。

2. 骨料加工过程中的环保技术措施

对于处理能力大于 500t/h 的大型砂石加工系统，从山场开采的毛料一般至少需要经过三级破碎、三级筛分后，才能分级出符合要求的人工级配碎石和砂。在骨料的破碎筛分过程中，为保证成品骨料质量和降低加工成本，加工工艺一般根据加工原料特性和规模的不同，分为全干法生产和全湿法生产或两种工艺的结合。骨料的破碎会产生大量的扬尘和噪声，筛分机通过电动机带动激振器使物料在筛面做直线或圆周运动，物料在筛面的跳动和筛分机的机械运动，均会产生噪声。干式筛分会产生大量扬尘，湿式筛分有大量的污水需要处理。工程监测资料显示，在设备扬起的粉尘中，游离二氧化硅含量为原岩的 63%～93%；破碎机的声级大于 100dB；振动筛的声级大于 110dB；为控制生产中成品砂的含泥指标，冲洗水中有用颗粒流失达 10%～30%。因此为控制和降低生产对环境的污染，首先应从破碎设备选型和工艺设计上进行控制，其次要进行详细的环保设计，并对施工和运行管理提出满足环保要求的技术措施和管理措施。

3. 破碎设备选型和技术设计中的环保措施

砂石加工设备大多是强烈的噪声源和尘源，对周围环境产生污染，对生产人员健康产生威胁，在系统设备选型和技术设计时应预先考虑。

（1）破碎机的选择，应在满足工艺确定的破碎比前提下，同类破碎设备尽量选择重心低、转子或辊板运动幅度小、防护性能优良的破碎设备，从源头将噪声控制在最小程度。

（2）振动筛在保证筛分效率的基础上，筛网尽量选择减震效果好的聚氨酯筛网。

（3）在系统规划阶段就要从环保理念出发，将系统的位置选择在距离办公生活设施和居民区较远的地方，同时破碎筛分车间尽量选择在山凹区域，避免扬尘和噪声扩散。

（4）破碎设备安放的基础在设计时应采用能够降低设备振动的结构形式，或采用有利于减弱设备振动的新材料。

4. 干法生产工艺中的环保设计

对干法生产，特别是颗粒致密原料生产时，产生的粉尘量更为严重。为降低噪声和粉尘量，国外的砂石加工厂为了使其满足环保要求，大多采用全干法生产。整个生产线为全密封设计,对产生的粉尘采用风机和收尘器进行回收,并采用分选机进行分级,对有用的粗颗粒进行回收利用。国内过去主要在破碎机的进出口部位采用洒水除尘,近年来随着环保意识的提高,一些采用干法生产的砂石加工系统对破碎筛分设备也采用全密封环保设计。

5. 湿法生产工艺中的环保设计

为使成品骨料含泥量满足质量要求和调整砂中石粉的含量,对生产量大、原料中泥团和软弱颗粒不易剔除的系统,一般在工艺设计时,采用筛面加水冲洗和洗石工艺;对成品砂,为保证粒度模数和砂中石粉含量的要求,国内大多采用掺配调整工艺。棒磨机和立式冲击破碎机生产的半成品砂首先采用螺旋洗砂机洗去多余的石粉(或泥土),在洗选过程中有大量的有用细颗粒流失,为减少石粉(或泥土)的对外排放量,提高经济性,大多对冲洗废水和流失的细颗粒加以回收利用,外排的废水要求达到国家二级排放标准。

(1) 石粉回收工艺。石粉回收处理的废水主要为来自最后一级筛分(一般为立破制砂的检查筛分)和棒磨机制砂洗砂的溢流水,砂的洗选目的是去除砂中小于0.08mm细粉(或泥),同时也使大量0.08~1.60mm的中细颗粒流失。为了对流失的中细颗粒回收再利用,采用先将上述两部分废水集中收集在沉砂斗(池)中混合浓缩,浓缩后的砂浆用砂泵输送至专用设备进行处理。二滩工程采用的细砂回收工艺是将浓缩的砂浆送至成套设备顶部的水力旋流器进行再浓缩,旋流器的溢流水(一级污水)返回锥形沉砂斗再处理,旋流器浓缩后的砂浆进入固定筛用清水反复清洗,大于1.2mm粗砂进入两套惯性振动脱水筛脱水,然后送往砂料罐。冲洗分级后的细砂连水及粗砂冲洗后的二级废水进入真空脱水装置下的锥形水力沉砂斗内浓缩,再次用砂泵送往真空脱水装置上方的水力旋流器再浓缩,浓缩砂浆进入真空脱水装置脱水,干砂由螺旋机送往砂罐,通过真空滤网的部分细砂通过自重进入其下的锥形沉砂斗再次浓缩回收利用。两个沉砂斗的溢流水排入沉淀池沉淀,使对外排放的废料大大减少。

(2) 废水处理与回收工艺。人工砂石在生产过程中排放废水的处理方式一般有如下两种:

①采用预沉-沉淀的处理方案,对预沉过程中排放的废渣进行机械脱水,从中提取可回收利用的细砂和石粉,并配置相当容积的废渣脱水池,对机械脱水过程中排放的废渣和沉淀池排放的废渣采取自然存放脱水的方式;可有效降低水体回收系统的投资,操作运行较简单,但水体回收利用率将受到限制,实际运行时排放指标一般很难达到环保标准要求。

②对系统排放的废水先进行浓缩,对浓缩达到一定浓度的废渣进行机械脱水,浓缩池溢流水进入沉淀池澄清,再对机械脱水分离出来的弃渣和沉淀池排放的石粉和污泥进行最终机械脱水,机械脱水干化不受天气和气温的影响,运行效率高,排放指标容易满足要求。根据运行经验,废水回收利用率可达到80%。

2.2.3.9 综合管控平台

随着砂石厂生产规模及员工人数的增加,再使用传统的人工管理方式,已经远远不能对砂石厂进行有效管理了。此时就需要建设砂石智能化管理系统。当前工业互联网、人工智能技术、大数据分析平台、智能检测、自动控制、云计算、物联网等先进技术已经被成功应用于砂石骨料矿山，5G 已经走进人们生活，势必将助力砂石骨料产业的智能化、智慧矿山建设飞速发展，紧密结合砂石骨料企业特点而构建的工厂智能化全面解决方案。

1. 采矿管理中心

可以查看采矿实时的情况，包括在线车辆的数量、实时出矿量、各个车辆的详细信息，还可以点击看现场的视频监控信息。

（1）矿山三维模型展示。

（2）生产计划查询展示：根据日期搜索，以图表方式展示生产计划。

（3）车辆调度管理：

①实时概括：实时显示在线车辆数量、车辆详细信息及运矿情况。

②历史数据：显示车辆过往的采矿量。

③车辆维护：显示各车辆累计运矿量、千米数、油耗以及保养信息。

（4）溜井料位监测。

2. 过程控制中心

过程控制中心包括生产线实况、设备状态监测和设备报警信息。

生产线实况按生产工序列出各生产线的实况，包括工序名称、设备类型、开机数量、停机数量、故障数量。

设备状态监测实时显示在线设备的运行情况，其包括设备名称、设备编号、设备位置、设备运行参数、设备运行状态、累计工作时长、维护保养信息，并可以点击设备视频监控，观看设备的实时运行视频。

报警信息接收和显示故障设备的情况，并提供功能给有关人员输入处理建议，让管理人员第一时间了解生产报警信息并及时处理。

（1）设备状态监测：设备状态监测可查看产线内各台设备当日的运行情况；展示的运行状态数据由现场前端采集并上传至服务器，如电量、电流、功率、皮带速度、轴承温度等。

（2）生产线实况展示。通过工艺流程图逻辑关系，展示生产线重要设备实时运行情况，可查看产线中设备所处状态（正常工作、停机或故障状态）；可显示具体每条皮带输送设备输送的加工产品类型。

（3）设备数据监测。设备数据监测功能分为实时数据与历史数据两个模块。实时数据展示所选择设备当前时刻的运行参数。历史数据提供历史运行数据的查询功能。通过模拟图标的形式展示，图标指针可随数据的变化而实时变化；除图标外，各内容还通过图标的形式展示，可查看每个小时的设备状态数据；历史数据提供历史运行数据的查询功能，支持查询任意日期间的设备运行数据，可在日历上点选起止查询日期。

（4）生产调度：出现紧急情况时，可通过人工控制各个设备的启停。

（5）报警查询：可查看产线各类报警信息的报警时刻、故障设备、报警类型及解决方案。

3. 生产管理中心

生产管理中心包括生产线的实时概括、生产班次信息、日产量信息、消息和事故信息。

实时概括包括各半成品、成品出入的矿量实时统计数据。

生产班次信息显示各个班次生产的情况。

日产量信息显示当日各类产品型号的产量的统计信息，包括入库量、出库量、库存量等。

消息管理包括接收和显示推送给本终端的信息。

事故信息接收和显示生产事故信息，包括事故内容、严重程度、处理情况，并可以给相关人员提供处理指示输入，让管理人员第一时间知道事故并及时处理。

（1）每日概况。可根据设置的班次时间，统计每日各条分料皮带的累计产量、主皮带的瞬时产量、成品的总产量、开机总时间等；以不同时间间隔更新显示出入矿量的曲线图。

（2）生产班次统计。生产班次统计可以查看当月生产线的班次统计情况；可根据产线的实际情况进行定制。

（3）日产量统计。可统计不同粒度的物料的日产量、库存量和运输量等。

（4）报表统计。对产量、进度、销量按照不同组合条件进行统计，生成生产趋势图，各单位产量对比、同比以及所占比例的分析。可根据生产调度基础数据生成生产调度报表，主要包括生产调度日报、调度日志、逐日统计表、逐月统计表、生产调度指标按季度统计表等；同时可根据用户具体需求，定制完成对应的报表模块。

（5）趋势分析。通过形象直观的图表，对所有的生产调度指标进行图表分析，用户可以选择任意的指标和不同的图表（柱状图、饼状图等）方式来进行数据对比浏览。

（6）事故报表：包括现状分析、比较分析、事故预测。产量分析：包括现状、对比、预测、单产报表。展示选定日期段内按天分布的事故列表；通过饼图展示出设备的各种报警类型及其占比；按照各种报警类型出现的次数进行降序排列，便于处理出现频次最高的报警故障。

（7）消息管理。编辑简报信息，推送到移动终端 App 上；按照每日、每周、每月的形式查看历史消息。简报内容包含产线运行核心内容。

4. 运销存管理中心

运销存管理包括运单信息、库存信息和销量统计。

不同的人员登录 App 可以看到不同的运单信息，如允许承运人登录 App 查询本承运人相关的运单信息，可以让承运人及时了解运单情况。

而现场的出库人员登录 App，在现场完成货物装卸后，可以让承运人直接在移动终端 App 中的运单上签名确认。

库存信息可以让相关人员及时了解当日库存情况。以饼图的方式，给出各产品型号的库存情况，一目了然。

销量统计可以给相关人员查看产品销售的情况。其包括各个产品型号按日期出货的情况（以趋势图表示），包括销量、单价、总金额等。

（1）运单信息：包括运单信息录入和保存。

（2）库存信息和销量统计：库存、销售量的分时段统计和查询。

（3）市场分析：包括销量明细报表和库存报表，方便相关人员根据市场销售情况及库存情况提出对生产计划的调整。

5. 视频监测中心

现场的视频信号接入分控中心保存，在管控平台内可以通过调取分控中心的视频文件查看各个监控点的视频，并具有分时段查看和回放功能。

根据区域、摄像头编号等信息，实时调用现场视频图像，便于管理人员在移动终端上查看，了解现场情况。

6. 安全环保中心

安全环保中心包括除尘系统和水处理的实时监测信息以及超标的报警信息。

除尘系统的实时监测信息按排气筒编号或位置排列出各监测点的信息，包括排气筒出口粉尘浓度、排气筒进口风速、粉尘传感器值等。

水处理系统的实时监测信息包括排污总量、水温、浑浊度、pH 值、BOD、COD 等。

报警信息显示环保系统的超标报警信息。

7. 决策支持中心

决策支持即信息智能化分析，实时统计各项数据，从生产计划、过程控制、库存信息、运营等多维度分析生产绩效，帮助管理层全面、深入地了解客户、市场和产品，帮助其做出明智、准确的决策。决策支持中心的功能包含业务统计和销售统计、经营利润表、客户销售金额表、客户销售数量表、产品销售表、产品报表、滞销品报表等。

8. 通知发布

通知发布把日常影响生产安全的超限报警故障、生产、环保等信息进行集中管理、分级处理。在管理人员的手机终端上或计算机桌面弹出信息提示，第一时间获取要关心的信息，及时采取措施，提高应急处理速度；建立生产队组、基层单位、公司多角色的多层级的消息预警处理机制，使得各职责人员接受自身相关的预报警消息；构建企业内部沟通的渠道工具，起到协同办公的目的。主要功能如下：

（1）通知分级管理

根据预/报警信息影响安全生产的严重程度及持续时间对预/报警信息进行分级，根据管理人员的不同职务、关心的信息类型的不同对管理人员进行分组，保证不同级别、不同部门管理人员能够接收不同类型、不同级别的预警内容，防止垃圾短信息的影响。

（2）通知提醒模式

支持多种安全异常和预警信息提醒方式：计算机桌面短消息提醒和手机短信提醒，最大限度地方便管理人员和调度人员对这些信息的快速、正常接收。

9. 资料管理中心

（1）设备管理：包括设备信息录入和设备信息查询维护。

（2）技术文件管理：包括设备技术文件、系统技术文件和软件信息文件。

（3）施工队管理：包括施工队信息录入和施工队信息维护。

（4）合同管理：包括采购、销售和施工合同。

（5）报警查询：集中各个中心的报警信息。

2.2.3.10 砂石骨料生产调整建议

为了满足建设工程对高质量的砂石的刚性需求，机制砂石骨料逐渐受到各大工程承包商的青睐，并逐渐取代天然砂石，成为建设材料的第一选择，近几年，机制砂石已经成为新增产能的主体部分。但砂石骨料的生产存在着诸多问题，需要进一步分析和研究。

随着广泛的资本进入我国市场，我国的砂石行业在近几年呈现着良好的发展势头，整个行业的发展都受到一定的推动和促进。砂石行业不但能够满足当下经济发展的需要，还能够带动相关产业的共同发展，如运输产业等，这无疑能够极大地推动国家和社会的发展。近年来，随着社会的不断发展，砂石市场的需求量逐年增加，为了落实"绿水青山就是金山银山"的发展战略，国家对天然砂石的开采量进行了一定的限制，因此，为了保证市场的需求得到满足，新增产能的主体已经逐渐转向机制砂石。尽管行业发展的表面成就相当辉煌，但难掩其中存在的一大问题，那就是产能的主要创造者是中小规模的砂石厂，大规模现代化砂石厂数量太少，难以挑起大梁，行业的准入门槛又比较低，这就导致行业整体的生产效率比较低，砂石行业呈现"大而不强"的状态。因此，为了更好地促进砂石骨料生产线的改进和完善，应当对其中一些常见性的问题进行研究和分析。

1. 砂石行业现状

就目前而言，我国绝大部分的采石场规模都比较小，主要存在以下几大问题。

（1）主机设备选择不合理

主机设备对采石场的工作效率和质量而言起着非常关键的作用，而主机设备的型号和规格又是多种多样的，因此，若不对采石场的实际情况进行勘测和分析，就难以选到合适的主机设备，进而会对采石工作形成阻碍。

（2）收尘设施不完善，环境条件差

采石场在工作过程中往往会带来大量的飞尘，这些飞尘会对大气造成严重的污染，也容易造成现场工作人员呼吸道感染等疾病。而施工方为了节省成本，可能会省略收尘设施的布置，从而为环境保护和工作人员生命安全带来一定的威胁。

（3）未考虑检修平台及检修设备

由于采石过程中可能遇到一些难以排查的潜在性问题，因此，需要考虑安装检修设备，对施工过程中所遇到的意外情况进行及时的处理。

（4）未设维修走道，不安全

采石施工活动属于危险系数较高的活动，因此，应当为施工人员铺设专门的维修走道，尽可能保障其人身安全。

建议：

（1）依据市场情况来确定工艺方案

在设计工艺方案之前，应当依据市场情况来确定产品方案。砂石加工系统运转是否顺利，与岩性、工艺流程和设备有着非常密切的关联。

（2）岩性

矿石本身的特性决定了砂石成品的质量和特性，改变工艺流程或改变设备选用是无法影响矿石本身的特性的。砂石成品的强度等相关指标也与矿石的特性紧密相关。构成地球的三大基本岩石种类均可以作为生产砂石的原料，不同的岩石种类用于满足不同的工程建设需求，依照项目相关细则，所选用的岩石在抗压强度和碱活性物质含量等方面有所不同。国家在建设用砂与建设用砂石与碎石等方面做出了非常详细的规定，也制定了相关的质量标准，有关标准对于砂石成品的粒径等做出了明确的要求。根据有关地质统计信息和数据来看，石灰岩与白云岩中所蕴含的化学成分含量变化大体上顺应相同的规律。从全国范围来看，碱活性物质在石灰岩与白云岩里的分布情况表现出非常显著的地域特征。对这些基本情况进行了解和把握后，就能够更有针对性、更客观地去确定生产成品质量标准，从而为工艺流程与生产设备的选择提供依据。

（3）慎重选择工艺流程和生产设备

目前我国砂石供应的设备和技术仍然还处于中低端水平，高端市场则大多使用进口设备。国产设备较进口设备而言，在可靠性及适应性等方面处于劣势，但近些年随着经济和科技实力的进步也获得了较大的改善。当前，许多设备厂家都开始着力于拓宽自身的产品范围，由以往比较单一的设备生产发展成为全套砂石设备生产，在设备整体性方面取得了不小的进展。但就客观情况来说，并不是全部设备都具有稳定可靠的工作性能，要确定产品的最终质量还需要经过校验与完善，这并不是能够快速完成的，而是需要经过一段时间的对比和分析才能得出准确结论的。以筛分机为例，筛分机在不同项目上所表现出的筛分效率并不一致，如果不经过详细的试验来确定其工作规律，就有可能影响单个筛分机的生产能力乃至整条生产线的生产能力，并最终导致产品质量的下降。

设备型号的选择又与工艺流程的选择有着密切的关系。一般来说，需要先确定工艺流程，分别计算出各个流程所需的生产能力，再根据工艺流程来选择主机设备。在对设备进行考察时，可以在多个厂家之间进行比较，确定出最优的设备搭配，而不需要将全部的设备选择局限于某一个厂家。如果要降低未来维护管理工作的难度，那么就一定要慎重选择生产厂家，否则就很可能对整个生产过程产生影响。在考察设备使用状况的同时要考察其运用地点的矿石特性，不能进行类比，因为不同地点的矿石条件可能有很大的差别，同样的设备，在一个地方能够顺利运转，不代表其能够在另一个地方拥有同样的工作水平。

（4）合理的总体规划

总体规划的宗旨是使施工场所得到最高效的利用，既不过多占用土地，又不会使各项施工活动的开展显得过于拥挤。根据工艺流程，将施工活动的场所按照功能的不同进行立体布置，尽可能少占用土地。同时，要在设备运转的周围留出足够的空间便于现场维修和检查。在设备上方设置起吊装置，便于维修操作的进行。此外，还要留出车辆通行和人员通行的安全通道。

（5）使用自动化程度更高的系统

自动化系统能够通过编程控制来实现全自动运行，除非遇到特殊情况或紧急事件下，一般不需要人员进行干涉，系统就能够自动对故障进行诊断并做出相应的处理，同时向操作人员进行反馈。

（6）保护工作环境

在施工的过程中要重视工作环境保护工作，对施工活动可能产生的污水排放、有害气体、扬尘等均采取相应的措施进行及时的处理，确保对周边的环境不会造成任何的污染。场内的道路及地面应做硬化处理。

（7）重视安全设计

施工场地内所有需要人员进入的工作点均应当按照要求设计安全走道，且应当在走道处设置扶手或护栏。所有设备的周围均应当设置手动紧急停车键，当有意外情况发生时可以及时停止施工活动。存在危险的部位应当设置防护遮盖物，并以醒目的危险警示标识来作为提醒。

如今，我国的砂石骨料行业正处于产业升级与转型的关键时期，其发展规模和发展速度都有所提升，现在对其进行战略布局和战略投资是远大战略眼光的体现。国家有关部门从资源节约、环境保护、施工安全、产业转型等角度出发，为砂石行业的发展制定了详细而全面的规划，主要包含建立砂石产业供应基地、建立碎石设备生产基地、综合利用再生资源等方面。该规划为砂石行业的发展方向提供了科学的指导，能够使整个行业的发展少走弯路，从而提高行业发展的效率和质量。砂石行业的发展与转型升级，不仅能够提升国家的实力，还能够为社会带来广泛的福利。

2. 砂石骨料的转型与发展

我国砂石骨料产业正通过六个转型和跨界整合，实现新的发展。

（1）经营模式转型：面对政府不断淘汰落后的小型企业，需要联合组建大集团，并延伸产业链，增强实力。

（2）管理模式转型：由粗放式管理向精细化管理转型，按现代化企业方式管理。

（3）区域范围转型：面对"新型城镇化"和"一带一路"战略实施，要从小区域市场向大区域市场、从大区域市场向全国乃至全球市场转型，从大中型城市市场向城镇市场转型。

（4）生产方式转型：传统生产方式将迅速被淘汰，企业必须向工业化和现代化生产方式转型，要结合自身情况选择合适的时间点。

（5）产品质量转型：供给侧结构性改革的核心是质量，目前机制砂石骨料产品质量参差不齐，要提升产品质量，做专业、做精品。

（6）环保措施转型：治理矿区环境，加强粉尘收集、废水处理再利用，建设绿色矿山、和谐矿区，与当地政府、矿区居民和谐相处，共享利益。

转型升级不是愿不愿意的问题，而是不转型升级不行。当数量快速扩张的阶段过去以后，会进入行业调整重组的"大洗牌"阶段，竞争力较弱的企业就会出局。

企业只有通过以上六个转型，才有可能实现由低端向中高端的转型，才能更好地生存和发展。

（7）跨界资源整合：目前，砂石骨料行业的整合速度在加快，未来几年将形成全新的局面。跨界资源深度整合是未来的必然趋势，同一行业内的资源整合是在圈内进行的，而未来的竞争不是在本行业内进行的。资源整合就是发现社会的发展趋势，而趋势就像一匹马，只有骑在马上，才能和马跑得一样快。

3. 我国砂石骨料企业和产业应该选择的发展模式

长期以来，砂石都是传统产业，根据我国经济社会的发展，砂石骨料实验室当前主要的任务和目标：第一步，调整结构，转型升级，加快工业化进程；第二步，实现工业化生产，包括储运、物流等；第三步，成为现代化产业，包括废弃物再生利用、势能发电、绿色矿山和"和谐矿区"。

（1）建立科学的管理体系

政府有关管理部门，应对当地石矿资源的开采重新规划和布局，完善开采的相关法规，制定合理的政策，建立科学的管理体系，加强规划引导和政策支持。既不能"竭泽而渔"，又不能"缘木求鱼"，抛开基础设施建设的发展来抓环境保护，要通过有效的机制来规范砂石骨料市场，解决建设市场需求。采取"一刀切"式的关停政策，将导致砂石骨料供给不足，有些地方全面禁止，已出现建筑工程无砂石骨料可用的情况。

（2）制定发展战略和规划

在砂石骨料产业外部环境急剧变化的情况下，企业要根据产业发展的新阶段、新特征，及时调整发展战略，做好规划。要将自身状况与外界形势很好地融为一体，通过充分、有效的市场调研，找准企业的定位，发挥独特优势，才能生存和发展壮大。

（3）采用先进的机械装备

基础设施建设质量要求不断提高，砂石骨料的质量也要不断提高，要打破传统砂石骨料产业长期以来形成的既有运行模式；增加投入，采用"新工艺、低耗能、高环保"的新型先进装备；建立产品质检和研发部门，加强产品质量检测，不断提高产品质量。

（4）增强企业实力

对于限采或禁采地区的企业，要寻找新的石矿资源，根据政府对砂石资源的重新规划和布局，取得新石矿的开采权。小区域内的企业，要联合重组，集中资源、人才、资金和技术，形成具有核心竞争力的企业集团，增强企业的竞争力。当地石矿资源储量较小的企业，要积极寻找入股其他企业、扩大生产规模的机会。对于老企业，要采用新技术、新工艺和先进的经济技术标准进行改造，提高产品质量，提高生产率和环保指标，依靠科技进步提升竞争力。技术较为先进的企业，可到外地取得开采权，新建企业或复制企业，提高市场占有率和经济效益。有条件的企业可考虑延长产业链。对于装备制造企业，要重视关键核心技术的研发，为生产企业提供技术先进、生产效率高、能耗低、环保指标高的设备；要根据市场需要，不断推出新的服务方式，突破单纯的制造设备环节，为砂石企业提供"制造 + 服务"的整体解决方案。

（5）推进"两化"融合

"两化"融合的成果已在新建的大型机制砂石骨料企业得到应用，效果良好。要积极开展推广和应用"两化"融合的成果，走科技含量高、经济效益好、资源消耗低、环境污染少、人力资源优势得到充分发挥的现代化工业道路。

（6）重视环境保护和矿山生态恢复

砂石骨料产业对环境的影响主要有噪声、粉尘和泥水，其治理相对容易。要对生产中的石粉和废水进行有效的控制，做好回收再利用，达到排放标准。对生产过程中的噪声进行控制，使噪声达标。按照国家绿色矿山和"和谐矿区"要求来建设生产基地，开采后，要按照国家的要求对矿山生态恢复。机械装备企业要不断降低设备的能耗指标，提升环保指标。

（7）向环保产业发展

砂石骨料企业在对废弃混凝土回收再利用和输送石料发电方面具有明显的优势，利用现有设备，对城市建筑、道路沥青混凝土废弃物进行处理，使资源再生利用；有条件的企业可采用皮带输送石料，利用输送物料的势能来发电，以节约能源；用机制砂石的副产物——石粉制作环保透水砖；对开采后的矿山，通过建成博物馆、矿山公园或其他休闲场所等，实现废弃矿山的再利用。目前，砂石骨料产业处于大发展时期，对行业和企业来说既是严峻的挑战，又是良好的机遇。挑战是装备落后、能耗高、规模小、环保不达标、粗放式经营的企业将会被淘汰；机遇是装备先进、环保达标，能耗低、生产效率高、产品质量好的企业，能得到更大的发展。砂石骨料是房地产、城镇化建设、轨道交通、公路、铁路、京津冀一体化、长江经济带、"一带一路"等基础设施建设用量最大的材料。从国家发布的一系列建设计划来看，未来几年砂石骨料的用量将呈现平稳增长趋势。相信通过政府和砂石骨料行业同仁的共同努力，砂石骨料工业技术水平的提升和工业化进程会很快，最终将发展成为集石矿开采、加工、储运高度集成化、自动化、规模化、绿色环保、节能减排和废弃物回收再利用的现代化产业。

3 砂石生产设备智能化及信息化管理

近年来国内砂石骨料生产设备出现良好的发展态势，砂石骨料行业在大型化、规模化发展的同时，让砂石生产设备的信息化和智能化发展有了很好的落脚点和广阔的发展空间。

砂石生产设备智能化技术的发展依托智能传感器，根据生产设备的使用环境将采集的数据通过合适的信号和网络传输至上位机甚至云平台，经过信息化工具进行数据分析计算和诊断得到预测性维护和自主决策，再通过物联网等技术实现时间、空间、人和物的互联互通，使设备更加智能化，从而提高单机设备乃至整个设备组成系统的生产效率和经济效益。

3.1 砂石设备智能化技术的基础（传感器）

在工业物联网和5G技术蓬勃发展的今天，工业化技术发展和信息自动化控制需要精确的数据支撑，通过传感器采集到的数据及智能诊断技术最终自主确定故障原因和故障位置。

在砂石骨料破碎筛分系统设备运行过程中产生许多物理变量，如振动、温度、污染等，需要通过传感器（Sensor）来感知这些变量。

3.1.1 传感器及其分类

传感器是一种检测装置，能感受到被测量的信息，并能将感受到的信息按一定规律变换成电信号或其他所需形式的信息输出。在现代工业生产尤其是自动化生产中，传感器发挥着重要的作用。通过测量温度、压力、振动等物理量，来监视生产过程中的各个参数，从而获知机器运行的状态，然后通过自动化控制来保证设备工作在正常或最佳状态。传感器取代传统人用眼睛看、用手摸、用量具量的方法，因此可以说传感器是人体感觉器官的延伸或者替代。在砂石设备中普遍用到的针对温度、压力和转速等物理量有检测需求的代表性传感器有如下几个。

1. 温度传感器

温度是诸多物理现象中具有代表性的物理量，在工业生产中温度是判断设备运行状态的关键指标。最广泛应用于电阻温度计的材料是铂金，其他广泛使用的电阻温度计材料则为半导体，如硅。进入21世纪后，温度传感器朝着高精度、多功能、总线标准化、智能化、高可靠性及安全化发展，涌现出新型的智能温度传感器。

温度传感器分为接触式与非接触式两种。

接触式温度传感器基于热平衡原理，传感器直接与被测物体接触进行温度测量，由于被测物体的热量传递给传感器，降低了被测物体温度，特别是被测物体热容量较小时，测量精度较低。因此，采用这种方式要测得物体的真实温度的前提条件是被测物体的热容量要足够大。

非接触式温度传感器基于热辐射原理，主要是利用被测物体热辐射而发出的红外线，从而测量物体的温度，可进行遥测。其制造成本较高，测量精度却较低。其优点是不从被测物体上吸收热量；不会干扰被测对象的温度场；连续测量不会产生消耗；反应快等。

热电偶传感器是工业测量中应用最广泛的一种温度传感器，它与被测对象直接接触，不受中间介质的影响，具有较高的精确度；测量范围广，可在 -50~1600℃ 进行连续测量。

在砂石设备中由于旋转体摩擦发热量大，一般使用接触式温度传感器，其中用得最多的是PT100（PT100为分度号，PT10表示0℃时电阻为10Ω，PT100表示0℃时电阻为100Ω）。其原理为温度升高，金属内部原子晶格的振动加剧，从而使金属内部的自由电子通过金属导体时的阻碍增大，宏观上表现出电阻率变大，电阻值增加，称其为正温度系数，即电阻值与温度的变化趋势相同。PT100是利用纯铂丝电阻随温度的变换而变化的原理设计研制成的，可测量和控制 -200~650℃ 温度，也可做对其他变量（如流量、导电率、pH值等）测量电路中的温度补偿。有时用它来测量介质的温差和平均温度。它具有比其他元件良好的稳定性和互换性。目前，铂电阻上限温度达850℃。铂的物理、化学性能稳定，测量精度高、电阻率较高；铂热电阻使用范围是 -200~+850℃。除作为温度标准外，还广泛用于高精度的工业测量。铂电阻的精度与铂的提纯程度有关。温度传感器如图3-1所示。

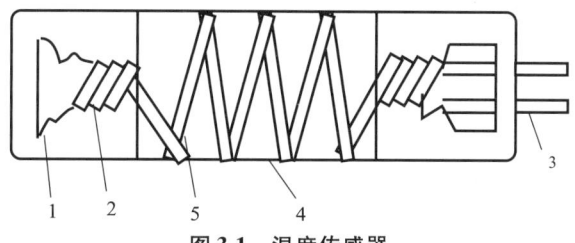

图 3-1 温度传感器

1—云母片骨架；2—铂丝；3—银丝引出线；4—保护用云母；5－绑扎用银带

2. 压力传感器

在各类传感器中压力传感器具有体积小、质量轻、灵敏度高、稳定可靠、成本低、便于集成化的特点，可广泛用于压力、高度、加速度、振动、液体流量、流速、液位、压强的测量与控制。压电传感器主要应用在加速度、压力和力等的测量中。一般普通压力传感器的输出为模拟信号。模拟信号是指信息参数在给定范围内表现为连续的信号，或在一段连续的时间间隔内，其代表信息的特征量可以在任意瞬间呈现为任意数值的信号。而通常使用的压力传感器主要是利用压电效应制造而成的，这样的传感器也被称为压电传感器。

现代压力传感器以半导体传感器的发明为标志，某些物质沿某一方向受到外力作用时，会产生变形，同时其内部产生极化现象，此时在这种材料的两个表面产生符号相反的电荷，当外力去掉后，它又重新恢复到不带电的状态，这种现象称为压电效应。当作用力方向改变时，电荷极性也随之改变。这种机械能转化为电能的现象称为"正压电效应"或"顺压电效应"。石英晶体、钛酸钡、锆钛酸铅等材料是性能优良的压电材料。压电材料可以分为两大类：压电晶体和压电陶瓷。前者为晶体，后者为极化处理的多晶体。它们都具有较大的压电常数、机械性能良好、时间稳定性好、温度稳定性好等特性，所以是较理想的压电材料。

压电材料的主要特性参数如下：

压电常数：压电常数是衡量材料压电效应强弱的参数，直接关系压电输出的灵敏度。

弹性常数：压电材料的弹性常数、刚度决定着压电器件的固有频率和动态特性。

介电常数：对于一定形状、尺寸的压电元件，其固有电容与介电常数有关；而固有电容又影响着压电传感器的频率下限。

机械耦合系数：在压电效应中，其值等于转换输出能量（如电能）与输入能量（如机械能）之比的平方根；它是衡量压电材料机电能量转换效率的一个重要参数。

电阻压电材料的绝缘电阻：将减少电荷泄漏，从而改善压电传感器的低频特性。

居里点：压电材料开始丧失压电特性的温度称为居里点。

图 3-2 是一种压电式加速度传感器的结构图。它主要由压电元件、质量块、预压弹簧、基座及外壳组成。整个部件装在外壳内，并由螺栓加以固定。

当加速度传感器和被测物一起受到冲击振动时，压电元件受质量块惯性力的作用，根据牛顿第二定律，此惯性力是加速度的函数，即此时惯性力 F 作用于压电元件上，因而产生电荷 q，当传感器选定后，m 为常数，则传感器输出电荷与加速度 a 成正比。因此，测得加速度传感器输出的电荷便可知加速度的大小。

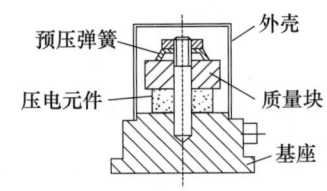

图 3-2　压力传感器结构图

3. 转速传感器

在砂石设备上光电式传感器主要用来测轴的转速。投射式光电转速传感器在测量物体转速时，测量盘会随着被测物体转动，光线则随测量盘转动不断经过各条缝隙，透过缝隙投射到光敏元件上。光敏元件感受到明暗变化时会发射脉冲信号，通过在一定时间内计数从而测算出转速。

当接通传感器系统电源时，在前置器内会产生一个高频电流信号，该信号通过电缆送到探头的头部，在头部产生一个交变磁场，当在磁场范围内有金属靠近时，会改变探头头部线圈高频电流的幅度和相位，即改变其阻抗，根据其电压或电流信号的变化来获知其转速值。

通过转动在磁场做切割磁感线运动，输出电压脉冲信号，来测得被测物体的转速。霍尔传感器主要应用于齿轮、齿条、凸轮和特质凹凸面等设备的运动转速测量。高转速磁敏电阻除了可以测转速外，还可以测量物体的位移、周期、频率、扭矩、机械传动状态和测量运行状态等。

4. MEMS 传感器

MEMS 传感器即微机电系统（Microelectro Mechanical Systems），是将微电子技术与机械工程融合到一起的技术，是在微电子技术基础上发展起来的多学科交叉的前沿研究领域。经过 40 多年的发展，它已成为世界瞩目的重大科技之一。它涉及电子、机械、材料、物理学、化学、生物学、医学等多种学科与技术，具有广阔的应用前景。

MEMS 传感器将电气和机械组件组合到单个芯片之中或之上，即它们是机电传感器。以这种方式，MEMS 传感器在频谱的一端代表连续的桥接电子传感器，而在另一端代表机械传感器。然而，MEMS 传感器的关键标准是通常存在一些具有机械功能的元件，即能够拉伸、偏转、旋转、旋转或振动的元件。

MEMS 的发展源于微电子工业，并将针对集成电路（IC）处理而开发的传统技术与 MEMS 特定工艺相结合并扩展了其技术，以生产出微米级（百万分之一米）尺寸的小型机械结构。与 IC 制造一样，大多数 MEMS 传感器都是使用硅（Si）晶圆制造的，因此，将薄薄的材料层沉积到 Si 基体上，然后选择性地蚀刻掉，留下微观的 3D 结构，如梁、膜片、齿轮、杠杆或弹簧。这一过程被称为"批量微加工"，在 20 世纪 70 年代末和 80 年代初被商业化，第一个微机械压力传感器，或最初称为"扩散"传感器，由 Kulite Semiconductor 在 20 世纪 60 年代中期设计和制造。压力传感器被称为"压阻式"压力传感器或"硅电池"，由微机械加工的硅膜片组成，膜片中散布有压阻应变仪，并与硅或玻璃背板融合。隔膜的顶侧通过端口暴露在环境中，并因其两端的压差而变形。然后将膜片变形的程度转换为代表的电信号，该信号出现在传感器的输出端。

3.1.2 传感器应用

在工业物联网技术蓬勃发展的今天，传感器测得的数据可以用来分析故障原因及故障位置，以便于设备维护维修和备件的库存准备。现用砂石骨料生产中经常需要用到的圆锥破碎机作为改造对象加装传感器，实现设备的智能化。圆锥破碎机采用了破碎技术、液压技术、计算机控制技术和制造技术等领域的研究成果，广泛应用于矿物处理以及石料加工的二、三级和超细物料破碎，能满足最艰巨的工况要求和适用各类不同矿石特性，因此在圆锥破碎机运行过程中产生许多物理变量，通过传感器来感知这些变量，并按一定规律转换成电信号或其他所需形式的信号输出。圆锥破碎机主要的物理变量为温度、振动、转速和电流，其中监测振动能提前预知温度、转速和电流的变化，实现预先获知可能发生故障的功能。

1. 采集点的确定

在传感器应用中一个重要的问题是数据采集的位置，应在不改变整体结构的条件下尽量做到能够接近保证机器正常运行的部件，来检测此部件运行中核心物理变量的变化。

根据原定数据采集要求，在圆锥破碎机传动轴内部靠近传动齿轮部位加装一枚微型振动传感器，在水平轴靠近皮带轮的轴承座上加装两个振动传感器用于检测设备的振动；在皮带轮上加装电涡流式转速传感器用于检测机器转速；在电动机上加装温度、振动、电流传感器用于检测电动机是否出现故障；在液压站上则增加温度与压力传感器来检测润滑油与液压的压力与温度；最后在鼓风机管道加入风压传感器来测量正压防尘系统中的风压（表3-1）。

表3-1 传感器故障检测

部件	位置点	变化量	传感器类型	故障表现	产生的故障
电动机	轴承	轴承温度	温度	温度或温升超过允许的标准要求	轴承磨损或损坏，缺油
		轴承振动	振动	振动异常	轴承磨损或损坏
		定子温度	温度	超过允许的标准要求	线圈烧毁或出现扫镗
	控制柜内	电流	电流	电流变化	电动机/设备故障、过载或运行不稳定
主机	周边	环境温度	温度		
	衬套	温度	温度	温度高	臂架衬套间隙大或缺油
	主轴	磨损	位移	磨损	过度磨损
	齿轮总成	齿轮振动	振动	过载，设备无法运转，噪声大	齿轮失效或损坏，齿轮磨损严重，设备过载运行
	轴承座	轴承温度	温度	温度上升	轴承失效或损坏，油脏
	轴承座	轴承振动	振动	振动异常	轴承失效或损坏，油脏
	主轴	振动	振动	异常振动	衬套磨损或锥体损坏
	主轴	主轴转速	光电转速器	高速自转	衬套损坏
液压系统	液压站内	主润滑压力	压力	压力报警	衬套烧蚀，润滑不充分
	液压站内	油温度	温度	温度高	衬套烧毁，润滑不充分
	液压站内	液压压力	压力	破碎效果差	破碎过程中粒径不一
	通风管上	风压	压力	灰尘进入润滑	损坏衬套、齿轮和轴承
	液压管上	油液分析	油液监测	油液中出现铜、铁及灰尘杂质	衬套、齿轮或轴承损坏

2. 数据的采集

数据的传输主要是信号的传输，其常用组成为传感器+数据采集器+数据整合和分析模拟软件，传感器主要将设备的物理变化转换为电信号变化，然后通过数据采集器对所接收到电信号进行滤波、检测、去噪等信号处理，再输出工控机（计算机）可以处理的数字信号，通过在工控机布设的分析模拟软件对接收的信号进行分析，最终对设备产生的故障做出识别。

数据采集（Data Acquisition，DAQ）是指将被测对象的各种参量通过各种传感器做适当转换后，再经过信号调制、采样、量化、编码、传输等步骤传递到控制器的过程。

数据采集又称数据获取，是利用一种装置，从系统外部采集数据并输入系统内部的一个接口。被采集的数据是已被转换为电信号的各种物理量，如温度、风速、压力等。一般采用间隔一定时间对同一点数据重复采集的方式。采集的数据大部分为瞬时值和一段时间内的特征值。

数据采集过程的原始数据是反映试验结构或试件状态的物理量，如力、温度、线位移、角位移和应变等。这些物理量通过传感器被转换成电信号；通过数据采集仪的扫描采集，进入数据采集仪；再通过 A/D 转换，变成数字量；通过系数换算，变成代表原始物理量的数值；然后把这些数据打印输出、存入磁盘，或暂时存在数据采集仪的内存；通过连接采集仪和计算机的接口，存在数据采集仪内存的数据进入计算机；计算机再对这些数据进行计算处理，如把位移换算成挠度、把力换算成应力等；计算机把这些数据存入文件、打印输出，并可以选择其中部分数据显示在屏幕上，如位移与荷载的关系曲线等。

数据采集过程是由数据采集程序控制的，数据采集程序主要由两部分组成，第一部分的作用是数据采集的准备，第二部分的作用是正式采集。程序的运行有六个步骤，第一步为启动数据采集程序，第二步为进行数据采集的准备工作，第三步为采集初读数，第四步为采集待命，第五步为执行采集（一次采集或连续采集），第六步为终止程序运行。数据采集过程结束后，所有采集到的数据都存在磁盘文件中，数据处理时可直接从这个文件中读取数据。

3. 数据的传输

随着传感器行业发生翻天覆地的变化，科技和物联网的进步导致传递数据的方式也变得更加多种多样，各类传感器不仅能够实时监测数据，还可以根据相应的使用场景选择不同的数据传输方式上传至云平台，方便在需要时随时取用。传感器有四种数据上传的类型：485 型、模拟量型、网络型、无线电型。下面主要介绍前三种。

（1）485 型

485 型数据传输，全称为 RS-485。RS-485 是在 RS-422 的基础上发展而来的，所以有些电气规定与 RS-422 相仿，如都采用平衡传输方式、都需要在传输线上接终端电阻等。同时 485 型可以选择二线制或四线制方式。二线制可以实现真正的多点双向通信。采用四线制时，只能实现点对多的通信。无论是二线制还是四线制，总线上都可以接 32 台设备。

RS-485适用的范围是几十米到上千米时，采用RS-485串行总线标准。通过RS-485接口接入到监控主机，由监控主机上传至云平台；也可直接通过USB转485型直接连入计算机，做到实时数据显示、历史数据查询、数据导出等。

（2）模拟量型

在控制系统里，无论是输入还是输出，一个参数要么是模拟量，要么是开关量。而模拟量型传感器采用的就是模拟量型数据传输。模拟量型传感器发出的是连续信号，用电压、电流、电阻表示被测参数大小。

以模拟量型温度传感器为例，输出信号有0~20mA型、0~5V型、0~10V型。

以0~20mA型输出信号转换计算为例：如量程－40~＋80℃，4~20mA输出，当输出信号为12mA时，计算当前温度值。此温度量程的跨度为120℃，当用16mA电流信号来表达时，120℃/16mA＝7.5℃/mA，即1mA代表温度变化7.5℃，测量值12mA－4mA＝8mA，8mA×7.5℃/mA＝60℃，60℃＋（－40℃）＝20℃，即当前温度为20℃，以此类推。

（3）网络型

以太网是目前应用最普遍的局域网技术，取代其他局域网技术如令牌环、FDDI和ARCNET。以太网型传输方式，可将采集到的数据通过以太网方式上传到服务器。充分利用已架设好的以太网通信网络实现数据采集和传输，达到集中监控的目的，可大大减少施工量，提高施工效率和维护成本。

Wi-Fi型无线数据传输方式，可将采集到的数据通过Wi-Fi方式上传到服务器。充分利用已架设好的Wi-Fi通信网络实现数据采集和传输，达到集中监控的目的。可大大减少施工量，提高施工效率和维护成本。

GPRS是通用分组无线服务技术的简称，它是GSM移动电话用户可用的一种移动数据业务，属于第二代移动通信中的数据传输技术。基于GPRS传输的温湿度变送器，只需要一张移动、联通或电信的SIM卡，就可以通过网络基站将采集到的温湿度数据上传至服务器。

以上都为有线信号传输，其基本原理是通过在传感器端的信号调制电路来输出一个电流和电压信号被数据采集器或PLC接收转换为数字信号传入上位机内。

传输方式通常分为无线与有线两种。无线传输的基本原理是传感器输出信号至通信模块来传递给网关，网关通过无线或有线发出信号传入上位机。常用无线通信技术有Wi-Fi、ZigBee、Bluetooth和Lora等，根据不同情况选择不同通信技术。

4. 数据的分析

在传感器测出各项数据后，根据分析软件来处理这些信息。以振动为例，读取振动频谱后，对其进行傅里叶变换来获知其振幅、时域、频域等方面的信息，通过这些信息可以判断出设备出现的故障以及具体出现的位置。这些数据也可以用于机器学习，然后通过大数据分析预测可能出现的故障。这里用频谱分析来进行说明。

一般来说，频谱分析指的是将信号做傅里叶变换从而进行分析。频谱分析是包括幅频谱和相频谱两张图的。但最常用的是幅频谱。频谱分析是最常用和最重要的，也是最基础的频域分析方法。一般有以下几种频谱分析概念：

FT（Fourier Transformation）：傅里叶变换。就是理论上学的概念，但是对连续的信号无法在计算机上使用。其时域信号和频域信号都是连续的。

DTFT（Discrete-time Fourier Transform）：离散时间傅里叶变换。这里的"离散时间"指的是时域上是离散的，也就是计算机进行了采样。但傅里叶变换后的结果依然是连续的。

DFT（Discrete Fourier Transform）：离散傅里叶变换。在 DTFT 之后，将傅里叶变换的结果也进行离散化，就是 DFT。

也就是说：FT 时域连续、频域连续；DTFT 时域离散、频域连续；DFT 时域离散、频域离散。

FFT（Fast Fourier Transformation）：快速傅里叶变换。就是 DFT 的快速算法，一般工程应用时用的都是这种算法。

FS（Fourier Series）：傅里叶级数。它是针对时域连续周期信号提出的，结果是离散的频域结果。

DFS（Discrete Fourier Series）：离散傅里叶级数。它是针对时域离散周期信号提出的，DFS 与 DFT 的本质是一样的。在实际计算中通常使用快速傅里叶变换（FFT）。它是一种用来计算 DFT（离散傅里叶变换）和 IDFT（离散傅里叶反变换）的一种快速算法（随机信号是无法做傅里叶变换的）。

圆锥破碎机主要运行部件为水平轴上的两盘轴承和液压系统，通过传感器检测，如通过振动检测出轴承轴芯轨迹出现不规则的图像，来获知轴承出现不对中等故障，接着根据频谱图（图 3-3）的表现分析产生故障的类型和导致出现故障的原因。

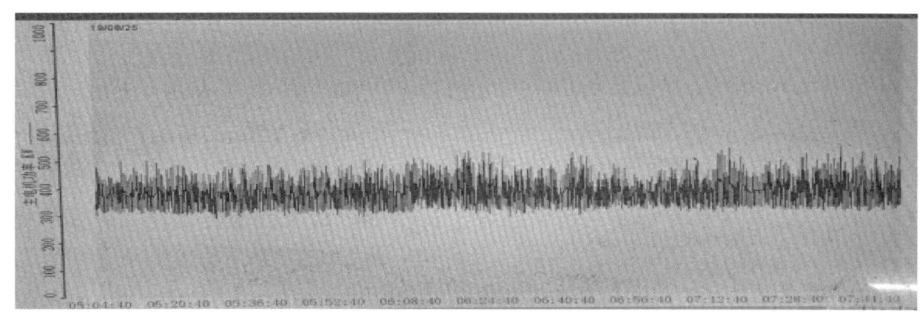

图 3-3　频谱图

3.2　砂石设备运行管理

在机制砂石企业生产管理中，设备的运行管理是其尤为重要的组成部分，砂石设备的运行质量对机制砂石企业的生产线整体产量有着直接的影响。每位砂石生产线管理者，应高度重视砂石设备运行的管理，以提高砂石设备运行的稳定性。

对砂石设备运行管理来讲，每个机制砂石企业都有自己的管理模式。应提高砂石设备运行的稳定性，建立较为完善的设备运行管理的制度流程，借助物联网、大数据、云计算等新一代信息技术的快速发展及应用。

3.2.1 设备运行管理自动控制系统

自动控制系统（DCS），用于对整条骨料生产线的自动化控制和设备状态及工艺过程监控和监测。该系统主要由操作系统、主控单元和控制器、传感器、现场总线、操作员站、工程师站、现场控制站等部分组成。

PLC中控系统可完成各种监控、控制和数据采集功能，以满足各种工艺的要求，确保本项目所控各工艺安全可靠、高效运行。PLC中控系统能够完成各工艺段的工艺参数数据采集、过程控制、顺序控制等工艺控制所需功能，满足PLC网络通信、接地、供电等的有关技术指标。PLC中控系统由处理单元、数据通信系统、过程I/O、人机接口和过程控制软件等组成。其具有安全、可靠、成熟、先进、易于组态（图形化、模块化）、易于使用、易于扩展等特点。

DCS系统控制整个产线所有设备的启停、采集和处理所有设备的数据，向集控室大屏幕提供产线、设备、工艺等的信息和状态以及报警信息，实现以下功能：

（1）逆料流启动。逆料流启动是指在工艺流程上有直接衔接关系的设备在启动时按逆料流方向依次延时启动。逆料流启动是为了：①错开设备启动时间，防止多设备同时启动对电网的不利影响；②设备带料启动时，避免造成受料设备大量积料或溢出。

为缩短启动时间，可以在设备无流程上的衔接关系且其供电电源取自不同的变压器或供电电源取自同一变压器且设备功率不大时，允许多台设备同时启动。

（2）顺料流停车。顺料流停车是指在工艺流程上有直接衔接关系的设备在停止时按顺料流方向依次延时停车。顺料流停车是为了保证设备停机时，其承载或处理的物料处于卸空状态。系统允许多设备在承载或物料卸空的前提下同时停机，以缩短系统停机时间，从而降耗节能。

延时启停系统可对设备延时启动、停止，按照连续启动顺序设置设备的启动时间。延时停机的时间可根据设备卸空物料所需的时间设定。

（3）故障停机和停机机制。当设备故障停机或应急停机时，系统可实现来料方向的所有给料机设备立即停机。破碎机下方的受料胶带机故障停机时，系统可实现破碎机上方的给料机立即停机，并允许破碎机在处理完余料后停机。

故障停机及特殊设备停机后的联动停机功能系统的故障处理是DCS系统的基本功能。系统能监控整个砂石加工系统受控设备的运行状态，能识别设备是否运行。可以识别本地控制或远程控制状态，同时可以判断系统是否过载。

集控中心中控台可展示各种信号指示，如全系统和各现地控制单元的启、停、急停、复位等信号指示。当设备故障时，实现联锁安全停机，实现故障报警、记录、统计及相关数据的输出。

（4）设备启停的安全控制。设备启停设启停权限，包括自动（远程控制）、手动（设备现场急停）、检修（设备现场）等几个主要权限。启停权限按顺序逐级增大。

（5）设备状态监控。DCS 系统可以显示所有设备的运行状态、过程参数、报警等，还可以进行各运行方式的选择和切换，进行自动程控操作。同时还具有模拟量参数显示、棒状图显示、声光报警、打印制表等功能。

备份操控 DCS 系统在工控机出现故障无法操作时，可由触摸屏实现部分主要功能操作，如设备的启停（包括单机启停和一键启停等）、设备的故障报警、设备的运行状态指示等功能。实现操控备份，避免影响生产。

设备启动过程优化：当所用设备都是空载时，为缩短启动时间，又要防止多设备同时启动对电网造成过大压降，可以选择工艺流程上的无衔接关系且其供电电源取自不同的变压器，或供电电源取自同一变压器且多台功率不大的设备同时启动。如设备 A、B 功率很大，按照顺序依次启动，设备 C、D 功率小，设备 E、F 来自不同变压器供电，C、D、E、F 可同时启动以缩短生产线启动时间。在上位机自动控制系统中预设启动流程控制程序，当所有设备备妥，通过点击一键启动，生产线按照优化后的启动顺序依次启动。当设备因故障或意外停机，下次需带料启动时，避免造成受料设备积料大量堆积或溢出。工艺流程上下设备在启动时按逆料流方向依次延时启动。上游设备没有采集到下游设备运行信号，上游设备启动无效。如原矿石到成品砂石要经过设备 A、B、C、D、E 制成，启动时按 E、D、C、B、A 顺序依次间隔启动。

另外，其他的信息化辅助手段还包括：

产线负荷自动协同寻优系统可以自动对产线上下工序设备负荷协同寻优，生产模式自动灵活调整，减少电能消耗，降低生产成本。

产线运行状态实时监测系统可以对设备运行状态、成品产量、料仓库存、长距离皮带廊运行状态、自动装车和除尘等系统的运行状态进行监测。

全线视频监控功能系统通过摄像头监测破碎机、中间料仓、物流廊道、成品料仓、装车、控制机房以及整个现场周界环境。在集控中心内，操作人员通过大屏幕可以直观全面地掌握外部产线整体运转情况，实现基于全线视频覆盖的目视化监测管理。

环保要素监测功能系统对气象条件（温度、湿度、降水量、降水概率、风速、风向）、大气污染物（PM10、PM2.5、SO_2、NO、NO_2、CO_2、O_3）、污水处理等在内的生产环境要素进行监测，启动环保除尘、抑尘装置，实现绿色无污染生产。对矿石加工区内的空气悬浮物进行监控，能够及时预警，同时监测多种主要污染物数据并监测山区天气情况。在产区环境有效监控上可严格控制产区扬尘，形成产区环保监测及预防机制。智能环保除尘监控系统的主要系统功能包括箱体破袋检测、风管压力检测、风管温度检测、粉尘浓度检测、故障预警报警。智能化控制系统将环保收尘系统的控制功能接入各个部分的集散控制系统中，可在控制室远程控制收尘系统。将环保收尘系统的运行数据接入监控中心，可在远程实时监控产线的环保系统运行情况。

数据查询与报表导出功能系统支持产量、开机时间、主机电流、产线耗电量、故障报警记录、销售记录、值班工作记录等数据的查询、统计和报表导出功能，同时支持数据与企业 ERP 系统、财务管理系统的无缝对接。

3.2.2 移动应用平台对设备运行的辅助管理

移动应用平台可以不受空间的限制，身在异地也可以及时掌握生产线设备运行的各方面的信息。想要做到通过手机上的一个 App 应用，就全面掌握设备运行的情况，需要经历设备运行数据采集、存储、分析、可视化等步骤。

（1）数据采集：通过多种传感器（如压力敏和力敏传感器、位置传感器、液位传感器、能耗传感器、速度传感器、加速度传感器、射线辐射传感器、热敏传感器等），获取设备运行时的温度、频率、振动、电流、颗粒物等关键数据，做到对设备的全面感知，以满足对设备运行的全时段、全方位监控。使用物联网数据采集技术，将厂区各个设备的各种传感器数据采集到云端服务器。

（2）数据存储：一般而言，工业数据的典型特点包括：

①产生频率快。工业数据采集基本为秒级，部分高频数据采集为毫秒或微秒级，每一个采集点 1s 内可产生多条数据。

②严重依赖采集时间。每一条数据均要求对应唯一的时间。

③测点多、信息量大、数据结构相对简单。常规的实时监测系统均有成千上万的监测点，监测点每秒都产生数据，每天产生 TB 级别的数据量。

备运行数据分析首要解决的是数据存储问题，实现高效和无限制储存，以及快速的读写处理和计算等。传统的数据存储方式，有关系型数据库（如 Oracle、Mysql、SQL Sever），此类型的数据库在存储一些关系型数据时有很好的应用，但是在设备运行数据存储高并发、大容量要求下，已经无法满足。随着物联网的兴起，为了满足设备运行类的时序型数据存储的需求，时序数据库的应用渐露头角，已成为目前常用的解决方案。

时序数据库全称为时间序列数据库，主要用于处理带时间标签的数据。所有有时序数据产生，并且需要展现其历史趋势、周期规律、异常性的，进一步对未来做出预测分析的，都是时序数据库适合的场景。时序数据库的主要特点：高吞吐量写入能力；数据分级存储/TTL；压缩率高；多维度查询能力；高效聚合能力。

（3）大数据分析：当得到海量数据以后，就需要通过某些方法进行分析，把多样的数据转化成有用的结论。通过工业大数据分析等关键技术能够实现设计、工艺、生产、管理、服务等各个环节智能化水平的提升，满足用户定制化需求，提高生产效率并降低生产成本，为企业创造可量化的价值。

目前砂石骨料生产企业，还属于粗犷型生产的方式，生产工艺较为简单，对此数据分析更有意义的地方在于产量的提升（达到产线设计的理论值），以及设备故障的分析与预测。

（4）数据可视化：数据可视化技术的基本思想，是将数据库中每一个数据项作为单个图元元素表示，大量的数据集构成数据图像，同时将数据的各个属性值以多维数据的形式表示，可以从不同的维度观察数据，从而对数据进行更深入的观察和分析。分析出有效的数据结论后，通过图形、图像处理、动画等技术，将数据以可视化的视觉表现形式，结合实际，找出能反映设备运行状况的关键指标，展示到移动应用上（图3-4）。

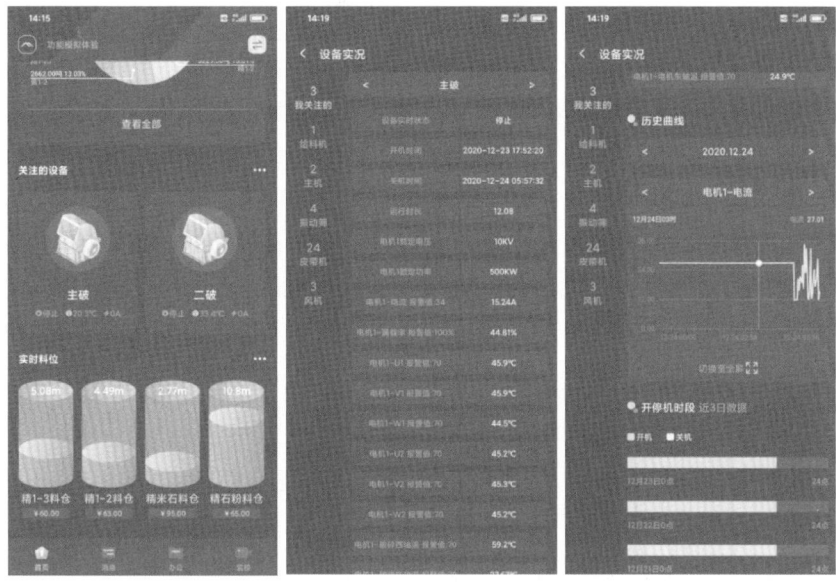

图3-4 数据可视化

3.2.3 基于视觉AI技术的细颗粒砂石在线粒度分布测算方法

3.2.3.1 细颗粒砂石在线粒度分析目的和意义

粒径0.075~4.75mm的骨料在生产中通常被划分为特殊的一个品类，称为细颗粒砂石，粒径小于0.075mm的细颗粒砂石则被划分为粉料。在生产线上，因为细颗粒砂石粒径小（颗粒细小）且数量巨大，目前常用的称重测量方法不能实现对粒径分布的实时在线监测。称重测量方法采取离线取样，样品需送至实验室进行检测，经样品干燥、机械筛分及称重等过程，检测周期很长。由于采用离线取样，取样作业耗时耗力，因此只能设计低频次的取样测量，导致样品的采样率太低，不能准确反映产线上产品的实时情况。这种低频次取样检测在实际生产中经常因检测缺位而使产品质量不符合要求的情况发生，给企业造成损失。因此改革检测手段，加强加密检测频次，实现有效地控制产品质量，尤为重要。细颗粒砂石的在线粒度分析改变了取样方式以及测量方式，实现适时在线取样，经采用物理方法对细颗粒砂石进行颗粒分离及机器视觉拍摄，运用AI运算计算出取样的细颗粒砂石的粒径及其分布，可达到准确反映产线上细颗粒砂石产品的情况。相比于采用接触式测量的传统称重测量方法，细颗粒砂石的在线粒度分析采用的是非接触式测量方法，具有实时性好、准确程度高、安全性高、几乎不需人力参与、几乎不影响生产线正常运行等优点，必将被砂石骨料生产线所采用。

3.2.3.2 细颗粒砂石在线粒度分析技术路线

细颗粒砂石的在线粒度分析可分为在线取样、砂石颗粒分离、机器视觉拍摄、AI运算以及粒径统计等环节。

在线取样是改变目前传统方式取样的一个重大革新。取样装置定时从生产线细颗粒砂石落料口取样,装入样品缓冲槽,实现定时定量取样。

对从生产线上被取样的细颗粒砂石,采用物理方法将其按颗粒大小(按一定的粒径范围)分离出来,使不同大小的砂石颗粒处于不同的位置,便于机器视觉拍摄。

细颗粒砂石的粒径为 0.075~4.75mm,粒径比率将近 64 倍。如果不进行分离直接进行拍摄和运算处理,一方面可能出现大量较大颗粒砂石覆盖较小颗粒砂石的现象,使拍摄和统计出现较大偏差。另一方面,在同一视场中拍摄将近 64 倍粒径比率的砂石图像,往往会出现顾此失彼的现象:欲使最小颗粒的砂石图像具有一定的精度,其拍摄视场将设定在较小的范围内,而在此拍摄视场内出现的较大颗粒的砂石,极可能只有部分是在有效拍摄视场内,该砂石未能被完整地拍摄到,使后续对此砂石图像进行的粒径计算因图像不完整而出现偏差。

采用水槽盛放液体,让细颗粒砂石在液体中下沉,不同粒径的颗粒在液体中下沉速度不同,因此,在时刻 t 不同粒径的细颗粒砂石处于液体中不同的位置,从而实现将不同粒径的细颗粒砂石初步分离,进而使机器视觉拍摄在不同的位置上以不同的解析度对不同粒径的细颗粒砂石进行拍摄。

对在液体中进行了初步分离的细颗粒砂石,采用机器视觉拍摄方式,在液体中的不同部位,拍摄这个时刻通过该部位的相应粒径(体积)范围的细颗粒砂石。

采用机器视觉拍摄方式拍摄到的各个细颗粒砂石,经 AI 运算,计算出其在与速度方向平行面上的投影以及其最小外接矩形的长边与短边的长度 a 与 b,理论上采用其几何平均值 $(a \times b)^{1/2}$ 为粒径。

对已计算出的各细颗粒砂石的粒径,采用直方图统计法统计出细颗粒砂石的粒径分布。

3.2.3.3 细颗粒砂石在线粒度分析中的关键技术

在线粒度分析所需细颗粒砂石的取样为在线粒度分析的第一个重要环节。取样装置需实现样品量可控、取样时间可控。取样方式采用定时从生产线旁路取样,并装入样品缓冲槽的方式。这样的设计不会影响到生产线的正常运行,不再需要停机取样。

采用机器视觉方式拍摄在液体中进行了初步分离的细颗粒砂石是细颗粒砂石在线粒度分析的一个关键环节。水槽中容纳一定液面高度的液体,细颗粒砂石在液体中一初始位置下沉。利用细颗粒砂石在液体中下沉时因其体积大小不同导致的下沉速度不同的方法分离出的细颗粒砂石,在时刻 t 处于液体中不同的高度(位置)上,按所需拍摄的粒径范围设置工业相机的数量及拍摄位置,并使各工业相机拍摄的总的视场覆盖水槽自初始位置以下的范围。各工业相机采用触发式拍摄的方式同时拍摄所在位置的细颗粒砂石。

AI 运算环节是细颗粒砂石在线粒度分析的核心环节。其任务是在获取的细颗粒砂石图像中，将各个细颗粒砂石的图像逐个分离并计算出其在与下沉速度方向平行的平面上的图像系统坐标中的投影面积 S' 以及 S' 的最小外接矩形的长边与短边的长度 a' 与 b'。AI 运算环节有两个重要模块：深度学习模块和运算处理模块。其中，深度学习模块通过构建具有很多隐层的机器学习模型和海量的训练数据来学习更有用的特征，最终提升分类及预测的准确性。运算处理模块则充分运用经训练的特征计算各个砂石颗粒图像的投影面积和长度参数。

3.2.3.4 细颗粒砂石在线粒度分析技术基础理论

利用不同粒径的颗粒在液体中下沉速度不同的现象分离不同粒径的细颗粒砂石，使机器视觉拍摄可以在不同的位置上以不同的解析度对不同粒径的细颗粒砂石进行拍摄。

密度为 s、体积为 V 的细颗粒砂石，其质量 $m = s \times V$。将其放入密度为 l 的无流动液体中，细颗粒砂石在下沉的过程中受到重力 F_G、浮力 F_b 以及液体阻力 F_r 的作用，其中

$$F_G = mg = sVg (g 为重力加速度)$$
$$F_b = lVg (g 为重力加速度)$$

设细颗粒砂石在液体中下沉的速度为 v、细颗粒砂石在液体中下沉时所受液体的阻力系数为 C_d，考虑到细颗粒砂石以初速度零在初始静止的液体中下沉，即细颗粒砂石在液体中下沉发生在低速低雷诺数情况下，则液体阻力 F_r 与细颗粒砂石在液体中下沉的速度 v 呈线性关系：

$$F_r = C_d v$$

根据牛顿第二定律，细颗粒砂石在液体中下沉的运动方程为

$$F_G - F_b - F_r = mg - lVg - C_d v = m \times \frac{\mathrm{d}v}{\mathrm{d}t}$$

由于细颗粒砂石的密度以及液体的密度是常数，上式中

$$mg - lVg = (s - l)Vg$$

则细颗粒砂石在液体中下沉的运动方程可表达为

$$C_d v + m \times \frac{\mathrm{d}v}{\mathrm{d}t} = (s - l)g \times V$$

可见，细颗粒砂石的体积越大，其在液体中下沉的速度及加速度越大。令细颗粒砂石自液体表面下沉时的初速度为零，则在相同的时刻 t，体积大的细颗粒砂石在液体中下沉的速度较大，其在液体中下沉的距离也越大；而体积小的细颗粒砂石在液体中下沉的速度较小，其在液体中下沉的距离也就越小。根据这一原理，可将细颗粒砂石在液体中按其体积大小（颗粒大小或质量大小）进行分离。

由于细颗粒砂石在液体中下沉是一个运动过程，在这一过程中实现不同粒径的细颗粒砂石处于液体中的不同位置发生在时刻 t 及随后一短暂的时间区间 $\mathrm{d}t$ 中，因此，在各个位置上的针对各粒径范围细颗粒砂石的机器视觉拍摄须在 $\mathrm{d}t$ 内完成，这就要求机器视觉拍摄采用触发式拍摄的方式实现在时刻 t 进行同步拍摄。

对机器视觉拍摄获取的细颗粒砂石图像进行 AI 运算，计算出其在与速度方向平行

面上的图像系统坐标中的投影面积 S'、其最小外接矩形的长边与短边的长度 a' 与 b'，根据定标，可计算出实际投影面积 S、其最小外接矩形的长边与短边的长度 a 与 b，理论上采用其几何平均值 $(a \times b)^{1/2}$ 作为粒径 d，在需要与采用机械筛分方式所获得的粒径相对应的情况下，采用 $d = \min\{a, b\}$ 作为粒径取值。

3.2.3.5 细颗粒砂石在线粒度分析技术具体实施方法

细颗粒砂石在线分析系统由取样装置、样品缓冲槽、砂石颗粒分离槽、机器视觉拍摄及 AI 运算等环节组成。

取样装置定时从细颗粒砂石落料口取样后装入样品缓冲槽，缓冲槽内的细颗粒砂石经水洗后放水，水洗后的细颗粒砂石通过在缓冲槽下方的展宽的出口进入砂石颗粒分离槽。砂石颗粒分离槽内液体选择采用清水。每次作业时，槽内应充满清水。细颗粒砂石从缓冲槽下方的展宽的出口进入清水中下落，在清水中体积不同（颗粒大小不同）的细颗粒砂石以不同的速度下沉，逐渐形成体积不同（颗粒大小不同）的细颗粒砂石处于槽中不同位置的状态。

以细颗粒砂石开始进入清水中下落为时刻零计，在时刻 t 采用工业相机在砂石颗粒分离槽的 3 个（或 4 个）位置上对处于这些位置上的细颗粒砂石同时进行拍摄。拍摄工位多，则拍摄视场内所摄取的细颗粒砂石的粒径范围小，处理精度高。采用 3 个工位时，所摄取的细颗粒砂石的粒径范围设计为 4 倍。所有工业相机的拍摄视场需调整到覆盖在时刻 t 所有细颗粒砂石在砂石颗粒分离槽可能所处位置。拍摄光源采用背光方式。

AI 运算环节基于 FPGA 的采用嵌入式处理平台（也可以采用普通计算机或工控机）。基于 FPGA 的采用嵌入式处理平台除了承担 AI 运算，还承担控制工业相机拍摄、控制光源、控制取样过程以及输出处理结果等任务。采用基于 FPGA 的嵌入式处理平台具有运算速度快、功耗低、设备体积小、易于工业现场安装等优点。

3.2.4 骨料粒径在线监测、轮廓提取

目前对骨料粒度的测量大多采用经典的筛分法和沉降法等进行离线测量，这些方法存在着测量步骤烦琐、滞后时间较长、不能及时反馈骨料粒度信息等缺点。针对这些问题，本课题运用机器视觉技术对带式输送机上的骨料图像进行连续采集，实时检测细骨料粒度分布情况，并绘制粒度累计分布曲线来分析骨料级配的合理性，对碎磨工艺过程中设备参数的最优控制提供参考，降低能耗，从而提高破碎设备的工作效率。

本课题主要包括粒径的在线监测、分析和级配控制与调整三个部分。在线监测方面主要包括检测系统的组成、图像预处理；分析部分主要为图像的分割和颗粒参数的测定；级配控制与调整主要包括细骨料级配调节与粗骨料超规控制。

基于机器视觉的细碎骨料粒度分布在线监测系统主要由 CCD 摄像机组件、传送带、光源、计算机等组成。摄像机放置在垂直于传送带中心线的方向上，摄像机的数目由检测所需的精度和传送带的宽度决定。由于发光二极管具有低功率、长寿命等优点，因此通常被用来作为稳定的光源。检测系统的结构如图 3-5 所示。

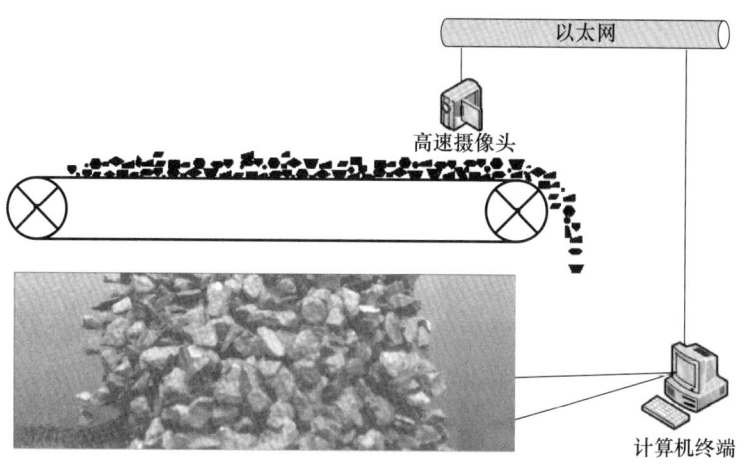

图 3-5 检测系统的结构

骨料颗粒的形状大多是不规则的,常常是不规则的多面体,同时骨料颗粒表面往往是凹凸不平的,因此对光的反射情况必然是不同的,从而图像中的明暗程度及颜色均不相同,这也是骨料图像分割的难点之一。骨料图像采集时,使 CCD 相机的采集范围均在同一光源的照射下,则保证骨料图像中呈现一致的亮度、颜色等。

由于图像在采集和传输过程中,一方面受外部因素的影响,另一方面受设备自身性能的影响,都可能造成图像的光照不均匀,而且针对骨料图像自身的特点,其图像存在噪声点,无法对得到的图像直接进行有效的分割处理,所以必须对获取的图像进行一定的预处理。通过双边滤波保边降噪,即保证边缘附件像素值的保留,去除图像噪点,如图 3-6 所示。

(a) 灰度图

(b) 双边滤波

图 3-6 双边滤波去除噪点

通过采用分水岭分割方法、基于控制标记符的分水岭分割方法及基于距离变换和种子点提取的分割方法对骨料图像中粘连骨料颗粒进行分割,并对处理后的结果进行分析比较。在基于距离变换和种子点提取的分割方法的基础之上,提出了一种 DTSI 分割方法,结果表明该方法能有效地解决骨料图像中光照不均的问题,准确地提取骨料颗粒区域,实现粘连颗粒的分割,并进行误差分析,证明该方法对粘连颗粒的分割具有较高的准确率。根据实际工程中的应用,仅对骨料颗粒的粒度参数进行了统计,使用等效投影面积法计算骨料颗粒的粒度信息，统计了各个粒级的颗粒个数和百分率，并绘制了粒度累计分布曲线。

在检测过程中，由于存在相似颜色的石子相互交织、堆叠，增加了成像区分难度，而常用的轮廓提取边缘检测算子包括 Sobel、Roberts、Canny 等，其中 Canny 算子对噪声抑制能力较强。因此，本书采用 Canny 算子对图像进行边缘检测提取。轮廓提取步骤如下：

步骤一，图像灰度化。Canny 算法难以处理彩色图像，因此要对拍摄的图片进行灰度化处理，使彩色图像变为灰度图。

步骤二，高斯滤波降噪。原始图像存在着大量的噪声和干扰，因此需通过滤波、降噪等方法改善图像的质量。高斯滤波是将滤波器中对应横纵坐标索引代入高斯函数，使其离散化，从而达到降噪的目的。二维高斯函数如下：

$$H(x,y) = e^{-\frac{x^2+y^2}{2\sigma^2}} \tag{3-1}$$

式中　　(x, y)——坐标；
　　　　σ——标准差。

步骤三，计算像素点梯度及方向。图像边缘的像素点可以指向所有方向，利用检测算子返回水平和垂直方向的一阶导数值，像素点梯度和方向计算公式：

$$G = \sqrt{G_x^2 + G_y^2} \tag{3-2}$$

$$\theta = \arctan\left(\frac{G_y}{G_x}\right) \tag{3-3}$$

式中　　G_x、G_y——检测算子返回的水平方向、垂直方向的导数值；
　　　　G、θ——像素点梯度和方向。

步骤四，应用非极大值抑制消除杂散。响应非极大值抑制，通过抑制局部除最大值外的所有梯度值，找到局部最大值，从而排除非边缘像素，保留候选边缘。

步骤五，应用双阈值检测确定边缘。对候选边缘来说，仍存在一些杂散影响，因此应用高低阈值检测的方式，根据边缘像素的梯度值高低来进一步标记强边缘像素点，从而确定目标边缘，提取砂石骨料轮廓。

全粒径砂石骨料轮廓提取结果如图 3-7（a）所示，超规砂石骨料轮廓提取结果如图 3-7（b）所示。

(a) 全粒径砂石骨料轮廓提取结果　　(b) 超规砂石骨料轮廓提取结果

图 3-7　骨料轮廓提取结果

提取出来的砂石骨料轮廓可以反映颗粒的最长径、最窄径和轮廓面积。最长径与最窄径的比值可以反映颗粒形状。轮廓面积可以体现颗粒的大小，即通过等面积圆的方式确定颗粒的等效粒径，其计算公式为

$$B_i = 2\sqrt{\frac{S_i}{\pi}} \tag{3-4}$$

式中　B_i——颗粒等效粒径；

　　　S_i——颗粒轮廓的面积。

特别注意：①由于存在堆积重叠的情况，部分砂石颗粒被遮挡，因此图像中颗粒个体数据无法代替真实情况，可以通过实际检测，调整超规判定阈值；②计算机识别砂石颗粒粒径与实际尺寸存在一定比例关系，需要通过测试来确定其比例尺。

3.2.5　细骨料级配调节和粗骨料超规控制

在对骨料进行级配调节与控制之前，需要对骨料的粒径与粒形的参数进行测量。骨料颗粒参数的测量是整个检测过程中重要的环节，也是对骨料图像进行分析处理的最后阶段。通常，颗粒参数主要包括两个方面，一是表征颗粒大小的参数，二是表征颗粒形状的参数。其中，表征颗粒大小的参数包括周长、面积、粒径、长轴、短轴等，而表征颗粒形状的参数包括形状系数、球形度、伸长度、粗糙度等。描述骨料颗粒的最重要参数是其粒度组成，在实际工程应用中，物料的粒度一般是由不同粒度组成的碎散颗粒，常常这些颗粒的形状都是不规则的。因此，对骨料颗粒群的大小描述一般采用粒度分布，也就是将骨料颗粒群以一定的粒度范围按照大小顺序分为若干级别，然后将每个级别的颗粒质量所占总质量统计出来，并且用曲线法来反映物料中任何一个粒级的产率与颗粒粒度之间的关系。参考《建设用卵石、碎石》（GB/T 14685—2022）标准要求。超规评价判定方法如下：

（1）级配超规。通过等面积圆的方式确定颗粒的等效粒径和体积，则参考标准级配区间，可统计质量之比，确定皮带上砂石骨料级配情况，计算公式为

$$F_{ab} = \frac{v_{ab}}{V} = \frac{\sum_{i=a}^{b} B_i^3}{\sum B_i^3} \tag{3-5}$$

式中　F_{ab}——粒径在 a 与 b 之间的砂石骨料分计筛余；

　　　v_{ab}——粒径在 a 与 b 之间的所有砂石骨料的体积；

　　　V——总体积；

　　　B_i——颗粒等效粒径。

a、b 的值依据《建设用卵石、碎石》（GB/T 14685—2022）要求级配确定。

超规判定规则：将粒径 B_i > 设定值的砂石骨料颗粒纳入体积计算范围，通过式（3-5）计算出各档分计筛余，将识别误差纳入考虑，设置实际要求上浮 10% 为超规报警判定阈值，即当 F_{ab} 超出国标要求上限的 110% 时判定超规。

(2) 粒形超规。根据针片状的定义：粗砂石骨料颗粒的最小厚度方向与最大长度方向的尺寸之比小于 0.4 的颗粒，比值计算公式为

$$K = d/D \tag{3-6}$$

式中　d、D——轮廓提取中某颗粒的最小边长与最大边长。

当 $K<0.4$ 时，记录目标颗粒的等效粒径。运用球体积公式，结合式（3-5），即可得到针片状颗粒质量的占比情况，当该比例超出国标要求上限的 110% 时判定超规。

(3) 反馈及处理。基于上述评价指标及超规判定方法，设置超规检测系统运行程序。

当超规检测系统未检测到超规行为时，各环节正常运行。当系统检测到超规行为发生时，系统将触发警报装置、启动计时器，若 2min 无人响应，系统自动停机。操作人员按照要求进行相关处理，包括筛网磨损检查等。消除警报时，计时器时间同时清零。

3.2.6　石粉颗粒粒度组成的在线监测、分析和控制

粉体粒径在线监测分析是指在制备粉体的生产过程中对粉体进行实时粒度检测分析。在线粒径检测分析与离线实验室分析相比，更具有实时性、连续性和智能性。其是提高粉体质量、节能降耗、实现粉体自动化的必备条件。粉体粒径在线监测分析主要包含的重要组成部分包括：①在线取样器，将回收水中的粉体连续取出样品供测试，取样条件不同则取样方法也不同；②在线分散，对取出的样品流需进行充分分散才可能进行测试；③粒度测试系统，根据加工粉体种类选择不同的粒度测试方法，如激光散射法、动态图像分析法、超声吸收法等；④样品回收系统，检测过的样品重新送回粉体输送管道以节约资源；⑤信息传输系统。颗粒测试过程的操作控制，测试结果的数据，均需通过信息传输系统连接，以达到双向控制的目的。

取样系统从细粉回收池连续取出样品，经分散系统后送入激光粒度监测仪，检测过的粉末经回收系统送回；测试数据在电控柜上显示，同时可将数据传送到粉体生产的中央控制室。粒度在线监测结果可用来控制分级机电动机的转速，达到稳定分级的目的。为使粒度分析能够在现场恶劣环境下工作，还配备防尘、抗振、防爆、光路系统保护等各种辅助系统。粉体作为复合材料的填料已被广泛地应用到各个行业中，粉体粒度的大小对复合材料的强度、韧性及整体性都有很大的影响。在粉体加工中发现相同的加工生产条件下，粉磨能耗与颗粒的表面积呈正比，颗粒粒径越小其单位质量所消耗的粉磨能量就越多。因此，在粉体生产过程中对其进行在线监测并能实时调整粉体机械的运转状态，掌握好过磨率则对节能降耗与保护环境都具有十分重要的意义。

DF-PSM 超声波在线粒度仪作为在线监测仪器系统，可以提供多种粒级输出的能力，能够提供丰富的磨矿粒度分布方面的信息。其主要应用于铁矿、有色矿、炉渣矿等矿浆的粒度分析与检测。具有在线、实时测量矿浆中颗粒粒度及粒度分布，同时测量矿浆浓度的功能。

工作原理：超声波粒度仪是利用悬浮在矿浆液体中的固体颗粒对超声波的黏滞和散射现象获取颗粒信息的物料粒度分析装置，超声波在矿浆（均匀悬浮液）中传播一定

的距离后，其振幅会发生变化，也就是超声波的衰减。黏滞损耗和散射损耗是导致超声波衰减的主要原因，衰减值的大小与矿浆浓度、矿粒粒径大小及组成、工作电压、超声频率、矿浆温度和传播距离等多种因素有关，超声波的振幅或能量与工作电压呈正比。在工作电压、传播距离等因素固定时，声波频率越高，其能量衰减越大；矿浆浓度越大，衰减系数值越大。物料粒度对声波衰减的作用比较复杂，但对频率较高的超声波，在一定粒度范围内，衰减系数随颗粒度增大而增加。选择一对与矿浆浓度、粒度相关的频率，建立超声衰减系数与浓度、粒度的标定数学模型，即可得出精确的浓度、粒度值。激光粒度仪工作原理示意图，如图3-8所示。

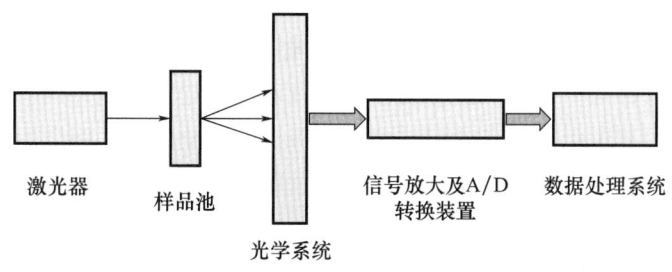

图 3-8 激光粒度仪工作原理示意图

在测量过程中，必须使样品充分混合，并且确保大小颗粒都被检测到，这样才能保证测试的样品具有代表性。从循环时间和流速来分析，样品离子间团聚破坏的程度随采集时间的不同而发生变化，从而使粒径的结果存在一定的差异。循环流速的高低直接影响样品的分散情况，流速太低，大颗粒样品很难进入样品池；流速太高，有可能使样品发生新的团聚。

将图像中的粘连颗粒分割之后，就是要提取颗粒的特征参数，首先对每个分割后的颗粒加标记，再对图像的像素进行标定，根据等效面积法将每个颗粒的像素值转换成等效投影面积，计算其等效粒径并统计，绘制颗粒个数统计图、颗粒个数百分率图和粒度累计分布曲线图。

各个粒级的百分比含量是由该粒级的颗粒个数占总颗粒个数的百分率计算出来的，即

$$N_i = \frac{n_i}{\sum_{i=1}^{6} n_i} \times 100\% \tag{3-7}$$

对回收细粉根据其粒径大小、岩性等不同有不同的处理方式：①对 $75\mu m$ 以上的颗粒应尽可能全部回收；②$75\mu m$ 以下的颗粒，根据亚甲蓝检测情况，选择性地回收利用。

3.3 砂石设备维护管理（预测性运维与远程运维）

运维就是负责设备的运行、维护。这一工作环节的核心就是保障产品上线后的稳定

运行，对在此期间出现的各种问题进行高效、快速解决，并在日常工作中不断优化系统架构和部署的合理性，以提升服务的性能、可用性。而远程运维和预测性运维则是对运维这一名词的升华，是大数据信息时代与过去的电气时代相结合的产物。

远程运维服务作为智能制造模式的一种，是主动预防型运维、全生命周期运维和集成系统运维在集中化、共享化、智慧化趋势下的集中体现，是设备运行和维护至关重要的环节。远程运维在砂石骨料行业中的运用体现在：将生产过程中产生的工艺、能耗、设备的数据，通过自主研发的编程算法，结合最新的互联网技术，展现给生产管理人员以及网端中的一些必需用户。人性化为所有用户提供的图形式的生产分析以及数据报表。

预测性运维利用大数据算法、深度学习的预测性运维技术、结合知识库和数据库，实现有效的故障预警和健康判断，使设备的故障可以被提前发现并预警通知，将后置化的运维服务前置，避免由于设备故障带来的经济损失。此外，联网之后，设备的历史数据也将被永久记录和保存，以便设备在下一次故障中，快速反馈出故障原因，从而杜绝类似故障的再次发生，提升了系统的效率。

3.3.1 预测性运维和远程运维的实施基础

就目前而言，砂石骨料行业的智能化程度相对滞后，矿山设备的管理十分落后；针对破碎筛分设备维护的滞后性、盲目性，设备厂家运用传感器技术，实时采集设备的多种运行数据；利用互联网技术，将运行数据第一时间传递到专业的服务人员手中。服务人员再通过专业诊断分析方法，实时监测设备运行状况；使用专业性技术分析方法对采集数据进行比对和分析，判断和评估设备目前运行状态与潜在故障，可以远程指导现场设备维护人员进行预测性维护，减少非计划停机事故；降低零部件准备成本，缩短设备维修工期，有效地帮助企业降低成本，提升生产效益；避免点检人员的日常高危作业，降低安全风险。利用最新的移动端技术，通过手机等移动端，实时查看设备运行状态，提前预知设备隐患，为设备管理提供科学、高效的决策依据。

目前砂石骨料行业破碎筛分设备的预测性运维和远程运维现阶段主要在圆锥破、立轴冲击式破碎机上广泛应用。此类设备自动化程度高，采用稀油循环式润滑方式，对供油温度、回油温度、油箱温度、供油压力、过滤器前后油压差以及油箱油位等参数进行实时监测和统计分析。立轴冲击式破碎机加工后的骨料具备良好的粒形和级配，可以使混凝土拌和物有最小的砂率和最小空隙率，则用水量可最小，不仅可有节省胶凝材料的经济性，而且可减小硬化混凝土的开裂敏感性，提高耐久性，大大节约了建设成本，提高了建设质量。因此立轴冲击式破碎机是公认的用于沥青、混凝土、标准机制砂等的精品骨料生产设备。

现阶段圆锥破和立轴冲击式破碎机的远程运维主要建立在单机设备控制系统已完备的基础之上。该控制系统为终端用户正确操作破碎机提供了必需的控制逻辑，其包含主动力驱动系统和辅助润滑系统，且两者相辅相成；该控制系统和用户控制系统可以通过点对点信号线直连、通信协议、以太网等多种形式，实现数字数据的输入和输出、信息的交替。远程运维主要是基于破碎机整体的运行时间，结合原料、含水率等实际工况，提醒用户定期更换润滑油、耐磨件等。

单机设备控制系统接收来自润滑液压站及其周围的多个传感器信号，同时检测和处理所接收信号的数值，与程序中设定的报警值和停机值进行比较，然后向 DCS 系统输出相应的预警信号、故障信号等。用户可以利用这些输入、输出的信号手动或者自动启停电动机、激活相关的联锁保护信号，并在紧急状况下关闭破碎机电动机。

稀油润滑系统是破碎机健康长久工作的血液保障；其主要由润滑装置、冷却装置、管路、控制系统组成。稀油润滑作为一种封闭式循环润滑的润滑方式，有着具有工作压力低（一般在 2MPa 以下）、使用成本相对较低、其流动和散热性能较好以及后期维护保养工作量少等优势。

巡检仪表检测系统对破碎机进行实时的数据采集，是整个系统的双眼，包括电动机轴承温度检测、电动机转速检测、主机轴承温度检测、主机振动值检测、进料口料位高度检测、排料口尺寸检测等。巡检仪表检测系统一方面可以就地采集检测信号进行处理并显示出来，另一方面可以输出适合远距离传输且符合现场通信协议的信号进行数据交换。

液压系统是执行机构，是整个系统的肢体，其根据控制系统的指令，配合油缸、蓄能器等进行一系列的动作来降低人工工作量，提高生产效率。利用液压系统，在停机状态下，破碎机可以进行皮带张紧、起盖检修等；在运行状态下，根据负载情况可以调整排矿口、进料口、自动过铁等。

主机控制系统是破碎机电动机的驱动系统，由驱动器和控制器组成。为了响应国家节能减排的号召和满足设备的智能调节需求，驱动器采用软启动或者变频启动的驱动方式，一方面大大减少了电动机启动时对电网的冲击，保护电网环境；另一方面对用户而言也能适当降低电网的容量，从而减少投资成本；此外，还具备多种电动机保护功能。控制器既可以将驱动器与其他系统进行联锁保护控制，又能对各类信号进行处理、记录和保存，还能以多种形式对外进行传播，为大数据的建立提供数据支撑。

破碎机只有实现稀油润滑系统、巡检仪表检测系统、液压系统、主机控制系统几个系统的升级改造建设，建立起完备的单机控制系统，才能为远程运维和预测性运维提供数据支撑和操作空间，使之成为可能。

3.3.2 预测性运维和远程运维的具体体现

远程运维和预测性运维相辅相成，两者都是建立在数据维度完善的基础之上，与设备相关的数据种类较多且完善，模型的准确性越高，对远程运维和预测性运维的实施意义和实施价值就越大。

现阶段砂石骨料行业预测性运维和远程维护技术，是基于对破碎机安全有关主要参数的自动采集、记录和分析的技术，包括主机振动、电动机振动、转速、轴位移、功率、温度和压力等，可以快速准确地实时把握当前设备的运行状态（正常状态、轻故障状态、重故障状态）。该项技术运用一系列的先进技术（先进的编程算法、积木式模块化结构、Java＋SQL 技术、一体化实时在线数据采集储存、处理分析和完备的故障诊断技术、互联网技术）将破碎机运行状态完整地展现到用户面前。通过强大的报表分析及数据对比，形成数据化标准平台，为用户提供图形化的生产分析，使生产过程精细化，提高生产线的生产水平；此外，又能把企业的各类信息流、数据流统一起来进行管理，不仅可以在工厂内部进行实时检测，也可以在异地通过互联网对破碎机进行远距离检测、评估和故障诊断。

其具体功能如下：

在互联网上安全发布企业数据，集团及企业领导、生产相关管理人员可随时随地查看，及时了解生产情况，并可远程协商、指导生产计划及调度。

实时查看生产流程画面、趋势图、重要节点事件的记录信息。

自动生成各类生产、统计、分析、质量、能耗、排放、成本分析报表，所有报表能按班、日、周、月进行统计及对比分析，还可生成分工序报表。

根据以往数据局势，提供数据分析、挖掘数据背后的信息，提供决策建议。

形成数字化记录分析交接班日志。

提供远程技术在线咨询服务。

3.3.3 实现预测性运维和远程运维的要求

砂石骨料行业设备厂家当务之急：加快智能化装备改造与应用，推动企业运维技术升级，完善设备运行数据；重视专业技术人才的培养，为远程运维和预测性运维提供脑力支持；加快运维模式转变推动全生命周期运营（面向产品的全生命周期，以新一代信息技术为基础，以制造系统为载体，在其关键环节或过程，具有一定自主性的感知、学习、分析、决策、通信与协调控制能力，能动态地适应制造环境的变化，从而实现提质增效、节能降本等目标）；加快远程运维服务模式与其他智能制造模式的融合。

工厂远程运维管理可对已建工厂设备进行在线智能监控，系统预警与优化控制；实现工厂生产状况与设备运行数据的全球实时通达，让工厂管理人员与社会化技术资源不受地域限制完美协作，降低人员成本，提高管理效率；采用预见性维修与维护，降低设备故障率，提高工厂的生产效率，能够做到生产过程随时掌控，故障预警及时传递，生产成本有效决策；通过数据挖掘、分析，实现企业现有资源最大限度利用，最终形成一体化的智能生产解决方案。工厂远程运维管理是企业信息化集成的最佳方案。

3.4 砂石设备故障诊断与预警

故障诊断是指在一定工作环境下查明导致系统某种功能失调的原因或性质，判断劣化状态发生的部位或部件，以及预测劣化状态的发展趋势等。

现代工业的砂石设备趋向大型、高速自动化，功能越来越多、结构越来越复杂，因此设备故障停工造成的损失大大增加。保证生产正常进行的关键是使各种重要的大型设备正常运转。设备发生故障时，将产生机械的、电气的、物理的、化学的变化，并随故障程度的增加而显著，可通过各种检测手段监测这些异常现象来分析设备的故障状况。可通过多种参数变量的迭代分析实现设备故障诊断的准确性、有效性，也是时下证明的有效的综合诊断方法。

传统砂石产线上主要采用事后控制的方式来解决维护问题，即在故障出现后及时解决，但是，这意味着维修人员成了救火队员，而且故障已经发生，损失已经造成，同时设备损失和时间成本损失都是巨大的，因此，通常较多的还是故障预警，在规划的时间里对设备进行统一的更换、升级，这样的好处是避免了大的故障发生的风险，但也造成了设备的使用价值被废弃，同样不能避免突发的故障。

从工厂资产管理角度来看，每个机械设备都是一笔重要的资产，其长期可靠的运行保证生产的正常、质量的可靠以及避免故障引发的停机。在如今的智能时代，基于传感器技术、数据采集、大数据分析、云服务技术，使基于状态监测的故障预警变得更加便利，成本也更低，因此，这是一个具有广阔应用前景的技术发展方向。

3.4.1 故障诊断及预警技术的贡献

相关研究数据表明，采用故障诊断及预警技术对工厂的贡献如下：降低维护成本 25% ~30%，消除生产宕机 70% ~75%，降低设备或流程的停机 35% ~45%，提高生产率 20% ~25%。

从这一贡献可以看到，采用故障诊断及预警对工厂而言，具有显著的生产效率提升能力，上述几个参数是一种直接的量化贡献，而其潜在的贡献还包括质量提升：显然，降低生产线与设备的宕机有利于降低不良品率；设备使用价值的延续，设备原有的寿命得以延伸，对生产企业的投资也是一种很好的保护，尤其是重要的高值设备，多6个月的使用往往意味着百万级的节省。对工人的安全问题，良好的设备运行和可预警的故障都会对安全运行带来帮助。

3.4.2 故障诊断及预警技术的方法

常用的方法包括：

①温度测量：直接的温度传感器或红外热成型技术有助于检测如机械摩擦过大、电机发热、变压器温升等一些问题。②动态监测：波普分析，冲击脉冲分析可以用于解决一些动态的分析，如波、振动、脉冲或声学效应，检测磨损、不平衡、不对中以及内部表面磨损都可以通过这种方式来检测。③流体分析：对润滑油、液压、绝缘油等需要基于流体的分析，机器的磨损往往与润滑油有较大的关系，油的污染、降解等带来的问题

可以通过此种方式来检测。④电气测试与监测：电气系统包括绝缘、电机转子异常、短路等问题，也包括谐波、三相不均衡、无功功率等潜在的问题。

当然，也包括很多其他的故障诊断和预警技术，如通过射线来检测机械体本身内部的金属结构产生的缺陷、通过腐蚀检测技术来解决设备的盐腐蚀、硫腐蚀等化学原因造成的问题。

3.4.3 故障诊断及预警技术的系统方案实现

针对砂石设备开发的在线监测和故障诊断系统，能准确连续采集振动温度数据，为智能诊断系统奠定基础，最终能够根据数据模型，实现关键设备智能诊断，真正实现设备状态的数字化、信息化和智能化。

故障诊断及预警的搭建，将采取分布监测、集中诊断的模式。建立完整的在线监测系统，实现设备振动、电流、温度及环境的粉尘浓度、温湿度等数据的在线监测及报警。利用现有测点和即将实现的设备监测手段建立故障预警模型，做到系统/设备故障提前预判。

系统能够自动对设备在线数据进行采集、分析和诊断，并给出诊断结果。系统具有良好的开放性和扩展性，针对设备规模以及应用功能可以灵活扩展，可提供与工厂其他管理系统的接口，让其能够读取设备故障诊断信息（包含设备状态及传感器信息）。系统支持分布式 Web 访问方式和自定义查询，易于操作和维护，同时具备完善的集成接口。系统支持权限管理功能，可以对系统管理员、组管理员和用户分别进行权限配置和管理。

根据用户要求可以每月提供一份设备运行状态分析报告，当设备出现异常报警时立即推送手机信息并于 30min 内电话通知业主现场确认，8h 内出具人工分析报告。

系统主要由无线传感器、有线传感器、无线网关（路由器）、云服务器或者本地服务器组成，如图 3-9 所示。

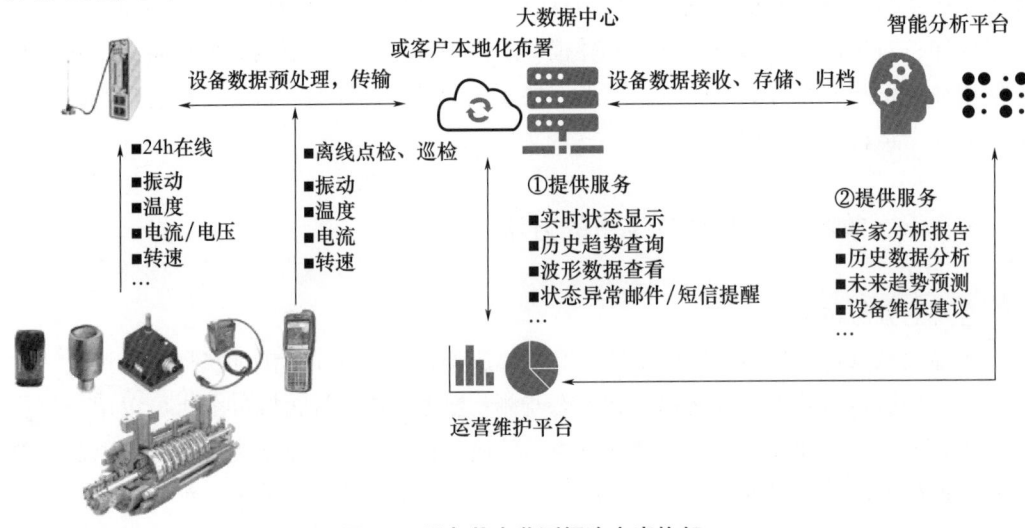

图 3-9 设备状态监测解决方案构架

传感器采集层主要设备：安放在现场三轴振动温度传感器、电流传感器、转速传感器、温湿度传感器等对各种现场数据进行采集的传感器，通过有线或无线的方式将数据传输给网关。

企业本地服务器主要设备：服务器、移动设备、用户的 PC。

软件系统：企业其他平台系统，现场监测站的软件系统通过接口把数据上传给数据台。

云服务层设备：云服务器。

软件系统：云端系统中现场监测站的系统数据同步到云服务器，便于远程分析诊断。

用户通过 PC 或者移动设备（手机、平板等）的浏览器，访问远程监控系统，随时随地了解设备的运行状况，查看设备状态、指标曲线、特征数据、趋势报表等。

系统 Web 界面：可以在云端和本地服务器运行，提供振动波形、电流波动、温度趋势分析、设备状态查询，电流、温度、振动、频率等趋势查询，自动报告生成以及组织架构管理。

提供波形分析功能：振动波形（图 3-10）是进行所有其他振动测量的基础。每一个波形都是数以千计个样本的复杂数据集，采集机器运行期间数秒内的数据。

系统可以根据现场情况设置不同的存储方案，只要定期更换数据存满的硬盘，就可以无限制地存储数据。同样，也可以根据现场情况设置不同的数据删除方案。

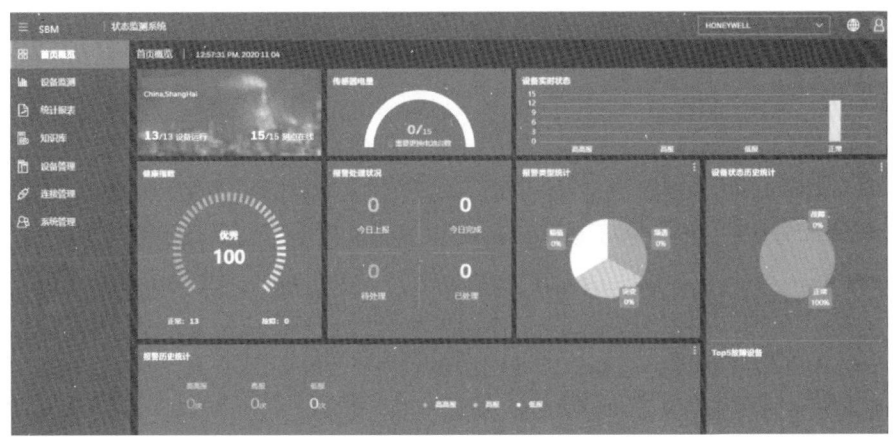

图 3-10　振动波形

物联网、大数据、云计算等新一代信息技术的快速发展及应用，在未来机制砂石行业中也会有深度应用，并为实现智慧矿山、绿色矿山奠定基础。

4 机制砂石环保与储运智能化

4.1 砂石生产环保监控

砂石生产的环保与监控也就是粉尘控制，已经成为砂石行业甚至企业生存发展的基本要求，是砂石生产企业必修的一个重要课题。粉尘控制涉及砂石生产各个环节，因此砂石生产环保与监控是砂石生产工厂设计的一个重要组成部分。现在的砂石生产企业在审批过程中必须阐述粉尘的控制措施，并要符合国家或地方的有关环保标准和要求。

粉尘的控制标准有三类：一是环境空气质量标准；二是粉尘排放标准；三是噪声和振动标准。而粉尘控制是环境保护的重要组成部分，必须严格执行国家或地方的有关环保标准和要求。在以往的过程中并没有一个粉尘控制的好方法，一旦有粉尘往往在生产过程中喷洒少量的水，粉尘可以大大降低，但是砂石骨料的质量尤其是小石子含粉含泥量无法控制，造成产品质量的不稳定，影响混凝土的强度。当喷洒水量过多，又要增加污水处理系统。

所以对于如何做好粉尘污染控制要从这三点进行：减尘、降尘和收尘。

砂石料生产系统在设计规划之前要明确环境保护目标，建立环境保护实施机构和制度，确定各级人员相应的环境保护职责，制定可行的防尘计划并实施。

4.1.1 除尘与粉尘排放的监测和控制

不论砂石骨料的开采，还是基础建设的生产，需要大量混凝土，而混凝土主要的原料——砂石骨料的生产非常重要。因此砂石骨料使用量非常大，也非常广泛，随着国家明确河道等砂石禁采政策的实施，机制砂石使用量占比越来越大，一般采用机械破碎生产砂石骨料。

最近几年，机制砂石的生产效率、规模化得到了快速的发展，干法生产工艺也逐步替代了原来的水洗生产工艺。这是因为干法生产节约了大量的水资源，并降低了设备的磨损，保证了系统的经济效率、生产效率的提高。但是在快速发展的情况下，砂石骨料干法生产所带来的粉尘也严重影响了生态环境，造成严重的环境污染，被国家列入高污染行业，绿色矿山建设已经上升为国家行动。

随着国家对环保政策的调整，砂石骨料行业在除尘抗霾方面面临着严峻的考验，如果砂石生产工艺配置方案不合理，生产过程中所产生的粉尘没有得到控制，不利于绿色矿山的发展。因此，砂石生产中的除尘监测和控制是砂石生产工艺重要的一个环节。

4.1.1.1 粉尘特性

粉尘是由自然力或机械力产生的、并能长时间漂浮在作业场所、粒径小于 $75\mu m$ 的固体悬浮物。粉尘将污染作业环境，影响周边环境，损害作业人员健康。在除尘技术中，一般将 $1\sim200\mu m$ 及更大颗粒的固体悬浮物视为粉尘。

粉尘有很多特殊的属性，其中与除尘密切相关的有悬浮特性、扩散特性、附着特性、吸附特性、燃烧和爆炸特性等。

粉尘对人体的呼吸系统有致纤维化、中毒、致敏等作用。与其接触时间越长，对人体危害越大。

4.1.1.2 粉尘的产生

粉尘不但造成砂石骨料质量的不稳定，而且对生态环境和身体健康产生重大的危害。粉尘有三个主要来源：一是道路运输，二是生产运营，三是存储环节。但最为主要的是生产运营。

在生产运营中粉尘来源首先是原料开采时原料中含泥量产生的，小的泥块一般在初级破碎前被分离，但是大泥块或黏附在石料上的泥会带入生产流程中。其次在破碎过程中泥块或带有泥土的矿石进入破碎机后会产生粉尘。再次是在砂石骨料通过筛分分级时所产生的。最后是砂石输送至设备或料堆落料过程中扬尘所产生。

破碎筛分系统是砂石生产线中粉尘污染极为严重的环节，尤其是筛分系统，振动筛在振动过程中将不同粒度的物料分离出来。一般是破碎环节产生粉尘的两倍以上，粉尘污染会对现场操作工人和当地的居住环境造成恶劣的影响。

砂石生产系统粉尘的产生部位主要集中在生产工艺中的几个环节：

破碎机入料口和排料口，不管是采用哪种破碎机，都因为砂石骨料在破碎过程中产生大量的粉尘。尤其是冲击式破碎机，如反击式破碎机、立轴冲击式破碎机，其转速高，破碎比大，在设备运转过程中会产生非常大的气流，因此会带出大量的粉尘。

筛分系统只要下料和出料都会有一定的高度，骨料中的粉尘就会飞扬起来，同时运行过程中物料在筛分机上依据运动轨迹，也会产生大量的扬尘，因此来料中的石粉是最大的。

输送系统需要将物料输送至破碎筛分设备或料堆（仓），尤其在料场较空时更会产生扬尘，一旦稍微有微风，在输送过程中或落料过程中就会产生大量的扬尘。

4.1.1.3 《环境空气质量标准》(GB 3095—2012)

标准中规定环境空气质量分区和分级，环境空气质量分为以下两类：

一类区为自然保护区、风景名胜区和其他需要特殊保护的地区；

二类区为居住区、商业交通居民混合区、文化区、工业区和农村地区。

环境空气质量标准分两级：

一类区执行一级标准；

二类区执行二级标准。

4.1.1.4 粉尘排放标准

粉尘的排放标准有两类：一类是污染综合排放标准；另一类是针对具体工业场所粉尘排放标准。在工程设计中应严格执行粉尘排放标准，满足环保对污染排放的要求。

在国家大气污染综合排放标准中对粉尘的排放浓度和排放速度均有规定。

4.1.1.5 粉尘控制

随着砂石骨料生产技术的发展，干法生产工艺逐步替代了湿法生产工艺。但是干法生产工艺也带来了严重的粉尘污染，如果不对砂石骨料干法生产工程中的粉尘加以控制，不但整个生产系统无法正常投入运行，也势必影响操作人员的身体健康，也对环境造成很大的影响。

湿法生产工序是在生产过程中增加喷雾、喷淋洒水装置，以抑制扬尘。对于筛分系统增加喷淋洒水装置，降低砂石骨料的含粉含泥量，这种方式可以降低粉尘污染，除尘效果可达60%，但是除尘过程中需要用水用电，尤其是需要耗费大量的水资源，比较浪费，在北方的冬季或干旱缺水的地方，这种生产方法会受到限制。另外该方法还要增加砂石回收及废水处理系统。

工业除尘根据其作用、除尘效率和工作状态进行分类，有很多除尘设备。除尘器分为沉降室、干式除尘器、惯性除尘器、旋风除尘器、袋式除尘器、电除尘器、湿法除尘及除尘系统等，但对于砂石骨料生产除尘往往采用的是袋式除尘器系统。

1. 生产区域的减尘、降尘

（1）天气干燥的情况下人工对毛料进行初次洒水，可有效控制粉尘。

（2）砂石生产区域内车辆比较多，各道路进行人工或洒水车作业，以达到降尘的目的，控制粉尘。

（3）在颚破粗碎入料口安装喷雾装置，以抑制扬尘。

2. 除尘设备的选用

除尘设备的设计和应用，要全方位服从于工艺生产，以工艺需要为中心，建立除尘设备运行体系，生产过程中满足降尘的需要及符合环保标准。

（1）重力除尘器（图4-1）

重力除尘设备是粉尘颗粒在重力的作用下沉降被分离的除尘设备，利用重力除尘是一种古老最简易的除尘方法。重力沉降除尘装置称为重力除尘器，又称沉降室。其主要优点：①结果简单，维护容易；②阻力低，一般为 50~150Pa，主要是气体入口和出口的压力损失；③维护费用低，经久耐用；④可靠性好，故障低。其缺点：①除尘效率低，一般只有 40%~50%，适于大于 50μm 的粉尘粒子；②设备较庞大，适合处理中等气量的常温或高温气体，多作为多级除尘的预除尘作用。

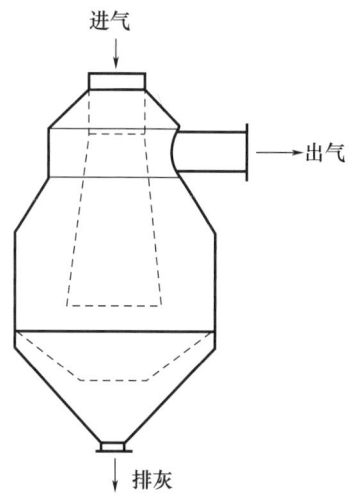

图 4-1　中心进气重力除尘器

（2）离心式除尘器

离心式除尘器是利用含尘气流改变方向，使尘粒产生离心力将尘粒分离和捕集的设备。根据进气方向与气流旋转面的角度，分为切向进气和轴向进气。

（3）旋风除尘器（图 4-2）

旋风除尘器是气流在筒体内旋转一圈以上且无二次风加入的离心式除尘器。旋风除尘器结构简单、紧凑、占地面积小，造价低，维护方便，可耐高温高压，适用于特高浓度（高达 500g/m³ 以上）的粉尘。主要缺点是对微细粉尘（粒径小于 5μm）的效率不高。

（4）袋式除尘器（图 4-3）

袋式除尘器是由过滤介质制成袋状或筒状过滤元件来捕集含尘气体中粉尘的除尘设备。袋式除尘器的除尘性能不受尘源的粉尘浓度和气体量的影响。捕集对象的粉尘粒径超过 0.2μm，捕集效率一般可达 99% 以上，粒径在 1μm 以上的，捕集效率几乎达 100%。因此出口气体的粉尘浓度可比国家规定的排放标准还要低，能达到 0.1g/m³（标）以下。另外，压力损失的大小与操作条件和机种有关，一般在 500~2000Pa，

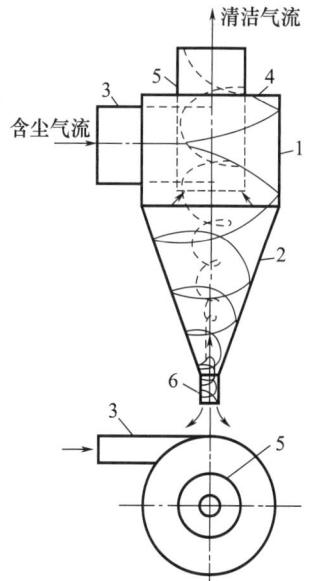

图 4-2　旋风除尘器
1—圆筒体；2—圆锥体；3—过气管；
4—顶盖；5—排气管；6—排灰口

因此袋式除尘器在除尘工程中广泛应用。

随着工业的发展，对袋式除尘器的要求越来越高，因此在滤料材质、滤袋形状、清灰方式、箱体结构等方面也不断更新改造。

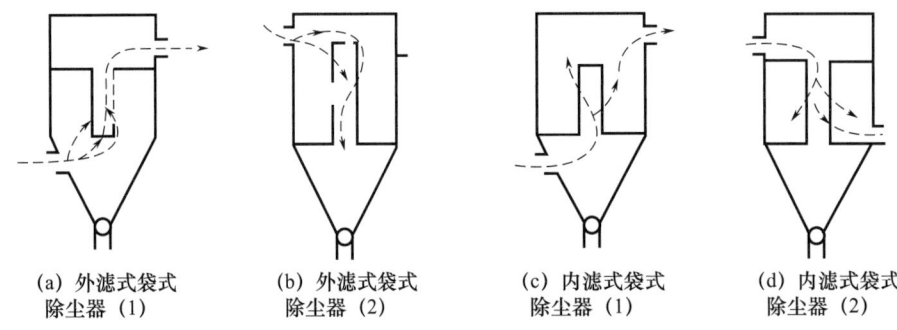

(a) 外滤式袋式除尘器（1）　　(b) 外滤式袋式除尘器（2）　　(c) 内滤式袋式除尘器（1）　　(d) 内滤式袋式除尘器（2）

图 4-3　袋式除尘器

除尘器主要是依据其结构特点，如滤袋形状、过滤方向、进风口位置以及清灰方式进行分类。

在各种除尘器中，袋式除尘器种类最多、应用最广泛。随着袋式除尘器技术的不断提高和发展，袋式除尘器在大气污染治理中的作用越来越重要，其中脉冲袋式除尘器的应用尤为重要和普遍。

四川广安 500t/a 河卵石骨料项目除尘系统采用了 PPDC96-5、PPDC96-8 袋式除尘器、选粉站等环保除尘及选粉设备，整个生产厂区和生产过程中粉尘排放达到国家环保要求。

图 4-4 为 PPDC 型气箱式脉冲袋式除尘系统。

图 4-4　PPDC 型气箱式脉冲袋式除尘系统

河南舞钢 100 万 t/a 骨料综合利用项目使用 PPDC95-5、PPDC96-10 袋式除尘器等环保设备。图 4-5 为 PF 型滤筒式除尘器。

（5）湿式洗涤除尘器

湿式洗涤除尘器是通过分散洗液体或分散含尘气流而生成的液滴、液膜或气泡，使含尘气体中的尘粒得以分离捕集的一种除尘设备，在行业中得到广泛应用。

图 4-5 PF 型滤筒式除尘器

湿式除尘器的主要优点：设备简单，制造容易，占地较小，适于处理高温或高湿的气体；收尘效率较高，一般可达 90% 左右；同时具有收尘、降温、增湿等效果；保证供应一定的水量，可连续运转，工作可靠。但是缺点在于消耗较大水量，需要给水、排水和污水处理设备；泥浆可能造成收集器的黏结、堵塞；尘浆回收处理复杂，可造成二次污染源；在处理有腐蚀性含尘气体时，设备和管道要求防腐，在寒冷地区使用应注意防冻等危害；对疏水性的尘粒捕集较困难。

湿式除尘器分高、中、低能耗三类。压力损失不超过 1.5kPa，属于低能耗，这类除尘器有喷淋式除尘器、湿式（旋风）除尘器、泡沫式除尘器。压力损失为 1.5~3.0kPa 的除尘器属于中能耗，这类除尘器有动力除尘器和水浴式除尘器；压力损失大于 3.0kPa 的除尘器属于高能耗湿式除尘器，这类主要有文氏管洗涤除尘器和喷射式除尘器。

陕西华林凉水沟 400t/h 破碎筛分项目除尘器选用了 3 套湿式高效洗涤除尘器（图 4-6），使用效果良好。

图 4-6 湿式高效洗涤除尘器

(6) 静电除尘器

静电除尘器是利用静电力将气体中的粉尘或液滴分离出来的除尘设备，也称电除尘器、电收尘器。静电除尘器在冶炼、水泥、煤气、电站锅炉、硫酸等工业中得到广泛应用。其主要特点是对各种粉尘、烟雾等,直至极其微小的颗粒都有很高的除尘效率;耗能低,维护检修简单。图4-7为干式静电除尘器。

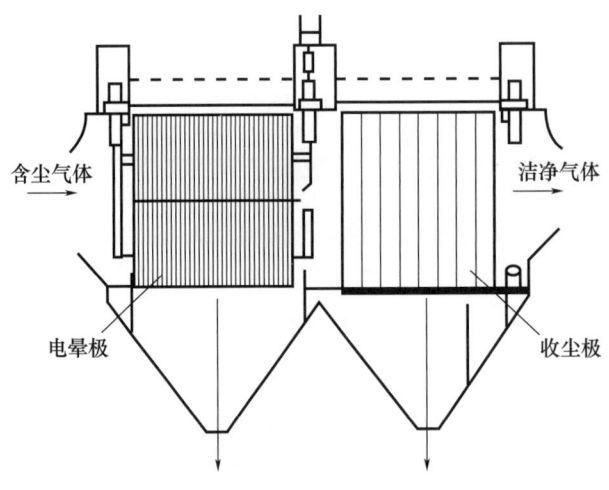

图 4-7 干式静电除尘器

（7）破碎筛分、输送设备的密封性

在粉尘控制中除了需要除尘设备外,还需要在产生粉尘的源头及输送过程中对物料进行密闭性控制,以防止粉尘通过微风而造成粉尘外扬。对于破碎设备除尘系统,主要在于破碎机进料口及排料口溜槽,如图4-8所示。而筛分设备由于是振动设备,因此设计的防尘罩装置要考虑与设备如何连接,不致影响设备的运行和防尘罩装置完整性,进而达到防尘和收尘效果,如图4-9所示。对于破碎筛分设备除了安装设计密封外,还需要在各设备密封处安装一套集气罩由管道统一输送到布袋除尘器,通过脉冲清灰的方式,除尘效率高达99%以上。除尘后气体可由15m以上的排气筒排出,且所收集的灰尘便于回收和综合利用,增加了石料生产中的附加价值。图4-10为输送设备防尘系统。

图 4-8 破碎设备除尘系统

图 4-9 振动筛除尘系统

图 4-10 输送设备防尘系统

4.1.1.6 除尘系统自动及智能控制

粉尘排放在砂石生产过程中需要更高的自动控制,以达到国家和地方环保政策要求,因此要满足要求就必须探索新的控制方法和手段。

除尘系统自动控制一般分为集中控制和机旁控制,前者便于生产管理,后者便于维护检修。所以除尘系统自动控制与砂石生产系统规模大小、除尘器的形式、环境对除尘效果的要求以及企业的管理有关。除尘系统自动控制在设计中根据砂石系统工艺要求需要考虑的是普通仪表控制,还是可编程序控制 PLC;现场的环境情况,在防尘、节水等方面也要一并考虑。

除了自动控制外,还需要考虑的是通过智能技术降低人工成本,对粉尘进行监测以提高除尘效果,根据智能数据进行数据分析、计算及决策系统的预维护性计划制定及除尘备件的管理。

4.1.1.7 自动控制系统组成

除尘系统包括除尘器、阀门、振动器、收尘装置、风机等机械设备,它们根据砂石生产工艺条件按一定的程序、时间和逻辑关系确定运行周期。除尘系统的运行需要在一定的流量、温度、压力和差压条件下进行。但是由于种种原因，这些数据总会发生一些变化，为了保持参数设定值稳定，就必须增加补偿，从而进行调节，称为闭环回路控制。

在除尘系统运转过程中自动控制有几类：自动检测装置和报警装置、自动保护装置、自动操作装置和自动调节装置。它对除尘系统中各设备的参数自动地、连续地进行检测并显示出来，一旦出现异常可通过声光等信号自动地反映出来。当设备运行不正常，有可能发生事故时，自动保护装置能自动地采取措施，防止事故的发生和扩大，保护人和设备的安全。

上述自动化装置功能可在控制器PLC中实现，再结合测量系统、监控系统构成除尘的自动化系统。

4.1.1.8 粉尘监测

粉尘监测砂石生产系统首要的是要了解作业场所粉尘的危害程度，掌握粉尘浓度，以及实施除尘措施效果评价。对粉尘代表性的点进行实时布点，根据采样数据，经过大数据分析、计算，机器自动学习最终形成各时间段的粉尘浓度报表，供除尘系统参考和解决。

4.1.1.9 除尘系统的智能控制

（1）除尘器有下进风，上排风内滤式结构的，其进行清灰时，通过控制阀门的启闭，使滤袋反复胀瘪数次，抖动滤袋，使粉尘落下，通过排灰装置将粉尘运走，净化的气体从滤袋孔隙流过，因此设备要进行联动控制。而联动控制则在除尘器清灰系统中增加差压控制（图4-11），形成反馈信息，进而清灰等。

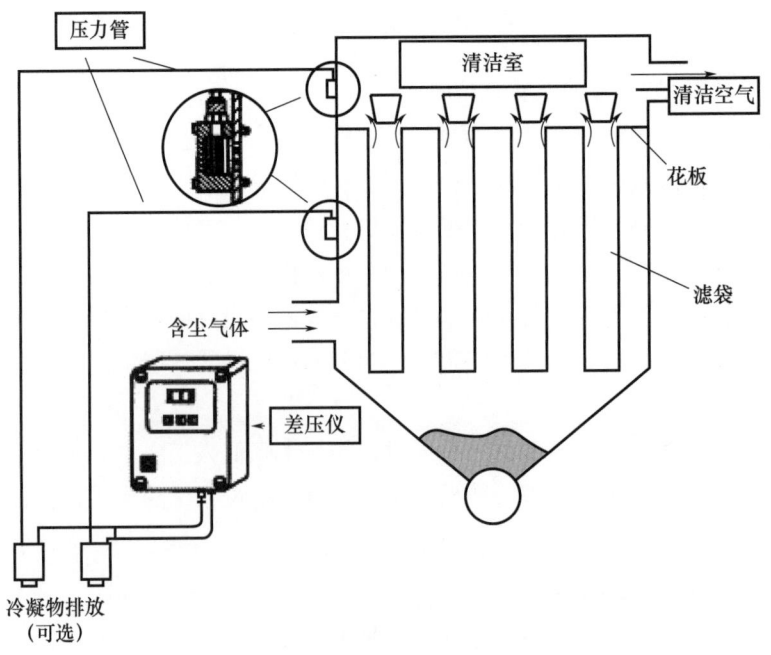

图4-11 除尘器的智能控制

（2）除尘系统中重点是管道风压风量的调整；收尘系统最主要的是对产尘点进行风量及风压设计，只有风量和风压均满足产尘点所需才能有效控制粉尘。风量风压的监测可通过皮托管、风压风速传感器来实现报警或控制（图4-12和图4-13）。

图4-12 管道风压监测

图4-13 风压传感器

在砂石生产系统中除尘系统管道可采"等速"管网设计。优点是能平衡各点风阻，使各收尘点运行效果均衡；解决局部负压不足、管道积灰等问题，使收尘系统可以"持续高效"地运行。

4.1.2 污水处理和废水排放的监测和控制

机制砂加工系统无论是半干法生产工艺还是湿法生产工艺，在除泥、去除碎石裹粉、水法除砂中石粉、湿除尘器等工序中，砂石加工单位用水量为 $0.5\sim2m^3/t$，供水压力不低于0.2MPa，会产生悬浮物含量极高的污水。除极少量消耗于生产过程外，大部分的水将与物料中的细颗粒混合，形成生产污水。

进入21世纪，国家对环境保护的重视程度不断提高，法律、法规进一步健全，污水处理后再生利用或达标排放已成为砂石系统设计及运行的基本要求。由于污水处理过程中时常会投加聚丙烯酰胺药剂，虽然聚丙烯酰胺无毒，但其中少量未聚合的丙烯酰胺具有神经毒性，不得用于生活饮用水。

砂石系统废水排放处理主要指标是悬浮物（SS）含量，回用水控制指标见《水电工程砂石加工系统设计规范》（NB/T 10488—2021）中附表F的规定，悬浮物含量不应超过100mg/L。污水排放见《污水综合排放标准》（GB 8978—1996）规定，排放污水中的悬浮物（SS）最高允许排放浓度，一级标准为70mg/L，二级标准为150mg/L。在有一级排放标准要求的地方，处理后的回用水不能排放。

污水处理既要达到规定的回收率、回收水质或污水达标排放的标准，又要体现工艺先进、技术可行、运行可靠、节约投资的原则，其流程设计与构筑物及设备的选择很重要。因此，砂石系统污水处理应积极采用成熟的新技术、新工艺、新设备、新材料，且应与砂石系统统筹规划，同时投入使用。

4.1.2.1 污水处理系统工艺

砂石加工生产污水一般不含有毒有害物质，对水质的酸、碱度影响不大，其主要特点是悬浮物含量高。一般情况下，悬浮物（SS）浓度为20000～90000mg/L，甚至高达160000mg/L。如锦屏东端砂石系统生产污水实测为50000～80000mg/L，白鹤滩三滩临时砂石系统生产污水实测为90000～160000mg/L，杨房沟上铺子沟砂石系统生产污水实测为60000～90000mg/L。污水中悬浮物由砂石加工车间各生产加工环节产生，使悬浮物中含有大量的电荷，在电荷互相排斥作用下，悬浮物在水中不稳定且不易沉淀。

1. 污水处理主要工序

1）预处理

污水预处理是污水处理工艺的重要环节，预处理是将砂石系统生产的高浓度污水进行初级处理，根据系统工艺回收或弃除污水中的大部分细砂和石粉，降低污染物浓度，可减轻污水处理系统运行负荷，延长压滤机滤布、渣浆泵的使用寿命，降低设备投入和运行成本。处理后的污水进入污水处理系统的泥水分离环节。

（1）采用预处理可以降低后续混凝沉淀处理负荷，对除去直径0.1mm以上的颗粒相对快捷，处理后的颗粒一般采用直线脱水筛进行脱水，且效果好。通过预处理可分离出粗颗粒，从而减少对下一步机械脱水滤布的损伤。

（2）预处理是砂石污水处理混凝沉淀池处理的前级处理，其处理效果直接影响下一级的处理能否正常工作，预处理应根据料源性质，按砂石系统最大污水处理量设计确定，这样可以提高下一级处理的可靠性。

（3）一筛冲洗污水一般含泥量高，如采用沉砂池或链板式刮泥机，因流速小，有部分淤泥会沉淀，从而影响细砂和石粉质量。故一筛的污水一般不预处理，而是直接流至混凝沉淀池进行处理。如采用水力旋流器处理，淤泥一般会随污水流走，故可以不做此要求。

（4）平流沉砂池应符合下列要求：

①池内最大流速为0.05m/s，最小流速为0.025m/s。

②最大流量时的停留时间应不小于400s。

③应使进水水流均匀扩散，平稳进入池内，进水段渐变角不宜超过20°。

④分格数不应少于两个，有效水深不应大于1.2m，每格宽度不宜小于1.2m。

⑤池底坡度宜为1%～2%，当设置除砂设备时，可根据除砂设备的要求确定池底的形状。

⑥沉砂斗容积应不小于0.5h的沉砂量，采用重力排砂时，沉砂斗斗壁与水平面的倾角应不小于55°。池深应在有效高度的基础上加0.3m超高。

⑦沉砂池除砂宜采用机械方法或水力排砂，并经砂水分离后贮存或外运。当采用水力排砂时，排砂管直径应不小于250mm。排砂管应有防堵塞措施，必要时可设高压水反冲洗系统。

（5）链板式刮砂机原理与沉砂池类似，由于采用刮板式对水体有一定的扰动，沉下的小颗粒会再次悬起，其槽体尺寸没必要太大。链条式刮砂机处理工艺的优点是设备简单，运行维护方便，运行功耗低，投资费用和运行成本低；其缺点是单台设备处理量较小，当污水量较大时，必须采用多台设备，设备占地面积较大，回收石粉含水率在45%左右，回收后的污水浓度在40000~80000mg/L，相对偏高，在中、小型砂石系统应用较多。

链板式刮砂机的设计、制造及安装应根据拟收集的细砂、石粉的最小粒径确定，并应满足以下参数要求：

①槽内最大流速为0.05m/s，最小流速为0.025m/s；最大流量时的停留时间应不小于300s。

②刮板速度：6~12m/min。

③运行时料浆浓度：50000~150000g/m^3。

（6）水力旋流器选用，要求主要考虑下列因素：

①水力旋流器等机械设备不能超负荷工作，且易磨损，故应留有一定的备用。其额定处理能力应大于设计处理量的1.25倍，并至少留有一台备用。

②若下部出口直径太大，浓缩液含固率偏低，会增加脱水筛的负荷。溪洛渡马家河坝污水预处理车间将旋流器底口直径由50mm调整为35mm，使石粉回收装置的产量大大提高，旋流器上口溢流液含固率为9.82%~13.69%，底口浓缩液含固率为60%左右。最高产量达46t/h，基本达到设计产量。故底部出料口直径宜为35~40mm。

2）污泥浓缩及泥水分离

污泥浓缩及泥水分离是污水处理工艺的关键环节，该环节的目的是将砂石系统预处理后的污水进行二次沉淀，分离出清水和浓缩泥浆，应用比较成熟的有辐流沉淀工艺、高效旋流净化工艺、重力浓缩罐工艺。

（1）辐流沉淀工艺

辐流沉淀工艺是污水先进入混合池并添加适量的絮凝剂，让絮凝剂与污水充分混合，使污水中不稳定的悬浮物变成易沉淀的物质，再进入辐流池，经过缓流和长时间沉淀分离出清水和浓缩泥浆。

辐流式沉淀主要设计参数宜通过试验或经验确定，设计计算方法应以高浊度水清水分离和泥沙浓缩双向运动的动态平衡为基础，并以清水分离特性确定沉淀面积，以泥沙浓缩特性确定浓缩容积。

辐流式沉淀的排泥宜采用周边传动和桁架式刮泥机，当沉淀池池体直径小于20m时，也可采用中心传动刮泥机。由于污水在混凝沉淀池停留时间长，沉泥可能在池底或水流死角处板结而不易清除，因此需要设置清洗装置系统，并宜采用半地下式和重力式排泥。

辐流式沉淀工艺的优点是处理能力大，运行稳定，对不同浓度污水的适应性较好，运行成本较低；其缺点是占地面积大，土建施工费用和施工精度要求高，建设工期长，在污水产生量较大的湿法生产工艺的大型砂石系统应用较多。

（2）高效旋流净化工艺

当污水进水悬浮物含量为 20000～50000g/m³ 时，宜采用高效旋流净化工艺。高效旋流净化工艺是将污水经泵提升至高效污水净化器中，在污水提升泵出口管道上设置混凝混合器，在混凝混合器前后分别投加絮凝药剂和助凝药剂，在管道中完成混凝反应，使污水中的悬浮物能快速沉淀，然后进入净化器中，经离心分离、重力分离及污泥浓缩等过程从净化器顶部分离出清水，底部分离出浓缩污泥。

高效旋流净化工艺设计应符合以下设计参数要求：

①出水水质 SS≤70mg/L 或满足回用水要求。

②污泥斗宜采用静水压排泥方式，每个污泥斗均应设单独的闸阀和排泥管。

③污泥斗下部和排泥阀下端均应设置反冲洗装置。

④旋流净化应设置排泥事故检修集水池，以利于运行维护检修，减少因排放对周边水体的污染；排泥事故检修集水池容积应不小于旋流净化储水容积的 1.5 倍。

高效旋流净化工艺的优点是工艺路线较短，土建施工简单，建设工期短；其缺点是处理效果受污水浓度的影响较大，加药量和运行功耗相对辐流沉淀工艺高，总体运行成本较高。

（3）重力浓缩罐工艺

重力锥形浓缩沉淀罐是利用重力自然沉降的原理，关键是控制泥浆进入锥形浓缩沉淀罐中心稳流桶的流速及通过中心筒后的上升流速，并通过调配加药量实现颗粒的絮凝作用，实现更好的沉淀和泥浆分离效果。

浓缩罐上设置加药节能混合翻搅装置，保证污泥进入稳流桶前达到泥水分离的效果，使重力浓缩罐达到高效快速的污泥沉降和上清液的溢流。

3）加药

（1）水处理药剂的品种

水处理药剂的品种直接影响混凝沉淀浓缩的效果，而且用量还关系到运行费用。水处理药剂的品种和投加量应以处理污水混凝沉淀试验的结果为基础，综合比较其他方面来确定。缺乏试验条件或类似已有成熟的经验时，则可根据相似条件下的运行经验选择。目前应用较多的是聚丙烯酰胺等有机高分子絮凝剂，三氯化铁、聚合氯化铝等无机絮凝剂。使用中一般还会添加助凝剂，采用助凝剂的目的是改善絮凝结构，加速沉降，在设计中对助凝剂是否采用及品种选择也应通过试验来确定。

（2）药剂投加顺序

先投加 PAC 聚合氯化铝，使污泥产生絮凝；PAM 聚丙烯酰胺起助凝效果，后投加 PAM，使 PAC 形成的矾花聚成团状沉淀。

（3）药剂投加浓度

药剂投加应具有适宜的浓度，投配宜采用液体投加方式，投配浓度宜为 5%～20%（按固体质量计算）。在不影响投加精确度的前提下，宜高不宜低。若浓度过低，则设备体积大。有些药剂浓度太高时，容易对溶液池造成较强的腐蚀，故溶液浓度应适当降低。

（4）药剂溶解次数宜根据药剂投加量和配制条件等因素确定，根据工程实践经验，一般均采用每日3次，即每班1次。

（5）投加混凝剂和助凝剂应采用柱塞计量泵和隔膜计量泵，其优点是运行可靠，并可通过改变计量泵行程或变频调节混凝剂投量，既可人工控制也可自动控制。

（6）有条件时，设计中可采用全自动一体化溶药装置。工作原理：药剂加入定量投粉机内，由定量投粉机将药剂（干粉）送至带有切线分散器和喷头高效注射系统对药剂进行先期溶解，然后进入预制箱，这时自动配水系统开始按比例向预制箱内注水，药剂和水按1∶1000～1∶2000（根据实际情况而定）同时进入预制箱，在预制箱内通过一级搅拌后自流至熟化箱，在熟化箱内进行搅拌后自流至溶液箱、溶药装置配套的储药罐及药剂投加泵，最后通过加药泵将配制好的药液输送至加药点。

（7）污水处理中的混合设施应使注入的药剂与污水快速、均匀混合，并应适应污水悬浮物、水量变化的需要。混合设施可采用混合池式、管道混合器等。管道混合可采用管道静态混合器、扩散混合器、孔板混合器、文氏管混合器等，其混合速度与混合时间的乘积GT值宜为1500～2000，管内流速宜为1.5～2.0m/s。管道混合是比较适合砂石排放污水混合要求的设备。要求控制一定的扰动强度和恰当的混合时间，才能取得较好的混合效果。对混合后管内水流条件、阻力变化及扰动强度等，也应合理控制，借助改变口径和长度的措施，实现调整GT值的目的。

（8）采用新型药剂联合投放时，由于药剂的特性不同，若混合、絮凝条件不合理，会出现不同药剂性能的相互干扰、降低絮凝效果、出水悬浮物增高的现象，因此混合药剂参数的选用应通过试验或根据相似条件下的运行经验确定。

（9）与混凝剂和助凝剂接触的池内壁、设备、管道和地坪，应根据药剂性质采取防腐措施。

4）污泥干化

污泥干化环节是污水处理工艺的难点，对污水系统可靠、稳定运行影响较大。该环节的目的是将污水中分离处理的浓缩泥浆进行干化处理，满足回收利用和外运弃存需要。目前污泥干化环节比较成熟的处置方式有自然干化处置方式、板框压滤脱水方式、真空带式过滤脱水方式、陶瓷过滤机脱水方式、卧螺离心机脱水方式等机械脱水干化处置方式。

（1）自然干化处置方式

自然干化处置方式是设置多级储液池，主要利用重力作用使泥浆中的水过滤分离，让其自然晾干，再配合机械设备进行清理。其优点是投资低，运行简单；其缺点是脱水效果较差，占地面积大，受季节气候影响大，机械化程度低，连续运行效果差，时间缓慢，且存在二次扬尘的环境污染隐患，只适用于污水量不大、生产强度低的小型砂石系统。很难满足中、大型砂石加工系统污水处理需求。

（2）板框压滤脱水方式

板框压滤脱水方式是利用板框压滤机分离出清水和干化泥饼，是一种间歇性的加压过滤方式，用于各种悬浮液的固液分离，它是依靠压紧装置将滤板压紧，再将悬浮液用泵压入滤室，通过滤布来达到将固体颗粒和液体物料分离的目的，该设备通过 PLC 控制可实现自动进料、自动拉板卸料，整机节能高效，分离效果好，使用方便。其优点是进水浓度适应性较好，可处理高达 30% ~ 40% 浓度的浓缩泥浆，生产的泥饼含水量较低，清水水质好，设备运行可靠，操作简单，不受天气和气温的影响，占地面积小，可有效保证水回收系统的正常运行。其污泥干化效果好，过滤出的固体颗粒含水率控制在 20% 以下，可以通过胶带机连续运输至指定堆场或均匀添加到砂中。其缺点是对泥浆泵的扬程要求高达（60 ~ 120m），设备运行包括压滤和卸泥环节，不能连续性工作，滤布需经常维护、清洗，劳动强度较高。

（3）真空带式过滤脱水方式

真空带式过滤脱水方式的优点是进水浓度适应性较好，可处理 20% ~ 35% 浓度的浓缩泥浆，能实现连续运行，生产效率较高，能耗较低，设备运行稳定，操作简单；其缺点是生产的泥饼含水量较高，排水带容易磨损，滤布需经常维护、清洗，劳动强度较高。

（4）卧螺离心机脱水方式

卧螺离心机脱水方式的优点是占地面积小，工作方式是连续处理，无滤布，劳动强度低；其缺点是进水泥浆泵和设备运行能耗大，设备费用高，运行效率低（要求进水浓度较低），设备维修困难。

5）泥饼处置

目前，国内污水处理工程排泥水处理的脱水泥饼基本上都是采用地面堆放、填埋方式处理。地面堆放、填埋需要占用大量的土地，还有可能造成新的污染；泥饼含水率太高时，受压后强度不够，有可能造成地面沉降。因此，有效利用是泥饼处置发展的方向。对于泥饼处置应遵守国家法律和标准的原则规定。

脱水后泥饼一般含水量大、强度低，堆置在高处容易滑坡失稳，且颗粒细、黏聚力小，容易受到冲刷形成泥石流，应尽量选择低洼地区。如采用地面堆放，堆放场地应保持边坡稳定、具有良好的排水条件。

4.1.2.2 污水处理传统工艺

传统砂石骨料污水处理方法主要有自然沉淀法和絮凝沉淀法；泥浆干化主要采用自然脱水法和机械处理法。

1. 常用处理方法

（1）自然沉淀法

污水自砂石系统流入预先建好的沉淀池或尾渣库，不使用凝聚剂，进行自然沉淀，排出上清液。自然沉淀法的效果与暴晒时间、光照强度、水体温度、初始 pH 值、溶解氧等因素有关。通常暴晒时间越长、光照强度越强、温度越高，自然沉淀效果越好。

尾渣库是利用天然砂石料开采形成的采坑，一般要求修整，如用作冲洗污水的沉渣处理进行回填则一举两得，上层清水回收利用。人工砂石系统，在地形合适的情况下采用尾渣库工艺简单，处理成本低，效果好，是优先选项。如向家坝水电站马延坡人工砂石加工系统工程采用此污水处理工艺，砂石加工系统设计处理能力达3200t/h，相应的污水排放量约4320m³/h，骨料总生产量2670万t，根据其原岩为二叠系灰岩及加工工艺，计算泥和石粉流失总量为215万t～270万t，需废渣容积为143万t～180万m³；挡水坝高40m，库容200万m³，通过管道将系统生产的污水泥渣全部输送到尾渣库内自然沉淀，水回收率达到90%以上，做到了污水泥渣零排放。废渣库尚有剩余库容20万m³，交给地方恢复原有的灌溉之用。

龙滩电站大法坪砂石加工系统也是采用尾渣库工艺，使用效果良好。

以上方案运行操作简单且费用低，但占地面积庞大，废渣处理将受当地气候的限制，在常年平均气温不高、雨季较长、雨量较大的地区，对废渣的自然干化脱水有十分不利的影响，会极大限制污水回收系统的正常运行，当前此种方法已很少使用。

（2）絮凝沉淀法

一般采用平流二级沉淀池，污水自砂石系统流入平流式沉砂池，待去除粗砂后，进入二级沉淀池。通过机械或人工出渣，使粒径小于0.038mm的悬浮物在絮凝剂的作用下快速沉淀，最后通过渣浆泵送到干化池自然脱水。

药剂投加顺序：先投加PAC聚合氯化铝，使污泥产生絮凝；PAM聚丙烯酰胺起助凝效果，后投加PAM，使PAC形成的矾花聚成团状沉淀。

该方案在运行过程中容易出现泥浆板结和堵管现象，导致水处理系统无法正常运行。

2. 泥浆干化处理方法

（1）自然脱水法

自然脱水主要利用重力作用使泥浆中的水过滤分离，同时利用日晒、风吹加速泥浆脱水干化的过程。该方案不仅占用场地大，时间缓慢，且存在二次扬尘的环境污染隐患，很难满足中、大型砂石加工系统污水处理需要。

（2）机械处理法

机械脱水主要通过机械设备挤压的方式快速脱水，此方法占地面积小、处理效果好、运输方便、节约运费。

3. 污水处理新工艺

砂石系统污水悬浮物含量较高，污水处理方案的选择关系到砂石系统运行的成败，往往因污水处理各工艺环节的选择不当，出现淤堵失效、分离的清水不能达标、运行不稳定等现象，造成系统无法正常生产运行。在方案的实践选择时应根据加工系统岩石破碎特性和产生污水的浓度，结合场地布置合理选择和配置污水处理工艺中预处理、污泥干化等环节的工艺和设备类型，以满足在生产过程中污水处理环节更可靠、更节省、受制条件更少的要求。

以下为砂石系统污水处理的几种成熟稳定、运行可靠的污水处理工艺。

（1）"链条式刮砂机+DH高效污水净化器+板框压滤机"污水处理工艺

DH高效旋流器在水电工程中已有成功案例，现依据白鹤滩水电站砂石污水处理运行的成功经验对该工艺进行介绍。

白鹤滩水电站三滩临时砂石骨料加工系统工程污水处理系统承担着整个砂石系统生产供排水、污水处理及循环利用任务。系统处理的污水主要为砂石系统骨料冲洗、车间降尘产生的污水，污水浓度为 110000～160000mg/L，系统设计处理能力为 180m³/h。

该污水处理系统工艺采用"链条式刮砂机 + DH 高效污水净化器 + 板框压滤机"联合处理的技术，系统包括预处理车间、加药车间、泥水分离车间及污泥干化车间，处理后的清水满足国家一级排放标准（SS≤70mg/L），实现细砂回收、清水回用、干化污泥直接外运。砂石系统生产污水首先汇入链条式刮砂机池，链条式刮砂机进行部分细砂回收，链条式刮砂机尾水排至调节池，调节池设置搅拌器以防沉淀。调节池渣浆泵提升至高效污水净化器中，在渣浆泵污水出口管道上设置电磁流量计及混凝混合器，在混凝混合器前后分别投加絮凝药剂和助凝药剂，在管道中完成混凝反应，然后进入净化器中，经离心分离、重力分离及污泥浓缩等过程从净化器顶部排出经处理后的清水，清水进入清水池后回用或排放。从净化器底部排出的浓缩污泥排入污泥池中，在污泥池上方设置搅拌器，防止污泥沉淀。用渣浆泵提升至板框压滤机将污泥脱水干化，干化污泥采用运载车辆外运弃存。DH 旋流器污水处理工艺流程图如图 4-14 所示。

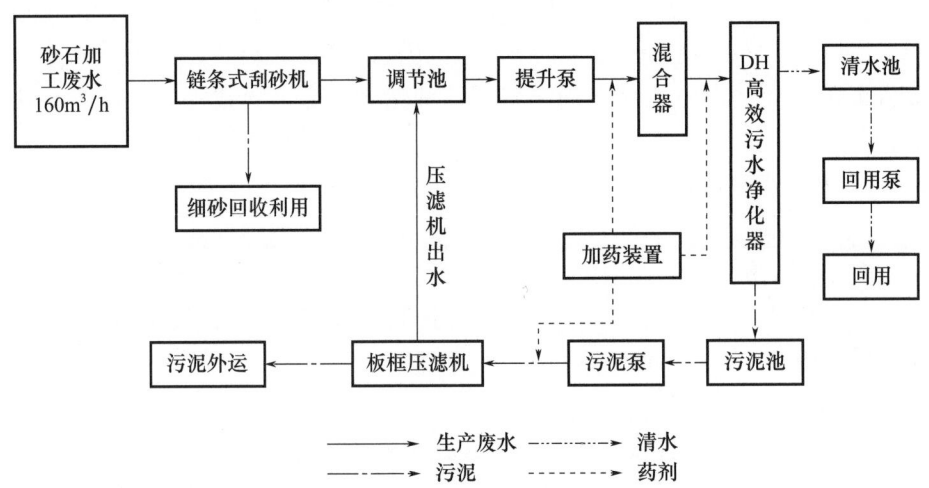

图 4-14　DH 旋流器污水处理工艺流程图

（2）"机械预处理 + 辐流沉淀 + 压滤脱水"污水处理工艺

辐流沉淀工艺在水电行业溪洛渡水电站、向家坝水电站、白鹤滩水电站、杨房沟水电站等工程已有成功案例，现依据杨房沟水电站砂石污水处理运行的成功经验对该工艺进行介绍。

杨房沟水电站上铺子沟砂石加工系统成品料生产能力约 1385t/h，系统污水处理量为 970m³/h，污水回收量为 880m³/h。系统污水采用"机械预处理 + 辐流沉淀 + 压滤脱水"的生产工艺，达到了污水"零"排放和清水回用的要求。

污水处理系统由石粉回收车间、配水井、辐流沉淀池、泵房、压滤车间、回收清水池等组成。系统产生的污水首先通过车间排水沟流入汇水渠，进入预处理车间集液池，沉淀到集液池底部的浆液通过渣浆泵提升至 VDS512-4L 石粉回收装置水力旋流器，分离回收大于 0.035mm 的悬浮物进入高频振动筛脱水，脱水后的石粉一部分掺入砂中，一部分通过胶带机输送至临时堆场。预处理后的水进入配水井，加药车间向配水井内添 PAC（无机聚合氯化铝絮凝剂）与污水充分混合后均匀地分配至两座直径为 25m、容积为 2200m² 的周边配水、周边传动式辐流沉淀池中进行沉淀处理，处理后的水通过出水槽进入出水管道自流至清水池。沉淀池底部泥浆通过排泥管道和渣浆泵提升至压滤车间进行脱水处理，泥饼通过自卸汽车运至渣场堆存，滤液自流至清水池，清水池中的水通过加压泵提升至骨料生产系统循环利用。辐流沉淀污水处理工艺流程图如图 4-15 所示。

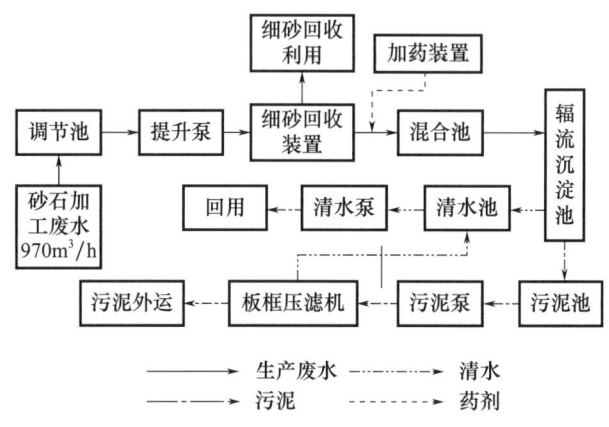

图 4-15　辐流沉淀污水处理工艺流程图

（3）"细砂回收 + 浓缩罐 + 压滤脱水" 污水处理工艺

"细砂回收 + 浓缩罐 + 压滤脱水" 污水处理工艺在砂石骨料行业雅安项目工程中已有成功案例，现依据雅安砂石骨料系统加工项目中砂石污水处理运行的成功经验对该工艺进行介绍。

雅安砂石骨料系统加工系统成品料生产能力约 600t/h，系统污水处理量为 680m³/h。系统污水采用 "细砂回收 + 浓缩罐 + 压滤脱水" 的生产工艺，达到了污水 "零" 排放和清水回用的要求。

雅安砂石骨料系统加工系统污水处理工艺流程如下：

①骨料经初步冲洗筛分，进入洗砂机洗砂，洗砂污水通过细砂回收设备进行细砂回收，回收细砂后的污水进入缓冲池。

②缓冲池污水经渣浆泵输送至浓缩罐，同时加药系统向浓缩罐中添加 PAM 絮凝剂。利用重力沉降和污水中颗粒物的絮凝将污水一次分离，底部泥浆浓度达到 30% 左右，上部清液溢流进入回水池。

③浓缩罐底部泥浆通过高压泵输送至板框式压滤机进行再次脱水，滤液在压力作用下通过滤布，从污泥中滤除，脱水污泥截留在板框内。滤液经收集管自流至回水池回用，污泥通过胶带机输送至泥料堆或者直接用装载机外运。

④回水池上清液经短暂停留后，由渣浆泵送至工艺段用水点循环使用。当回水池由于循环用水在使用过程中的损耗，使得回用水总体水量不断下降，当下降到一定程度

后,需由现场设置的清水池进行补水。此过程可由自控程序实现自动加水操作。浓缩罐+过滤机污水处理工艺流程图如图4-16所示。

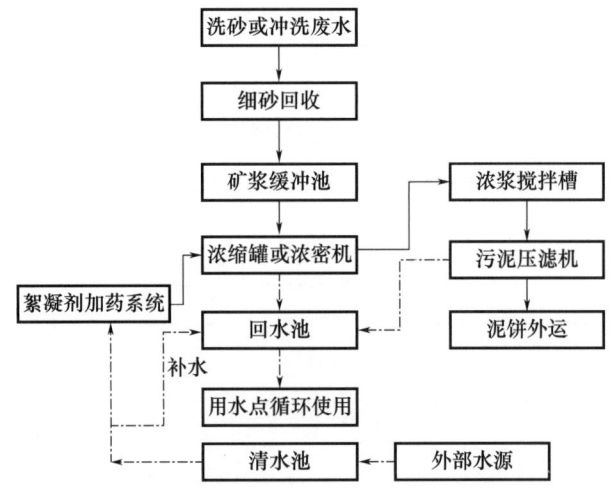

图4-16 浓缩罐+过滤机污水处理工艺流程图

该工艺具有以下特点:

①配合专用分级细砂回收脱水保证成品骨料细砂最大限度回收,同时保证了水处理系统不会产生淤堵。

②系统自动化程度高。通过西门子PLC对全系统控制,如液位系统回流装置传感器控制等,正常人员只需观察处理脱饼过程。

③经济节能无过载。该工艺系统装置方面:大量采用机械原理,保证系统稳定的同时也大大降低了整体投资额度;动能方面:通过液位检测来控制能耗点位(离心泵)的运行,减少了不必要的耗能;进料单元:无过载设计(进料渣浆泵泵泥浆基本都会出现过载问题),保证了系统稳定性,避免出现电机过载烧坏的情况。

④绿色环保。经高压过滤干化的泥饼不对环境造成二次污染且可用于回填、制砖等用途;溢流和过滤的清水达到回用标准,也可用于园林绿化、道路冲洗及厂区内部用水。

采用本工艺不仅可以使污水得到有效处理,而且运行费用较低,技术经济可行性高,处理后出水作为回用水使用,能产生较高的经济价值,是一种经济实用的洗砂污水处理工艺。

4.1.2.3 污水处理系统布置

1. 总平面布置原则

结合站区的水文地质、地形、气象、温度等条件,结合主导风向、进出水口位置及污水工艺流程,与站区总体规划相衔接,使生产管理方便。

按照功能不同,分区布置,做到分区明确、布置紧凑,减少占地面积,区间满足安全及卫生距离要求,并用绿化带分隔,尽量减少处理站可能产生的臭气或噪声对周边环境的影响。

保证工艺布局合理，流程力求简短、顺畅，避免迂回重复，管线布置简洁，便于操作及日常维护。

考虑物流运输方便，满足环保、消防要求。

使各建（构）筑物在空间和外立面设计上统一协调，力求美观大方，经济实用。

污水处理系统总平面布置除了上述原则外，具体应与进水方向、排放水体、工艺流程特点等因素进行布置，既要考虑流程合理、管理方便、经济实用，还要考虑与厂区绿化及周边环境相协调等因素。原水能自流流经各处理构筑物，尽量避免二次提升，"节能省耗"。污水能自流排入受纳水体，尽量避免二次提升，节省能耗。尽量减少处理系统内开挖，节省投资。地面标高根据厂区自然地形标高，尽量减少开挖量，节省投资。同时还要考虑与周边道路的衔接流畅。出水构筑物控制标高为污水处理站构筑物标高的基点，其确定原则首先应考虑尾水能自流排放，其次应考虑结构抗浮、提升泵的提升扬程、电耗、土方的挖方及外运的数量等各方面问题。

2. 布置规范要求

（1）污水处理系统厂址选择应与砂石系统位置选择统筹规划，经技术经济比较后确定，并结合下列其他因素确定：

①应就近设置在砂石系统周边。

②具备良好的排水条件，不受洪涝、泥石流等影响。

③具备良好的工程地质条件。

④交通运输、供电方便。

（2）各构筑物的布置应根据各构筑物的功能和工艺流程要求，结合厂址地形、地质条件，经技术经济比较后确定，并应综合考虑下列要求：

①构筑物之间应满足管道、设备布置需要，要满足安装、维修的操作要求，同时尽量减少占地面积。站区内管线主要有污水工艺管道、污泥处理管道、应急排污管道、给水管道、雨水管道、加药管道及电缆管线等，应合理利用地形地势进行相关管道布置。

②砂石系统污水中含悬浮物固定颗粒多，有的粒径大，采用机械提升排放对设备磨损大，故宜尽量采用重力排放。但如受地形限制，采用机械提升时，宜设置污水收集泥浆池，并用网格栅隔离粗颗粒。

③泥渣在未脱水前不便于运输，应就近进行脱水干化处理，同时靠近道路堆存以方便运输，并应采取适当的防止泥浆流失和防尘等措施。泥渣处理系统应就近布置在沉淀处理系统周边。

（3）砂石加工污水处理与地表径流排水宜各自设置独立的排放系统，以免增加污水处理的负荷。为保证排水通畅，砂石系统污水排放宜采用U形明渠，其纵坡不宜小于2%。U形明渠在排放流量减少时可以减少淤积，设置最小纵坡是为了在最小排放流量时防止淤积，明渠便于清理。

（4）污水处理系统各构筑物之间应设置必要的通道。通道应符合下列要求：

①单车道不宜小于3.5m，双车道不宜小于7.0m，车行道的转弯半径不宜小

于6.0m。

②人行道的宽度宜为1.5~2.0m，人行栈桥的宽度不宜小于1.0m。

③构筑物的扶梯倾角不宜大于45°。

(5) 污水处理系统应设置必要的栏杆、防滑梯等安全设施。

4.1.2.4 污水处理构筑物及设备

1. 沉淀池

沉淀池是利用沉淀作用去除污水中悬浮物、净化水质的设备。用于自然沉淀的处理构筑物的类型众多，按照初次沉淀池的形状和水流的特点，国内用于砂石加工系统的初次沉淀池主要分为平流式、竖流式、辐流式及斜板管式四种。

(1) 平流式沉淀池（图4-17）

平流式沉淀池呈长方形，污水从池的一端流入，水平方向流过池子，从池的另一端流出。在池的进口处底部设污泥斗，其他部位池底有坡度，倾向污泥斗。

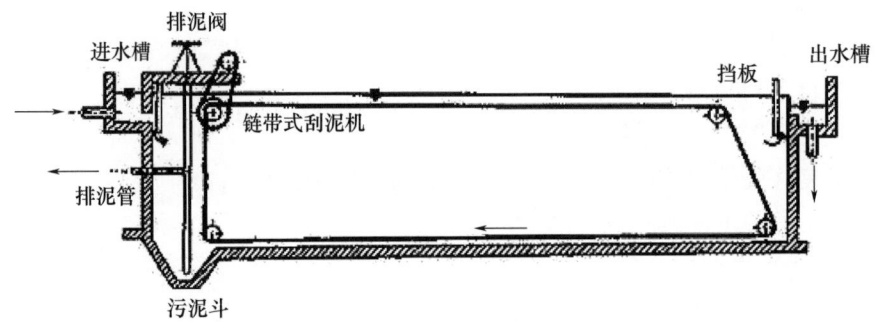

图4-17 平流式沉淀池

优点：①沉淀效果好；②对冲击负荷和温度变化的适应能力强；③施工方便；④多个池子易于合为一体，节省占地面积。

缺点：①池子配水不易均匀；②采用多斗排泥时，每个斗需要设单独的排泥管，各自排泥，操作量大；③采用链带式刮泥机排泥时，其支承件和驱动件都浸于水中，易锈蚀。

适用条件：①适用于地下水位高，以及地质条件较差的地区；②适用于大、中、小型污水处理厂。

(2) 竖流式沉淀池（图4-18）

池型多为圆形，也有呈方形或多角形的，污水从设在池中央的中心管进入，从中心管的下端经过反射板后均匀缓慢地分布在池的横断面上，由于出水口设置在池面或池墙四周，因此水的流向基本由下向上。污泥贮积在底部的污泥斗。

优点：①无机械刮泥设备，排泥方便，管理简单；②占地面积小。

缺点：①池子深度大，施工困难；②对冲击负荷和温度变化的适应能力差；③造价较高；④池径不宜过大，否则布水不均。

适用条件：适用于处理水量不大的小型污水处理厂（单池容积一般小于1000m³）。

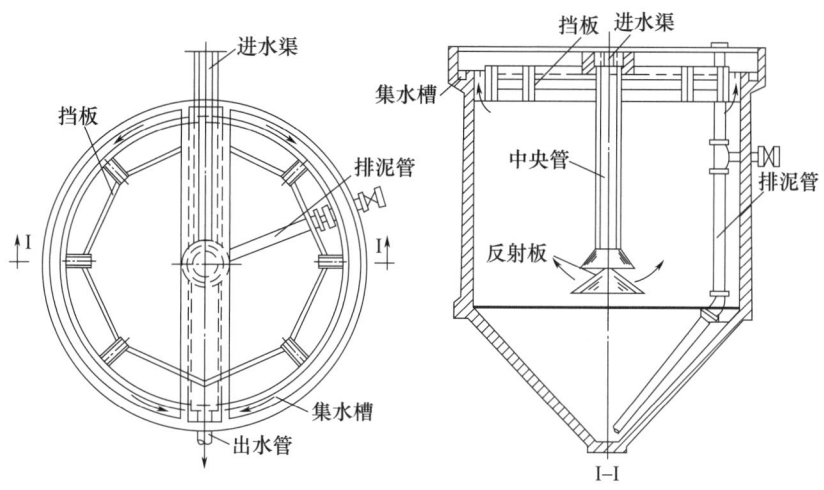

图 4-18 竖流式沉淀池

（3）辐流式沉淀池（图 4-19）

辐流式沉淀池可用作初次沉淀池或二次沉淀池，是一种大型沉淀池，池型多呈圆形，小型池子有时也采用正方形或多角形。池的进口、出口布置基本上与竖流池相同，进口在中央，出口在周围。但池径与池深之比，辐流池比竖流池大许多倍。泥斗设在池中央，池底向中心倾斜，污泥通常用刮泥（或吸泥）机械排除，刮泥机由桁架及传动装置组成。当池径小于 20m 时，用中心传动；当池径大于 20m 时，用周边传动。

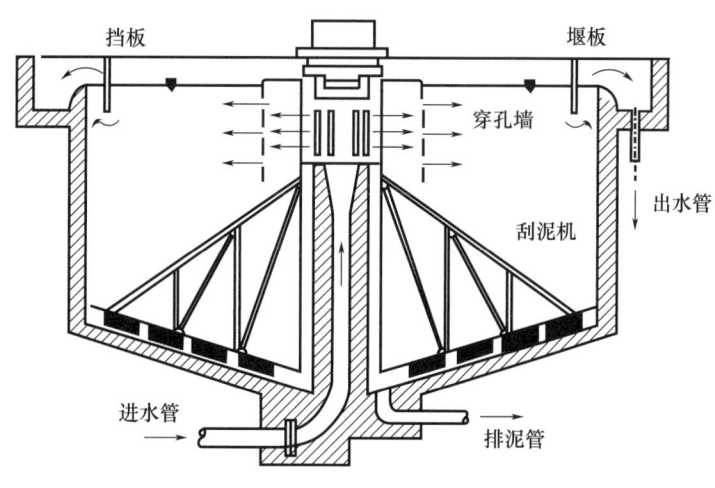

图 4-19 辐流式沉淀池

优点：①多为机械排泥，运行较好，管理较方便；②机械（刮）排泥设备已趋于定型；③结构受力条件好。

缺点：①占地面积大；②机械排泥设备复杂，对施工质量要求高。

适用条件：①适用于地下水位较高，及工程地质条件较差地区；②适用于大中小污水处理厂。

（4）斜板管式沉淀池（图 4-20）

斜板管式沉淀池是根据浅池理论，在沉淀池的沉淀区加斜板或斜管而构成的。它由斜板（管）沉淀区、进水配水区、清水出水区、缓冲区和污泥区组成。

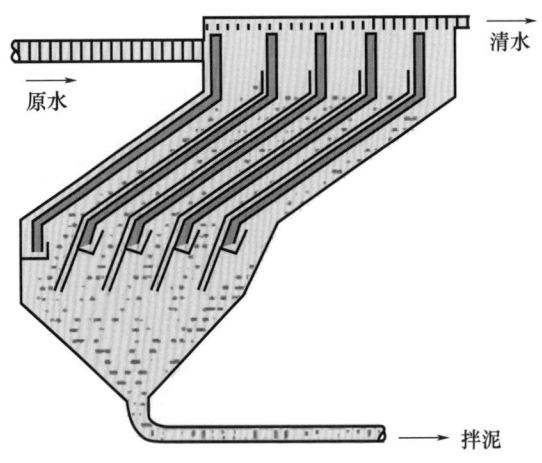

图 4-20　斜板管式沉淀池

优点：①沉淀效率高，停留时间短；②水力负荷高，为其他沉淀池的 1 倍以上；③占地面积小，节省土建投资。

缺点：①斜板管式设备在一定条件下，有滋长藻类等问题，维护管理不方便；②排泥有一定困难；③斜板和斜管容易堵塞。

适用条件：适用于城市污水的初沉池。

2. 洗砂机

在砂石生产过程中，洗砂机是必不可少的设备，它可以去除砂石表面的尘土，提高产品的品质。目前应用最多的是轮式洗砂机和螺旋洗砂机，以下为轮式洗砂机和螺旋洗砂机的区别以及应用。

（1）外观结构

轮式洗砂机结构简单，易损件少，占地面积小，叶轮传动轴承装置与水和受水物料隔离，基本上避免了轴承因水、砂和污染物导致损坏的现象，大大降低了故障率。

螺旋洗砂机的体型比较狭长，采用卧式的结构，简单直白，但其安装布置不如轮式方便。

（2）砂石流失

对轮式洗砂机而言，洗砂过程中用水量少，且细砂和石粉流失小，所洗建筑砂级配和细度模数可达到标准要求。

（3）洗净度

相比轮式洗砂机，螺旋洗砂机在清洗过程中细砂流失较大，所以看起来砂洗得会特别干净。

（4）清洗能力

螺旋洗砂机的清洗能力强大，可以对泥质杂质严重的砂石进行有效的清洗作业，常配置在大型的制砂生产线中。如果砂石料泥土含量较高或者要增加产量,螺旋洗砂机同样可以增加洗砂机的长度或者双螺旋并排,所以它有单螺旋洗砂机和双螺旋洗砂机之分。

轮式洗砂机设备的产能一般在 80t 以下,因此适用于中小产能的制砂生产线系统。轮式洗砂机可以根据砂石情况自由选择增加洗砂轮数量,所以常见的有单叶轮洗砂机、双叶轮洗砂机等,当然,还可以在洗砂轮侧面安装细砂回收装置,对接安装十分方便。

通过上述几个方面的比较分析,在设计水处理系统时选择设备要视砂石的成分、预计产能、生产现场的状况等因素而定,两种洗砂机设备有各自的特点,根据项目生产要求选择最适宜的设备,才能获得较佳的经济效益。

3. 分级机

(1) 螺旋分级机(图 4-21)

螺旋分级机兼有洗砂、分级和脱水的作用。

螺旋分级机按其溢流堰相对高度分为高堰式(溢流堰高于下轴承)、沉没式(溢流水面淹没螺旋)和低堰式(溢流堰低于下轴承)三种。另外,还可按其螺旋轴的数目或头数分为单头螺旋分级机、双头螺旋分级机。

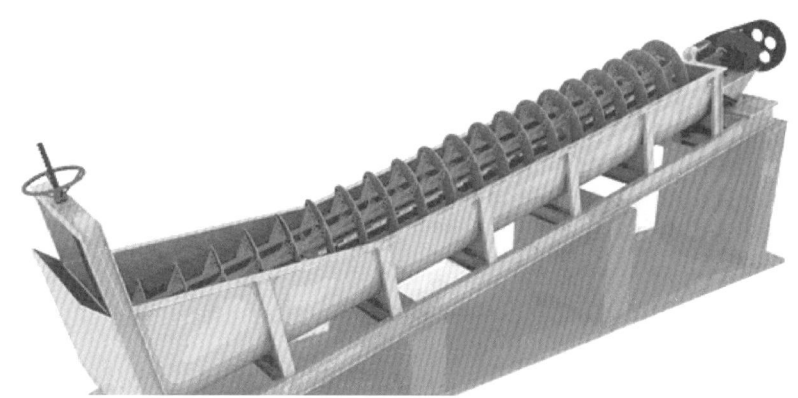

图 4-21 螺旋分级机

一般螺旋分级机的转速较低,下端装搅拌叶桨,宽溢流口、长机身,利于脱水。螺旋分级机用于洗砂和脱水时,一般按返砂量计算其生产能力,按溢流速度验算其控制粒径和允许进料流量。当分级机用于砂的分级时,则需同时验算返砂量与溢流量。

(2) 水力旋流器

水力旋流器是分级机的一种形式,利用离心力进行分级,用于细粒料的分级和脱水。其溢流粒径范围一般用于浓缩料浆和回收细砂,水力旋流器脱水后砂的含水率为 20%~26%。图 4-22 为旋流器的原理图。

4. 细砂回收装置

在制砂生产线的后期,对于含泥量大的砂子或是含砂量大的砂水混合物,仅配置洗砂机可能达不到最终成品砂的要求,而且还有一个细砂流失严重的弊端,要解决这个问题,就要用到细砂回收系统(图 4-23)。

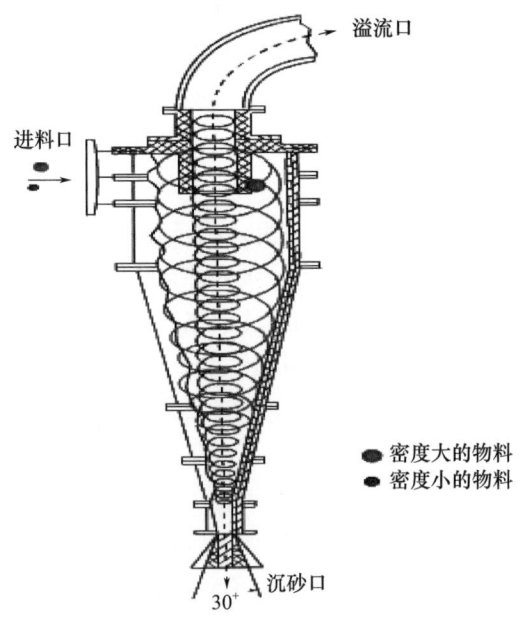

图 4-22 旋流器的原理图

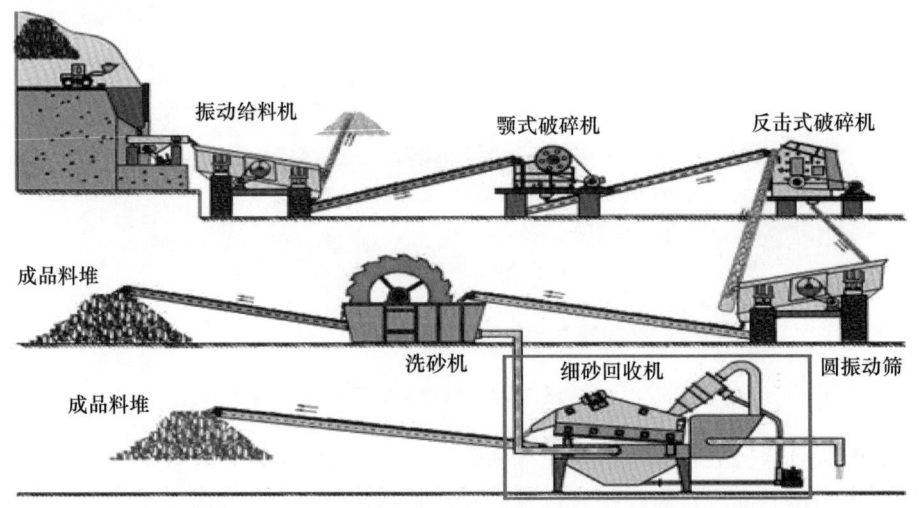

图 4-23 细砂回收系统

细砂回收机是常用的细砂回收设备,需与洗砂机配套使用,制砂行业中,回收机可回收洗砂机流失的大量细砂(流失严重时可达 20% 以上),在提升经济效益的同时,降低了尾料的处理费用及流失细砂对环境造成的污染、破坏。

细砂回收机用于砂石厂时主要作用是水洗砂、泥砂分离,因此也称细砂脱水机、泥砂分离机、泥砂提取机;用于选矿厂时主要作用是尾矿回收,因此也称尾矿回收机,回收的细骨料应按要求均匀添加到成品砂中。

(1)脱水型细砂回收机(图 4-24)

脱水型细砂回收机分为脱水和回收两个系统,脱水部分包含脱水筛和振动电机,回收部分包含真空高压泵、电机、高压分离器、返水箱、清洗箱。

一般直接安装于洗砂机后部，可以对洗砂机洗过的砂子进行二次清洗，也可以对洗砂机排出的污水进行泥沙分离，充分解决了洗砂机的弊端（如成品含水量大、含泥量大、粉尘多、杂质难以清除等），大大提高了成品的品质。

图 4-24　脱水型细砂回收机

（2）洗砂回收一体机（图 4-25）

洗砂回收一体机由高压分离器、脱水筛、叶轮分离机、减速机、真空高压泵、清洗箱、高位返水箱、电机、振动电机等部件组成。其主要作用是水洗砂和细砂回收同时进行。

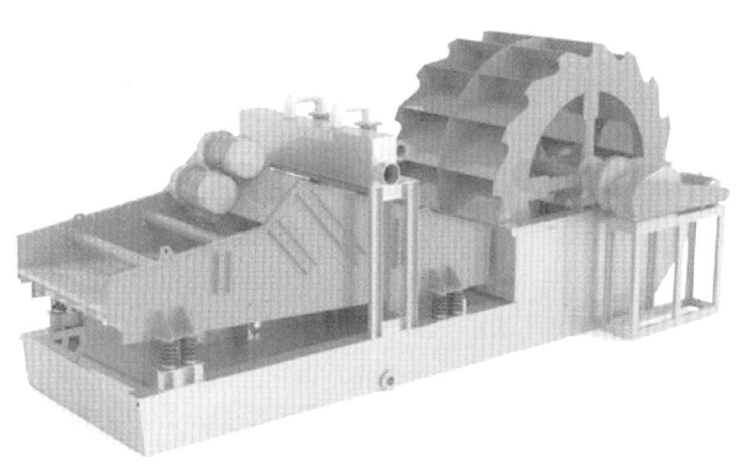

图 4-25　洗砂回收一体机

工作原理：

砂水混合物进入清洗箱，由叶轮分离机进行分离，然后进入下层脱水筛做脱水处理。清洗箱溢流出的污水（含大量细砂、泥浆、粉尘等杂质），经真空高压泵输送到高压分离器中，然后离心分级浓缩后的细砂，经沉砂嘴排入脱水筛上层。清洗箱内的污水、泥、粉尘、杂质等，通过高压分离器溢流口，排入高位返水箱后排出。上层出成品料粗砂，下层出成品料细砂，或粗、细砂混出。

（3）洗砂脱水一体机

洗砂脱水一体机综合了洗砂机、脱水筛两种设备的特点，主要作用是水洗砂，并进一步脱泥、脱水、二次清洗。

工作原理：

砂水混合物进入洗砂机清洗箱，经轮斗筛网过滤筛分，落入脱水筛做脱水处理，将砂子中的大量水分脱去。图4-26为洗砂脱水一体机原理图。

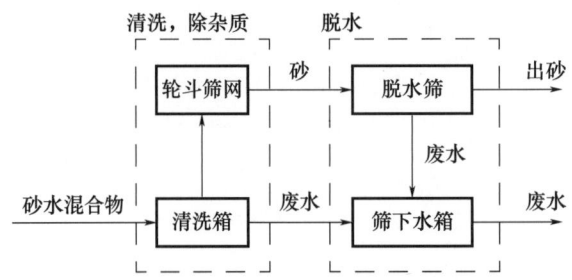

图4-26 洗砂脱水一体机原理图

以上几种虽然同属于细砂回收系统系列，但是类型不同，功能侧重点有所不同，如脱水型细砂回收机兼具脱水和细砂回收功能，洗砂回收一体机兼具水洗砂和细砂回收功能。在设计选型时可根据自身生产需求选择最适合的设备，以保证获得最佳的经济效益。

5. 脱水设备

（1）压滤机

压滤机分为板框压滤机、厢式压滤机和立式压滤机。

板框压滤机是一种常用的固液分离设备，在污泥脱水项目上应用较多，主要由传动部分、滤板部分、压紧板部分、止推板部分及压紧装置（主要是液压压紧装置）、液压系统、电控系统、辅助部分组成。

厢式压滤机是通过滤板的挤压，使污泥内的水通过滤布排出，达到脱水目的的；也称进浆脱水，即一定数量的滤板在强机械力的作用下被紧密排成一列，滤板面和游板面之间形成滤室，过滤物料在强大的正压下被送入滤室，进入滤室的过滤物料其固体部分被过滤介质（如滤布）截留形成滤饼，液体部分透过过滤介质而排出滤室，从而达到固液分离的目的。

立式压滤机一般用作砂石系统污水处理中固液分离的末端机械处理模式，将物料通过压力来过滤，特别对于黏细物的分离，有其独特的优越性。与其他固液分离设备相比，压滤机过滤后的泥饼有更高的含固率和优良的分离效果，能对污泥和石粉进行最终的脱水处理，达到装车运输要求，分离出来的水可以直接排放或回收利用。

（2）陶瓷过滤机

陶瓷过滤机（图4-27）也是污水处理中污泥和石粉的末端机械处理装置，该类型设备不但能对污泥和石粉进行最终的脱水处理，达到装车运输要求，同时压滤水也可以直接排放或回收利用，而且具有处理量大、操作简单、能连续作业等优点。

图 4-27　陶瓷过滤机

（3）转筒式离心机

转筒式离心机采用的是离心浓缩法。离心浓缩法是利用污泥中的固体（即污泥）与其中的液体（即水）之间的密度不同的特点，因此在高速旋转的离心机中具有不同的离心力，从而可以使两者分离。

一般离心浓缩机可以连续工作，出泥的含固率可达4%以上。

（4）橡胶带式过滤真空机（图4-28）

橡胶带式过滤真空机由橡胶滤带、真空箱、驱动辊、胶带支承台、进料斗、滤布调整装置、驱动装置、滤布洗涤装置、机架等部件构成。

图 4-28　橡胶带式过滤真空机

橡胶带式真空过滤机具有连续运行、连续过滤的特点。生产过程的过滤、洗涤、卸渣、滤布清洗随胶带的运行可依次完成，过滤出的固体颗粒含水率可以控制在16%以下，可以通过胶带机连续运输至指定堆场。过滤效率高，相应的运行成本也得到有效控制，其在矿山和砂石系统污水废渣处理中得到了成功应用。

4.1.2.5 污水处理系统设计选型

1. 污水处理系统设计参数

(1) 砂石系统含泥量

原石料中的污泥和粉粒含量，在水上和河滩料场中占1%~6%；陆上料场变幅较大，为4%~20%，人工骨料加工中的粉末一般为5%~15%，一般除尘粉量按照处理量8%计算，砂石含泥量按10%计算，骨料含泥量按照8%计算。

(2) 用水量

湿式除尘用水量：火成岩的处理量为1.6%~2%，沉积岩为0.8%~1.2%，一般采用喷雾器喷洒，喷口直径不小于2mm，扩散角为40°~60°，喷水压力为0.2~0.3MPa。

砂石加工系统的除尘喷淋水按总矿重的1%计算，筛分冲洗用水按吨矿用水量0.60m^3计算；洗砂系统用水量按吨矿用水量1.5m^3计算。冲洗筛分中用水控制难以把握，水量过多，造成细砂流失；水量过少，冲水压力不足，砂石洗不干净，影响骨料质量。

(3) 洗砂污水组成

砂石加工系统的生产污水一般不含有机物，主要有水、粒度介于75~106μm的石粉和泥，往往具有粒径小（某些工程，粒径小于等于30μm的含量高达80%~90%）、悬浮浓度高（沉淀池进水口浓度高达6000~90000mg/L）等特点。

(4) 浓度

洗砂机返砂浓度为80%~82%，粒径越粗返砂浓度越高；直线脱水筛筛上产品浓度为83%~86%，直线脱水筛筛下固体量为进料量的3%~5%；水力旋流器底流砂浓度为74%~80%。进入浓缩罐的矿浆浓度按照6%~8%进行计算。

2. 污水处理系统设计目标

砂石系统污水排放处理主要指标是悬浮物（SS）含量，回用水控制指标见《水电工程砂石加工系统设计规范》（NB/T 10488—2021）中附表F的规定，悬浮物含量不应超过100mg/L。如污水需要排放见《污水综合排放标准》（GB 8978—1996）规定排放污水中的悬浮物（SS）最高允许排放浓度，一级标准为70mg/L，二级标准为150mg/L。在有一级排放标准要求的地方，处理后的回用水不能排放。

浓缩罐沉淀污泥经压滤机压滤处理后，含水量需≤30%，达到污泥外运不产生二次环境污染为目标。

4.1.2.6 污水处理系统环境保护、消防及节能

1. 污水处理系统环境保护

污水处理工程本身是治理环境污染的基础设施，但由于处理过程中使用化学药剂，在处理过程中，如不加妥善管理，也会对环境产生不良的影响。

环境保护包括两个方面，即在工程建设过程中及工程建成投产后。

(1) 污水处理工程建设过程对环境的影响

在工程建设过程中，施工机械引发的噪声、输送材料对交通的影响、施工过程中产

生的污染等，这些影响可以通过适当的措施予以缓解，其内容如下：

①合理规划施工活动，选择适当的路线运送材料和设备，以减少对周围环境的干扰；

②设置警告信号，道路封闭时按需要进行管理，以保证工程正常进行和减少交通障碍；

③为安全目的，应尽量减少埋管、沟槽长度，并在施工场地设围挡，防止无关人员进入；

④在所有车辆和设备上装设降低噪声和消降污染的设施，以限制噪声和空气污染。

（2）污水处理工程运营过程对环境的影响

污水处理工程本身是一个环境保护项目，建成后对改善周围环境作用显著。

污水处理站处理后降低了COD、铜、镍等各种污染物浓度；工程运行后，出水相对进水而言，降低了各种污染指标，污水经过处理后出水水质将得到改善。

污水处理工程应加强药品的管理机制，严格监控药品的使用，防止因滥用药品及不规范操作对环境带来影响。污水处理工程的建设可能会对周围环境带来一定的影响，这可由精细的设计来克服。

2. 污水处理系统消防

污水处理工程在正常生产情况下，一般不易发生火灾，只有在操作失误、违反规程、管理不当及其他非正常生产情况或意外事故状态下，才可能导致火灾等事故发生。因此为了防止火灾的发生，或减少火灾发生造成的损失，根据"预防为主，防消结合"的方针，采取相应的防范措施，主要消防措施如下：

（1）防火负责人为工程负责人，防火负责人应全面负责施工现场的防火安全工作，履行《中华人民共和国消防法》。

（2）现场的消防器材由专人维护、管理、定期更新，保持完整有效。

（3）焊割作业点与氧气瓶、乙炔等危险品的距离不得小于10m，与易燃物品的距离不得小于30m，如达不到上述要求应另外执行动火审批制度，并采取有效的安全隔离措施。

（4）油料必须集中管理，远离火种，并配备专用灭火器具。

（5）施工现场的动火作业，必须执行审批制度。

（6）下班前认真检查现场，包括现场办公室、休息室、宿舍熄灭一切明暗火种，切断所有机械设备电源。

在污水站内部总平面布置上，按生产性质、工艺要求及火灾危险性的大小等画出各个相对独立的区域，并在各区域之间采用道路等相隔。

污水站保证消防通道畅通，满足消防车对道路的要求。污水处理工程建（构）筑物的耐火等级至少达到Ⅱ级。供电设施采用双回路电源供电，其配电线采用非延燃铠装电缆明敷时置于桥内或埋地敷设，以保证消防用电的可靠性。

3. 污水处理系统节能防腐

（1）节能

污水处理系统耗电量大的设备主要是各种渣浆泵及水泵、风机等，应该选用效率高、能耗低的先进设备和器材，水泵与风机的选型确保经常工作点位于高效区。

渣浆泵及水泵尽量采用变频电机，同时由液位开关自动控制泵的开停，并优化泵的组合运行方式，节省电耗，降低运行费。

在高程布置中，减少跌水高度，选择经济管径及合理布置流程，节约水头损失，以节约水泵能耗。

通过自控系统实现最佳控制，合理调整工况，保证高效工作。

（2）防腐

污水处理工程中，部分物品和材料处于腐蚀性环境，需进行防腐蚀考虑，以减少水中污染物和腐蚀性气体对构筑物、建筑物、设备和设施等的腐蚀，确保设备和设施的运行安全，保证工程质量，保持处理站的美观。

①防腐对象

渣浆泵及水泵等设备，输水管、加药管道等生产性设备和设施。

②腐蚀情况分析

通常情况下，水中有氧存在时，金属表面形成局部电池引起电化学反应，金属腐蚀就会发生。污水中存在酸、碱、盐及各种有机化学成分，将产生电解质腐蚀作用。室外强烈阳光的照射，特别是盛夏高温季节，受热后的污水散发蒸汽，侵蚀钢结构及设备。其中，有些难溶解性颗粒物积聚在金属表面，又会产生垢下腐蚀、点蚀、坑蚀或缝隙腐蚀等局部腐蚀，使钢结构的腐蚀加剧。

③防腐措施

在价格合理的情况下，根据所应用的条件，关键部件和材料的材质选用耐腐蚀和抗腐蚀的材质。针对使用条件，选用合适的防腐涂料和防腐方法。水泵等设备的轴芯部件，均为抗腐蚀金属。管道采用钢管及钢制配件，防腐根据技术要求进行表面处理及涂装。

4.1.2.7　污水处理系统电气控制和用电安全

1. 电气控制

污水处理系统一般采用智能 PLC 程序控制。系统由配电控制柜构成，为此可专门设立一个控制界面，由浓缩罐系统、加药系统、压滤系统等组成，采用 PLC 实现所有设备集中控制、监视，完成对现场信息的采集、处理与记录，显示工艺过程中的主要监测指标及系统运行状态。用电负荷为 380V 或 220V 低压用电负荷。

污水处理系统电控装置为集中自动控制，需要时（如维修状态下）可切换到手动工作状态。

（1）泵

水泵的启动受液位控制，泵（设多台）符合以下工况：

①高液位：同时启动备用泵，有变频器控制的水泵可通过控制频率进行水量控制；

②中液位：工作泵运行，关闭备用泵或者降低频率；

③低液位：关闭所有水泵。

（2）接地

根据国家《建筑物防雷设计规范》（GB 50057—2010）及装设防雷及接地装置。各用电设备金属外壳均设保护性接地。厂房内变配电室均设置接地系统，其中配电间的接地系统专用一根接地线与室外接地相连，室外接地系统的工频接地电阻小于 4Ω。

（3）其他

各类电气设备均设置电路短路和过载保护装置。

动力电源由本厂供电系统提供，进入污水处理站动力配电柜。

2. 用电安全

污水处理系统施工用电安全保证措施：

（1）支线架设

①配电箱的电缆应有套管，电线进出不混乱。大容量电箱上进线加滴水弯。

②支线绝缘好，无老化、破损和漏电。

③支线应沿墙或电杆架空敷设，并用绝缘子固定。

④室外支线应用橡皮线架空，接头不受拉力并符合绝缘要求。

⑤照明导线应用绝缘子固定。严禁使用花线或塑料胶质线。导线不得着地拖拉或绑在脚手架上。

⑥照明灯具的金属外壳必须接地或接零。单相回路内的照明开关箱必须装设漏电保护器。

⑦室外照明灯具距地面不得低于3m，金属卤化灯具的安装高度宜在5m以上。灯线不得靠近灯具表面。

（2）接地接零

①接地体可用角钢、圆钢或钢管，但不得用螺纹钢，其截面不小于 $48mm^2$，一组2根接地体之间间距不小于2.5m，入土深度不小于2m，接地电阻应符合规定。

②橡皮线中黑色或绿/黄双色线作为接地线，与电气设备相连接的接地或接零线截面最小不能低于 $2.5mm^2$ 多股芯线；手持式用电设备应采用截面不小于 $1.5mm^2$ 的多股铜芯线。

③电杆转角杆、终端杆及总箱、分配电箱必须重复接地。

4.1.2.8 污水处理系统运行与维护

1. 试运行

试运行前应具备以下条件：

（1）设备安装完毕，施工记录及资料齐全，安装质量符合设计要求。

（2）已编制主要设备试运行方案和操作规程。

（3）参加试运行人员经培训已掌握系统设备安全操作规程。

（4）试运行应按空载试验、满负荷联动调试顺序进行。

（5）空载试验应先进行单个设备空载试验，再进行设备联动试验。

（6）满负荷试验应检查设备无异常振动、噪声，电动机电流运行平稳、正常，安全保护装置手动、自动可靠，并收集最大处理水量时预处理过程中的进、出水悬浮物含量、混凝沉淀出水悬浮物含量、泥浆浓度、药耗试验、泥渣产生量和脱水效率试验、回用水利用率等必要的试验参数。

2. 运行维护

（1）运行人员上岗前应接受工艺流程、安全防护、运行技术指标、设备运行操作岗前培训。

（2）运行人员应遵守岗位职责，做好交接班和巡检，如实填写运行记录，并妥善保存归档。

（3）操作人员应严格按照已确定的参数运行。

（4）每班应对处理后的清水进行 1~2 次取样检测。

（5）操作人员不应擅自启动、关闭污水处理设备或调整运行参数。

（6）对于一般低温可以采取设计措施保护，但在寒冷低温季节一般砂石系统可以停止工作，故对污水处理设备管道等可以采取放空处理，以确保安全。

4.1.2.9　污水处理系统智能化

随着国家对环保要求越来越严格，污水、污泥等污染水处理的有效性、无害化、智能化成为机制砂石污水处理工艺研发的重点，而污水处理过程中投加絮凝剂、助凝剂等药剂用量的智能调节和精准度是一个关键问题。

目前，物料处理过程中投加絮凝剂、助凝剂等药剂用量与物料来料浓度不匹配，使得药剂投加不精准而带来如下问题。投加过少絮凝剂效果不佳、投加过多导致药剂浪费、且固液分离后清水中药剂残留等。

现有的在线监测设备存在着不便于对不同的位置进行检测，不便于配合线路进行防护并移动调节，以及不便于对该设备进行除潮防护的问题。市场上现有的以絮凝后污水浊度或者絮凝后沉降速度作为变量、调加加药泵电机频率执行的变量加药系统，表现为变量参照性低、时效低、精度低、投入成本高。

因此，发明在污水处理过程中利用物料浓度在线监测的设备以及提供絮凝剂、助凝剂等高效智能调节投加药剂的系统来解决上述问题显得非常必要。

某过滤机厂家采用"在线实时检测污水、废水浓度的检测装置""一种絮凝剂、助凝剂高效智能调节投加系统"等新型发明专利技术及设备，多项技术配合来实现物料源头在线实时 1‰ 精度的检测、最快 OS 延迟执行、1% 调节精度的投加以及成本可控等。

高精度智能调节加药系统优势如下：

（1）在线实时监测。该系统实现在线实时浓度检测，测量数据依据性更强，可避免间断检测带来的滞后性。

（2）依据性更可靠，稳定性更高。该系统检测点位于污水源头，区别于取样加药后污水检测，对后续药剂投加更具参考性。

（3）精度高。污水浓度检测精度可在 1‰~5‰，同时输出信号实现对加药动力系统进行实时数据交互控制，对不同浓度污水药剂投加量实现 1% 精度调整。

（4）絮凝效果更好，运行成本更低。该系统在最大限度保证污水有效絮凝的同时将系统运行成本降至最低，药剂使用成本在 0.2~0.3 元/m^3。

4.1.2.10 污水排放监测和控制

砂石加工系统的生产污水一般不含有机物，主要由水、粒度 75~106μm 的石粉和泥组成，往往具有粒径小（某些工程，粒径小于等于 30μm 的含量在 80%~90%）、悬浮浓度高（沉淀池进水口浓度在 6000~90000mg/L）等特点。由于污水处理过程中时常会投加聚丙烯酰胺药剂，虽然聚丙烯酰胺无毒，但是其中少量未聚合的丙烯酰胺具有神经毒性，在处理过程中，如不加以妥善管理，也会对环境产生不良的影响，因此，污水的排放监测和控制就显得尤为重要。

为保护水环境，有效处理砂石加工系统的生产污水，在砂石加工系统建设过程中，应遵循生产污水"零排放"（即所有生产污水无直排、100% 经过处理）的先进理念。砂石系统污水排放处理主要指标是悬浮物（SS）含量，回用水控制指标按《水电工程砂石加工系统设计规范》（NB/T 10488—2021）中附表 F（表 4-1）的规定，悬浮物含量不应超过 100mg/L。

污水如需排放，可参照《污水综合排放标准》（GB 8978—1996）规定：排放污水中的悬浮物（SS）最高允许排放浓度，一级标准为 70mg/L，二级标准为 150mg/L。在有一级排放标准要求的地方，处理后的回用水不能排放。污水排放需实施污水排放的监测：

1. 确定监测项目

一般污染指标的测定，表示污水受污染的总体情况，主要项目有 pH 值、酸度、碱度、色度、悬浮物、化学耗氧量、溶解氧等。

2. 监测频次

对有明显生产周期、污水排放稳定的建设项目，污染物的采样和测试频次一般为 2~3 个周期，每个周期 3~5 次（不应少于执行标准中规定的次数）。

生产周期在 8h 以内，每 1~2h 采一次样；生产周期大于 8h，每 2~4h 采一次样。

3. 污水样品的保存

要求容器材料化学稳定性好，保证水样的各成分在储存期间不发生变化，常用聚乙烯塑料容器储存测定金属和其他无机物的水样，硬质玻璃（即硼硅玻璃）容器用作测定有机物分析项目的储水器。储存水样要用细口容器，且必须配塞。

4. 监测分析方法的选择

监测分析方法：国家标准分析方法；行业标准方法；ISO、EPA、JIS 等国际权威机构的相关分析方法；其他方法。

灵敏度：污染物质的浓度较低选择分析方法，必须是满足污水排放标准确定的量的要求，即选择的分析方法，其检出限值必须远低于规定的标准浓度限值，能对该项目的标准浓度进行准确定量。

选择性：测试的样品中常含有多种组分，选用的分析方法应该对被测组分干扰小；若存在干扰，则采用适当的掩蔽剂或采用预分离的方法予以消除。

稳定性：分析方法的稳定性好，才能保证结果的良好的重复性、再现性和准确度；所用试剂和仪器易于购得，操作方法简单、快速等。

水电工程砂石骨料加工系统的生产过程离不开水，砂石系统所排污水若不做任何处理就直接排放，将会破坏施工区生态环境，并造成河道淤积，河床抬高，同时对下游农业、饮水造成不同程度的影响，并破坏水生生物的生存环境。随着全民环保意识的加强，国家对砂石系统所排污水处理的要求也日益严格，根据《水电工程施工组织设计规范》（NB/T 10491—2021）的要求，砂石加工过程中产生的污水必须经处理达标后才能循环使用或排放。因此，对砂石系统排污水处理、回收利用的工艺研究亟待提升和推广。

表 4-1 砂石加工用水水质标准

项 目	水 质 标 准
pH 值	>4
悬浮物（mg/L）	<100
可溶物（mg/L）	<10000
氯化物（以 Cl^- 计）（mg/L）	<3500
硫酸盐（以 SO_4^{2-} 计）（mg/L）	<2700
注：凡符合国家标准的饮用水均可作为砂石加工用水；未经处理的工业污水和生活污水不得作为砂石加工用水。	

4.2 砂石储运的集成管理

4.2.1 流量计算与仓储管理

4.2.1.1 流量计算

流量计算是计量科学的重要组成部分，它对提升产品质量、提高流量识别率、促进科学技术的发展都具有重要作用。随着工业智能制造的发展，对流量测量的准确性及测量类别要求越来越高，因此，不同类型的流量计相继问世。

通常，流量计按测量原理分类有声学原理流量计、热学原理流量计、力学原理流量计、光学原理流量计、电学原理流量计、原子物理学原理流量计等；按照测量方法和结构分类有浮子流量计、科里奥利质量流量计、差压式流量计、速度式流量计、容积式流量计、热导式质量流量计、明渠流量计、插入式流量计、固体流量计（冲量式、皮带秤、轨道衡）、激光流量计、静电流量计、复合效应流量计、转速表式流量计等；按测量对象分类有封闭管道流量计和明渠流量计；按照测量目的分类有总量流量测量和瞬时流量测量。

流量计一般在砂石生产过程中的成品料产量分析以及装车计量环节应用。选用流量计时，根据机制砂石的行业特点一般选择皮带秤。

通常，皮带秤由称量框架、称重传感器、测速传感器和显示仪表四大部件组成。按承载器分类可分为：称量台式承载器，输送机式承载器；按带速分类可分为：单速皮带秤，变速皮带秤；按称量原理分类可分为：机械式皮带秤和电子式皮带秤。

机械式皮带秤的工作原理是：整机结构由计数器、重力传递系统和速度盘、滚轮组成。速度盘转速与皮带速度成正比，滚轮滚动的角速度与皮带上通过的物料量成正比，滚轮在速度盘上滚动的位置由物料的重力大小来调整。当皮带上没有物料时，滚轮靠近速度盘中心，滚轮转速为零，计数器不再累计；当皮带上有物料通过时，滚轮随着重力变大逐渐向周边移动，并带动计数器记录下皮带上通过的物料总量。

电子皮带秤的工作原理是：计量质量时承重装置将皮带上物料的重力传递到称重传感器上，称重传感器即输出正比于物料重力的电压信号，经放大器放大后将模拟量通过转换器转成数字量 A，发到运算器；物料速度作为输入变量传到速度传感器后，速度传感器即输出脉冲数 B，也发到运算器；运算器对数字量 A 和脉冲数 B 进行运算，得出这一测量周期的物料量。通过对每一测量周期的累加，最终可得到皮带上连续通过的物料总流量。

皮带秤在安装时应注意以下问题：

1. 皮带秤安装处输送机机架要求

（1）秤体安装部位的输送机不能伸缩；（2）整个称重域内托辊和输送机机架应有足够的刚度，以确保域内托辊间的相对挠曲不超过 0.4mm；（3）安装秤体的输送机倾角要小于 18°。

2. 皮带秤安装位置要求

（1）皮带秤应安装在输送机直线段。（2）安装处为输送机的皮带张力和张力变化最小的部位，最好安装在靠近尾部的地点。当将秤体安装在尾部时应距离装料点 5~9m 范围内，同时距离点料板大于 3~5 个托辊间距。（3）当秤体必须安装在凸弧形曲线附近时，应确保装料点和秤之间的皮带在垂直方向不应有弧形，弧形段必须在称量段托辊之外 6m 间距的地方。（4）当秤体必须安装在凹形皮带附近时，则需保证皮带秤安装在输送机直线段并确保整个装料处前后至少有四个托辊与皮带紧密接触。（5）当安装皮带秤的输料皮带上有移动卸料器时，应遵守"（3）"的要求。（6）为保证秤体计量准确，输送机上应只有一个装料点。

3. 皮带秤安装对输送皮带的要求

（1）所有长度超过 12m 的皮带输送机均应加装恒定的张力或是拉紧装置；（2）长度小于 12m 的皮带输送机因易受外部环境影响或输送机上载荷不稳定，也应加装恒定的张力或是拉紧装置；（3）皮带运行在输送机机架的纵向中心，无跑偏现象。

4. 皮带秤安装对输料皮带托辊的要求

（1）托辊的径向跳动、呈拖高度、槽形角的公差需要在国标允许范围内；（2）称量系统选用的托辊和皮带输送机原有的托辊尺寸必须相同，槽形角必须相同；（3）用于输送机皮带中心导向的托辊，可安装在距称重段8个托辊间距的地方。

4.2.1.2 仓储管理

仓储管理是砂石生产流程的末端，在砂石生产管理中占有重要的地位。测量当前骨料存量，是每个砂石企业的管理需要。

以前砂石企业骨料的存储方式主要是露天堆放。这些方式有诸多缺点，如每种成品分堆堆放土地占用面积大、容易发生物理变化，出料入料时由于采用车辆直接散装的形式，容易产生粉尘污染。密封效果差，难以解决粉尘问题，导致工作环境恶劣。

绿色矿山的政策要求，现阶段砂石仓储逐步由露天堆放转向仓式方式储存。采用仓式储存，具有良好的密封效果，不发生物理变化，方便装卸，可以减少对环境的污染。

仓式储存还有一个好处是可以方便地统计成品料的存量。通过在筒仓安装料位计可以方便地检测料仓的料位高度，通过PLC将采集的料位高度传输到生产管理系统，生产部门可以根据料位高度合理安排生产计划。当料仓高度高于安全高度时，可以通过与生产管理系统对接生成报警。另外，料仓的高度信号可以跟企业ERP系统对接，企业管理者可以合理安排销售。

4.2.2 智能化装车与结算

4.2.2.1 智能化装车

随着近些年机制砂石行业的发展，成品砂石的储存方式从之前的料堆的方式堆放逐步发展成为现在流行的筒仓储存，成品砂石的装车方式由之前的装载机的装车方式逐渐发展为散装机的装车方式。

目前，砂石骨料成品料装车存在自动化水平较低，装载精确度低，容易超载、欠载、装载不均匀，作业操作频繁，劳动强度大，效率低下等问题。随着砂石骨料生产企业的规模化发展，同时为了符合环保安全政策的严苛要求，自动化装车系统的设计、改造成了刻不容缓的需求。在此种情况下，远程集中装车系统、无人化装车系统等智能化装车方式成为机制砂石行业成品料装车的发展趋势。

远程集中装车和无人化自动装车是集机械设计、电气控制、视频监控、传感器技术（RFID、激光雷达等）、磅秤系统于一体的可以连续定量装运散装物料的装车系统，在砂石骨料产业中发挥着重要作用。目前已有多种解决方案。

1. 远程集中控制装车系统

远程集中控制装车系统是为了解决矿企装车效率慢、装车工作业环境恶劣、用工成本高的问题而设计的，可以达到为矿企节本降耗的目的。

远程集中控制装车系统主要依靠工业控制、软件技术、视频监控等技术来实现。

远程集中装车的技术主要有：

(1) 装车现场监控信号采集

为了让装车操作员能够比较直观地观察装车现场的情况，需要将装车现场实时的视频信号采集传输到中控室，以辅助装车操作。

通常会在装车现场安装多个摄像头，采集散装机下料口下料画面、装车车辆车斗中成品料的装载画面、装车车辆在散装机下停靠位置等画面信息。装车操作员可以通过观察这些画面信号，判断车辆装车的进度情况，判断装车过程中的异常情况，及时地做出装车控制指令。

在安装摄像头时，避免易晃动的位置，应安装到能够更好观察装车情况的位置。为了达到更好的观察效果，可以适当增加摄像头的安装数量。

(2) 远程装车系统的网络布线规划

在实施远程集中装车方案中，通常使用有线局域网的方式将监控视频信号及控制信号采集传输到中控室，合理地规划网络分层，这样能够提高系统的稳定性。

在装车监控视频系统中，监控画面的质量高低、视频线路数量都会影响网络的传输稳定性，按照监控系统带宽计算标准计算，单路 720p 画面理论最小上行带宽为 512Kbps，下行带宽为 256Kbps。因此，在设计网络规划时，应多考虑使用千兆网络设备（光收发器、交换机、路由器等）。

另外，建议将装车控制信号与监控视频系统网络独立划分开，这样做的好处是，在视频信号流量大时，不至于影响到装车控制的执行。

(3) 传感器及辅助装车系统的使用

为了达到装车过程中有更高稳定性的目的，会在装车系统中增加多种传感器和辅助设备来帮助装车操作员控制装车。

在砂石企业装车中，定量装车已经成为一种必然的需要，为了避免超载、欠载，一些企业通常会在库下安装汽车衡或者在缓冲仓安装地磅传感器等，有些企业还会安装激光雷达等传感器，检测车内砂石装载高度，以达到装车精确控制及自动控制。

在装车过程中，为了让装车操作员更好地和装车司机进行交互，通常还会安装 LED 显示屏、网络语音对讲系统、声光报警器等辅助设备。

(4) PLC 控制系统

PLC 控制是整个远程集中装车系统的核心，所有的控制指令通过 PLC 执行。在实现方案中，装车控制柜与动力柜组成装车设备的控制系统，所有上位机发出的动作指令通过 PLC 驱动设备的电气回路达到控制目的，在一些控制要求精度高的情况下，也会使用到一些变频器等电气设备。

(5) 上位机软件设计

装车系统的上位机软件系统，可以通过 Wincc 装车控制编程实现，也可以通过一些高级语言（C#、Delphi 等）软件实现。相对来讲，Wincc 的灵活性不如高级语言，如果使用高级语言，可以将监控画面和物流发运系统的订单信息集成到装车控制软件中，实现集中控制。

在软件实现中,可以设计一个装车终端通知来控制多个装车车道,在装车终端软件中,灵活切换当前装车的车道。

2. 无人值守方式装车系统

无人值守方式的自动装车系统是在远程集中控装装车系统的进一步发展下,通过增加检测和控制手段实现的。其与远程集中装车方案一样都能解决矿企装车慢、装车操作员工作环境差、用人多的问题。无人化自动装车系统进一步提高了自动化水平,实现了装车全自动化,进一步解放了生产力,可以极大地减少用工成本。

无人值守方式装车系统的主要检测手段是使用激光雷达传感器,来检测车内砂石装载高度,判断是否需要移动位置,故需要选择可靠的激光雷达设备以保证系统稳定。无人值守方式装车系统的实现方式按照车辆是否需要移动,基本上可以分为两种:

(1) 装车车辆移动方式

这种自动化装车的实现,是在装车点上合适位置安装雷达传感器(常为激光雷达),检测车内砂石装载的高度,在装载达到合适高度的时候,提醒司机移动车辆。装车中需要反复几次才能完成装车作业,这种方式,需要司机能够很好地配合装车程序移动车辆。

激光雷达检测车内料位高度,通常是通过雷达扫描车内料堆进行三维数字建模,通过模型算法计算出料堆是否超出车斗高度。结合地磅传感器的地磅读数,可以实现更为均匀的装车控制。

因为这种装车方式需要司机很好地配合移动车辆,受人工参与的不确定因素影响,系统稳定性稍差,因此车辆不移动的方式成为比较受推崇的方式。

(2) 装车车辆不移动方式

装车车辆不用移动一般有两种实现方式:①通过改造装车设备机械结构,让散装机可以在车辆上方移动布料,散装机连接一套布料皮带,筒仓蝶形阀打开后,骨料落入布料皮带上,皮带将骨料输送到移动的散装机下;②通过改造汽车衡,将汽车衡设计成移动式的,车辆停到汽车衡上后,无须再次移动,汽车衡带动车辆移动到合适的装车位置,并根据装车的进度稳步移动。这两种方式有不同的应用场景和成本费用,矿企可以根据自身情况选择适合的方案。

在智能装车系统设计时,另外需要注意装车系统和物料发运系统的集成。在物料发运系统中,根据业务流程的设计,在车辆装车环节需要对发运待装车订单的信息进行核验,以保证订单信息的正确性,防止人为作弊。通常装车系统需要预留系统对接的接口。

4.2.2.2 智能化发运

砂石发运流程是整个矿山企业实现价值的环节,在矿山管理中尤为重要。相较其他矿山管理环节,发运流程环节多而复杂,参与岗位人员多容易发生人为作弊,管理难度大。为此,智能化发运系统建设成为必要。

智能发运系统主要是根据业务的需要，结合先进的思想和技术手段，利用全流程"一卡通"的方法，通过库存管理、计划管理、车辆管理、智能排队、计量管理、预结算管理、监控预警等实现机制砂石厂业务的全流程信息化、智能化的管理。

智能发运系统通常包括销售、称重、装车等环节，按照一个业务的主要流程分为销售下单、一次过磅称重（称皮）、库下装车、二次过磅称重（称毛）、结算缴费扣款等。为了进一步规范发运秩序，提高发运效率，还可以考虑增加进出场管理、排队叫号管理等流程。

智能发运系统以 IC 卡、RFID 电子标签为信息载体，贯穿车辆到厂登记开卡、过磅称重、装卸车、出场等各个环节，发运过程中车辆的智能化管理，可将信息数据上传服务器，实现信息的实时共享。

目前，机制砂石行业的物料发运系统已经很成熟，主要的技术方式是通过"一卡通物流系统 + 过磅计量系统 + 定量装车系统"实现。该方案大致的实现流程如下：

（1）下单开卡

装车司机进场，到销售部（磅房）通过磅房操作员或者自助终端登记装车信息，领取 IC 卡片。也有一些方案实现途径是为客户制长期有效 IC 卡，此方案不需要司机每次领卡，可以在一定程度上加快发运速度。

（2）开车到地磅进行第一次称皮重

司机开车到计量地磅称重，通过识别车辆车牌号或者车辆粘贴的电子标签进行自助式过磅，过磅成功后，车辆皮重自动记录到系统中。为了防止人为作弊，在称重环节，会安装多种检测设备，比如用红外对射来检测车辆是否完全上磅，安装摄像头抓拍过磅时的图片和视频信号。

（3）库下刷卡认证装车

称毛重后，司机开车到成品仓库下，刷卡认证装车，系统为了防止换料装车作弊，一般会检测 IC 卡信息是否合规，只有信息校验通过后，系统才会允许启动装车设备进行装车。

通常，装车时会根据需要开启定量装车，通过汽车衡称量装车的质量，当地磅质量符合定量的设定值时，系统控制装车设备自动停止装车。根据系统设置，允许在一定质量或者次数范围内重新开动装车设备进行补料。

（4）开车到地磅进行第二次称毛重

装车结束后，司机开车到计量地磅进行二次称重，同样可以通过识别车辆车牌号或者车辆粘贴的电子标签进行自助式过磅，过磅成功后，车辆毛重自动记录到系统中。通过两次称重结果，系统自动计算本次发运货物的净重并计算金额。

（5）到营销部（磅房）办理结算

司机将 IC 卡交给磅房操作员（或者通过自助终端办理），IC 卡经过系统的读取，可以查询 IC 登记订单的信息，根据两次过磅的质量计算，系统会根据订单金额进行扣款（或者需要司机缴费）。

办理结算完成后，系统可以打印过磅单作为本次发运的凭证。至此，一个简单的发运流程完成。

如果厂区需要规范发运秩序，提高发运效率，防止厂区装车车辆插队，可以根据管理需要考虑发运排队叫号系统。排队叫号系统通过LED屏看板和语音叫号系统，通知司机进场装车，厂区管理者可以规范司机的进场顺序。一般排队叫号系统可以灵活设置排队规则，对超时车辆施行自动掉队，对VIP车辆提升排队序列等，也可以设置厂内容许进场的车辆，以保证厂内不拥堵。

为了保证发运过程中不发生偷料逃逸情况，可以考虑增加进出场门禁系统。进出场门禁的作用在于在车辆进场时，可以判断车辆是否已经有预约的订单（规则可以灵活设定），非相关业务车辆禁止进场；在车辆离场时，可以判断车辆订单是否已经结算完成，对于未完成结算的车辆，门禁道闸不会抬起，可以有效防止车辆逃逸，避免经济损失。

随着物联网技术、信息技术、线上支付技术的发展，现在智能发运系统充分应用了互联网的优势。一些矿企通过建设线上客商平台，为客户提供在线预约下单的功能，厂区能够根据客户线上下单的信息，合理安排发运计划和生产计划。

在新的模式下，线上订单登记信息，可以到厂区通过二维码进行验证入场、装车，司机无须到厂区办理IC卡等物理媒介，这一方面降低了厂区的管理成本，另一方面极大地提高了厂区的发运速度。

为了能够更好地为客户提供充值和货款支付的服务能力，现在发运系统对接在线支付手段，实现客户线上为账户充值，也可以通过银行卡、微信、支付宝等常见支付手段，支付每笔的货款，减少现金的使用，矿企也可以提高资金的安全性。

未来，随着技术的不断发展，ETC式的发运系统也成为机制砂石行业可能的发展方向。司机可以通过安装特制的ETC终端，实现像高速公路一样的采购便捷，车辆进场、过磅、装车通过ETC终端识别，实现真正的"无人值守"发运。

智能发运系统是砂石企业管理的核心内容，为了能够满足砂石企业的综合管理需要，发运系统也应具备ERP系统的接口功能，实现矿企管理的一体化管控平台。

4.2.3 发料运输的信息化管理和优化调度

砂石的发料运输是供应链管理的重要组成部分，通过信息化管理手段减少物流费用，节省运力，优化调度，缩短运输时间从而降低产品成本，提高服务质量，具有重要意义。

在机制砂石行业，因为供需关系不平衡，供给侧相对占优，在发料运输方面，主要模式为需求方到厂自提货物。但是随着国家经济结构调整，提出"供给侧结构性改革"，机制砂石行业预测也会逐步发展成为"厂区内物流发货+厂外物流配送"的模式。

智能物流系统包含厂区内部、外部物流管理智能系统。厂区内部智慧物流借助工业物联网、机联网技术，通过车牌识别、红外定位、视频监控、地感线圈、自助一体机、智慧门岗、无人磅房、无人装车、自助打印小票等智能化设备系统，通过采集工业 PLC 设备、散装系统上位机、道闸、发卡终端等相关智能设备实现厂内物流信息采集的全自动化管理；通过物联网，调度室集中监控远程操作，防止人为漏洞的发生，减少企业人员，降低管理成本，杜绝舞弊行为，加强货主跟踪，提高工作效率，降低人员操作强度，增强管理力度；通过进厂排队调度与装货排队调度、大屏幕和语音指挥，引导车辆有序进厂及装卸货，提高站台、料场装卸效率；精细化数据助力提升企业的整体管控能力，实现企业核心竞争力与管理水平的双重提升。实现销售物资发货、物资采购到货、司机自助过磅、装车全程无人值守，极大提升厂内物流流转速度，降低物流成本。运用大数据技术加强信息交互及处理能力，在工厂内部各业务环节实现全过程无人值守业务模式、采集各智能设备数据并进行深入分析。

厂区外部物流配送主要综合利用 GIS（地理信息技术）、北斗/GPS 定位技术、移动通信技术、物联网技术，实现对运输车辆运输全过程的分析，对运输过程车辆进行动态轨迹跟踪，实现偏离路线自动报警、车辆停留时间智能提醒、车速检测反馈等。车辆到达现场后根据轨迹定位，针对卸货地点进行监控预警，回程车辆可以利用平台实现最近货源的智能匹配，回程线路的自动规划，司机通过平台可以合理安排回程货源，从而提高运输效率，降低运输成本。

通过订单、运输、GIS、人员等大数据分析建模，建立网络化物流运输模型，基于车辆的定位信息，通过算法模型合理地调度运输车辆，以提高运输配送的效率，降低运输成本，提升砂石企业的行业竞争力。

为贯彻落实国务院关于促进平台经济规范健康发展的决策部署，规范网络平台道路货物运输经营，维护道路货物运输市场秩序，促进物流业降本增效，交通运输部于 2017 年 1 月 1 日开启无车承运人试点工作，并于 2019 年 12 月 31 日结束。从 2020 年 1 月 1 日起，经营者可按照《网络平台道路货物运输经营管理暂行办法》申请经营许可，依法依规从事网络货运经营。

网络货运平台运用互联网改造传统货运业，重构资源共享、合作共赢、可持续发展的产业生态圈；促进人员、货源、车源等信息高效匹配，有效降低货车空驶率，提高配送效率。

鉴于网络货运的运输新业态及行业发展方向，其必将在今后的货运业务中占据更大的比重。对于机制砂石行业来说，砂石企业可以考虑在网络货运平台上进行砂石发料配送，降低自建发料配送信息化系统的成本。

5 机制砂石智能工厂管理系统

5.1 机制砂石智能工厂的时代背景

矿山资源是支撑工业生产与人们生活的重要资源,对促进社会发展具有重要作用,如何对矿产资源进行合理的开发与利用,实现矿山开采的可持续发展,成为很多矿山企业关注的焦点。机制砂石智能工厂是工业互联网、技术、智能信息处理技术以及数据处理技术高度集成的一种智能化矿山生产管理模式,其是矿山科技创新的方向,是实现矿山可持续发展的重要支撑。随着我国工业基础的智能化深入发展和新一代信息技术的不断提升,机制砂石智能工厂建设将会更加普及,为我国矿山生产提供更大助力。当前我国机制砂石智能工厂建设取得了一定的成绩,但仍存在新技术引入缺乏、生产环节复杂、智能化程度不高带来的应用接受度低、效益不显著等问题,制约了我国机制砂石智能工厂建设的推进步伐。

在机制砂石智能工厂建设方面,以德国"工业4.0"和美国"再工业化"为代表,各国纷纷推出了各自的先进制造业转型升级计划,以"互联网 +"为核心技术,通过"互联网 + 传统行业"的模式提升传统产业的竞争力,带动产业转型升级,以期抢占未来机制砂石行业和科技竞争的制高点。机制砂石企业为了降低成本、提高效益、争夺生存空间,必须充分有效地利用企业的各种资源,发挥最大效能。但是,矿山所涉及的众多设备,特别是矿山机械等重型机械的生产自动化、智能化程度仍然很低,亟待发展;在国家政策支持和技术创新驱动下,我国矿山领域的智能化建设不断推进。目前国内一些大型矿山已基本建成了安全监测监控、自动化控制、通信联络等多种系统,以及覆盖矿山主要生产环节的通信传输网络、基础信息系统,并取得了一定的经济和社会效益,但由于行业总体发展水平参差不齐,我国机制砂石智能工厂仍处于智能化建设的发展阶段。

国家将以更大的力度支持工业互联网、人工智能、大数据与实体经济制造业深度融合,加快推进机制砂石智能工厂建设,推动我国矿业产业创新能力、质量效益提升,实现机制砂石行业安全、高效、经济、绿色与可持续发展。在国家政策的大力支持下,未来十年我国机制砂石智能工厂将迎来全面发展。

智能矿山开采的核心是利用矿山物联网技术以及矿山大数据分析技术，实现矿山生产管理的网络化、远程化、遥控化乃至无人化，采矿作业环节实现智能化，选矿过程实现自动化乃至智能化，运输调度实现无缝化，从而提高资产利用率、经营效率和生产力，最终实现科学、智能、高效、节约、安全的矿山开采新模式。

5.2 机制砂石智能工厂系统架构

5.2.1 机制砂石智能工厂系统框架结构

当前机制砂石智能工厂采用一种基于工业互联网平台的三层框架结构。泛在感知层通过对矿山生产设备进行智能化改造和成套智能装备的应用，实现对生产信息的智能感知及作业智能化功能的执行；网络层利用广泛分布在矿山厂矿车间的信息采集传输系统，实现泛在互联互通；应用层通过采用微服务、容器技术等新的软件架构模式，升级开发矿山数据服务与应用服务工业互联网平台，支撑矿山企业运营管理和决策分析。实现机制砂石智能工厂的智能化生产管理，包括生产过程的智能化控制、生产的精细化管理、智能装车（船）调度、矿山生产的模拟仿真等，也包括远程运维等智能服务。

本项目通过各项关键技术研究，实现了机制砂石智能工厂的生产装备智能化升级，实现了整体生产线的智能协同控制及运行优化，生产智能化管理，以及开发矿山数据服务与应用服务工业互联网平台，支撑矿山企业运营管理和决策分析，如图 5-1 所示。

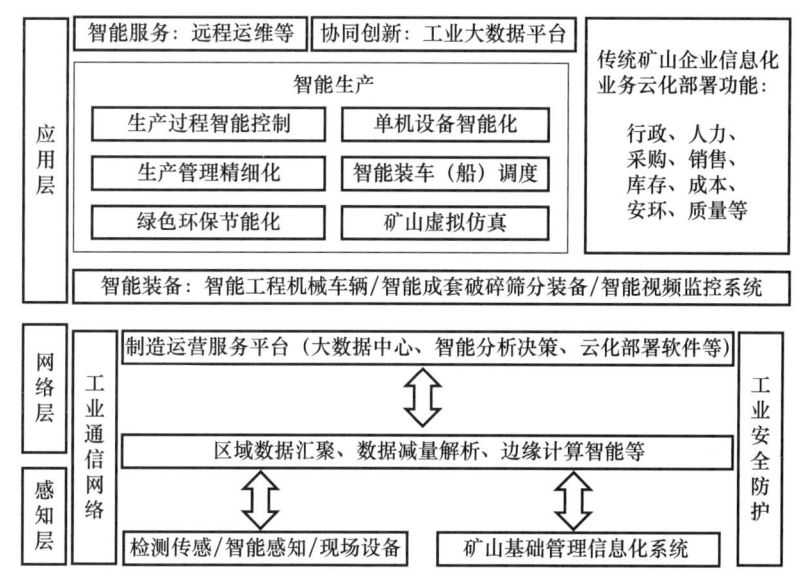

图 5-1 机制砂石智能工厂系统架构

5.2.2 机制砂石智能工厂系统技术架构

基于物联网的矿山生产线智能监控系统利用感知采集设备对矿山生产线内设备、车辆、人员、环境等对象进行数据采集，通过物联网网关将数据传输至数据处理平台进行信息数据处理，使用矿山生产线云平台实现监控管理、统计分析、智能服务等矿山生产线的综合管控。

基于物联网的机制砂石智能工厂系统技术架构如图 5-2 所示，其包括目标对象、感知采集设备、生产线监控管理单元、物联网网关、现场控制单元、矿山产线云平台以及终端设备。

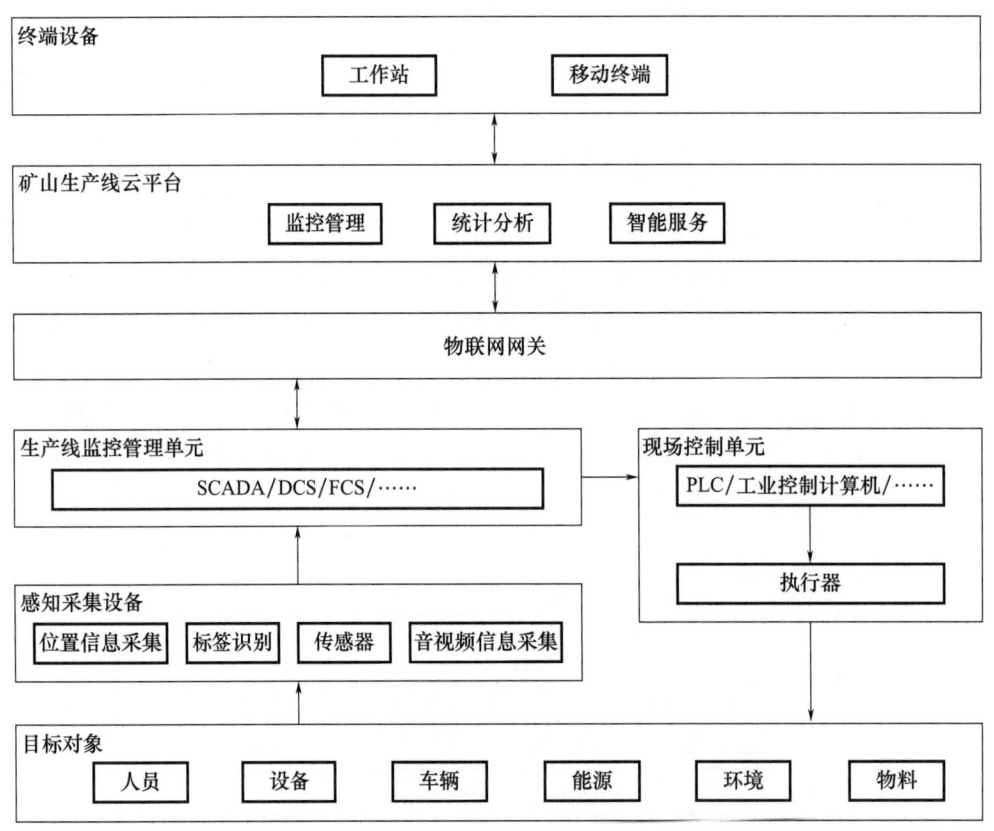

图 5-2 基于物联网的机制砂石智能工厂系统技术架构

1. 目标对象

目标对象包括人员、设备、车辆、能源、环境、物料等对象。

2. 感知采集设备

感知采集设备包括各种位置信息采集、标签识别、传感器、音视频信息采集等采集元件。通过监测目标对象的各类数据，实现对人员、设备、车辆、能源、环境、物料等目标对象的监测，上传位置数据、标签识别数据、设备数据、音视频数据等感知数据至物联网网关。

3. 产线监控管理单元

产线监控管理单元包括 SCADA、DCS、FCS 等现场自动化监控管理系统，根据感知采集设备上传的数据，可直接下发控制命令至现场控制单元进行反馈控制，也可通过物联网网关接收矿山生产线云平台下发的控制命令，实现设备联动控制、车辆优化调度、人员安全预警等功能。

4. 物联网网关

实时接收产线监控管理单元上传的数据，并具备区域数据汇聚、数据协议适配、数据语义解析、数据封包及转发等功能。数据经物联网网关传输至矿山生产线云平台。

5. 现场控制单元

通过 PLC/工业控制计算机等控制执行器完成对控制对象的控制功能。

6. 矿山生产线云平台

矿山生产线云平台包含公有云及私有云，可布置于本地服务器或云服务器，提供监控管理、统计分析、智能服务等功能。

7. 终端设备

面向不同的用户群体提供不同的终端实体，包括工作站及移动终端。

5.2.3 机制砂石智能工厂系统功能架构

基于物联网的机制砂石智能工厂系统功能结构包括目标对象域、感知控制域、服务提供域、运维管控域、资源交换域和用户域，如图5-3所示。

各个域说明如下：

（1）目标对象域。包括感知对象和控制对象。感知对象是矿山产线智能监控系统期望获取的矿山生产过程中涉及的各类对象信息，包括但不限于人员、车辆、能源、设备、环境、物料。控制对象是接受矿山生产线智能监控系统控制的实现矿山生产的各类生产设备，包括但不限于采掘设备、破碎设备、筛选设备、安全设备、运输设备、环保设备和装载设备。

（2）感知控制域。通过感知采集设备及产线监控管理单元实现对矿山生产线的设备、车辆、人员、环境的感知和控制。其主要功能包括监控反馈控制、主机及辅机状态监控、车辆状态监测及调度、人员定位及危险预警、环境参量监测及环保设备控制等功能，数据传输链路涵盖本地通信、远程通信及与通信服务器的数据交互。

（3）服务提供域。实现矿山生产线智能监控系统的基础业务和应用业务功能。

（4）资源交换域。应具备矿山生产线物联网系统与外部系统之间信息资源的共享与交换功能，实现用户域、运维管控域、服务提供域、感知控制域的内联性和软件硬件系统的实体交互。

（5）运维管控域。具备对矿山生产线智能监控系统自身的监控和管理能力，运维管控域的功能包括但不限于矿山法规管控、维护保养、运行管理、接入权限管理、系统安全管理。

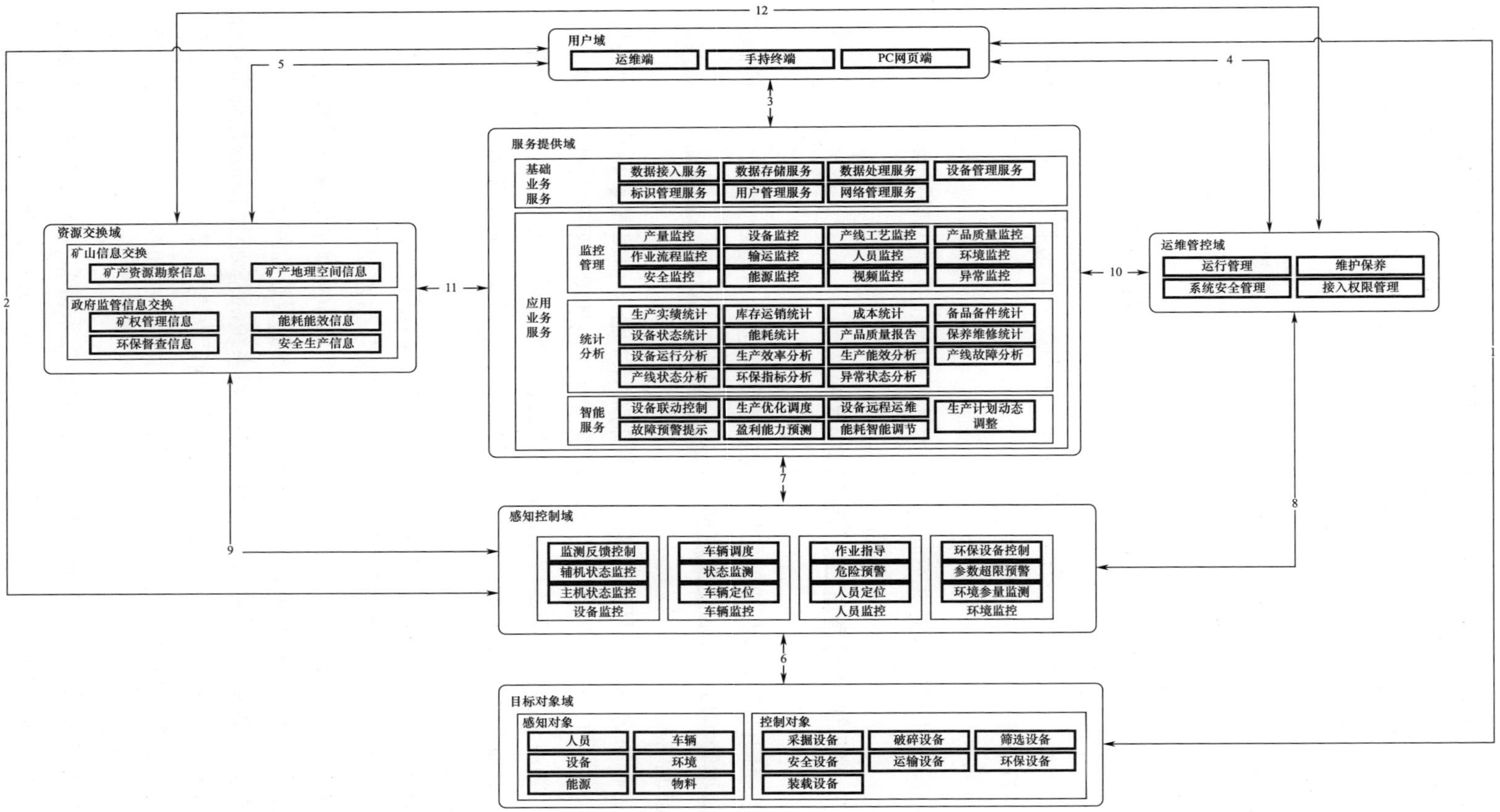

图 5-3 基于物联网的机制砂石智能工厂系统功能架构

（6）用户域。提供包括工作站及移动终端的服务功能。

图 5-3 中各域之间的关联关系及关联属性见表 5-1 所示。

表 5-1　各域之间的关联关系及关联属性

序号	域名称	域名称	关联关系描述	关联关系属性
1	用户域	目标对象域	用户域中的工作站及移动终端与目标对象域中的感知对象、控制对象之间特定的感知或控制需求关系	逻辑关联
2	用户域	感知控制域	用户域中的工作站及移动终端通过本关联实现与感知控制域中的设备监控、车辆监控、人员监控、环境监控、物联网网关、矿山生产线通信服务器等软硬件系统的管理和服务信息交互	通信连接
3	用户域	服务提供域	用户域中的工作站及移动终端通过本关联实现与服务提供域中矿山产线基础业务服务、监控管理、统计分析、智能服务之间的服务信息交互	通信连接
4	用户域	运维管控域	用户域中的工作站及移动终端通过本关联实现与运维管控域中矿山法规管控、维护保养、运行管理、接入权限管理、系统安全管理之间的运维管理信息的交互	通信连接
5	用户域	资源交换域	用户域中的工作站及移动终端通过本关联实现与资源交换域中矿山信息交换、政府监管信息交换等之间的服务和交易信息交互	通信连接
6	目标对象域	感知控制域	一方面，感知控制域中设备监控、车辆监控、人员监控、环境监控中的传感单元通过本关联实现对目标对象域中感知对象（人员、车辆、设备、环境、能源、物料）信息的信号采集；另一方面，感知控制域中设备监控、车辆监控、人员监控、环境监控中的控制单元通过本关联实现对目标对象域中控制对象（采掘设备、破碎设备、筛选设备、安全设备、运输设备、环保设备、装载设备）的控制	逻辑关联、通信连接
7	感知控制域	服务提供域	一方面，感知控制域中设备监控、车辆监控、人员监控、环境监控通过对目标对象域中感知对象（人员、车辆、设备、环境、能源、物料）信息的采集，经生产线监控管理单元及物联网网关将采集到的矿山生产线信息上传至服务提供域；另一方面，服务提供域下发的控制信息经物联网网关转发至生产线监控管理单元实现对目标对象域中控制对象（采掘设备、破碎设备、筛选设备、安全设备、运输设备、环保设备、装载设备）的控制	通信连接
8	感知控制域	运维管控域	运维管控域中的矿山法规管控、维护保养、运行管理、接入权限管理、系统安全管理等系统通过本关联实现与感知控制域中设备监控、车辆监控、人员监控、环境监控、物联网网关等之间的检测、维护和管理信息交互	通信连接
9	感知控制域	资源交换域	感知控制域中设备监控、车辆监控、人员监控、环境监控、物联网网关等通过本关联实现与资源交换域中矿山信息交换、政府监管信息交换等之间的信息交互与共享	通信连接
10	服务提供域	运维管控域	运维管控域中的矿山法规管控、维护保养、运行管理、接入权限管理、系统安全管理等通过本关联实现与服务提供域中的矿山生产线基础业务服务、监控管理、统计分析、智能服务之间的检测、维护和管理信息交互	通信连接

续表

序号	域名称	域名称	关联关系描述	关联关系属性
11	服务提供域	资源交换域	服务提供域中的矿山生产线基础业务服务、监控管理、统计分析、智能服务通过本关联实现与资源交换域中的矿山信息交换、政府监管信息交换等模块之间的信息交互与共享	通信连接
12	运维管控域	资源交换域	运维管控域中的矿山法规管控、维护保养、运行管理、接入权限管理、系统安全管理等系统通过本关联实现对资源交换域中的矿山信息交换、政府监管信息交换等系统之间的检测、维护和管理信息交互	通信连接

5.3 机制砂石智能工厂的数字化基础建设

机制砂石智能工厂管理系统的基础是整个工厂的数字化基础建设，结合机制砂石矿山的生产工艺流程，需要应用自动控制、智能感知等技术对凿岩台车、铲运机、卡车、破碎机、振动筛、制砂机等破碎筛分工业设备及其他基础设施进行数字化改造，完善工业网络及信息安全建设，通过机制砂石矿山生产设备的自动化、集成化、智能化改造替代人工操作，以设备改造提升实现节能减排、减员增效，提高劳动生产率和资源综合利用率。

1. 智能感知设备

机制砂石矿山企业应当部署环境感知终端、智能传感器、智能摄像机、无线通信终端、无线定位终端等数字化工具和设备，融合图像识别、射频识别、电磁感应等关键技术，实现矿山环境数据、采矿装备状态信息、破碎筛分生产线工况参数、砂石料型检验数据、移动巡检数据等生产数据的全面采集，实时感知生产过程和关键装备运行数据和状态。

各类智能仪器仪表包括：

通用仪器仪表：无线通信基站、移动通信终端、智能摄像机、实时定位系统等。

破碎筛分仪器仪表：电流传感器、电压传感器、温度传感器、油压传感器、振动传感器、气体传感器、三维激光扫描仪、卫星测量仪、雷达遥感测量仪、无人机航测系统等。

2. 智能机械装备

机制砂石矿山生产劳动作业强度大、作业环境恶劣（高温、多粉尘、噪声大等）、人员安全风险大的凿岩、装药、支护、铲装、运输等岗位，一般矿山应用智能凿岩台车、智能铲运机、智能卡车、智能装药车等具备自主行驶与自主作业功能的智能化采矿装备进行凿岩、装药、支护、铲装、运输等作业，同时在破碎筛分生产线中，采用智能破碎筛分设备，自动化提交自身工作状态数据，可在控制中心进行设备状态监测和管理，避免现场过多工作人员实时监测破碎筛分设备，从而降低人员劳动强度，提高生产安全性、质量稳定性和生产效率。

3. 矿山基础管理信息化设施建设

矿山基础管理信息化设施与系统，主要包括基于工业互联网的矿山数据通信网络、工业网络安全系统、矿山多媒体调度通信系统、数据中心、ERP、CRM 等基础管理信息化系统等。机制砂石生产企业需要整体规划部署机制砂石矿山控制网、生产管理网、办公系统网、监控网等网络，采用工业以太网、无线通信等技术实现生产实时数据、多媒体信息和管理数据等的传输交互，但要优先保障生产控制网的通信畅通与冗余安全，实现主要生产区域、开采区域、装车/船调度区域、门禁管理区等重点区域的网络全覆盖。

矿山基础管理信息化设施与系统部分，主要通过每种设备都加装有相应的信息采集系统，信息采集系统主要由加装在矿山生产设备检测点上的传感器和加装在机体上的设备信息采集终端组成，并结合工业互联网基础设施，建成基于工业互联网矿山数据的通信网络，并建立由物联网精细破碎成套装备数据中心、智能化数据处理系统与物联网智能化监控云服务组成的物联网智能化监控服务平台。

机制砂石生产企业搭建矿山物联网平台，提升网络的布局布点与覆盖范围，实现矿山生产区域内无障碍通信，满足大批量人员与设备精确定位、矿山生产工作人员和移动设备实时控制、大批量实时工业数据的采集与传输等要求。

对工业网络进行改造，有条件的机制砂石矿山需开展 IPv6、5G、NB-IoT 等新型技术的规模化试验和应用部署，采用 Mesh 网络、Ad-hoc 网络等技术实现全部移动装备和作业人员的无缝信息交互。鼓励矿山配备高系统容量、高传输速率、多容错机制、低延时的高性能网络设备，采用分布式工业控制网络，建设基于软件定义的敏捷网络，实现网络资源优化配置。如基于 5G 网络低时延、大带宽的优势，利用 ADAS 技术，开展矿山无人驾驶系统建设与应用，减少现场作业人员，实现安全、无人或少人生产，支持企业降本增效。

4. 矿山信息安全

对于机制砂石生产企业，也应当按照国家智能工厂信息安全等保二级及以上的规范要求进行同步规划，构建一个中心管理下的多重安全防护保障体系，即以安全管理中心为核心，涵盖物理环境安全、应用系统安全、网络安全、数据安全、应用安全、主机安全、网络通信安全及备份与恢复等的技术体系。

针对机制砂石生产企业的工业控制网安全及安全管理系统平台等方面，特别要重视工业控制网安全防护建设。通过信息安全体系实现统一管控，形成主动防御、综合防护的技术保障体系，提高信息安全风险感知能力和防控能力。

5.4 机制砂石智能工厂管理系统主要内容

基于上述技术架构和数字化基础建设，结合矿山的特点及当前技术发展的阶段，梳理出机制砂石数字化矿山建设的几个重点方向的内容，机制砂石生产管理系统以机制砂石生产过程数据采集为基础，通过对工厂级、车间级计划调度、生产过程管理、质量控制与管理、设备运行过程管理、实时库存管理、生产任务与物料追踪、生产过程监控的一体化管理，使计划、生产、调度、资源分配更加科学、准确，提高各部门、各系统间的协调指挥能力，保障生产的连续性、可控性，使生产过程数字化、透明化，实现资源调度优化、产品质量全过程分析与跟踪，实现生产设备与上层管理之间的集成、生产现场生产数据资源的统一管理、使用和分析，达到对整个生产执行过程进行有效安排、调度、控制、优化和过程改进，推动生产管理的科学化。

机制砂石智能工厂管理系统包括机制砂石生产过程智能化管理、矿山生产调度智能管理系统、矿山工厂制造运营服务平台、矿山工厂环保及能源管理系统、矿山工厂智能装车装船控制及调度管理系统、矿山工厂智能装车装船控制及调度管理系统、矿山工厂矿区安全管理与防控管理系统等。

1. 机制砂石制造过程智能化管理系统

（1）机制砂石生产装备智能化改造。通过在整条矿山生产线关键主、辅机设备上设计、加装传感探测装置，将智能化监控模块、通信模块、核心控制模块及一体化嵌入式监控设备配置到自研生产线控制数控服务器内，对整条生产线实施集中自动控制，通过设备运行数据的实时分析，结合智能化控制系统，对矿山生产成套装备的投料机构、排料机构、破碎腔体、齿轮传动方式、液压及润滑系统、旋转部件、调整机构等组成单元进行适配的智能化功能创新设计，实现矿山生产成套装备的智能化生产运行和控制。

（2）机制砂石生产装备在线监控系统。机制砂石智能工厂设备在线监控包括监测生产线中各种矿山生产线如开采、破碎、筛选、运输设备的电气、润滑、液压等运行参数，实时监测、迅速传递和处理生产线中生产信息、设备信息，为设备提供全方位智能化监控，实现装备故障预警报警及设备性能评估优化等，也可以评估设备健康状况，进行易损件监测，实现设备智能化远程运维。

系统通过自动化控制系统实时采集记录设备的启停事件、报警记录，在设备故障时可在系统中填写故障类型和原因，系统通过对这些数据的统计，提供系统运行状态报表和分析图表，详细展现系统的运行台时、停机时长、故障时长、开机率、故障率，帮助生产管理人员实时监控和分析设备状态，提升设备管理水平。

系统支持通过表格、饼状图、曲线图、棒图、柱状图等多样、多维度地呈现设备运行统计分析结果，直观呈现设备运行过程中的状态分布情况、设备的作业率、故障率，实现设备运行管理。

（3）机制砂石生产协同运行系统。系统通过装备运行状态信息获取，实现生产线一键启停，装备负荷智能协同，生产模式自主决策，联动控制精准执行，也可以根据生产订单、客户需求实时排程，形成智能化柔性生产线。生产线也可完全由系统完成正常情况下的循环运行控制、异常情况下的故障预警及连锁保护、紧急情况下的系统制动及故障报警，保证系统的安全生产和经济运行。

通过系统联动、负荷优化、故障诊断、报警联动、设备状态监测、磨损监测、产品在线监测等功能实现智能化生产。通过设备运行数据的实时分析，结合智能化控制系统,在动力系统、液压及润滑系统、旋转部件、调整机构等组成单元形成适配的智能化创新设计,在设备和生产线组成及运行机理上实现智能化。

(4)机制砂石母料及成品计量系统。通过车牌识别摄像抓拍、显示屏、语音提示播报、串口网络通信转换,与计量数据融合分析,实现母料自动值守收料过磅。通过信息化代替人工操作误差及人为作弊的情况,辅助企业进行统计管理和数据分析。

2. 矿山生产调度智能管理系统

矿山生产调度智能管理系统包括生产计划执行、生产线状态分析、成本分析管理等。依照计划调整生产线生产方案和安排生产排班,实施准确对生产部进行管理和调配。分析生产线整体的综合运行状态信息,形成当天整体运行情况、生产线产量分析、预警报警等;形成生产成本分析,提升对加工系统的生产成本管控水平。

(1)生产计划。生产计划是全厂的重要作业参考、考核依据,一切生产活动均由生产计划推动执行,生产计划模块根据企业制订的采矿、生产年度生产计划,生成采矿、生产各月生产计划及日生产计划,提供人工录入及增、删、改、查、审核、确认、生效使能、锁定计划、模板、版本控制、打印、导出等维护功能。

(2)调度管理。系统自动采集生产作业数据,为调度管理、报表统计、数据分析提供源数据。系统通过数据采集功能,可对采矿系统中的采掘、爆破、运输以及生产过程中的破碎、筛分等生产环节的关键生产数据以及设备运转、能源消耗、母料和成品料计量等据进行自动采集,如果存在无法自动采集的数据,如质检化验数据,系统提供人工录入页面,则由人工填报数据,以保证系统内数据的完整性。

通过生产数据记录和调度工作的记录,形成当天的生产报表,包含当日采掘量、母料计量数据、生产成品料计量数据、销售数据等,根据企业实际情况可提供各级生产报表、电等能源消耗表、设备作业率报表、计量统计表、库存储量等,反映公司整体的生产运营状况。

通过系统自动及时地对生产过程数据进行统计分析,通过调度管理模块实现生产的总调度,科学调整生产班次和进度,从而大大提高管理人员的工作效率,为企业生产管理者进行决策提供可靠依据,进而提高企业整体经营效益。

(3)统计报表管理。统计报表管理模块运用统计技术对生产过程的各项质量指标、过程参数进行统计分析,及时发现异常问题,帮助现场操作和管理人员及早采取纠正和预防措施,从而稳定和提升产品质量。

系统将基础数据进行自动计算,汇总生成报表,减少了人工统计工作,避免了人工计算过程中出现的错误。

综合统计模块根据控制中心、检验计量中心各岗位在系统中录入、采集的数据,自动生成关于生产指标、设备指标、能源指标的日报、月报、年报等,便于管理人员的查询与导出。

(4)质量管理。质量管理模块通过与条形码技术的集合,将原矿样、班样、快样、销售样的检验流程通过系统进行固化。营销中心、采矿中心、选矿中心对于销售样、原矿样、班样首先在系统中提交检验申请单并通过系统将单据信息打印出条码粘贴到样品袋上。样品送到计量检验中心或砂石检验实验室后，制样人员扫描样品袋上的条形码后系统显示其单据信息。制样人员将制样结果通过系统进行输入。制样完成后，化验人员扫描样品袋上的条形码后，系统显示其单据信息。化验人员将化验结果通过系统进行输入。

当砂石骨料在线监测技术和设备成熟后，会引入在线监测，实时将生产的砂石骨料在线监测结果采集到质量数据库中，并根据检测结果进行预警、汇总等操作，提醒现场管理人员适时调整生产设备参数，以达到保证砂石料型、级配等质量参数的目的。

3. 矿山工厂制造运营服务平台

基于远程监控与数据中心，提供可视化分析决策支撑平台。面向平方千米级的矿山全作业生产线及设备，以数据可视化分析交互为基础，为客户呈现直观的数据信息并为更好的分析预测和辅助决策提供支撑。提供设备在线监控、矿山生产管理、环保及能源管理、生产运营管控及运维计划等全方位服务，同时实现生产线运行数据的深度挖掘和利用。

4. 矿山工厂环保及能源管理系统

将生产设备生产和能耗过程数据与环保设备投运率、治理效率等进行联动反馈，综合评估生产及环保设备运行效能，为矿山环境精准治理、节能减排提供依据。智能环保除尘监控对生产环境进行监测，及时启动环保抑尘等装备，实现绿色无污染生产。

5. 矿山工厂智能装车装船控制及调度管理系统

实现装车装船作业流程管控和计划方案生成，装车装船移位智能调度、仓库库存监测、销售记录查询等功能，支持装车装船数据与企业 ERP 系统对接。通过车辆船舶管理调度平台，物流车辆船舶信息共享平台，形成工作效率评估。

6. 矿山工厂矿区安全管理与防控管理系统

（1）矿区安全管理模块。安全管理信息化建设主要包括矿山人员管理系统、矿山装备碰撞预警系统、矿山安全监测及避险系统等建设，并融合矿区"生产管理＋疫情防控"场景，通过人证比对访客登记对重点人员精准防控统一管理。利用电动挡车器、车牌识别单元等做整合，识别和管理出入口的车辆，根据外来车、人的来源判别，进行分区处理。

（2）矿山工厂智能视频监控模块。实现全线生产活动现场智能视频监控网络的覆盖，支持现场监控大屏、现场终端等多终端查看，不受地理区域限制，报警信息与安全生产系统、智能过程控制系统实现集成联动。

5.5 绿色智慧矿山及粗碎车间智能化生产管理技术

5.5.1 绿色智慧矿山

5.5.1.1 绿色矿山矿石量化均质搭配智能控制

砂石系统进料粒级分布情况及含水率，对系统破碎效率、粒形及粒级、筛分效率均有较大影响。粒级、含水量波动，均会导致砂石系统生产能力下降、产品质量不佳、控尘效果差等问题的出现。矿山矿石由于受地质地貌、开采工艺、气候环境、堆存时间等诸多因素影响，矿石质量波动较大。因此，矿石均质化调控工艺技术对砂石系统绿色优质制备关系重大。

矿山矿石的均质化处置方法，主要是将存在差异的不同矿石进行分类规划，生产过程中按比例调度运输至砂石系统粗碎车间，在粗碎车间搭配进料，经过破碎、输送、堆存等工序，使其逐步实现均质。分类统筹，通过地质详勘资料及开采设计方案等技术文件，分析矿山矿石存在的岩性、含水含泥量、爆破参数差异，并通过三维模型推演矿山开采过程。初步判定存在差异的部位及数量，计算各阶段搭配各开采区域调配比例，从而实现矿山整体分类统筹、按均质化规划开采区域及时序。矿石均质化调度遵循搭配平衡、空间合理、时序恰当的基本原则规划。在统筹考虑料源均质化搭配平衡的同时，应兼顾开采布局及时序安排的合理性，以此建立矿山均质开采三维数据模型。矿山岩性差异对于生产爆破及成型开挖存在一定影响，故开采爆破参数应通过爆破试验确定，最终获得理想的爆破粒径粒级。

根据矿山的地质结构和地质勘测取证，确定矿脉走向、仰角、地质运动产生的断层、皱褶发生变化情况，在计算机上建立矿山矿层地质三维模型，根据地质料源制订开采方案。对于无用料区域进行红线划分，尽量不要开采。在生产过程中，利用计算机将矿山开采区域、开采方式、使用机具、开采方案调整等录入矿山数据库，实现采用矿山摄像头、无人摄像和 GPS 卫星定位系统等，根据料源搭配规划进行矿山资源配置。矿山料源一般分为 5 种，根据 5 种不同料源配置（设为 A、B、C、D、E 类），在矿山的地磅入口处设置进口门禁系统，根据矿山料源配置比例，如果料源是 A、B、C 类，配置比例是 1∶1∶1，三种料各占 1 车；料源是 B、C、D 类，配置比例是 1∶1∶2，三种源料是 B 类 1 车、C 类 1 车、D 类 2 车；料源是 C、D、E 类，配置比例是 1∶2∶3，三种源料是 B 类 1 车、C 类 1 车、D 类 2 车。根据数字矿山系统、智能运输监控系统与智能识别系统相结合，通过对矿山的运输车辆行程轨迹定位，通过每辆车在矿山装料的部位和矿山三维数字模型进行智能比对，确定所运输的物料属于哪种区域的原料。在运输过程中，通过矿山摄像头的识别系统对运输车辆的矿石质量进行复核。如果两者质量相同，通道上对应的智能门禁系统自开启；如果不同，则需将车辆返回并引导到与指令相同的通道，才能继续执行下一道指令；如果两者差异较大，则需人工复核，对矿山变化超出设计规定范围的，对数据进行修正，从而实现精准控制。门禁系统根据来料类别，自动识别车辆装的源料，根据识别情况，通知装错车的驾驶员返回前一级车辆，重新排队，接受自动调度车辆命令，重新发车。符合比例配置要求的，门禁系统根据来料情况，自动打开装载骨料车到几号生产线，并且系统数据通过光纤线缆自动传输到中控室 DCS 控制系统上，为下一步粗碎车间生产提供可靠源料质量保证。矿石量化均质搭配智能控制流程如图 5-4 所示。矿石量化均质搭配智能控制逻辑如图 5-5 所示。

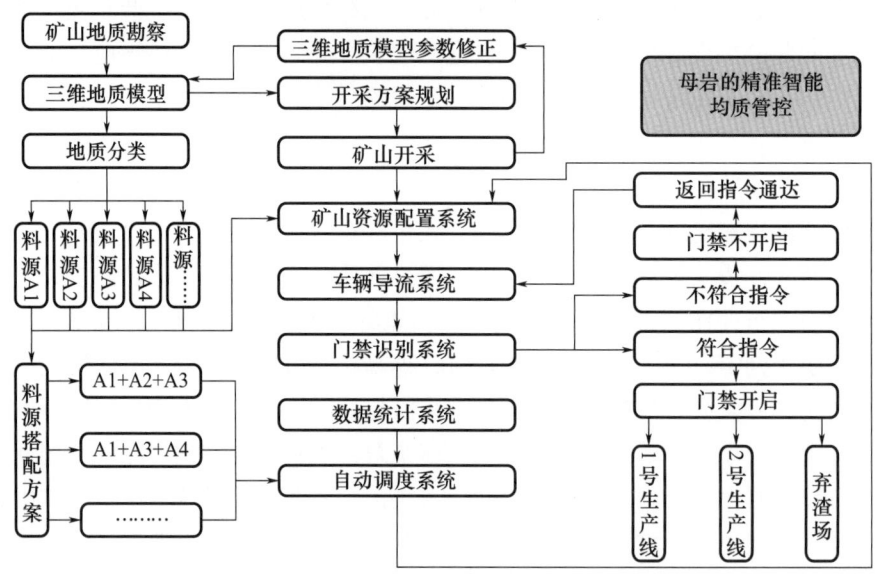

图 5-4　矿石量化均质搭配智能控制流程图

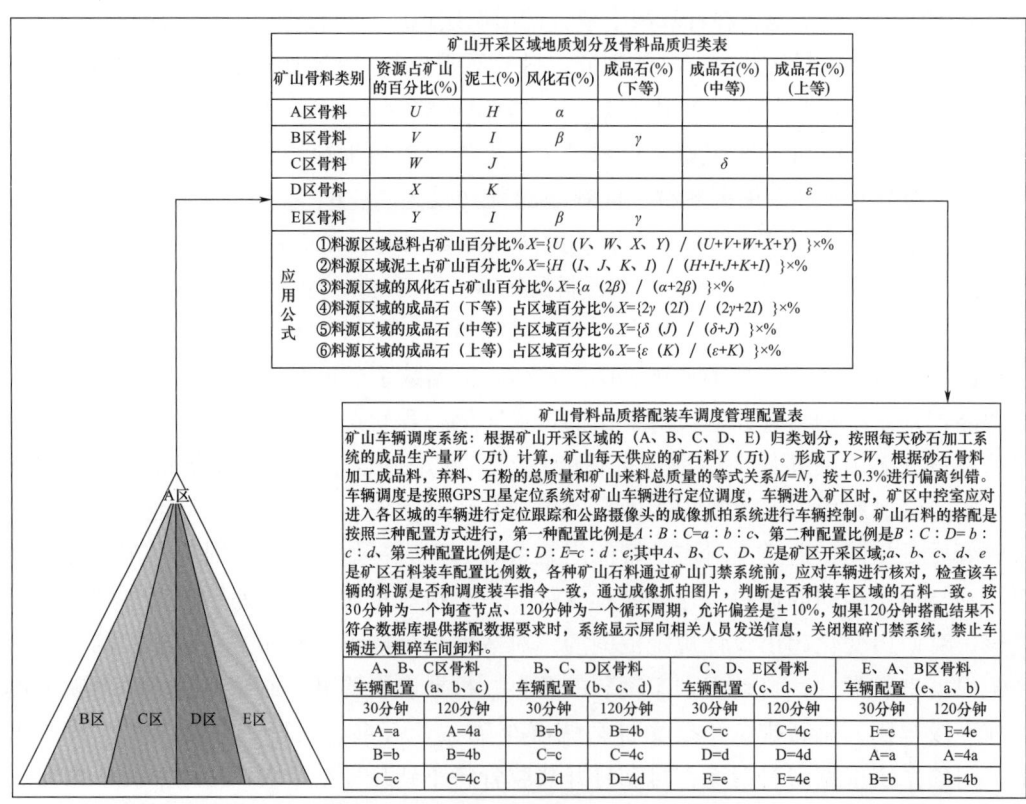

图 5-5　矿石量化均质搭配智能控制逻辑图

5.5.1.2　绿色矿山环保智能控制技术

露天矿山开采区域上风口矿界、下风口矿界以及施工区内靠近穿孔，装运及运输道路作业区的位置布置多组智能粉尘监测仪（在线式激光粉尘仪），在线监测场地内的大气中粉尘含量浓度，并将数据传到主控室的计算机系统。计算机系统根据监测数据与设定标准数据对比，当检测粉尘含量浓度大于设定值时，上位机通过交换机将指令输送给DCS（分散控制系统），DCS系统下辖的控制屏将通过控制回路自动启动电动降尘喷雾机。

穿孔作业面上风口附近安装多组移动式智能节能喷雾机，在风力作用下，上风口水雾向作业面飘移，能抑制爆破作业区的粉尘飘散，加快作业面粉尘降落速度；在下风口矿界安装多组固定式智能节能喷雾机，下风口水雾主要起到截尘作用，拦截采掘作业面随风漂移的扬尘，降低粉尘向矿区外漂移量及距离。智能除尘系统根据空气中粉尘量自动投入喷雾机的数量，自动调节喷雾机旋转角度，上下调节喷雾高度，自动调节压力。当检测粉尘含量浓度低于设定值时自动停止运行设备。自动运行替代人工处理达到灭尘目标，控制大气中粉尘含量浓度低于 $1.0 mg/m^3$ 的标准。绿色矿山环保智能控制流程如图 5-6 所示，智能控制逻辑如图 5-7 所示，智能控制如图 5-8 所示。

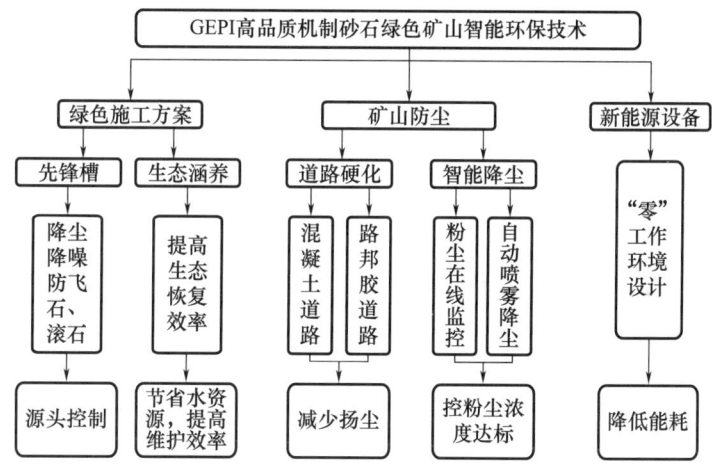

图 5-6　绿色矿山环保智能控制流程图

5.5.1.3　露天矿山工程绿色生态智能节能技术

在开采的矿山，采用栽培树木进行绿化，根据栽种面积采用露天湿度监测仪进行监测，监测一定深度植土的水分，当土壤失水比较严重、含水率低于植被生长下限值时，连接高位水池的管道阀门自动开启，向相应区域的土壤进行喷淋或浇灌。

主要实施过程：雨水收集池、高位水池、边坡马道绿化区三大区域都装有电动阀、水位传感器、露天湿度监测仪等，根据装设的部位和测量的精度，夏季大量雨水流入矿山规划水沟，在水沟末端布置一个雨水收集池。原理控制：当高位水池水位到下限值时，低水位传感器发出信号给中控室；中控室下达指令，开启雨水收集池至高位水池的出水电动阀进行补水；当高位水池的水位到达高水位时，中控室下达指令关闭雨水收集池的水泵，停止水泵运行；中控室接收到收集水池水位达到高位指令时，自动开启雨水收集池下方溢流电动阀，放水至引接的水沟内。

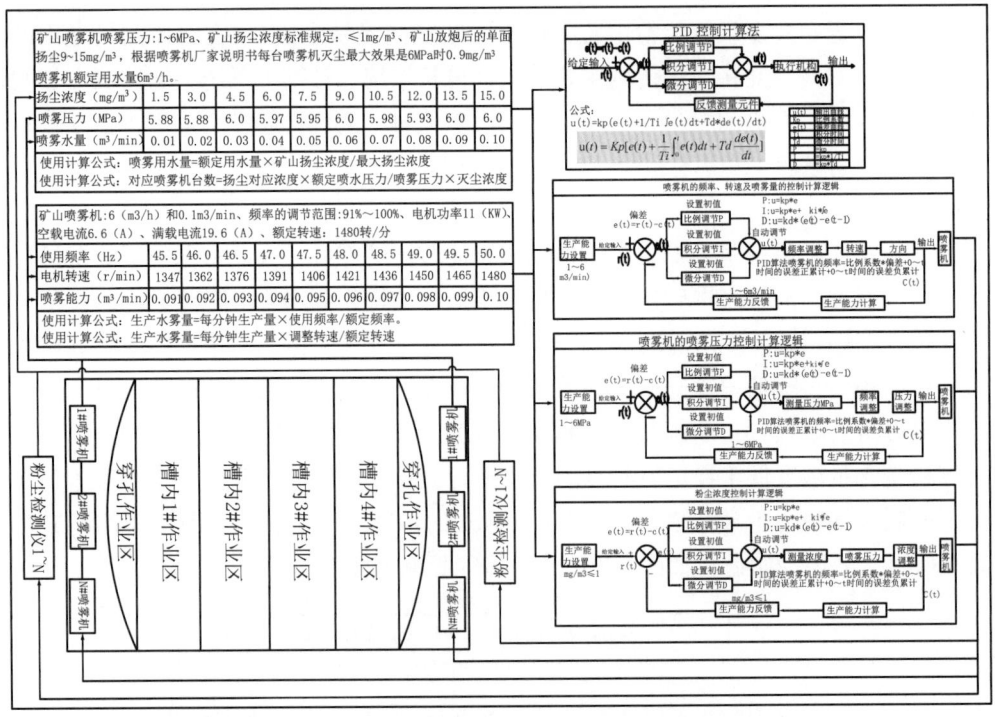

图 5-7　绿色矿山环保智能控制逻辑图

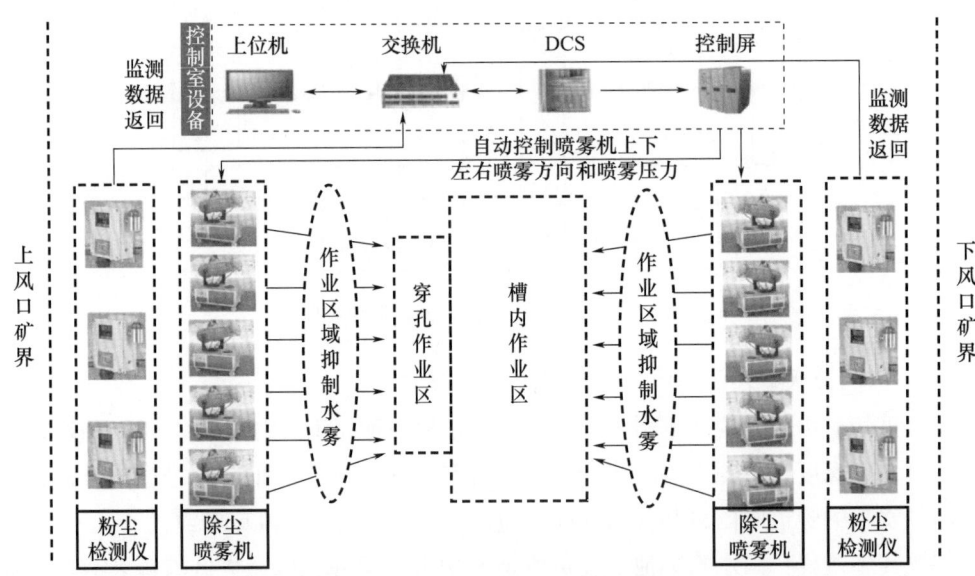

图 5-8　绿色矿山环保智能控制示意图

平台边坡绿化区的马道绿化区进行深度植土的水分的监视，采用湿度传感器进行监测，如果某个部位湿度传感器测试数据超过设定指数值，高位水池至绿化区的总阀打开（此阀门不关闭）。某个部位的湿度传感器显示指数超标值，中控室开启某个马道的边坡渗水管电磁阀进行灌水，湿度传感器显示在正常范围值内，边坡渗水管电磁阀关闭。所有操作均属于智能控制和操作。露天矿山工程绿色生态智能控制如图 5-9 和图 5-10 所示。

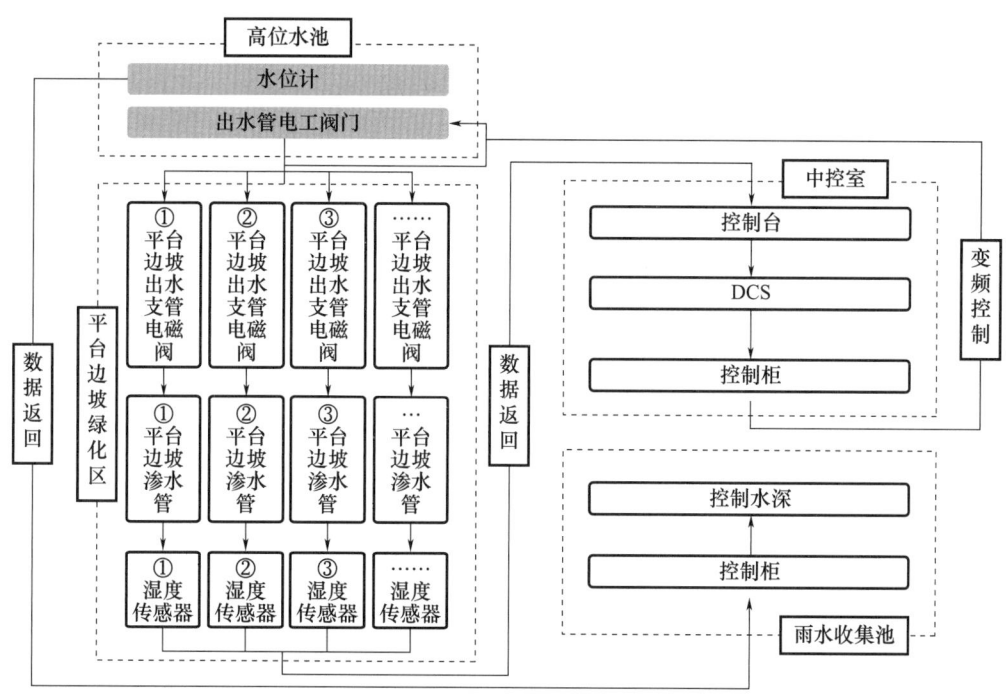

图 5-9 露天矿山工程绿色生态智能控制流程图

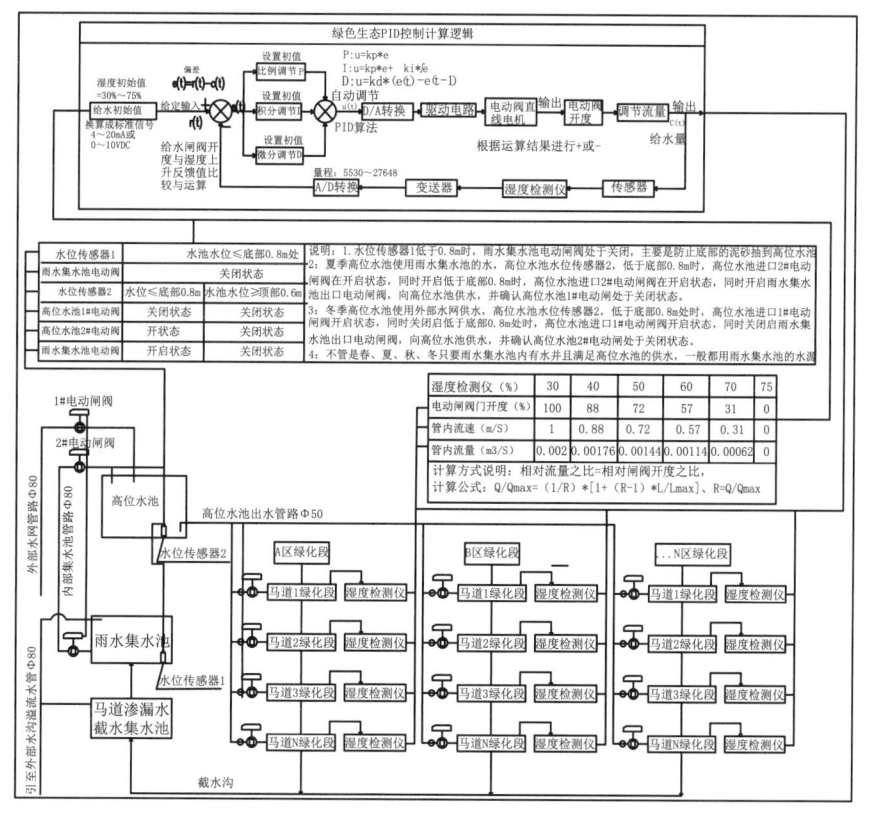

图 5-10 露天矿山工程绿色生态智能控制逻辑图

5.5.2 粗碎车间智能化生产管理技术

5.5.2.1 粗碎车间均质低耗优质高效制备工艺技术

具备脱泥功能的粗碎车间,料源适用范围广,能广泛运用于干法、半干法、湿法生产工艺（图5-11）。

不具备脱泥功能的粗碎车间,适用于料源矿石质量较高的干法生产工艺或湿法生产工艺（图5-12）。

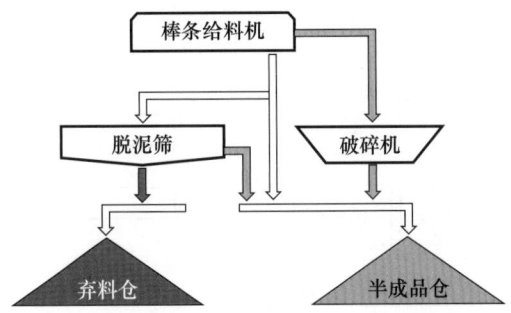

图5-11 具备脱泥功能的粗碎工艺流程图

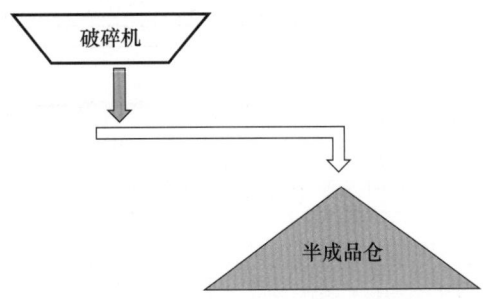

图5-12 不具备脱泥功能的粗碎工艺流程图

粗碎破碎机。破碎料源为大块径石料,进料最大粒径一般在0.8~1.4m。目前,国内外砂石系统使用的设备类型有旋回破、颚破、反击破、锤破等。根据破碎原理,可分为击打（冲击）破碎和挤压破碎两种基本类型。击打破碎主要用于软岩破碎,挤压破碎设备主要用于硬岩破碎。

目前,国内砂石生产工艺,在粗碎车间设计时,主要考虑其破碎效率是否满足其功能要求,兼顾考虑脱泥功能。因此,其工艺设计均为开路设计,对粗碎车间生产的半成品,一般不做检测与控制。因此,半成品质量波动较大,后续工序均衡性差,产品质量波动大、系统能耗高且不利于绿色生产控制。

粗碎车间作为砂石系统的首道工序,是矿山与砂石系统衔接的中间枢纽,其生产效率及产品质量对后续工序影响巨大。其主要参数的有效控制,是粗碎车间生产效率、产品质量、绿色生产的关键。主要控制原理如下所述：

1. 进料控制

粗碎车间进料控制主要通过矿山料源均质化搭配调度完成。通过矿山智能调度系统，获取矿车来料信息，按搭配方案引导运矿车辆进入指定卸矿料斗。粗碎车间根据来矿信息，启动与之相适应的脱泥及控尘模式。其中，因为矿山的三维地质模型是根据矿山地质勘探成果建立的，地质勘探成果的精确度确定了矿山开采过程中来料质量的准确性，因此，粗碎车间在进料过程中，除了智能调度以外还需智能识别系统对矿山来料进行复核，以防进错。另外，矿山来料是按车次进行的，因此计算来料平衡时，需要一个较长的时期进行复核，否则粗碎车间的来料一直处于不平衡状态，达不到预设的配料平衡方案。均质平衡配料动态平衡计算如图5-13所示。

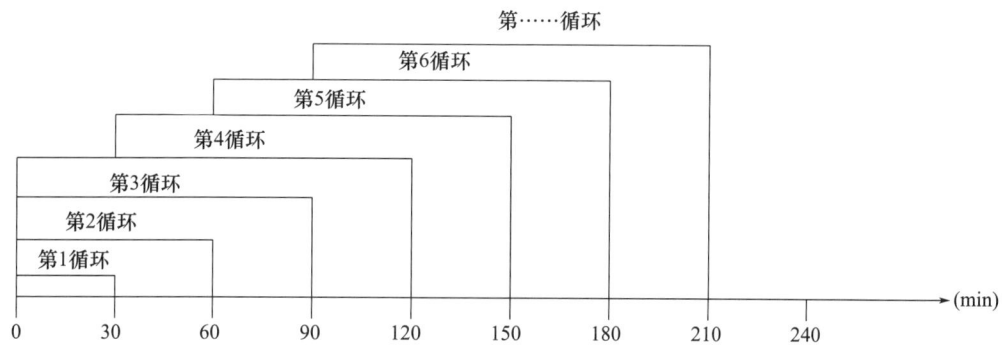

图5-13　均质平衡配料动态平衡计算

2. 在线监测原理

（1）给料量控制：破碎机进料量，一般通过给料机振动频率（电机转速）来控制，使其满足挤压破碎设备满腔或冲击破碎设备电流负荷率均衡为主要控制指标。当进料粒径不均衡，破碎机负荷大；当进料全部为小料径时，破碎机负荷低。

（2）在线质量监测：通过对近10条砂石生产线生产性工艺试验的数据分析，在均质均衡给料的前提下，粗碎车间破碎机运行电流平稳，破碎机排料口间隙一致时，其处理能力波动在10%以内。其脱泥效果可通过脱泥筛筛透率来体现。因此，粗碎车间在线监测，主要通过收集给料机给料频率、挤压破碎设备进料料位、破碎机负荷电流、受料胶带机负荷量等参数，分析粗碎车间处理能力、出料质量平均粒径、脱泥效果等指标，判断其运行状况是否满足预定指标。当运行指标偏离在线智能调控范围时，则通过DCS按设定指标调控；若超出其范围，则预警并显示故障类别，以便运行人员快速判断故障并排除。

（3）智能除尘系统：粗碎除尘系统，主要有干雾降尘和机械负压收尘两种方式，通过在线监测仪实时收集粉尘、噪声数据，根据粉尘含量智能调控风机转速控制风量，或干雾抑尘系统喷雾量及喷雾角度，从而达到智能低碳的控尘目标。同时，通过粉尘、噪声实时监测，及时发布噪声超标预警，并提示超标噪声点，以便运行人员准确判断故障位置，进行故障的排除。

5.5.2.2 粗碎车间矿石中有害物质精准剔除智能控制

粗碎车间的主要功能是将矿石破碎成满足下一工序进料要求的粒径粒级。在破碎环节，主要需要调控的是矿石粒径粒级、含泥含水及软弱岩石含量等相关指标，根据不同品质矿石采取合适的运行模数，达到有害物质剔除、矿石相对均质的控制目的，同时监控破碎机料位、负荷电流等运行参数，实现破碎机负荷均衡破碎。

砂石系统粗碎车间，是将矿石破碎至满足中、细碎加工粒径的加工工序，是矿石开采运输与砂石系统衔接的枢纽。其承担着矿石破碎、脱泥及将矿石输送到半成品堆场的加工任务。其主要由给料机、破碎机、脱泥筛、胶带机组成。传统的粗碎车间，根据是否具备脱泥功能。

粗碎车间矿石中的有害物质主要是泥土和软弱岩石，一般粒级较小。其剔除方法是通过筛分降低有害物质含量以达到允许范围粒级标准。具体控制如图5-14、图5-15所示。

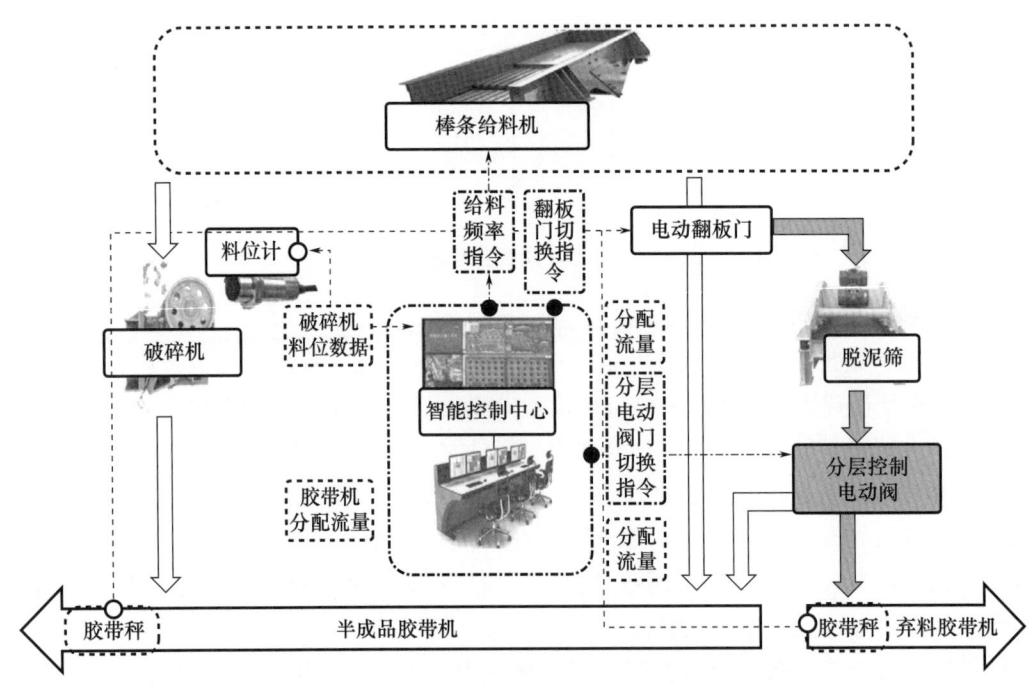

图5-14　矿石中有害物质精准剔除智能控制流程图

矿石中有害物质精准剔除智能控制工作原理是通过棒条给料机预筛分，再经过脱泥筛细化分级，通过工艺性试验确定剔除粒级。首先根据矿山来料信息，判断加工骨料的品质类别，自动调整粗碎车间设备启动流程。其启动流程根据来料有害物质不超标和超标用以下两种情况判断：

1. 有害物质不超标

根据料源监测返回信息有害物质不超标，程序控制DCS启动主生产线设备：棒条给料机→给料机下方分料器通道1关闭通道2开启→破碎机→半成品胶带机。

车辆将来料卸入棒条给料机预筛分，预筛分后≥150mm（或120mm）的石料进入破碎机，破碎后的料进入半成品胶带机输送到半成品仓；<150mm（或120mm）的石料通过给料机下方分料器通道2进入半成品胶带机输送到半成品仓。

2. 有害物质超标

如果来料有害物质超标，程序控制 DCS 在启动主生产线设备的基础上同时启动辅助生产线设备：给料机下方电动分料器通道1开启通道2关闭→脱泥胶带机→脱泥筛→弃料胶带机。

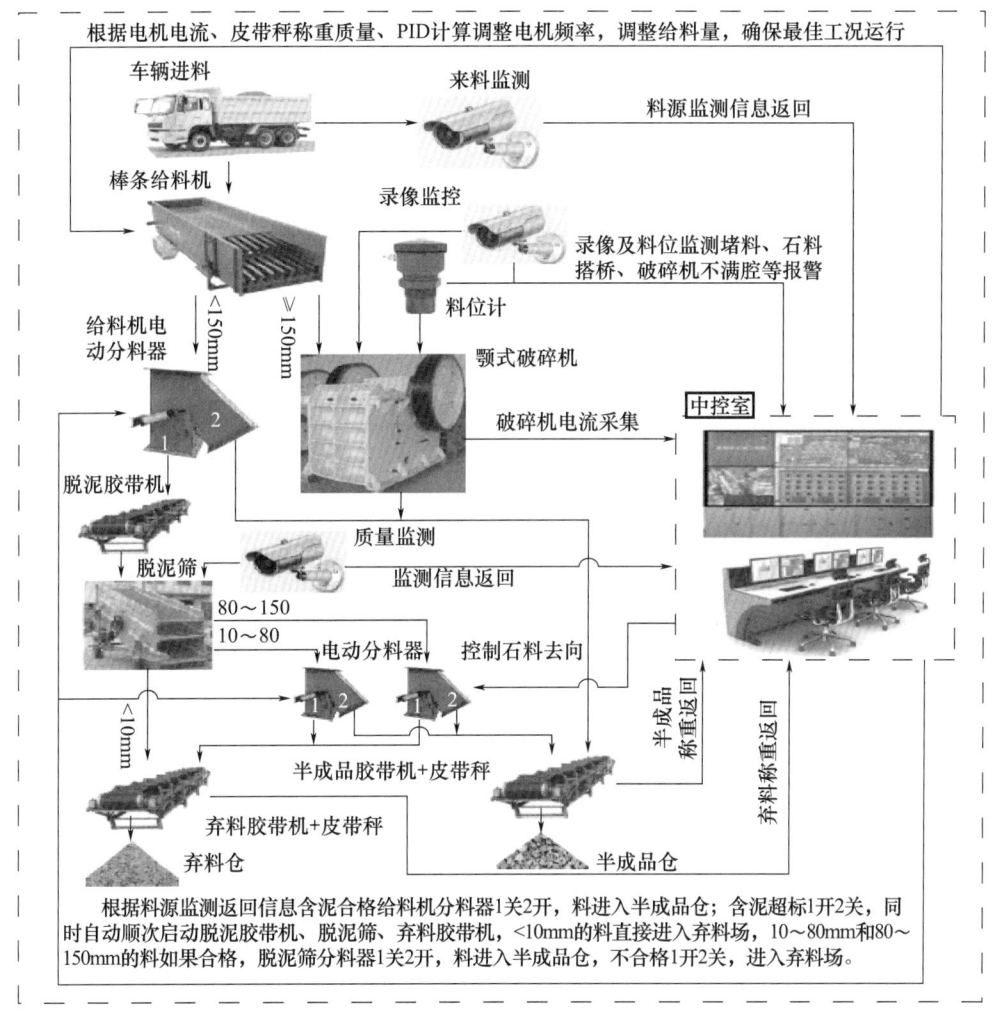

图 5-15　矿石中有害物质精准剔除智能控制模拟图

石料经棒条给料机预筛分后≥150mm（或120mm）的石料进入破碎机，破碎后的料进入半成品胶带机输送到半成品仓；<150mm（或120mm）骨料经过给料机下方电动分料器通道1进入脱泥胶带机再进入脱泥筛，经脱泥筛筛分后<10mm的料直接进入弃料场，10~80mm 和 80~150mm 的料如果合格，脱泥筛分料器1通道关、2通道开，料从2通道出来进入半成品胶带机输送到半成品仓，不合格脱泥筛分料器1通道开、2通道关，料从1通道出来进入弃料胶带机输送到弃料场（图 5-15）。

脱泥筛每层出料层都有分料器，根据矿山料源情况确定每层分料器是否打开，具体见表5-2。

表5-2 矿山来料与除泥筛翻板门的开闭逻辑表

矿山来料类别	弃料场翻板门开闭状态	除泥筛一层筛至半成品翻板门开闭状态	除泥筛二层筛至半成品翻板门开闭状态	除泥筛三层筛至半成品翻板门开闭状态
A类料	1	0	0	0
B类料	1	1	0	0
C类料	1	1	1	0
D类料	1	1	1	1
E类料	0	0	0	0

5.5.2.3 粗碎车间给料与破碎均衡生产智能控制及监控技术

粗碎车间均衡生产主要是通过矿山来料品质信息、棒条给料机频率和电流、破碎机电流、出料皮带秤的质量、出料胶带机的电流、破碎机顶部摄像头图像和料位计的数据等参数，对粗碎车间的设备进行控制和监控，使设备所带负荷始终处于最佳生产工况运行状态。具体控制原理如下所述：

1. 生产流程正常情况下运行方式

主要是棒条给料机频率与给料量及电流呈线性关系，频率调高对应的电流及给料量增大，当棒条给料机的给料量增加时，粗碎破碎机的生产负荷量随之增加，破碎机电流升高，出料胶带机的负荷和电流也跟着增加，反之则降低。调整棒条给料机频率变化，破碎机及胶带机的电流和负荷也会变化，在最佳工况运行上限及下限范围内，则设备利用率最高，节能效果最好。当控制室计算机根据采集数据进行逻辑计算，得出加工产能与电流的比例关系后，棒条设备最佳工况是在80%~90%范围内运行。设置每种设备的运行范围过程表，根据过程表的范围在计算机上做出相应的数据逻辑表，计算机使用PID精准计算成果，用于调整过程的全部流程。在输出端口进行复算校正参数，发出指令，自动调整设备运行参数，使其达到设备运行的最佳工况。

2. 生产流程非正常情况下运行方式

生产流程处于非正常情况时，在运行过程中，当棒条给料机频率未发生变化，而破碎机电流发生大幅度变化时，说明生产线发生异常，一般产生的原因是进破碎机口石料粒径较大产生堵料、石料在破碎机口上方搭桥、破碎机无满腔运行等。堵料导致破碎机电流升高，石料在破碎机口上方搭桥和破碎机无满腔运行导致破碎机空转，电流降低。当计算机检测棒条给料机频率与破碎机电流不对应、破碎机顶部摄像头图像和料位计的信息返回控制室发生声光报警和语音提示，从而进行及时处理。

3. 给料与破碎均衡破碎原理

给料机是破碎机的上位机。从理论上讲，在矿石均质的前提下，通过生产性试验，能较准确找到与破碎机平衡的均衡给料量。但矿山矿石均质性较差,故给料量变量因素多。因此,需要实时调控与破碎机平衡的给料量,方可保证系统的高效运行。而判别给料量与颚式破碎机处理量是否匹配,主要判别因素是破碎机是否处于预定料位满腔给料。因此,需要安装破碎料位计。由于破碎机工作负荷电流能有效反映破碎效率及设备工作状况,因此需要对破碎机负荷电流进行实时监控。当负荷率较高或降低时,需要及时查找原因,排除故障。其控制原理如图 5-16 所示;判别依据见表 5-3。

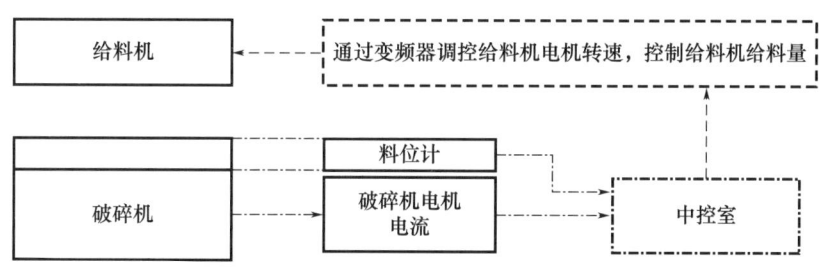

图 5-16 破碎机控制原理

表 5-3 破碎机判别依据

判别项目		处理方式	调控方法	备注
破碎机料位	低于下限	增加给料量	变频器频率上调	自动调控变频器频率,控制给料机转速,实现自动调节控制
	高于上限	降低给料量	变频器频率下调	
电机电流	高于上限值	进料粒径粒级或设备工况,发生变化,预警报告		根据预警信息综合分析后,调节矿石组合或相关运行参数

4. 在线质量检测分析系统

粗碎车间是砂石系统的首段加工工序,其产品为中、细碎加工料源。半成品质量的优劣对后续工序有显著影响。粗碎车间质量控制,主要是控制半成品含泥量、粒径粒级等参数,使其满足中碎生产要求。其控制原理如图 5-17 所示。

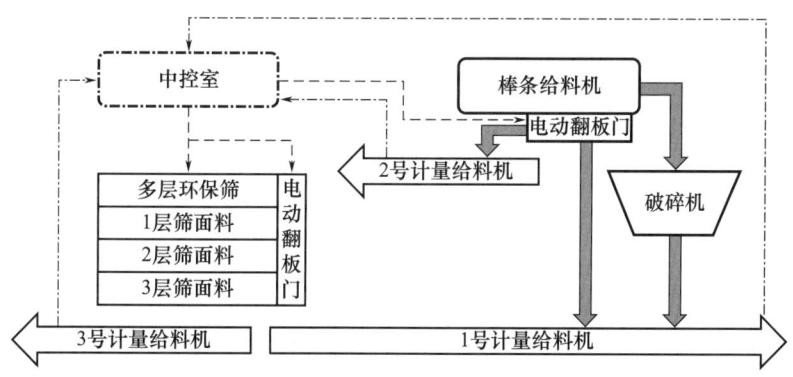

图 5-17 粗碎车间质量控制原理

粗碎车间加工系统智能控制逻辑原理如图 5-18 所示。

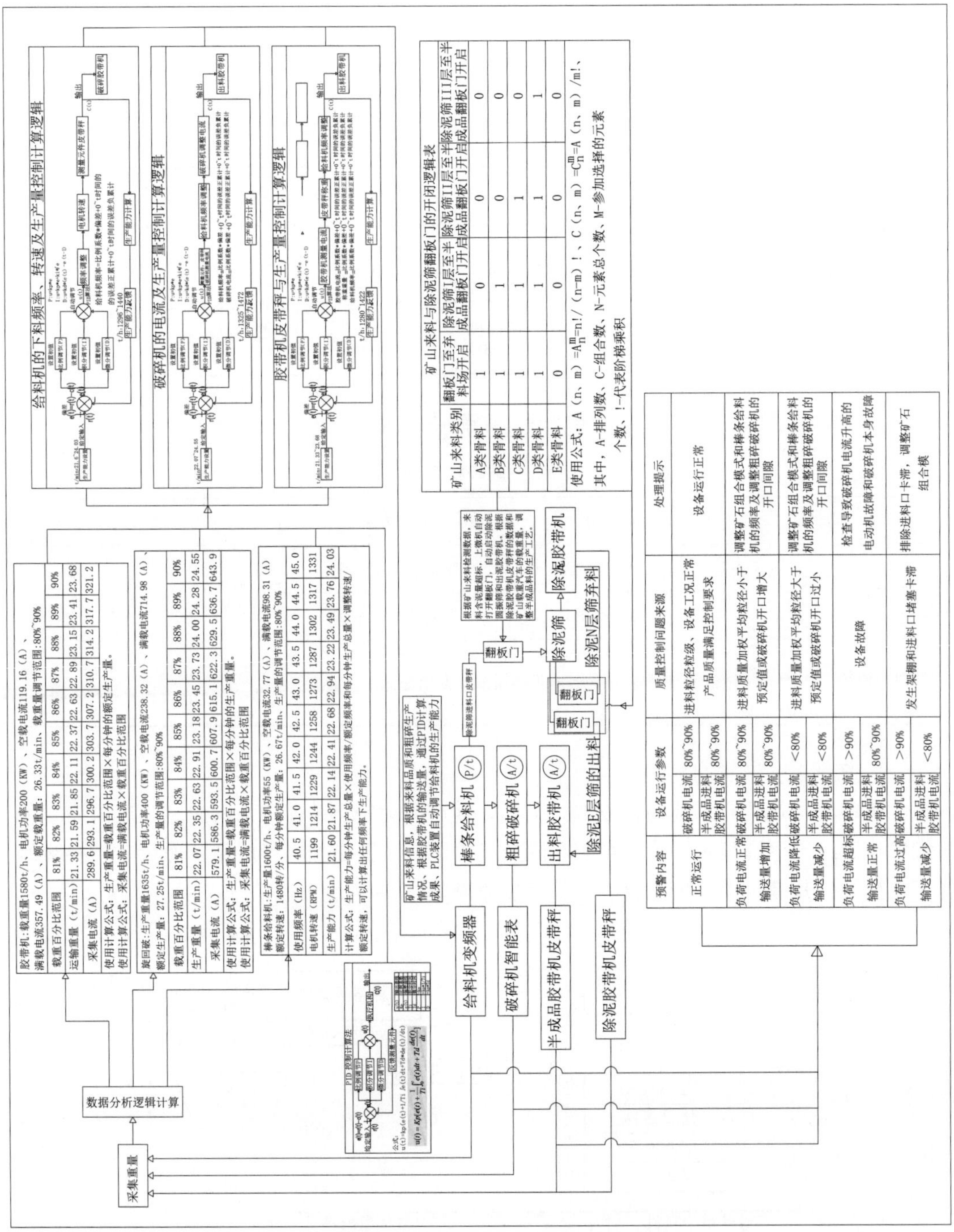

图 5-18 粗碎车间加工系统智能控制逻辑原理

5.6 机制砂石加工车间绿色智能化生产技术

5.6.1 中碎车间均衡破碎智能技术

5.6.1.1 料源均质化必要性

半成品料系粗碎车间脱泥、搭配生产的半成品矿石。在半成品堆存过程中，会发生粒级离析。料堆越高，半成品料离析越严重，距离落料点越远，粒径越大。离析情况如图 5-19 所示。

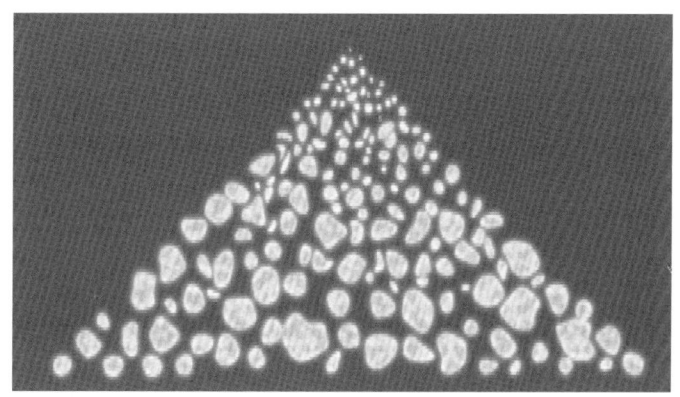

图 5-19　半成品料堆离析图

半成品料一般通过料仓底部卸料口，在给料机的控制下由胶带输送机输送至中碎破碎机。为增加半成品料仓的卸空率，一般会在料仓内呈线性布置多个卸料口。因此，每个卸料口所在位置不同，其所对应的输送的矿石粒径粒级存在较大差异。

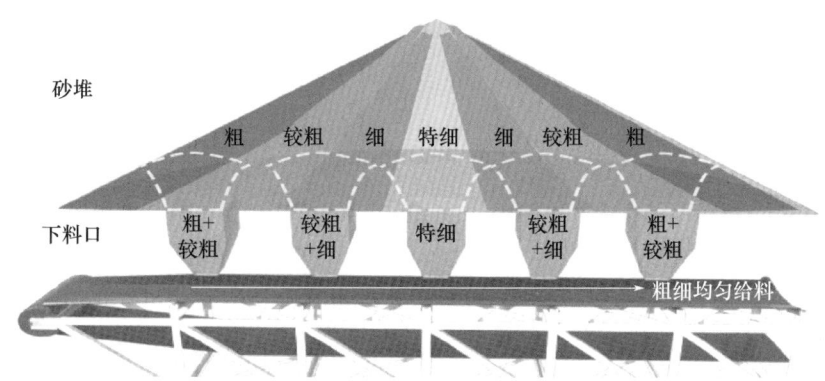

图 5-20　半成品料堆差异图

如果中碎进料料源不做均质化处理，则会导致中碎破碎机在生产半成品不同部位时，处理能力波动大，产生瓶颈工序，导致中细碎车间整体生产能力大幅下降，且不满足多粒级优化高效整形破碎要求，导致破碎机破碎效率及整形效果差。细碎车间料源均质化处理的必要性与中碎相同，故不再赘述。

5.6.1.2 料源均质化处理方法

1. 料源均质化依据及原理

半成品料仓（调节料仓）不同部位的粒径粒级差异是由于堆高离析造成的，因此，其离析情况有规律可循，即给料点距离给料中心距离越远，其粒级越大，而且在粗碎来料粒级稳定的前提下，各部位料源波动极小。因此，可按比例掺配各部位矿料，达到均质化处理的目的。

2. 料源均质化处理的基本方法

（1）通过生产性工艺试验，在进料仓胶带机取样检测计算料堆综合平均粒径，然后对半成品料仓（调节料仓）各下料点（给料机安装位置）取样，计算出该部位质量加权平均粒径。

（2）通过计算料源综合平均粒径控制值，然后分别计算出不同给料机给料平均粒径，再通过三维图形模拟计算出各给料机控制料源质量比例，计算出各优化组合给料机给料参配比例。

3. 均质化给料智能控制原理

在半成品料仓出料胶带机头、中、尾处配置三个变频给料机，根据中碎破碎机的生产量与胶带秤称量的输送量逻辑关系，破碎机顶部摄像头和料位计检测结果，判断设备的运行状况是否满足最佳工况运行，当智能控制中心检测到破碎机电流小于最佳工况运行下限时，将发出指令上调给料机频率，三个给料机频率按计算设定比例同时上升，与破碎机对应的负荷及运行电流随之上升；当智能控制中心检测到破碎机电流大于最佳工况运行上限时，将发出指令下调给料机频率，三个给料机频率按计算设定比例同时下降，与破碎机对应的负荷及运行电流随之下降。通过频率控制给料量使生产线始终保持稳定生产而到达最佳工况运行。当破碎机电流突然降低或升高时，破碎机顶部摄像头和料位计将检测到破碎机进料口可能出现堵料或未满腔运行，监测信息反馈在控制中心显示进料状况发出报警信号，如图5-21所示。

5.6.2 高效分级及中间产品在线质检控制技术

通过一筛（预筛分）冲洗及分级，将粗碎干法脱泥未能清除的有害物质高效剔除，有效控制再破碎矿石含水率，矿石含水率同时满足控尘要求和立轴式制砂机控制要求，是半干法制备的主要特点。采用"湿筛干破"分级工艺，实现高效分级、精准控制含水率及降低湿筛水质要求。主要控制参数是给水给料量、螺旋机溢流高度等。

中间产品在线质检及控制，通过对进出料计量检测、设备工况参数、再破碎料含水率等参数综合系统运行工况，确保运行工况稳定控制中间产品质量。主要采集参数为进料组合比例、进料量、破碎分级后各级产品数量及比例、再破碎料含水率、设备运行电流等参数综合分析，获得进出料质量加权平均、破碎效率、再破碎料含水率等控制参数，调控相关运行指标，确保产品质量满足控制要求。

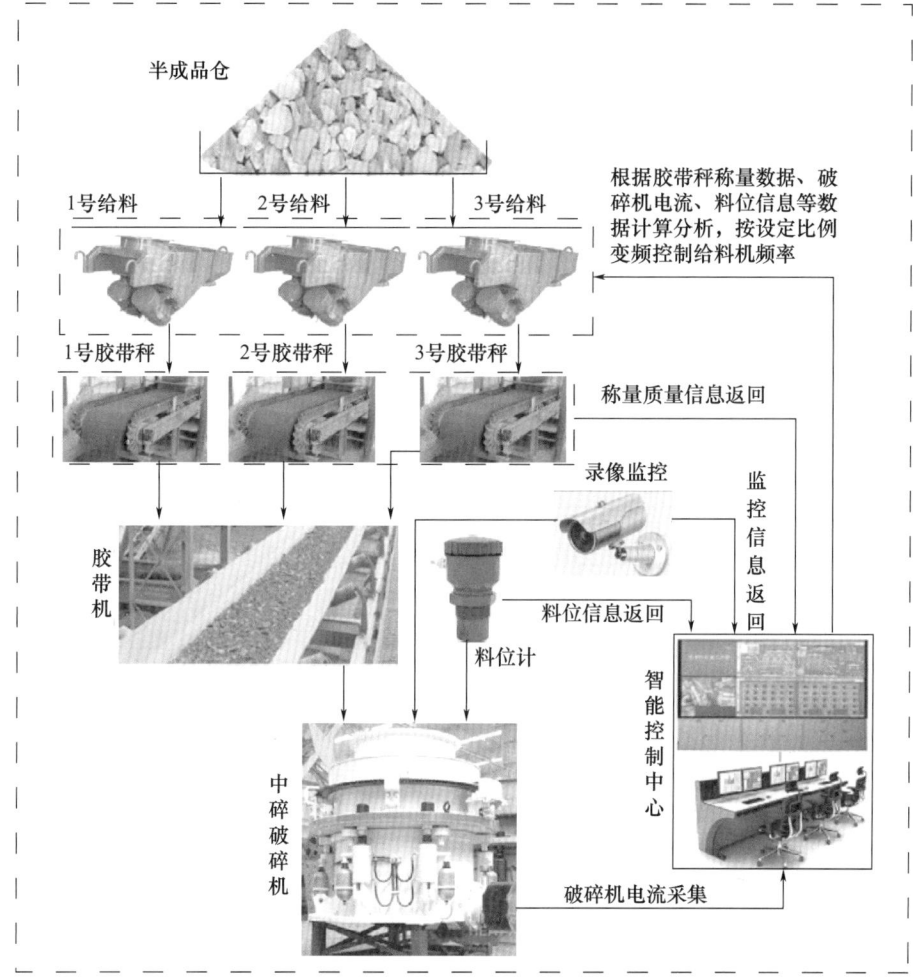

图 5-21 中碎车间料源均质化给料智能控制模拟图

5.6.2.1 高效分级及中间产品主要检测指标简述

1. 中、细碎车间工艺简图

中、细碎车间工艺简图如图 5-22 所示。

2. 中间产品主要控制参数

中碎车间系闭路生产，其功能主要是将半成品料破碎成适合超细碎制备的粒径。其产品均为中间产品（除水工标准制备工艺外）。因此，其中间产品质量控制，主要以满足超细碎制备要求控制。主要控制参数如下：

（1）含泥量：基于超细碎车间为干法破碎，生产出的细骨料仅有部分做湿法脱粉处理，故要求进入超细碎调节料仓的中间产品基本不含泥（<0.5%）。

（2）含水量：立轴破制砂在骨料含水率4%以下时，破碎效率最高。因此，进入超细碎调节料仓中间产品含水率按<3%控制。

（3）质量加权平均粒径：进料粒径和粒级分布对制砂机破碎整形效果有较大影响，

工艺性试验证明，立轴式破碎机在料源质量加权平均粒径为 18～21mm 时，其破碎效率较高，产品形体质量佳。因此，设计时一般按 $D_{砂进}=19.5\mathrm{mm}$ 考虑，需要通过生产性试验，确定其运行控制指标。

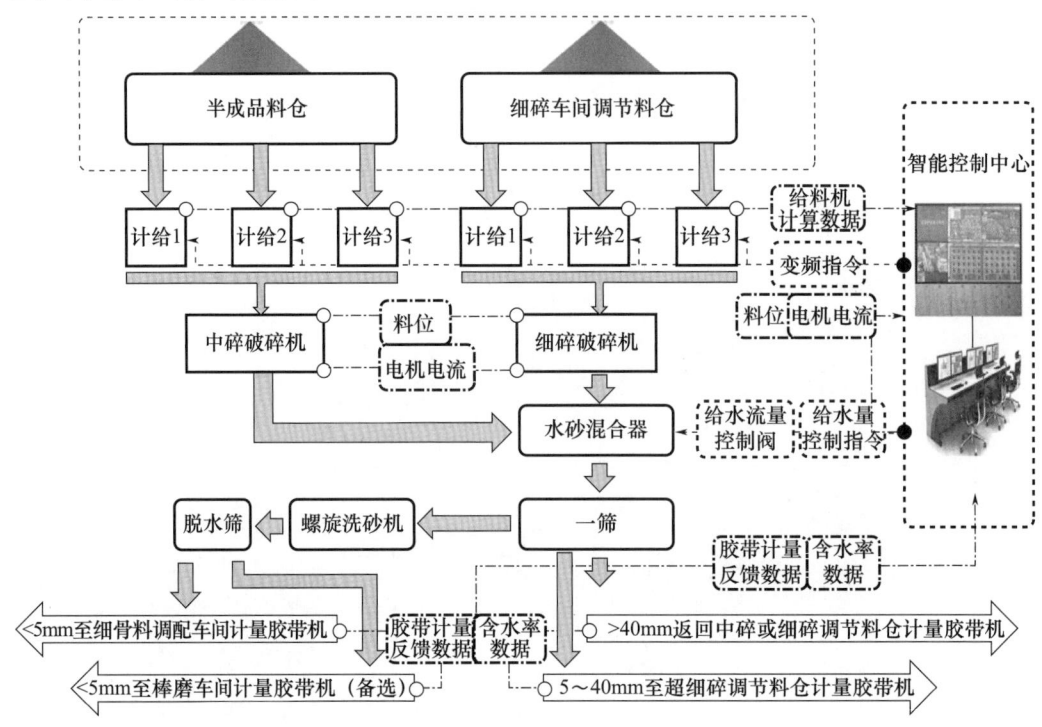

图 5-22 中细碎车间工艺简图

3. 干破湿筛稀释筛分与中间产品含水量的工艺原理

通过干法脱泥处理的半成品矿石中，含有的泥土主要是颗粒大于脱泥筛剔除的粒级，或黏附强的细微颗粒。通过中碎破碎后，大颗粒泥土一般会粉碎成细小颗粒，其水溶性增强。在中、细碎加工车间，采用湿法再次脱泥，以确保进入超细碎车间的中间产品质量达到控制要求。为控制中间产品含水率，采用"干破石筛"稀释筛分工艺。其工作原理如图 5-23 所示。

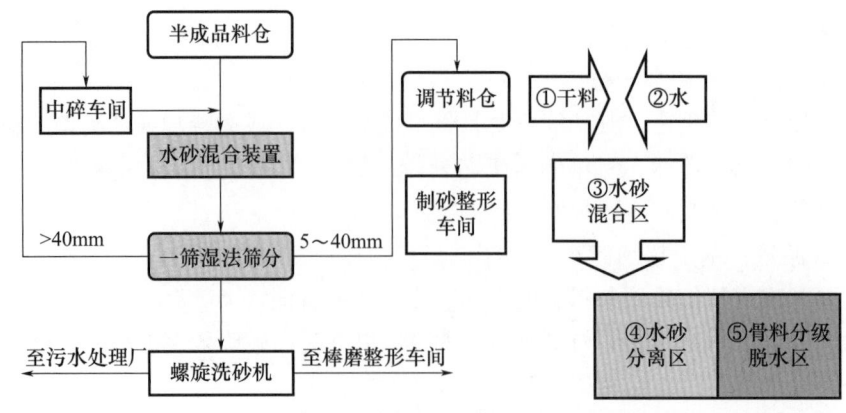

图 5-23 "干破石筛"稀释筛分工艺简图

其工艺原理如下：经中、细碎车间破碎，泥团粉碎细小颗粒，破碎后的物料①与高压水②冲进入水砂混合区③中，经过料斗、溜槽后，细小颗粒（＜2mm以下颗粒）和水充分溶合，形成水砂混合物。水砂混合物在一筛第一段筛网（约占1/3筛网面积）时，迅速分离。后半段筛网（2/3）主要功能为不含粉泥的骨料分级及脱水，故能有效保证脱水效果。5mm在螺旋洗砂机中，经过螺旋搅拌，泥粉水溶性佳、沉淀速度慢的细小颗粒，与水一起从螺旋洗砂机溢流口溢出。因干破湿筛采用较大管径供水，其主要作用为稀释溶解作用，故比筛面冲洗用水水质要求低。

5.6.2.2 主要检测参数

1. 水砂比例

当水砂比例不合理时，会造成粉砂稀释水量不足或富余，水量不足，则会导致泥粉黏附性强，导致中间产品脱泥效果不佳或筛透率下降。水量过多，则会脱水效果不佳。生产性试验表明，在当稀释用水量与进料量质量分数为35%～40%时，其筛分脱水脱泥效果最佳。因此，采用掺配骨料计量胶带机计量，中水量采用流量控制阀，则可有效控制水砂参合比例。

2. 分级比例监控

通过均衡均质破碎调控，中细碎破碎的产品粒级分布波动较小，如果一筛设备正常，则分级出的各级比例波动较小。因此，可通过对监测各级受料胶带机输送量，判断筛分设备运行状况及中间产品质量。

3. 洗砂机溢流水浓度

在料源均质的状况下，洗砂机溢流槽带走的泥粉量波动较小，故通过监控洗砂机溢流浓度，可间接判断料源与中水比例。同时，可通过工艺性试验确定螺旋洗砂机溢流高度，获得粉砂带走量最小且脱泥效果满足运行要求的溢流高度。

4. 干破湿筛工序智能控制参数表

干破湿筛工序智能控制参数见表5-4和表5-5。

表5-4 检测参数表

检测项目	进料量（t/h）	给水量（t/h）	>40mm粒级输送量（t/h）	5～40mm粒级输送量（t/h）	湿砂输送量（t/h）	溢流水浓度（质量分数,%）	螺旋洗砂机溢流量（t/h）	各级骨料含水率（%）
测定值	$m_{进料}$	$m_{给水}$	$m_{返程}$	$m_{制砂料}$	$m_{湿砂}$	$n_{溢流}$	$m_{溢流}$	h

表5-5 智能调控及预警参数表

控制指标	判别标准	智能调控	备注
给水比例 $m_{给水} \div (m_{给水} + m_{进料}) \times 100\%$ 5～40mm粒级含水率超标 $h > 3\%$	上限40% 下限35%	①根据实时监测到的进料量，实时调控给水量，使给水占比在控制范围。若超出智能调控范围，则预警 ②5～40mm粒级含水率超标，智能逐级降低给水量，直至含水率＜3%为止，当给水量比例降至35%，含水率依然高于3%，则预警	—

续表

控制指标	判别标准	智能调控	备注
>40mm 返程料占比 （$m_{返程} \div m_{进料}$）×100%	±3%	①返程料占比波动超出控制范围，增加量>3%，预警项目为筛孔堵塞或激振力不足。减少量>3%，预警项目为筛孔磨损或破裂漏料 ②5~40mm粒级占比波动超出控制范围，增加量>3%，预警项目为上层筛孔磨损、破裂漏料或本层筛网堵孔。减少量>3%，预警项目为上层筛网堵孔或本层筛网磨损或破裂漏料	—
5~40mm 粒级占比 （$m_{制砂料} \div m_{进料}$）×100%			
湿砂输送量，$m_{湿砂}$	±3%	①$m_{湿砂}\uparrow$，$h_{砂}\uparrow$；$m_{溢流}\downarrow$，$n_{溢流}\downarrow$。预警洗砂机溢流高度过高，脱泥状况不佳 ②$m_{湿砂}\downarrow$，$h_{砂}\downarrow$；$m_{溢流}\uparrow$，$n_{溢流}\uparrow$。预警洗砂机溢流高度过高，脱泥状况不佳 ③非上述两种情况，各控制指标超过限值，则预警	$\uparrow$：增长； $\downarrow$：下降
湿砂含水率，$h_{砂}$	±2%		
螺旋机溢流水浓度，$n_{溢流}$	±1%		
螺旋洗砂机溢流量，$m_{溢流}$	±3%		

5. 检测智能控制原理

检测智能控制原理如图 5-24 所示。

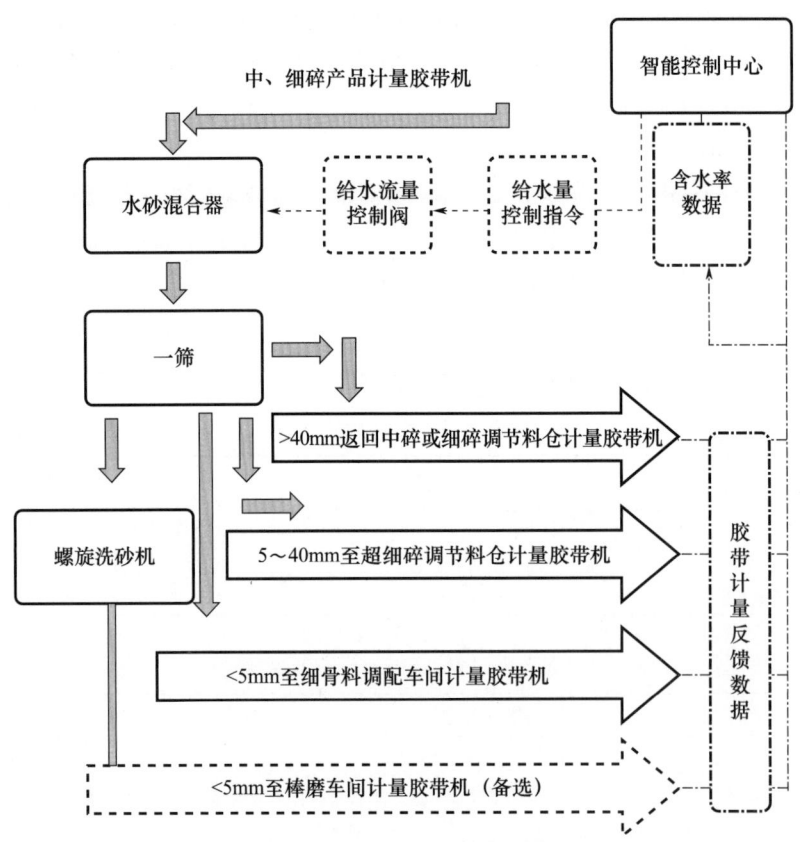

图 5-24 检测智能控制原理

5.6.3 超细碎车间在线质量控制及智能控制制备技术

超细碎车间是砂石制备的末端工序,承担着制砂、粗骨料整形、成品质量调控等工作,是成品骨料质量控制的末端控制工序。本工序工艺最为复杂,具有流程长、设备多、控制参数多的特点。

目前国内外机制砂石中,超细碎(制砂整形)制备的工艺方法主要有干法、湿法、半干法三种类型。超细碎智能制备技术是在继承半干法制备工艺的基础上,采用"以破代磨,多破少磨"制砂工艺。所有粒级的骨料均通过超细碎整形、粒级调控后,达到高品质机制砂石标准。其工艺特点为"以破代磨,多破少磨,末端整形、量化调级,中水回用,同步洗收、优质低耗"。根据工序功能,分为制砂整形粒级调配工序,粗骨料冲洗在线监测工序,细骨料在线量化精准掺配工序。

1. 粗骨料冲洗在线监测工序工艺流程

粗骨料冲洗在线监测工序工艺流程如图 5-25 所示。

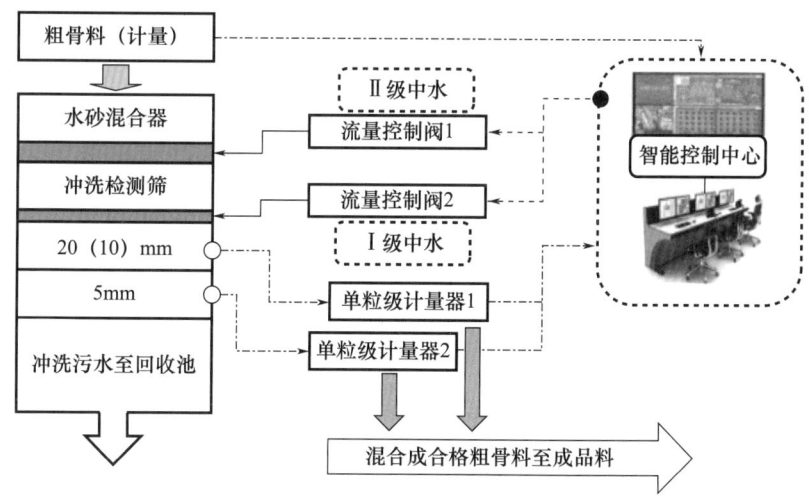

图 5-25 粗骨料冲洗在线监测工序工艺流程图

2. 细骨料在线量化精准掺配工序工艺流程
(1) 合格母岩细骨料在线量化精准掺配工序工艺流程如图 5-26 所示。
(2) 游离态云母或轻物质细骨料有害物质剔除及在线量化精准掺配工序工艺流程如图 5-27 所示。

5.6.4 超细碎车间绿色高效低耗整形破碎智能控制

5.6.4.1 立轴破工作原理及同步制砂整形制备工艺技术

1. 立轴式破碎机工作原理

立轴式破碎机是同步制砂整形制备工艺中超细碎破碎的首选设备,根据物料击打材料的不同，分为"石打石"和"石打铁"两种类型。由于本工艺使用立轴破，需要兼顾制砂和粗骨料两种功能，一般以"石打石"立轴破为主要选型。"石打石"立轴破的工作原理如图 5-28 所示。

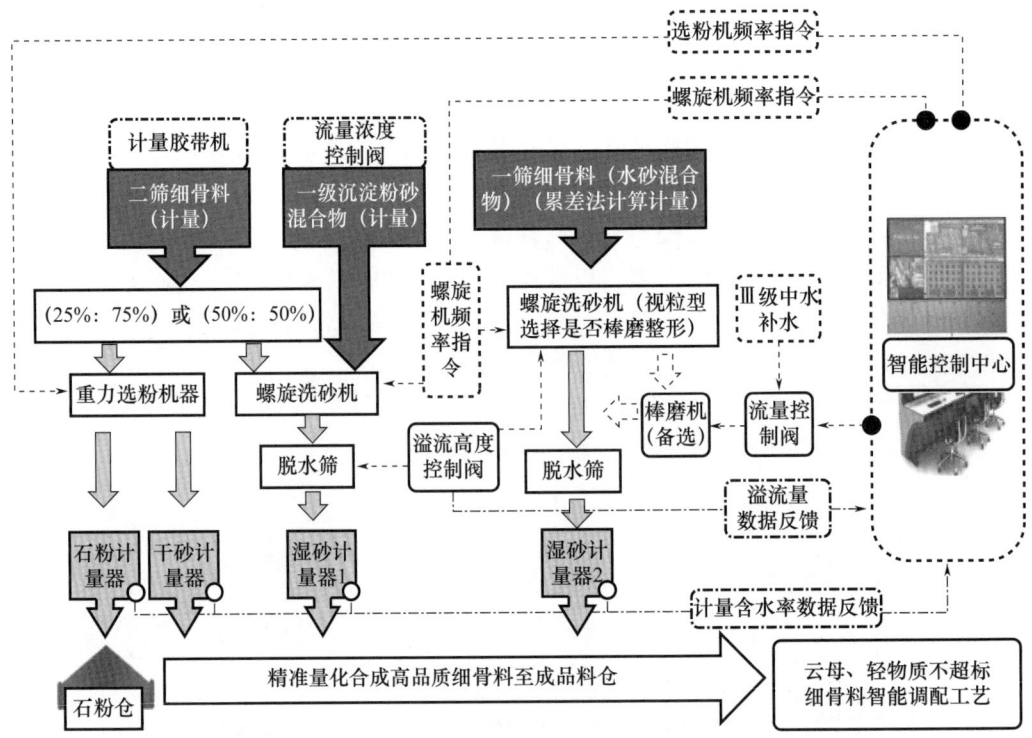

图 5-26　合格母岩细骨料在线量化精准掺配工序工艺流程图

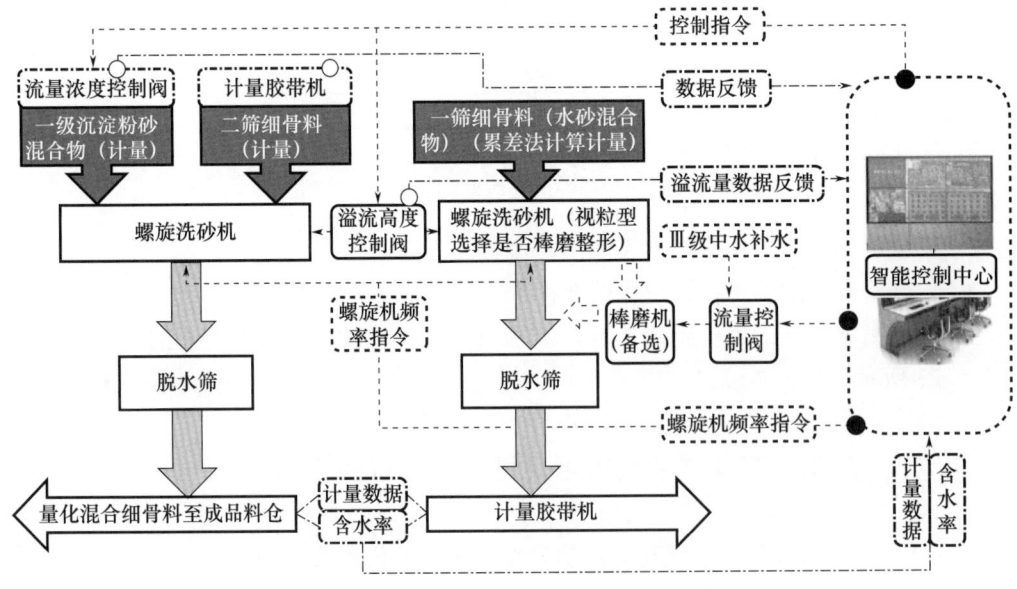

图 5-27　有害物质剔除及在线量化精准掺配工序工艺流程图

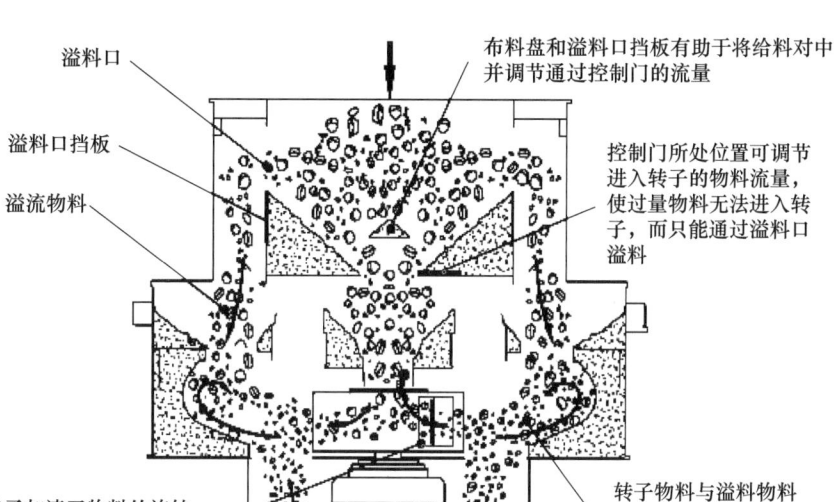

图 5-28 "石打石"立轴破的工作原理图

物料通过进料斗进入破碎机，经散料锥落到粉料料盘上，被分料盘分为两部分。一部分由分料盘进入高速旋转的甩轮，在甩轮中迅速加速，然后从甩轮流道内迅速抛射出去。这些物料首先同分料盘四周落下的另一部分物料冲击破碎，然后一起冲击到破碎腔的物料衬层上，被反弹后斜向上冲击到破碎腔顶部，改变方向向下运动，与从甩轮流道发射出的物料形成连续的料幕。这样一块物料在破碎腔中受到多次冲击、摩擦和研磨作用而破碎。

根据立轴破的工作原理，同等质量的物料，抛射出去的线速度越大，其撞击力越大，破碎比越高。同等线速度下，对撞物料质量越大，其撞击力越高。物料颗粒越多，物料间撞击、摩擦、研磨次数越多，频率越高。当物料含水率超过一定范围时，会导致破碎机糊腔，产生地毯效应，导致破碎效率大幅下降，而含水率在2%～3%时，基本不影响立轴破破碎效率，而且有助于抑制破碎机扬尘。因此，超细碎立轴破，需要根据母岩特性及工艺特性，控制线速度、进料粒径粒级、含进料含水率。目前全球知名品牌的立轴式破碎机，最高线速度在85m/s，在进料粒径粒级、含水率满足要求的前提下，其破碎效率基本可满足各类岩石制备机制砂石的要求。在破碎不同母岩及生产不同标准产品时，同一线速度，其破碎效果差异较大。因此，为满足其调控要求，需要控制立轴破甩盘抛射物料的线速度，调控物料间撞击力度，在确保破碎效率满足要求的同时避免过于破碎。线速度一般通过改变电机转速来控制，即通过变频柜调频控制电机转速。工艺性试验表明，立轴破线速度低于45m/s，立轴破成砂率接近于0。根据进料粒级或工艺目的，线速度调节范围为45～56m/s时，出砂率基本在65%～70%。

2. 同步制砂整形的半开路制备工艺技术

根据立轴破工作原理，同等质量的物料，抛射出去的线速度越大，其撞击力越大，破碎比越高。同等线速度下，对撞物料质量越大，其撞击力越高。物料颗粒越多，物料间撞击、摩擦、研磨次数越多，频率越高。在冲击破碎过程中，抗撞击能力形体结构（如针片状及石块的飞边棱角）更容易破碎，特别是在多粒级组合料源与细小颗粒撞击时，由于其质量较小，因此其撞击力仅破坏掉结构坚固性不佳的飞边棱角，经过高频率碰撞、摩擦、研磨，物料向结构更为坚固的类圆体发展。当物料含水率超过一定范围时，会导致破碎机糊腔，产生地毯效应，导致破碎效率大幅下降，而含水率在 2%～3% 时，基本不影响立轴破破碎效率，还有助于抑制破碎机扬尘。因此，超细碎立轴破，需要根据母岩特性及工艺特性，控制线速度、进料粒径粒级、含进料含水率。

立轴破制砂制备工艺，充分利用立轴破碎工作特性，优化组合进料粒级，采用半开路设计，制砂的同时兼顾粗骨料整形，在筛分分级时，通过组合筛网优化粗细骨料粒级组合，达到绿色优质高效低耗的破碎目的。工艺流程如图 5-29 所示。

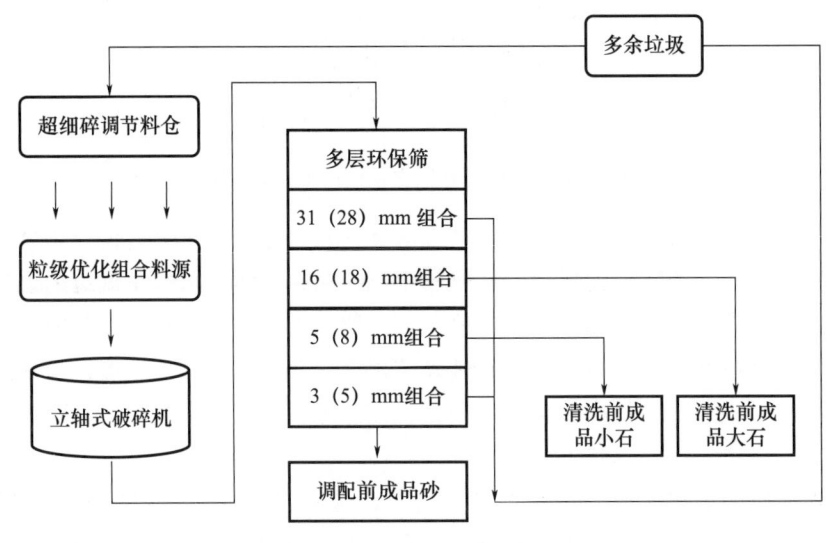

图 5-29 工艺流程图

其工艺特点如下：

（1）料源特性：超细碎车间料源，来源于中、细碎破碎至 5～40mm 及超细碎破碎分级出来的多余粒级（3～40mm），由于基本料源为中细碎加工料源，粒形较差，一般情况下，超细碎破碎分级后返程料不会超过 30%，较单独制砂闭路工艺（返程料达 60% 以上）料源形粒形差，因此其破碎效率较高。

（2）均质特性：经过计量给料均质化处理，立轴破受料质量波动较小，设备运行工况稳定，故破碎出的产品粒形、粒级稳定。

（3）破碎特性：多粒级组合，可有效增加物料间撞击、摩擦、研磨频率，而且质量不同的颗粒组合，能将结构稳定性差的针片状及矿料飞边棱角打磨破碎，故能起到良好整形作用，细小颗粒与打颗粒撞击，两者碰撞力能让细小颗粒再次破碎，故可调节机制砂 3～5mm 粒级比例。通过变频控制电机转速，可适应于制料源组合变化（如不需要生产大石或小石时，料源粒形粒级发生的变化）。

（4）分级特性：本工艺采用组合筛网分级，即单层筛网采用两种以上孔径组合，调节单级骨料粒级分布，多余粒级被拦截或分级到返程料中，通过再破碎使其满足单粒级粒级分布要求。

①在分级大石（16～31.5mm）碎石时，上层筛网采用孔径为 31mm 和 28mm（参考值）的筛网组合，可将 25～31.5mm 的多余粒级拦截至返程破碎料中。

②在分级小石（16～31.5mm）碎石时，第二层筛网采用孔径为 16mm 和 18mm（参考值）的筛网组合，可有效调节大石小粒级含量和小石中大粒级含量，在其中找到平衡的筛网组合值。

③增加多余粒级筛分层。第三层筛为多余粒级剔除层，筛网组合为 5mm 和 8mm（参考值），可将小石中部分小颗粒分级，使其满足小石质控要求。第四层筛网采用 5mm 和 3mm 筛网组合，可将 3～5mm 多余粒剔除。第三层筛网剔除多余粒级和第三层筛网拦截的多余粒级，返程后再破碎。

5.6.4.2 超细碎调节智能控制参数

1. 立轴破进料粒径粒级均质化调节方法

（1）料源的均混堆存及不同生产模式料源组合。

由于超细碎车间采用半闭路生产模式，因此超细碎调节料仓来料，除中细碎破碎后的中间产品，还有部分来自超细碎车间的返程料，且这部分为超径料或分级出来的多余粒级。因此，首先应将两种不同料源均混下料堆存。其方法主要是将两种汇合到超细碎堆存胶带机上，同步下料堆存于超细碎调节料仓中。不同生产模式料源有不同的料源组合：

①全粒级出成品生产模式料源组合（$S_中 + S_返 + S_多$）：中细碎中间产品（5～40mm）$S_中$ + 超细碎超径返程料（25～40mm）$S_返$ + 多余粒级（3～8mm）$S_多$。

②不出成品大石生产模式料源组合（$S_中 + S_返 + S_多 + S_大$）：中细碎中间产品（5～40mm）$S_中$ + 超细碎超径返程料（25～40mm）$S_返$ + 多余粒级（3～8mm）$S_多$ + 返程大石 $S_大$（16～31.5mm）。

③不出成品小石生产模式料源组合（$S_中 + S_返 + S_多 + S_小$）：中细碎中间产品（5～40mm）$S_中$ + 超细碎超径返程料（25～40mm）$S_返$ + 多余粒级（3～8mm）$S_多$ + 返程小石（5～16mm）。

④只制砂闭路生产模式（$S_中 + S_返 + S_多 + S_大 + S_小$）：中细碎中间产品（5～40mm）$S_中$ + 超细碎超径返程料（25～40mm）$S_返$ + 多余粒级（3～8mm）$S_多$ + 返程大石（16～31.5mm）+ 返程小石（5～16mm）。

（2）分类均质化处理。

①通过生产性工艺试验，分别测定出（$S_中 + S_返 + S_多$），（$S_中 + S_返 + S_多 + S_大$），（$S_中 + S_返 + S_多 + S_小$），（16～31.5mm）四种生产模式超细碎料源的平均粒径，并按四种模式分别测定调节料仓各下料点（给料机安装位置）的平均粒径，计算出四种模式下该

部位在不同料源状况下质量加权平均粒径。分别计算出四种模式料源平均粒径，见表5-6。

表5-6 四种模式料源平均粒径

粒级（mm）		权重	计算式	小计（mm）
上限	下限			
40	20	K_1	$(40+20) \div 2 \times K_5$	D_1
20	10	K_2	$(20+10) \div 2 \times K_6$	D_2
10	5	K_3	$(10+5) \div 2 \times K_7$	D_3
5	3	K_4	$(5+3) \div 2 \times K_8$	D_4
平均粒径			$(D_1+D_2+D_3+D_4)$	$D_{控}$

②通过表5-6计算出料源综合平均粒径 D 控制值，然后分别计算出不同给料机给料平均粒径，通过三维图形模拟计算出各给料机控制料源质量比例，计算出各优化组合给料机给料掺配比例，使优化组合后质量加权平均粒径与控制值基本相符。按表5-7分别计算出各种模式给料量。

表5-7 给料点优化组合计算表

组合模式	组合参数			组合权重（%）	计算式	偏差率 $P=(D_{组} \div D_{控})\%$
	编号	D_g（mm）	预控权重（%）			
G1+G2+G3	G1	D_{g1}	$K_{控1}$	$K_{组1}$	$D_{组}=D_{g1} \times K_{组1} + D_{g2} \times K_{组2} + D_{g3} \times K_{组3}$	98% ~ 102%
	G2	D_{g2}	$K_{控2}$	$K_{组2}$		
	G3	D_{g3}	$K_{控3}$	$K_{组3}$		

注：1. 预控权重为该给料机在料堆高度组大时，能自动溜下的矿石量占所有给料机能自动溜料矿石量的比例。

2. 当组合权重较控制权重超出±5%时，应重新调整组合模式。

3. 给料机组合数量不超过3个，推荐2个组合为佳。

2. 电机转速调节控制

目前全球知名品牌的立轴式破碎机，最高线速度为85m/s，在进料粒径粒级、含水率满足要求的前提下，其破碎效率基本可满足各类岩石制备机制砂石的要求。在破碎不同母岩及生产不同标准产品时，同一线速度，其破碎效果差异较大。线速度的大小主要取决于电机转速度的高低。电机转速主要通过变频器控制调整。

3. 筛分分级控制参数调节方法

通过生产性工艺试验，确定各层筛网最佳组合。在破碎进料及工况调控的前提下，生产出的各级产品比例一般波动较小。若各层数量及比例发生变化，则有可能是筛网孔径磨损、破损、堵塞及其他原因导致的漏、堵料所致。可通过故障预警提示运行人员排除故障。

4. 超细碎破碎和筛分分级智能控制

（1）料源均质化智能控制。

通过料源质量加权平均直径的技术，将料源中各粒级分布的图形分析转化为量化分析。通过技术获得各种组合模式下各给料机的给料比例。因此，只要能实现量化控制，则可实现料源均质化控制。目前，砂石系统主要调节料仓（含半成品仓）为振动给料机，振动给料机给料量主要通过振动频率控制。通过变频控制柜可控制给料机频率。给料机下位机为胶带机，若胶带机具备分别计量功能，然后通过DCS对其智能控制，则可实现单台给料机量化控制给料。根据比例控制，即可获得均质均衡料源。料源均质化智能控制原理如图5-30所示。

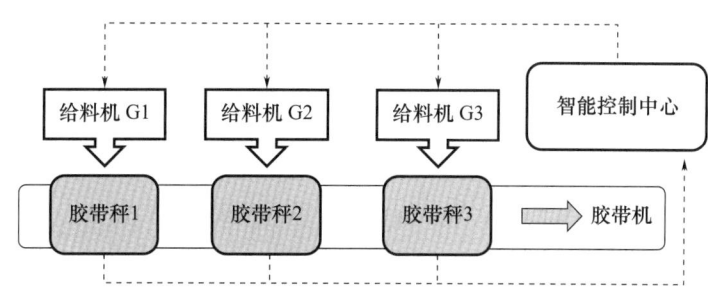

图 5-30　料源均质化智能控制原理图

其控制原理说明如下：

①智能控制中心下达智能给料指令后，组合的三台给料机按比例预设频率运行，当给料量大于破碎机受料范围时，则三台给料机同比例减少给料量，反之则同比例增加给料量。

②计量胶带机为各台给料机给料量计量装置，各给料计量值如下：

G1 给料量为胶带秤1计量值；

G2 给料量＝胶带秤2计量值－胶带秤1计量值；

G3 给料量＝胶带秤3计量值－（胶带秤1计量值+胶带秤2计量值）。

③计量胶带机数据传输至智能控制中心，智能控制中心智能计算并调整各给料机频率，从而实现量化均质控制。

（2）破碎与筛分智能化控制。

基于调节料仓配料时，已解决多粒级优化组合问题，为立轴绿色高效低耗整形破碎创造了良好条件。因此，不同生产模式下，均质化料源进量、破碎机转速参数不同，同时需要检测破碎转子电流，其负荷电流平稳，则破碎机工况正常。同时，对筛分分级的各级料采用计量胶带机计量，检测各级分级比例。当上述参数变化范围超过预控制值时，则自动调节或预警。其控制原理如图5-31所示。

（3）控制原理说明。

从理论上来讲，在料源均质的前提下，立轴破碎处理能力波动较小，通过调节料仓的料源均质调控，其处理能力均衡性较好。但由于料源调控波动或其他因素的变化，破碎机运行参数也会发生变化。因此，实时采集破碎机运行参数，通过运行参数分析，向上位给料机发布修正参数调整指令或发出预警，能有效保证系统的均衡运行，从而达到绿色高效低耗整形破碎的工艺目标。运行参数采集的目的如下：

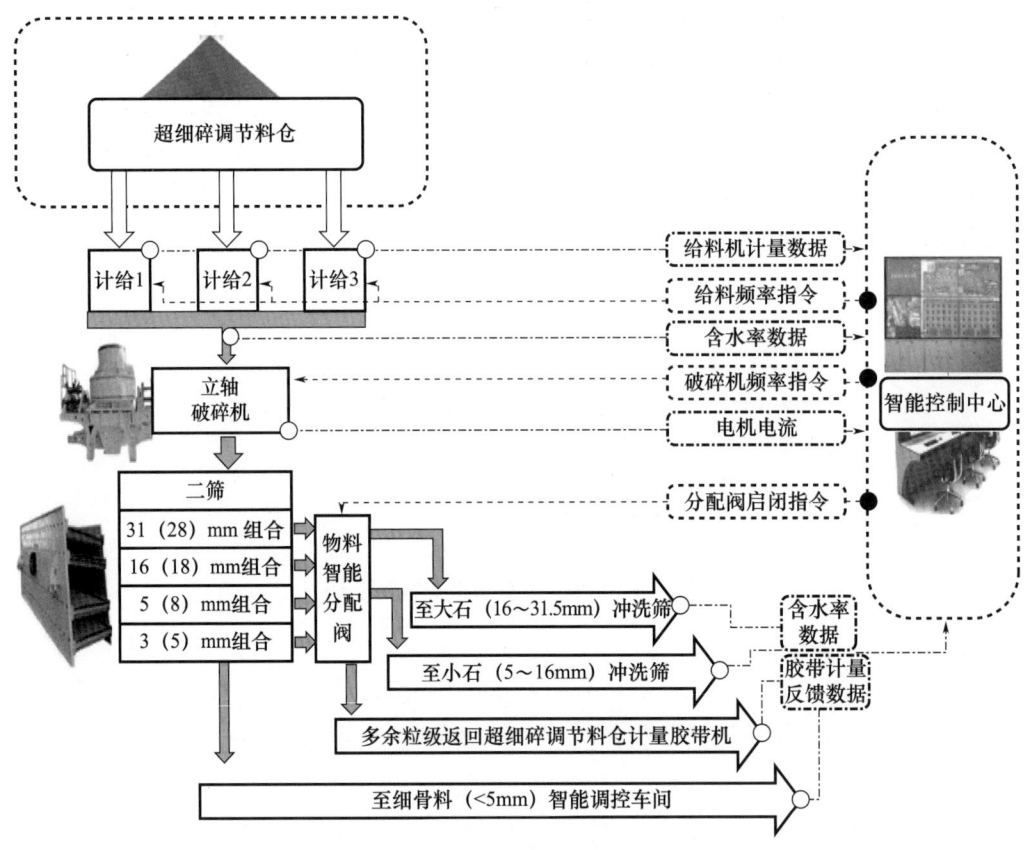

图5-31 破碎筛分智能控制流程图

①生产模式参数：超细碎车间根据成品种类，有四种不同料源组合，四种料源组合下，要达到不同工艺目的，其对应进料量、电机转速及破碎效率不同。通过对近十条砂石系统生产线工艺性试验数据的分析得知，不同料源组合下，立轴破处理量、转速、破碎效率较大，生产出的产品粒径、粒形、粒级分布差极大。其调控参数应根据生产性试验确定。其调节规律见表5-8。

表5-8 立轴破运行参数调节规律

生产模式	料源组合模式	立轴破运行参数调节规律		
		进料量	电机转速	成砂率
全粒级出料	$(S_中+S_返+S_多)$			
不出16~31.5mm粒级	$(S_中+S_返+S_多+S_大)$			
不出5~16mm粒级	$(S_中+S_返+S_多+S_小)$			
只生产5mm以下粒级	$(S_中+S_返+S_多+S_大+S_小)$			

②进料量：在均质均衡破碎的前提下，均衡进料能有效保证产品粒形、粒径、粒级稳定，当发生进料变化时，智能控制系统能智能调节各给料机进料量，确保进料量均衡。

③破碎机电流：破碎机电流发生波动的原因比较复杂，当智能控制系统排除因进料量变化导致的电流变化后，一般通过预警报告人为排除故障。

④筛分后单粒级产量及占比：在均质均衡进料、立轴破工况良好、筛分设备无异常的前提下，各单粒级产量及占比波动较小。反之，则上述部位有可能发生了问题，需通过预警人为排除相关问题。

5. 超细破碎和筛分设备智能控制参数

（1）进料与立轴破智能控制参数见表5-9。

表5-9 进料与立轴破智能控制参数

预警项目	判别标准		智能调控
正常运行	进料量偏差	±3%	实时料位反馈信息，进料偏差控制在±3%，达到均衡均质破碎的目的。此工况下进出料量差±1%范围内，电机电流波动±5%
	破碎机电流	±5%	
进料量偏差超标	进料量偏差	>103% 或 <98%	智能调节各给料机振动频率，同比例增加或减少给料量。若出现无法智能调节时，有可能出现堵料或给料位置无料，则智能切换组合方式或预警
	破碎机电流	±5%	
进料平均粒径超出控制值 D组 >1.02$D_{控}$	进料量偏差	±3%	按比例增减大粒径给料机给料量，同时减少小粒径给料量。增减比例不宜超过±2%。经调整后恢复正常运行，若不能恢复正常运行，则预警
	破碎机电流	>1.05$I_{荷控}$	
进料平均粒径超出控制值 D组 >0.98$D_{控}$	进料量偏差	±3%	按比例增加大粒径给料机给料量同时减少小粒径给料量。达到电机在限值范围内运行为止，增减比例不宜超过±2%。经调整后恢复正常运行，若不能恢复正常运行，则预警
	破碎机电流	>0.95$I_{荷控}$	

（2）筛分分级智能参数调控表见表5-10和表5-11。

表5-10 检测参数表

检测项目	进料量 (t/h)	>3.15mm 粒级输送量 (t/h)	16~31.50mm 粒级输送量 (t/h)	16~31.50mm 粒级输送量 (t/h)	3~8mm 粒级输送量 (t/h)	>5mm 粒级输送量 (t/h)	各级骨料含水率 (%)
测定值	$m_{进料}$	$m_{返程}$	$m_{大石}$	$m_{小石}$	$m_{多}$	$m_{干砂}$	h

表5-11 智能调控及预警参数表

控制指标	判别标准	智能调控	备注
>31.5mm 返程料占比 ($m_{返程}$ ÷ $m_{进料}$) ×100%	超出±3%控制范围	①$m_{返程}$↑： $m_{大石}$↓，预警项目：第一层筛网堵塞或$m_{进料}$进料粒级变化 $m_{小石}$↓ 预警项目：第三层筛网漏料或筛孔磨损，或$m_{进料}$进料粒级变化 $m_{干砂}$↓，预警项目：第四层筛网堵塞或$m_{进料}$进料粒级变化	↑：增长 ↓：下降

续表

控制指标	判别标准	智能调控	备注
—	—	②$m_{返程}$↓： $m_{大石}$↑，预警项目： 第一层筛网漏料或筛孔磨损，或 $m_{进料}$ 进料粒级变化 $m_{小石}$↑，预警项目： 第三层筛网堵塞，或 $m_{进料}$ 进料粒级变化 $m_{干砂}$↑，预警项目： 第四层筛网堵塞或 $m_{进料}$ 进料粒级变化	—
大石（16~31.5mm）占比 （$m_{大石} \div m_{进料}$）×100%	超出±3% 控制范围	①$m_{大石}$↑： $m_{返程}$↓，预警：第一层筛网漏料或筛孔磨损 $m_{小石}$↓，预警：第二层筛网堵塞 ②$m_{大石}$↓： $m_{返程}$↑，预警：第一层筛网堵塞 $m_{小石}$↑，预警：第二层筛网漏料或筛孔磨损 非①和②原因，则为设备故障或进料粒级变化	↑：增长 ↓：下降
小石（5~16mm）占比 （$m_{小石} \div m_{进料}$）×100%	超出±3% 控制范围	①$m_{小石}$↑： $m_{大石}$↓，预警：第二层筛网漏料或筛孔磨损 $m_{多}$↓，预警：第三层筛网堵塞 ②$m_{小石}$↓： $m_{返程}$↑，预警：第二层筛网堵塞 $m_{多}$↑，预警：第三层筛网漏料或筛孔磨损 非①和②原因，则为设备故障或进料粒级变化	↑：增长 ↓：下降
干砂（>5mm）占比 （$m_{干砂} \div m_{进料}$）×100%	超出±3% 控制范围	①$m_{干砂}$↑： $m_{多}$↓，预警：第五层筛网漏料或筛孔磨损 ②$m_{小石}$↓： $m_{多}$↑，预警：第五层筛网堵塞 非①和②原因，则为设备故障或进料粒级变化	

5.6.5 机制砂石生产质量在线监测智能化控制

5.6.5.1 机制砂含水率在线监测及自动控制

1. 在线监测及自动控制的目的和意义

目前砂含水率主要是通过人工取样试验得出结果，如结果不合格，需人工调整相关设备后再取样试验直至合格，工序复杂，费时费力。

将砂含水率自动检测设备、现场给水管道电磁比例阀、干砂和湿砂比例分配器、砂石系统中控设备有机结合，实现砂含水率自动检测及自动控制，解决人工反复取样试验、人工反复调节的复杂过程，节省人力资源，保证成品砂高品质，提高系统产能。

2. 机制砂含水率在线监测及智能控制方案

机制砂加工工艺制砂主要通过制砂车间实现，制砂车间转料仓通过给料机给料进入制砂机，制砂机破碎后进入筛分机，筛分机筛分后的砂经过洗砂机冲洗后进入脱水筛，经过脱水筛脱水后进入胶带机。还有一部分砂来自中、细碎筛分车间和细砂回收车间。来自不同途径的不同参数的砂按照一定的比例在胶带机上混合输送到成品仓。智能控制中心采集安装在各分支胶带机和混合进仓胶带机上的含水率检测仪检测各路来料含水率数据、各路管道流量计数据，上位机根据这些数据与设定标准值进行比较，判断胶带机上的物料含水率是否在6%的合格范围内。不合格，上位机发出指令自动调节螺旋洗砂机的转速，通过升降电机调节洗砂机叶片间隙，自动调节给水阀门的大小和阀门数量，直到含水率检测仪检测的含水率合格，上位机根据电子流量计的具体流量进行整理，绘制含水率与水流量的比例关系曲线，以评判砂的含水率是否合格。最后，在进仓胶带机上检测砂的含水率是否在6%的控制范围内，并根据进仓胶带机的总体混合砂监测数据，确定各个管路的电动阀是否开启和关闭。

选用自动检测设备为自动水分控制系统（JZ-41CK），是在在线式红外水分仪（JZ-41C）的基础上加入了控制输出功能。先设定目标水分值，再通过在线式红外水分仪测量出当前实际水分值，将数据传输到FCS（现场总线控制系统）控制器，FCS根据测量值与设定值比较计算后输出控制接点到控制屏内控制线路中，自动控制变频调节洗砂机转速，通过洗砂机升降电机调节螺旋叶片间隙，调节给水管道比例阀等执行机构，控制干砂湿砂参合比例及给水量大小，自动实时调节含水率，有利于水分数据的实时采集、分析、管理，并为生产工作起指导性作用。系统由在线非接触式物料水分检测仪、西门子DCS（集散控制系统）、触摸屏或计算机组成。为增加可靠性，系统选用JZ-41T在线红外水分仪为检测含水率设备，为保证通信稳定，41T水分仪自带以太网TCP通信传输速度100M/S。其自动控制原理结构如图5-32所示。

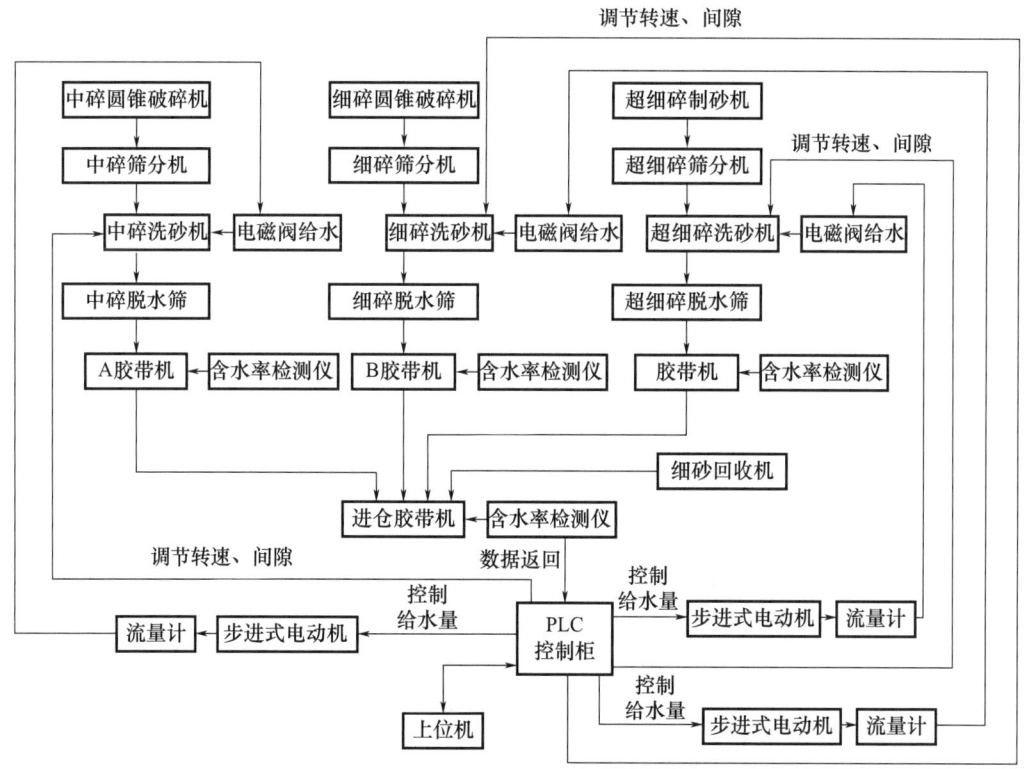

图5-32　砂含水率自动控制原理结构图

3. 主要检验方法及计算方式

在洗砂机进水管上使用步进式电动机，由电动阀控制出水流量和流速的大小，通过流量计计量用水方量，通过各条脱水筛出料胶带机的含水量检测仪检测，可以判定是哪条胶带机的砂的含水率不合格，并根据步进式电动机供水阀的开度位置、流量计的流量大小及含水率检测装置的反馈数据，通过计算机的软件计算得出需要调整的步进式电动机开度，从而满足生产加工的需要。具体见表5-12的数据和计算公式。

表5-12 砂含水率主要检验方法及计算公式

破碎机设备生产100t的时间（min）：VS1500R，775t/h，生产100t需要的时间是0.129h或7.74min。						
含水率检测值（%）	6.0	6.1	6.2	6.3	6.4	6.5
供水管径	内径50（mm）、内层截面0.001963m^2					
电动阀的开度（%）	14.14	14.38	14.62	14.86	15.1	15.34
管内流速（m/s）	6.57	6.68	6.79	6.9	7.01	7.12
流量（m^3/h）	46.45	47.22	48	48.76	49.53	50.03
6m^3水需要时间	7.74min					
计算公式：开度=流速/流量，可以计算6%的含水率的电动阀的开度。如果流量超标，流速也有变化，通过DCS计算出一个新的调整值，DCS执行元件调整电动阀的开度，从而调整到需要的6%内的含水率						

用计算机的软件设定计算公式，在生产过程中通过电动阀开度与管道流速和流量的关系，通过给水量多少的搭配，通过计算机的精准计算并对加水量进行调整，可以精准控制砂石骨料含水量，从而达到半干式生产砂的合格率。智能控制逻辑如图5-33所示。

5.6.5.2 机制砂细度模数在线监测智能化控制

1. 砂的细度模数控制指标

砂的细度模数是在混凝土中表示砂、石粗细程度的一种指标，是衡量机制砂质量的一个重要指标，直接影响到混凝土的和易性、强度、抗渗性及经济指标。成品砂的细度模数为2.4~2.8。

2. 机制砂细度模数自动控制的目的

目前，机制砂细度模数靠人工反复调整和试验控制，调整时间较长，占用系统运行时间，采用自动控制不但节省人力和时间，而且控制指标更加准确。

3. 砂细度模数自动控制原理

本方案依据机制砂石系统"半干法"制备工艺标准化流程来完成。机制砂石加工系统生产砂的路径有两条：

（1）主要路径：来源于砂石系统制砂车间，由制砂车间转料仓给料机给料进入制砂机，制砂机破碎后进入筛分机，筛分机筛分后出现两种粗细不同的砂，细砂经过水洗脱水后进入成品输送胶带机。粗砂经过分料器分成两部分：一部分经过立磨机整形后进入成品输送胶带机，另一部分属于多余部分，返回制砂机。

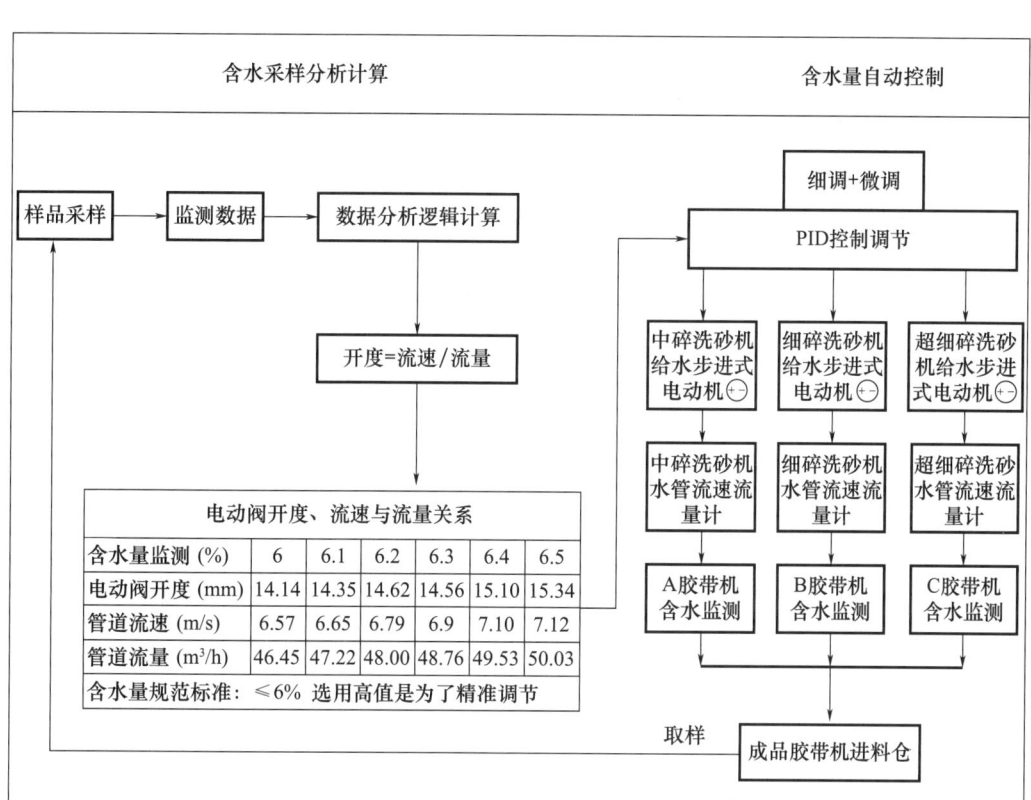

图 5-33 智能控制流程图

（2）次要路径：来源于中碎筛分车间、细碎筛分车间、细砂回收车间。

两条路径生产五种不同规格的砂，按照一定的比例同时进入成品输送胶带机进行混合后输送到成品仓。在此环节中影响成品砂细度模数的因素是筛分机筛分后粗砂和细砂的掺和比例、给料机给料数量、制砂机转速等。其中最关键的就是筛分机分料器分料比例。经筛分机筛分后有两种粗细不同的砂，细砂进入 1 号皮带秤称量后再进入成品输送胶带机；粗砂经分料器分成两部分：一部分进入 2 号皮带秤称量后再进入成品输送胶带机与细砂混合，另一部分是多余部分，返回制砂车间转料仓。来源于筛分车间和细砂回收车间的砂也直接进入成品输送胶带机。五种砂按照一定的比例综合后就可得到成品砂的合格细度模数。

自动控制：通过上位机在 DCS 中预先设定混合比例及标准细度模数值，在粗砂和细砂出口加装皮带秤，称量两种砂的重量。在成品胶带机旁边安装细度模数检测仪。将皮带秤称量数据和检测仪监测数据返回控制室 DCS 控制系统，DCS 系统根据返回数据与预设数据对比、计算、命令自动控制电动分料器分料门的行程，调节粗砂和细砂的进料量；变频调速控制给料机给料总数量；变频调节制砂机的转速调节破碎粒径（转速变化破碎后砂的粒径随之变化），从而有效地控制砂的细度模数，使其始终保持在合格范围内，保证成品砂生产的稳定性。具体控制如图 5-34 至图 5-36 所示。

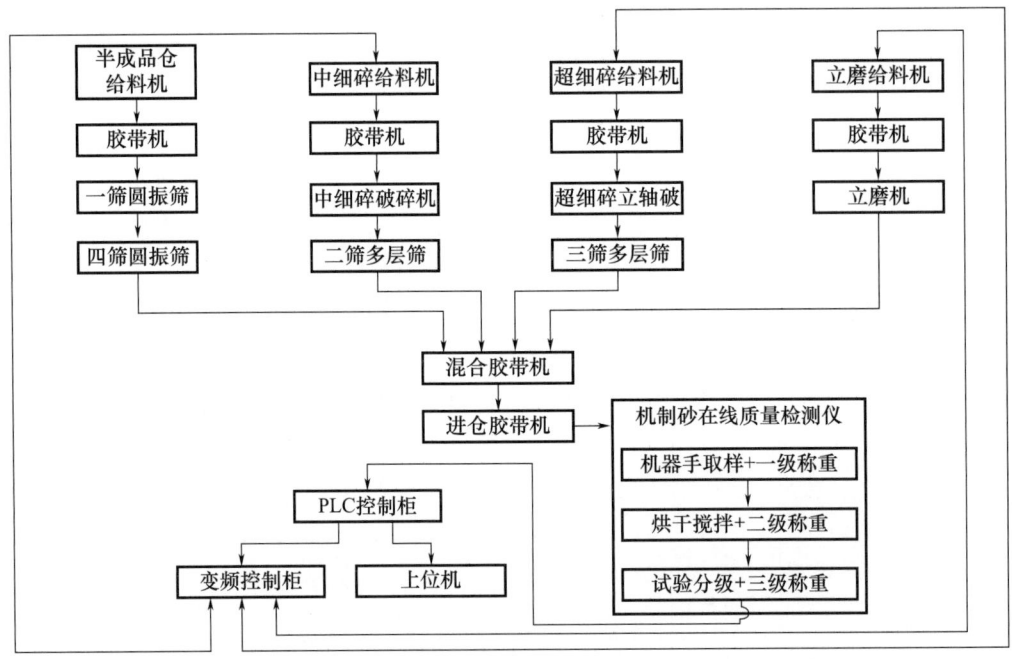

图 5-34　智能控制流程图

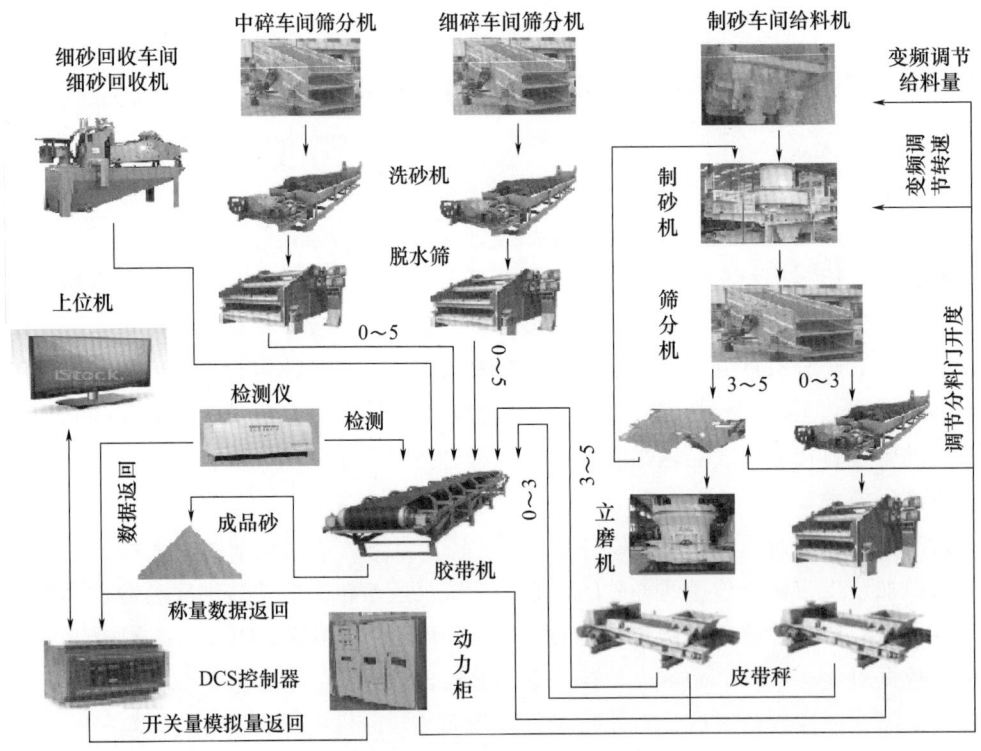

图 5-35　智能控制模拟示意图

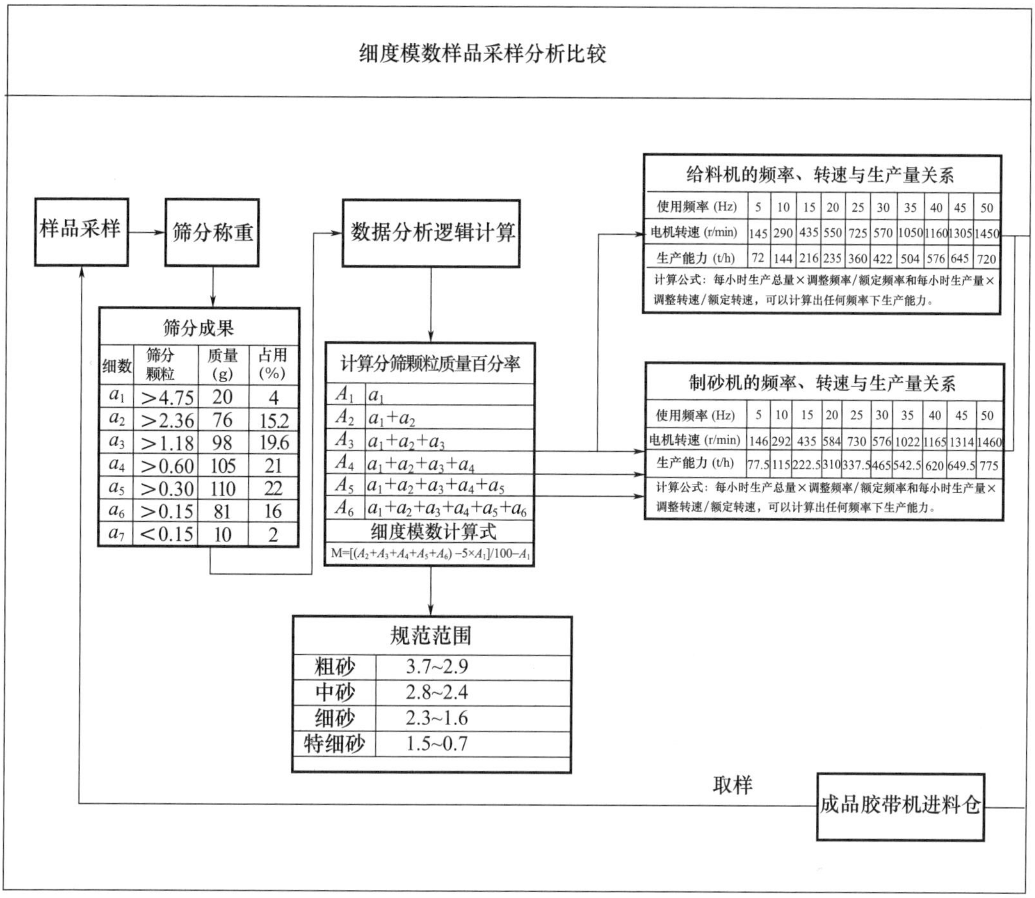

图 5-36 智能控制逻辑图

4. 主要检验方法及计算方式

在进仓（<5mm 机制砂）胶带机取样，进行称重（约 500g）；搅拌烘干和二级称重；进入筛分和分级称重。筛分试验数据分级类别见表 5-13。

表 5-13 500g 砂筛分试验、筛分结果

颗粒尺寸（mm）	>4.75	>2.36	>1.18	>0.6	>0.3	>0.15	<0.15
各类颗粒质量（g）	20	76	98	105	110	81	10

注：计算此砂的细度模数，确定此砂的种类。

（1）计算各类颗粒质量百分率。

总质量 $G = 20 + 76 + 98 + 105 + 110 + 81 + 10 = 500g$。

计算分筛颗粒质量百分率分别是

$a_1 = 4\%$，$a_2 = 15.2\%$，$a_3 = 19.6\%$，$a_4 = 21\%$，$a_5 = 22\%$，$a_6 = 16.2\%$，$a_7 = 2\%$

（2）计算累计筛余百分率。

$A_1 = a_1 = 4\%$；$A_2 = a_1 + a_2 = 3\% + 15.2\% = 18.2\%$；$A_3 = a_3 = a_1 + a_2 + a_3 = 4\% + 15.2\% + 19.6\% = 38.8\%$；

$A_4 = a_1 + a_2 + a_3 + a_4 = 4\% + 15.2\% + 19.6\% + 21\% = 59.8\%$；

$A_5 = a_1 + a_2 + a_3 + a_4 + a_5 = 4\% + 15.2\% + 19.6\% + 21\% + 22\% = 81.8\%$；

$A_6 = a_1 + a_2 + a_3 + a_4 + a_5 + a_6 = 4\% + 15.2\% + 19.6\% + 21\% + 22\% + 16.2\% = 98\%$。

（3）计算细度模数：

细度模数 $M = [(A_2 + A_3 + A_4 + A_5 + A_6) - 5 \times A_1]/100 - A1 = [(18.2 + 38.8 + 59.8 + 81.8 + 98) - 5 \times 4]/100 - 4 = 2.88$

根据规范规定，砂的细度模数共分为4种规格：粗砂是3.7~2.9、中砂是2.4~2.8、细砂是2.3~1.6，特细砂是1.5~0.7，此级别的砂属于中砂类 [因为还有2%筛底砂（石粉）未列入]。此计算方式在计算机中能直接计算完成，得出正确结果。在任何项目中，均可用机制砂在线监测仪进行各类砂石的现场在线监测。

5. 细度模数在线控制的关键技术

根据在线监测数据分析，一般从0~100%的骨料中都能检测出砂骨料的品质（一般情况下粗砂是3.7~2.9、中砂是2.4~2.8、细砂是2.3~1.6、特细砂是1.5~0.7），生产加工可以根据客户要求进行生产线加工的调整。在DCS软件编程上使用公式编程法进行编程，设n个物料从颗粒尺寸大到小的质量别为N_1、N_2、N_3、…、N_n，其总质量为N。其质量百分比分别为$a_1 = \frac{N_1}{N}\%$、$a_2 = \frac{N_2}{N}\%$、$a_3 = \frac{N_3}{N}\%$、…、$a_n = \frac{N_n}{N}\%$。

计算每个种类的累积筛分百分率A：$A_1 = a_1 = \frac{N_1}{N}\%$、$A_2 = a_1 + a_2 = \frac{N_1}{N}\% + \frac{N_2}{N}\%$、$A_3 = a_1 + a_2 + a_3 = \frac{N_1}{N}\% + \frac{N_2}{N}\% + \frac{N_3}{N}\%$、…、$A_n = a_1 + a_2 + a_3 + \cdots + a_n = \frac{N_1}{N}\% + \frac{N_2}{N}\% + \frac{N_3}{N}\% + \cdots + \frac{N_n}{N}\%$；

计算细度模数 $M = [(A2 + A3 + A4 + A5 + A6) - 5 \times A1]/100 - A1$。

根据客户要求，通过调整变频给料机的转速和变频制砂机的转速，可以达到生产所需要的产品。

（1）给料机的下料是根据0~720t/h计算的，根据变换频率的大小，调整生产能力。生产能力调整见表5-14。

表5-14　生产能力调整

使用频率（Hz）	5	10	15	20	25	30	35	40	45	50
电机转速（r/min）	145	290	435	580	725	870	1015	1160	1305	1450
生产能力（t/h）	72	144	216	288	360	432	504	576	648	720

计算公式：每小时生产总量×调整频率/额定频率和每小时生产总量×调整转速/额定转速，可以计算任何频率下的生产能力，从而调整到需要的产品规格。

（2）变频制砂机产量一般是根据开口调整得出产量的，开口调到50mm（标准开口），生产量是775t/h，根据变换频率的大小，调整生产能力。开口调整见表5-15。

表 5-15 开口调整

使用频率（Hz）	5	10	15	20	25	30	35	40	45	50
电机转速（r/min）	146	292	438	584	730	876	1022	1168	1314	1460
生产能力（t/h）	77.5	155	232.5	310	387.5	465	542.5	620	697.5	775

计算公式：每小时生产总量 ×调整频率/额定频率和每小时生产总量 ×调整转速/额定转速，可以计算任何频率下的生产能力，从而调整到需要的产品规格。

（3）在计算机的软件中设定计算公式，在生产过程中通过加工设备的转速调整和给料设备的下料多少的搭配，通过计算机的精准计算并对设备的转速进行调整，可以生产出需要的精品砂。

5.6.6 机制砂石粉含量双向智能精准控制技术

5.6.6.1 在线监测及自动控制的目的和意义

现有技术在机制砂生产过程中，石粉含量的控制通过人工手动调节达到相关规范的要求，从而达到了标准，而且现在的石粉控制基本只有单向剔除工艺。石粉的添加工艺主要是在混凝土生产过程中，将单独由制粉系统生产的石粉加到混凝土中。而石粉控制主要是对原料进行控制，当原料质量发生变化后，石粉添加量就随着原料的变化而变化。

研究发现，现有的同一套砂石系统当需要生产不同混凝土用砂时，只能按同一标准进行生产，不能根据混凝土要求进行调整，这会导致砂石骨料或混凝土生产成本增加，或混凝土质量波动大等。

5.6.6.2 在线监测及自动控制原理

本技术提供了一种方案：在机制砂生产中，通过对砂石粉含量的在线监测，将监测结果传递至上位机 CPU 数据处理中心；CPU 数据处理中心根据生产过程中各种成品砂石粉含量的变化情况和所需砂的石粉含量标准值进行对比，当偏差值大于设计允许偏差范围时，通过 DCS 控制系统输出接点控制生产系统设备做相应的动作。系统自动调节生产参数，从而实现人工砂石粉双向智能化精准调节。石粉含量智能控制原理如图 5-37 所示。

制砂机生产的砂进入分级选粉机后分成两部分：一部分是粗砂，经过胶带机输送到混合器；另一部分是石粉，石粉通过吸粉机进入粉罐，经过螺旋输送机输送到 1 号皮带秤，经皮带秤称量后进入混合器。其他一部分砂来自筛分车间和细砂回收线。两条生产线的砂和石粉同时进入混合器混合后经过胶带机送入 2 号皮带秤，经过 2 号皮带秤称量后进入成品仓。1 号皮带秤称量添加石粉的重量与 2 号皮带秤称量粗砂加石粉的总重量，两个称量数据反馈到 DCS 系统。石粉含量检测仪在 2 号胶带机上对混合砂进行检测，将检测石粉含量数据反馈到 DCS 系统。DCS 系统根据两个称量值计算出砂石粉含量的百分数及石粉含量监测数据，同预先在上位机系统 CPU 中设定的标准含量比较计算，当生产砂石粉含量与标准量发生偏差超出规定范围时，DCS 系统将自动控制屏内的变频器，调节变频控制的螺旋输送机电机转速，控制掺和石粉的给定量，从而保证生产成品砂的高品质。

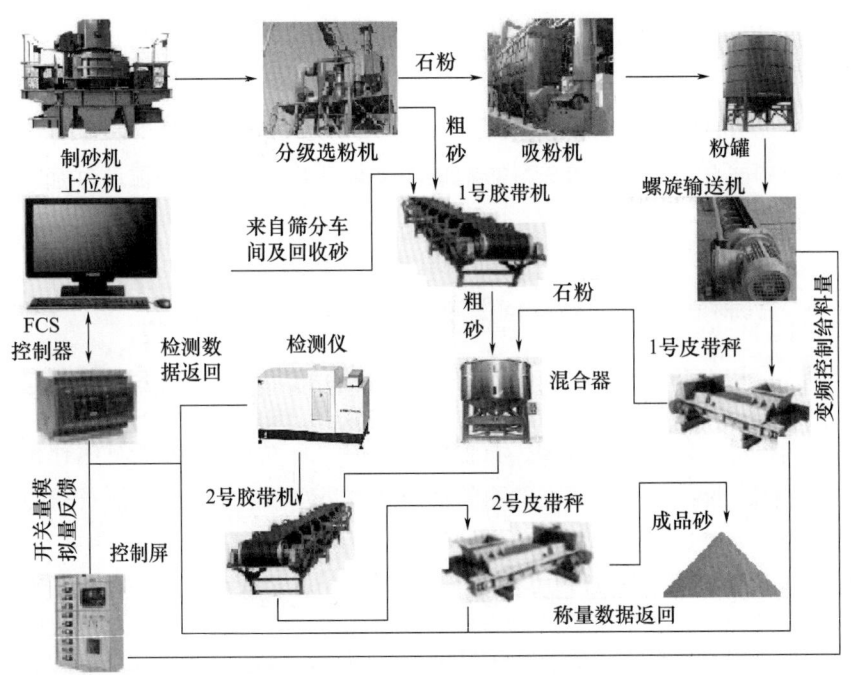

图 5-37　石粉含量智能控制原理图

5.6.7　机制砂石生产环境监测智能控制技术

5.6.7.1　噪声检测及报警系统

环境噪声会对交谈、思考、睡眠和休息产生干扰，为保护系统运维人员的健康和生存环境，需将环境噪声控制在国家规定的标准范围内。厂区噪声标准属于国家 3 类标准范围，其标准值为白天 65dB，夜间 55dB。当然，还可使用更高级的声场设备，除了对环境噪声的监测，还能对高频进行监测，高频能反映出机械的摩擦及振动频率并可定位声源，这为减少机械磨损、预警机械故障、延长机械寿命提供了可靠依据和保障。控制机制砂石系统噪声的主要措施：

（1）下料梭槽封闭和内装耐磨橡胶；
（2）筛分楼采用混凝土结构，进料落料点加装耐磨橡胶，全楼封闭并加装隔声棉；
（3）胶带机全封闭并加装隔声棉；
（4）各车间全封闭并加装隔声棉。

噪声监测装置对砂石系统进行噪声监测，噪声监测结果数据通过 485 接口传输到中控室,当监测值大于设定值时发出声光报警,对系统运行中存在噪声的生产环节进行动态跟踪处理,使厂区噪声标准值控制在国家 3 类标准范围之内。其监测设备为噪声传感器,是一款高精度的声音计量仪器,量程为 30~120dB,可满足工业测量要求。

5.6.7.2 粉尘监测及智能控制系统

1. 目的和意义

目前砂石系统未设置粉尘实时在线监测与自动控制系统相结合的完整方案,系统虽然配置除尘器,但是未设置粉尘实时在线监测,无法自动控制,除尘器处于长期运行状态,浪费电能,而且光靠除尘器运行还不能彻底解决大面积扬尘问题,人为观察和感受灰尘大了,就用简单的水管或洒水车人工喷淋,浪费人力物力,达不到良好效果。为执行国家有关标准,以实现机制砂石加工系统绿色环保运行的最终目标,应设置粉尘监测与自动控制相结合的控尘方案。

2. 粉尘监测与自动控制方案

本方案就是在砂石系统加工区域安装多组粉尘监测设备(在线式激光粉尘仪)、除尘器、除尘喷雾机,除尘喷雾机装在一个便捷小车上可移动。粉尘监测设备对大气中粉尘含量进行实时动态监测,将监测数据信息传输到中控室,计算机系统根据监测数据与设定标准数据对比,当检测粉尘含量浓度大于设定值时,DCS 系统将自动启动电动除尘设备及电动除尘喷雾机,除尘设备及电动除尘喷雾机的数量根据系统规模配置,自动投入除尘设备及喷雾机的数量,自动调节喷雾机旋转角度,上下调节喷雾高度,自动调节压力。当检测粉尘含量浓度低于设定值时自动停止运行设备。自动运行替代人工处理达到灭尘目标,控制大气中粉尘含量浓度低于 5.0mg/m^3 的标准。粉尘监测及自动调整系统结构如图 5-38 所示。

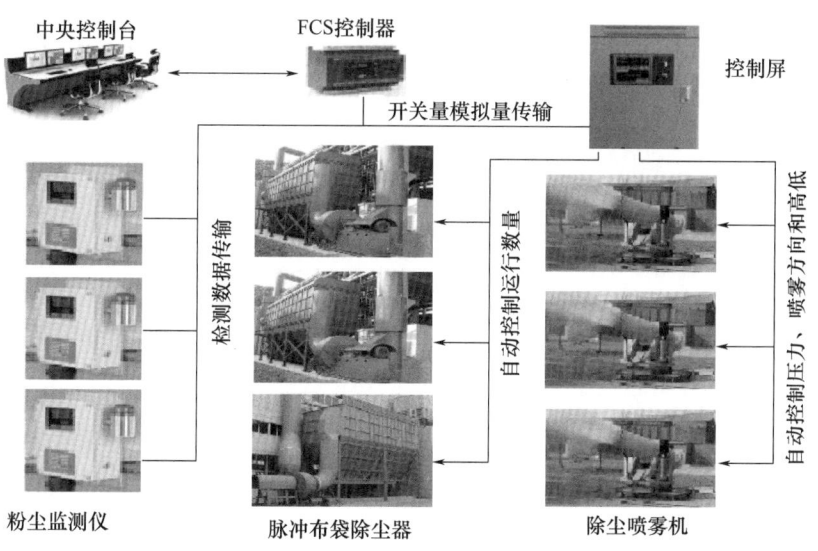

图 5-38　粉尘监测及自动调整系统结构示意图

在线监测系统由 1 个中心站和 n 个子站构成。在线激光粉尘仪作为终端，通过激光粉尘仪数据传输单元，实现粉尘仪（子站）与无线或有线网络的连接，再通过无线或有线网络连接 Internet 网络，将数据传送至数据中心（中心站），以实现数据从终端到数据中心，以及数据中心到终端的双向通信。

5.6.8 污水处理智能控制技术

5.6.8.1 废水处理系统检测控制流程

在废水处理系统运行过程中，系统运行是一个自动控制管理过程，需要根据废水处理悬浮物和浓度的指标范围，进行控制调节。而系统设备是由竖流澄清装置、高效快速澄清器、板框式压滤机、螺旋分级机、加药装置、管道泵、渣浆泵等组成的，这些设备采用人工操作管理时，配置人员数量较多。采用机制砂石系统废水处理智能化控制系统，使用的检测设备较为简单，如浓度检测仪、悬浮物检测仪、数字流量计、电动调节阀等，将其装在需要检测的部位即可。智能控制原理如图 5-39 所示。

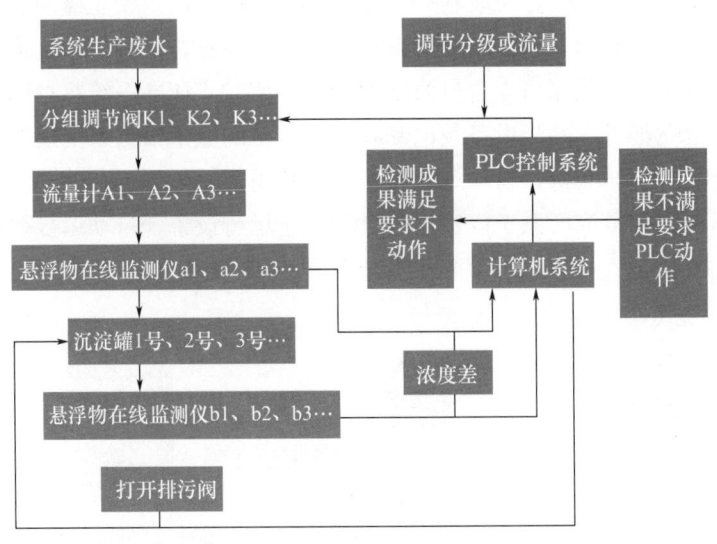

图 5-39　废水处理智能控制原理图

5.6.8.2 废水处理回收系统控制原理

系统运行过程中，调节各级废水处理系统的进水和出水的电磁阀控制系统运行过程中废水处理系统的液力分级组合罐、流量控制组合和废水悬浮物浓度监测器组合，对废水处理系统各个不同位置的液力分级罐进水和出水管上的电磁阀进行编号，并与对应的悬浮物浓度监测器对应。其次，根据液力分级原理，分析在不同的运行状态下废水悬浮物的变化趋势和运行线路组合方式，并将这些运行程序与废水处理系统的控制程序、DCS 控制系统联合运行。通过监控系统发回的数据上传至上位机进行数据分析，并根据分析成果指挥系统对相应设备的调整运行。具体实施管理流程如图 5-40 和图 5-41 所示。

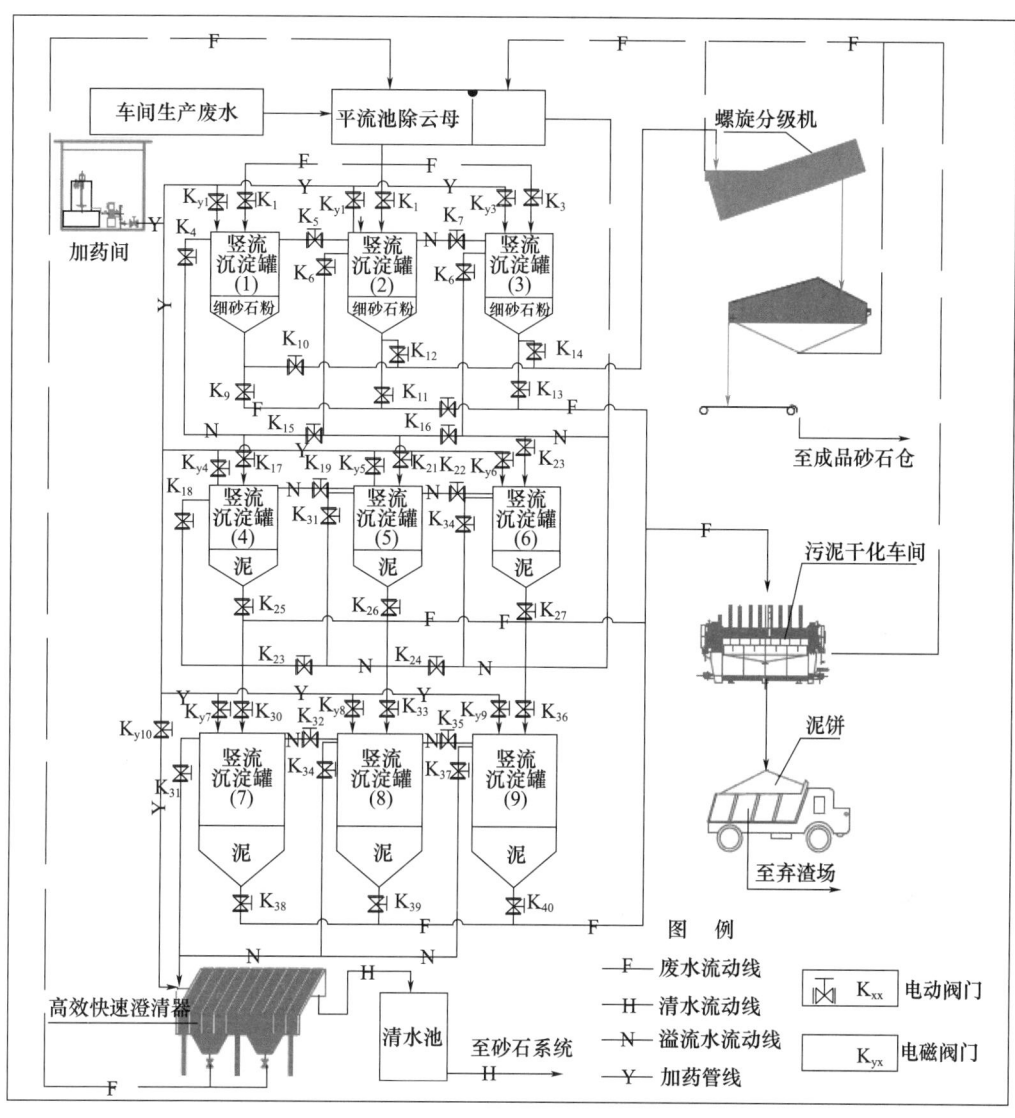

图 5-40　生产废水处理、细砂回收及中水回用流程图

5.6.8.3　机制砂石生产废水处理与中水回收利用工艺技术

1. 目的及主要技术

在机制砂生产工艺中，特别是在 GEPI 高品质砂石骨料生产工艺中，如果不采用水洗砂石骨料，机制砂石骨料会裹粉、含泥等，是难以达到Ⅰ类砂石骨料质量标准的。采用水洗砂石骨料后，会产生大量的生产污水，而且污水会带走砂石骨料中大量的细砂，在污水处理过程中，泥砂淤积在沉淀池中，降低了沉淀池的有效处理能力，降低了中水回用的水质质量。

传统机制砂石系统废水处理采用"一级回收，二级沉淀"工艺，具有细砂回收设备故障率高、维护困难的问题，而且回收的细砂未经过分级沉淀，造成泥、砂混合，生产污水浓度不稳定的现象，采用泥浆干化设备对泥砂进行脱水处理时，达不到处理效果。

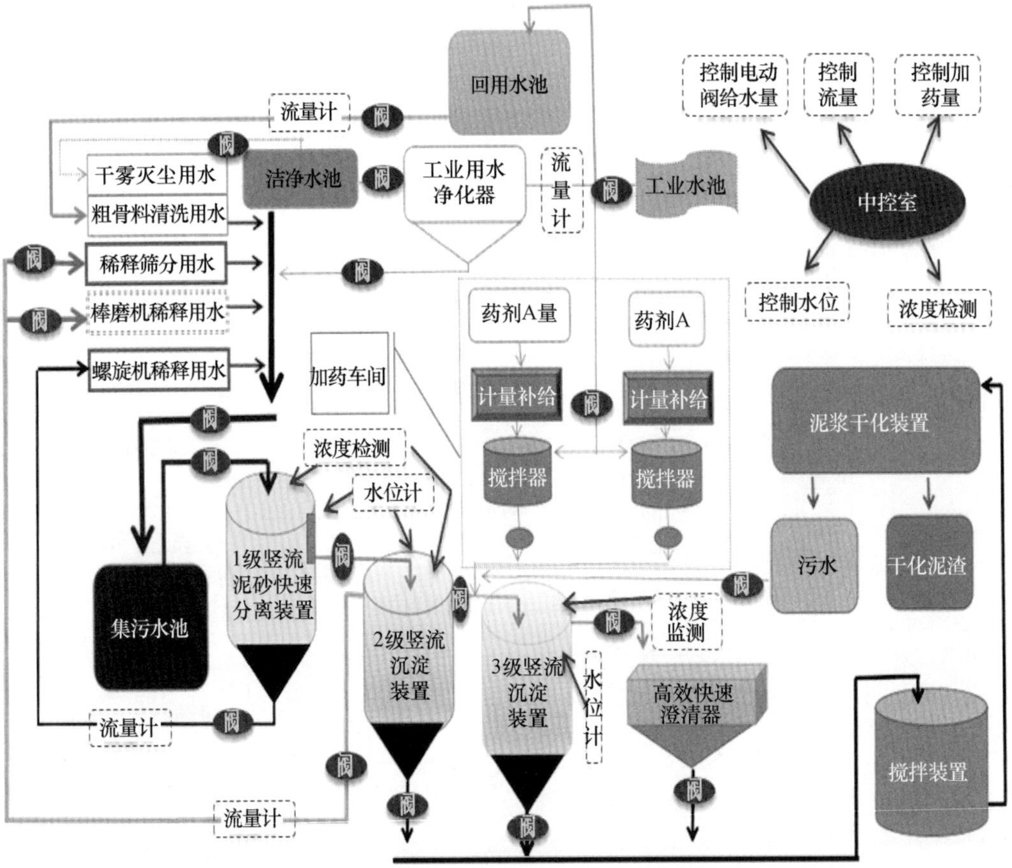

图 5-41 生产废水处理、细砂回收及中水回用控制模拟图

为解决机制砂石系统生产废水处理统工艺的缺陷,将传统的钢筋混凝土一级沉淀池改为钢结构形式的液力分级分离罐群,并采用多组并联与串联自由组合运行模式,通过控制废水的静置时间、流动速度对废水中有用部分的粉砂与无用部分的淤泥进行分离,并对有用部分的粉砂进行回收利用,提高废水利用率,实现废水"零排放"目标。

2. 研究方法及过程

根据水力学原理,水对泥砂的携带能力与废水的流速、浓度和运行方式有关。当悬浮物浓度小于液体比重时,悬浮物会浮在液体表面和水体一起运动。当悬浮物颗粒比重大于液体比重量时,只有在液体运动过程中摩擦力和浮力的合力大于悬浮物颗粒引力时,才会和水体一起动。砂石加工系统生产废水中主要的悬浮物不含泥、石粉和细砂,其比重都大于水。为了提高液力分级效果,只有当液体流动方向为由下向上竖直流动时,悬浮重力全部转化为阻力最大。另外,由于部分颗粒径较小,比表面积值大,受液力作用力较大,不易沉淀下来,需添加絮凝剂,将小颗粒凝聚成大颗粒后才能沉淀下来。液力分级分离罐群自由组分级技术主要是控制进入液力分级分离罐中的流量来控制液体的流动速度,在不同的沉罐中沉淀分级分离各种不同的粒径的悬浮物,处理原理如下:

（1）对一级液力分级分离罐内废水进行自然沉淀，在二级液力分级分离罐和三级或以下液力分级分离罐内添加絮凝剂，加快废水中悬浮物的沉淀速度。

（2）对各级沉淀罐内废水浓度进行检测，根据废水悬浮物浓度的范围，确定合理的沉淀罐组合线路，确保废水沉淀高效、经济。

（3）采用并联运行，各级液力分级分离罐中的废水在不同浓度下进行自然沉淀，然后对悬浮物浓度及罐底沉淀物进行取样，随后在实验室内进行检测、数据统计、分析，不同浓度各单组、双组和三组运行时各级沉淀罐的效果见表5-16至表5-18。其中，废水处理量不大于240m³/h，废水在罐中的流整分别为1组运约0.26cm/s，2组运约0.13cm/s，3组运约0.09cm/s。

表5-16 1组运行三级沉淀罐运行

检测组数	沉淀罐	悬浮物浓度（mg/L）	主要沉淀物粒径（mm）	沉淀物含量（%）	回收水悬浮物浓度（mg/L）
1	一级液力分级分离罐	56300	0.05~0.315	62.70	285
	二级液力分级分离罐	21000	≤0.05	24.33	
	三级液力分级分离罐	7300	≤0.05	7.90	
	高效快速澄清器	2855	≤0.05	4.57	
2	一级液力分级分离罐	36500	0.05~0.315	63.84	282
	二级液力分级分离罐	13200	≤0.05	23.01	
	三级液力分级分离罐	4800	≤0.05	6.34	
	高效快速澄清器	2487	≤0.05	6.04	
3	一级液力分级分离罐	72800	0.05~0.315	58.10	586
	二级液力分级分离罐	30500	≤0.05	26.10	
	三级液力分级分离罐	11500	≤0.05	10.16	
	高效快速澄清器	4100	≤0.05	4.83	
4	一级液力分级分离罐	73300	0.05~0.315	56.62	537
	二级液力分级分离罐	31800	≤0.05	29.60	
	三级液力分级分离罐	10100	≤0.05	8.32	
	高效快速澄清器	4000	≤0.05	4.72	
5	一级液力分级分离罐	49000	0.05~0.315	60.00	147
	二级液力分级分离罐	19600	≤0.05	27.14	
	三级液力分级分离罐	6300	≤0.05	8.34	
	高效快速澄清器	2215	≤0.05	4.22	
6	一级液力分级分离罐	64600	0.05~0.315	58.51	497
	二级液力分级分离罐	26800	≤0.05	26.63	
	三级液力分级分离罐	9600	≤0.05	9.29	
	高效快速澄清器	3600	≤0.05	4.80	

表5-17 2组并联运行三级沉淀罐运行

检测组数	沉淀罐	悬浮物浓度(mg/L)	主要沉淀物粒径(mm)	沉淀物含量(%)	回收水悬浮物浓度(mg/L)
1	一级液力分级分离罐	48600	0.05~0.315	67.08	68
	二级液力分级分离罐	16000	≤0.05	24.49	
	三级液力分级分离罐	4100	≤0.05	5.91	
	高效快速澄清器	1230	≤0.05	2.39	
2	一级液力分级分离罐	68500	0.05~0.315	65.69	97
	二级液力分级分离罐	23500	≤0.05	26.09	
	三级液力分级分离罐	5630	≤0.05	6.12	
	高效快速澄清器	1441	≤0.05	1.96	
3	一级液力分级分离罐	69800	0.05~0.315	65.19	94
	二级液力分级分离罐	24300	≤0.05	25.50	
	三级液力分级分离罐	6500	≤0.05	7.07	
	高效快速澄清器	1567	≤0.05	2.11	
4	一级液力分级分离罐	57300	0.05~0.315	68.24	76
	二级液力分级分离罐	18200	≤0.05	23.39	
	三级液力分级分离罐	4800	≤0.05	6.10	
	高效快速澄清器	1302	≤0.05	2.14	
5	一级液力分级分离罐	76000	0.05~0.315	64.87	112
	二级液力分级分离罐	26700	≤0.05	26.05	
	三级液力分级分离罐	6900	≤0.05	6.97	
	高效快速澄清器	1603	≤0.05	1.96	
6	一级液力分级分离罐	63300	0.05~0.315	66.03	93
	二级液力分级分离罐	21500	≤0.05	25.28	
	三级液力分级分离罐	5500	≤0.05	6.39	
	高效快速澄清器	1458	≤0.05	2.16	

表5-18 3组运行三级沉淀罐运行

检测组数	沉淀罐	悬浮物浓度(mg/L)	沉淀物粒径(mm)	沉淀物含量(%)	回收水悬浮物浓度(mg/L)
1	一级液力分级分离罐	76200	0.05~0.315	69.03	76
	二级液力分级分离罐	23600	≤0.05	24.67	
	三级液力分级分离罐	4800	≤0.05	4.96	
	高效快速澄清器	1020	≤0.05	1.24	
2	一级液力分级分离罐	29500	0.05~0.315	77.97	46
	二级液力分级分离罐	6500	≤0.05	14.19	
	三级液力分级分离罐	2314	≤0.05	6.02	
	高效快速澄清器	537	≤0.05	1.66	

续表

检测组数	沉淀罐	悬浮物浓度（mg/L）	沉淀物粒径（mm）	沉淀物含量（%）	回收水悬浮物浓度（mg/L）
3	一级液力分级分离罐	69600	0.05～0.315	71.84	63
	二级液力分级分离罐	19600	≤0.05	21.78	
	三级液力分级分离罐	4438	≤0.05	4.99	
	高效快速澄清器	968	≤0.05	1.30	
4	一级液力分级分离罐	49000	0.05～0.315	74.29	45
	二级液力分级分离罐	12600	≤0.05	19.69	
	三级液力分级分离罐	2953	≤0.05	4.68	
	高效快速澄清器	661	≤0.05	1.22	
5	一级液力分级分离罐	83200	0.05～0.315	69.83	96
	二级液力分级分离罐	25100	≤0.05	24.33	
	三级液力分级分离罐	4860	≤0.05	4.33	
	高效快速澄清器	1258	≤0.05	1.40	
6	一级液力分级分离罐	53700	0.05～0.315	75.05	62
	二级液力分级分离罐	13400	≤0.05	21.19	
	三级液力分级分离罐	2023	≤0.05	2.65	
	高效快速澄清器	601	≤0.05	1.01	

通过现场分组试验运行，采用 1 组运行时，回收的清水浓度严重超标，达不到回收要求，当废水的浓度越高时，回收水的悬浮物浓度也跟着上升，基本达不到废水回收质量标要求；采用 2 组同步运行时，废水回收质量基本在控制指标内，只有当废水浓度较高时，会出现回收废水悬物浓度超标的情况；采用 3 组运行时，废水回收质量基本与 2 组同步运行情况相同。这说明当回收水的悬浮物浓度下降到一定的范围后就不会再下降。

另外，从三种运行情况分析，当采用的组数越多时，一级液力分级分离罐中的沉淀物沉淀比例逐渐增加，说明废水流速越低，前期废水沉淀速度越快。三级液力分级分离罐变化较小，且沉淀物的粒径范围变化也比较小，说明废水中的悬浮物分离到一定浓度的粒径后，对废水的影响范围小。废水在回收细砂石粉方面，采用 1 组运行时，一级沉淀罐中的细砂石粉通过检测成果是满足规范要求的，但是采用 2 组并联运行或 3 组并联运行时，细砂石粉的检测值是超标的。

从以上成果可知，采用以上方案，当回收的细石粉质量满足要求时，回收水悬浮物超标；当回收水质量满足要求时，细砂石粉检测成果超标。为了保证回收细砂石粉的质量，采用单组运行，一级沉淀罐自然沉淀，二级三级加药沉淀，以保证回收细砂石粉质和回收水的质量。

在流量相同时，采用间歇运行，各级悬浮中的废水在不同浓度下进行自然沉淀分离，静置不同时间后对悬浮物浓度及罐底分离物进行取样，随后在实验室内进行检测，数据统计、分析，确定各级沉淀罐的最佳静置时间（表 5-19、图 5-42）。

表 5-19　废水处理系统悬浮物浓度检测结果统计表

检测组数	沉淀罐	静置时间（h）	悬浮物浓度（g/L）	主要沉淀物粒径（mm）	沉淀物含量（%）
1	一级液力分级分离罐	1.4	36000	0.05~0.315	69.90
	二级液力分级分离罐	1.2	12000	≤0.05	23.30
	三级液力分级分离罐	1.2	3500	≤0.05	6.80
	快速沉清器浓度	—	181	—	—
	回收清水	—	43	—	—
2	一级液力分级分离罐	1.4	28000	0.05~0.315	85.71
	二级液力分级分离罐	1.2	9000	≤0.05	10.71
	三级液力分级分离罐	1.2	3000	≤0.05	3.57
	快速沉清器浓度	—	178	—	—
	回收清水	—	51	—	—
3	一级液力分级分离罐	1.4	68000	0.05~0.315	66.02
	二级液力分级分离罐	1.2	20000	≤0.05	19.42
	三级液力分级分离罐	1.2	15000	≤0.05	14.56
	快速沉清器浓度	—	267	—	—
	回收清水	—	68	—	—
4	一级液力分级分离罐	1.4	59000	0.05~0.315	57.84
	二级液力分级分离罐	1.2	35000	≤0.05	34.31
	三级液力分级分离罐	1.2	8000	≤0.05	7.84
	快速沉清器浓度	—	266	—	—
	回收清水	—	57	—	—
5	一级液力分级分离罐	1.4	74000	0.05~0.315	56.23
	二级液力分级分离罐	1.2	52000	≤0.05	39.51
	三级液力分级分离罐	1.2	5600	≤0.05	4.26
	快速沉清器浓度	—	302	—	—
	回收清水	—	71	—	—
6	一级液力分级分离罐	1.4	63000	0.05~0.315	51.64
	二级液力分级分离罐	1.2	47000	≤0.05	38.52
	三级液力分级分离罐	1.2	12000	≤0.05	9.84
	快速沉清器浓度	—	289	—	—
	回收清水	—	66	—	—

续表

检测组数	沉淀罐	静置时间（h）	悬浮物浓度（g/L）	主要沉淀物粒径（mm）	沉淀物含量（%）
7	一级液力分级分离罐	1.4	120000	0.05~0.315	57.14
	二级液力分级分离罐	1.2	67000	≤0.05	31.90
	三级液力分级分离罐	1.2	23000	≤0.05	10.95
	快速沉清器浓度	—	462	—	—
	回收清水	—	83	—	—
8	一级液力分级分离罐	1.4	49000	0.05~0.315	37.40
	二级液力分级分离罐	1.2	56000	≤0.05	42.75
	三级液力分级分离罐	1.2	26000	≤0.05	19.85
	快速沉清器浓度	—	247	—	—
	回收清水	—	55	—	—
9	一级液力分级分离罐	1.4	85000	0.05~0.315	59.44
	二级液力分级分离罐	1.2	52000	≤0.05	36.36
	三级液力分级分离罐	1.2	6000	≤0.05	4.20
	快速沉清器浓度	—	331	—	—
	回收清水	—	71	—	—
10	一级液力分级分离罐	1.4	51000	0.05~0.315	56.04
	二级液力分级分离罐	1.2	33000	≤0.05	36.26
	三级液力分级分离罐	1.2	7000	≤0.05	7.69
	快速沉清器浓度	—	278	—	—
	回收清水	—	59	—	—

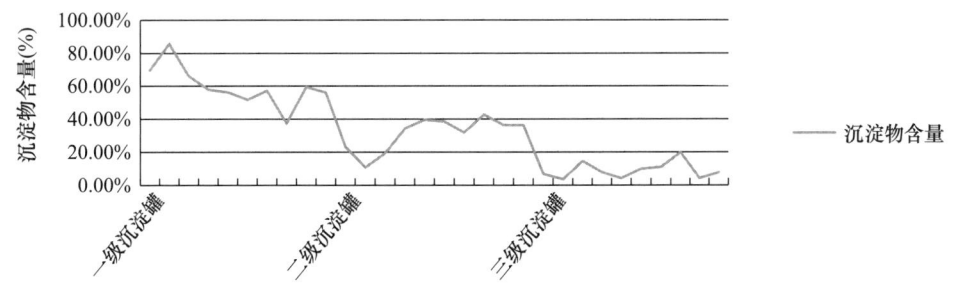

图5-42 三级沉淀罐沉淀物含量图

通过现场试验静置1.2h，虽亚甲蓝偏低，有利于保证回收用砂的质量，但0.16~0.63mm的含量只有58.01%，出水悬浮物浓度超标不利于保证回收用水水质；静置1.4h，0.16~0.63mm的含量为64.74%，且亚甲蓝值<1.4，出水水质也能满足要求，

通过洗砂机清洗后回收用砂质量能得到保证。

另外,各种不同的矿山矿石原料质量有差异,石粉、泥粉的粒径范围等指标也有差异。针对各个不同的系统,在运行过程中需要通过生产性试验选出最优的运行参数。

5.6.8.4 细砂及污泥处理

细砂回收主要是将一级液力分级分离罐中的沉淀物利用沉淀罐底部锥斗上的排污管道输送至螺旋洗砂机,通过管道上的调节阀调节流量大小,循环排渣的时间,保证回收细砂的质量和回收效果。螺旋洗砂机将沉淀物进行分离,并将细砂输送至脱水筛进行脱水,脱水完成后的细砂采用胶带机输送至成品料仓,将剩余废水通过排水管排至1号集水池循环进行处理。细砂回收可根据砂石加工系统生产的细骨料质量进行设备运行参数的调整,使回收的细砂质量满足细骨料质量要求,同时实现砂级配最优化。

在1号集水池的集水部分采用液下抽砂泵将废水抽送至竖流沉淀罐沉淀。为保证竖流沉淀罐的沉淀效果,竖流沉淀罐分为三级沉淀,其中一、二级为自然沉淀,三级沉淀为加入絮凝剂(聚合氯化铝)后进行沉淀,从而使得悬浮物得到充分沉淀。三级竖流沉淀罐沉淀后的溢流水通过排水管输送至快速澄清器内,对回收水中悬浮物浓度较低的轻物质充分进行沉淀。快速澄清器处理后的溢流水通过输水管排放至清水池,对清水池水质悬浮物浓度进行检测,符合要求后,再由管道泵加压输送至车间供水管线,进行供水补充。快速澄清器处理产生的污水经管道排至1号集水池进行循环处理,达到废水处理系统"零排放"的要求。

另外,将二、三级竖流沉淀罐底部沉淀的颗粒较小的沉淀物输送至集污池,并对集污池内的废水进行搅拌,防止池底污泥淤积,同时利用泥浆泵将混合液输送至圆盘式真空过滤机或板框式压滤机进行过滤干化,通过泥渣干化设备处理后的固体废弃物主要为泥饼,其含水率小于24%,属于软塑状态,采用自卸车运输至专用渣场。同时,圆盘式真空过滤机产生的废水利用管道输送至1号集水池重新进行回收沉淀。

6 机制砂石生产智能制造技术研究与实践

6.1 智能装备

当前砂石供需矛盾突出,尤其是随着基建项目对砂石需求量的暴增以及天然砂石的紧缺、环保层面的把控,机制砂生产应用备受重视,对砂石装备企业提出了更高的要求,传统装备企业面临升级转型。结合矿山生产工艺流程,应用自动控制、智能感知等技术对钻机、铲装车、运输车、装药车、破碎机等采选工业设备及其他基础设施进行数字化改造,完善工业网络及信息安全建设,通过生产设备的自动化、集成化、智能化改造替代人工操作,以设备改造提升实现节能减排,减员增效,提高劳动生产率和资源综合利用率。

目前砂石生产线智能设备主要有生产与辅助设备,数字生产设备主要涉及具备智能传感、支持远程作业控制的智能采矿装备,包括具备自主行驶、卸载等功能的智能运输装备,如智能一体化环保钻机、智能凿岩台车、智能装药车、智能锚杆台车、智能铲装机、智能运输车、智能清扫车、大倾角运输机(胶带或链板)等。数字辅助设备涉及矿山环境在线监测设备、边坡在线监测设备、专业航拍航测设备、矿山智能视频安防监控设备、车辆智能调度终端、人员定位设备、矿石元素在线监测设备、粒度在线识别设备、自动化筛振设备、料位仓自动检测计量仪器仪表、具备智能仪器仪表的变电室控制仪器仪表等,这些设备可实现生产现场数据的全面采集,实时感知与生产过程有关的数据和状态。

6.1.1 智能传感与控制

随着智能制造国家战略的制定和实施,砂石行业对智能传感和控制技术产生了巨大需求。智能传感器具有信息采集、处理和交换的功能,特别是随着集成技术的发展,传感器已经与控制和执行功能进一步结合,微机电系统(Micro Electro Mechanical Systems,即 MEMS)将微型机构、微型传感器、微型执行器以及信号处理和控制电路、接口、通信模块和电源等集成于一体，成为智能感知的重要硬件基础。在工业自动化控制领域，可编程控制器（PLC）经过几十年的研究和发展，在工业控制中的地位不断增强，已经成为工业控制设备的基础和重要工具。

传统砂石骨料生产线已经不能够满足市场的巨大需求，随着信息技术的发展，传统砂石骨料生产线不断进行改革，越来越多的砂石骨料生产线引入智能控制系统。智能控制系统的加入使砂石骨料生产更加科学和合理化，保证了生产的安全、快速以及稳定。

6.1.1.1 砂石矿区的智能传感与控制设备

在砂石矿区，由于扬尘较多，常规摄像头难以发挥作用，车载智能传感器可依靠激光雷达与毫米波雷达形成双重保障，使矿用车实现360°无死角感知。同时，实现车辆准确行驶和精准停靠，将横向误差和航向误差限制在厘米级别。自动装车系统通过视觉传感器完成物流车辆的尺寸确定、类型识别及定位等任务，根据车辆信息进行垛形设计，规划稳定且空间利用最优的垛形，同时进行时间最短、安全性最高的路径规划，将路径点发送给机器人，机器人抓取物料，最终实现物料自动装车码放。

6.1.1.2 生产线上的智能传感与控制设备

在生产线上，有如下几种智能传感与控制的仪器。

1. 筛振设备

电气控制的自动化智能筛选机，底板上表面设有两个第一支撑柱和两个液压杆，通过筛料箱可以将要筛选的东西投入筛料箱中。设备上设置了电机，通过电机可以带动凸轮转动，再由凸轮带动筛选架进行左右摆动进行筛选，可以加快筛选速度。设备设置了液压杆，通过液压杆可以将筛料箱中筛选出来的料倒入第二盛料箱中，以此将筛选好的料进行分类。设备上还设置了称重器，通过称重器可以测量筛选出来的料的总量，达到计划需求量时警示器会发出信号，以此提醒工作人员。该设备结构简单，操作简便，能够快速地进行筛选，完全通过电气元件实现筛选，提高了工作效率。

2. 上料运输设备

自动上料设备由五层尼龙橡胶带以及齿轮和链条构成，当管控平台根据销售订单制订生产排产计划时，送料信息自动发送到上料设备，当物料准备完毕时，设备自动开始运输物料。

3. 自动装车系统

系统通过视觉传感器完成物流车辆的尺寸确定、类型识别及定位等任务，根据车辆信息进行垛形设计，规划稳定且空间利用最优的垛形，同时进行时间最短、安全性最高的路径规划，将路径点发送给机器人，机器人抓取物料，最终实现物料自动装车码放。

6.1.2 智能仪器仪表

砂石行业缺少先进的测控技术和在线监测仪表，这成为制约我国矿山实现智能化的瓶颈。目前，国内仪器仪表整体对进口依赖度较高，中国制造业及砂石行业要赶超世界先进水平，检测分析仪器水平必须先有飞跃。2019 年，随着国内传统产业推动转型升级，新兴产业加快发展，智能化设备的开发大大拓展了仪器仪表设备应用的深度与广度，在诸多领域对仪器仪表的需求有望进一步释放。

砂石行业现有的智能仪器仪表包括变电室控制仪器仪表、皮带秤自动计量仪器仪表、料位仓自动检测计量仪器仪表等设备。

以下用于各生产环节的精密仪器仪表和传感器，可实时采集生产设备及各环节关键指标。

料位仓自动检测计量器：对原料砂库存储量实时监测和直观显示。

矿石原料在线品位分析：通过在破碎站后端皮带处安装品位在线分析仪，对所有破碎后的矿石原料实时地进行无接触的在线品位检测，并将检测结果反馈到采矿装备智能控制系统，从而实现生产质量的闭环控制。在稳定矿石原料品位的基础上，合理利用资源，有效延长矿山服务年限。

通用感知设备：矿山智能视频安防监控设备、车辆定位终端、人员定位安全帽等。

环境在线监测设备：实现 PM2.5、PM10 粉尘监测设备、降水量监测设备、风力监测设备等。

边坡在线监测设备：表面位移监测设备、内部位移监测设备、渗流压力监测设备、采动应力监测设备、振动监测设备、裂缝监测设备。

矿石在线元素分析仪：在线监测矿石的化学成分及各元素含量，指导工艺过程控制。

计算机在线粒度识别设备：通过计算机图像识别算法，在线监测矿石粒度，对破碎效果进行识别，参与系统控制。

专业航拍航测设备：利用无人机对矿区进行地表影像扫描拍摄，通过软件算法建立矿区 3D 模型，结合 GPS（全球定位系统）实时测控数据，通过计算分析再现采矿和资源使用三维空间现状，实现采矿现场变化和资源储量使用的动态管理。

6.1.3　智能物流

砂石生产管理与其他行业一样，经历了传统人工管理、计算机系统辅助管理、信息化智能管理三个阶段。在新时代，全社会的产业模式正在重构，无论是内容、服务还是产品，都开始实现从生产端到需求端的极度个性化供给。智能化是砂石企业管理的必然趋势，与新型生产模式相辅相成。在 5G 技术的支撑下，砂石行业的数字石矿、无人石矿和智慧石矿建设成为主流。运用 5G 技术的砂石智慧输送和智慧物流也将迅速兴起。全套系统可以实现运行数据监测、运行状态告警、远程开停机及远程设备控制的功能，综合利用自动化装车设备及系统可以实现基础的厂区内智能物流管控。

6.1.3.1　无人值守过磅称重系统

无人值守过磅称重系统在称重的整个过程中可做到计量数据自动可靠采集、自动判别、自动指挥、自动处理、自动控制，最大限度降低人工操作所带来的弊端和工作强度，提高系统的信息化、自动化程度，进行节能避超，完成精细化管理。当运输车进厂时，系统自动记录车辆信息、进厂时间等，系统会对车辆进行过磅称重；当车辆装载货物完成时，系统将对车辆自动进行第二次过磅称重。所有数据自动录入ERP系统，对于仓管部门来说，可以快速了解到自己的收发货物的情况等。通过信息资源整合，可以深入挖掘数据信息，进而预测客户需求，提高供应链环节中采购管理的水平。

6.1.3.2 卡车调度系统

卡车调度系统是指集生产调度和管理于一体，采用先进的全球定位测量技术、最优化算法以及计算机技术等一系列先进技术，通过对装、运、卸生产过程的实时数据采集、判断、显示、控制与管理，根据矿坑道路基础信息和设备运行信息自动优化行车路径，实现各种生产资源的合理配置利用，从而实现消耗最低、整体产量最大化的自动派车目标。同时，支持分组自动优化调度，允许全部或局部人工调度；具备车铲配套规划功能，根据当班生产计划完成情况及生产实际情况采用车流规划方法随时对工作的车铲匹配提出建议，支持全部或局部人工调整。

6.1.3.3 智能调度系统

矿山智能调度系统按照现有工艺设备和设计及中短期计划，确定最佳穿孔、爆破、矿山各个工作面采装、运输、排弃、道路维护、复垦等生产作业的施工设计、最优技术参数、设备系统布局及调度、人员及物资保障、辅助工程等。根据精细化配矿结果，把日生产计划详细分解到每一台挖掘机，自动优化指挥调度每一辆空运运输车和重运运输车的装载和卸载，按质按量完成日生产计划。

智能调度系统主要由车载终端、通信网络以及调度中心组成。其中，调度中心需要建设卡车调度系统、智能识别系统、生产消息实时显示系统、报警处理系统、二维显示系统、电子地图编辑系统、Web查询报表、手机短信息系统等。智能调度系统通过物联网、大数据采集获取运输车实际作业位置、运行状态、数量质量指标等信息，并实现识别、比对、分析、传输、接收指令等作业过程及其管理的智能化。

1. 车载终端

车载终端由显控终端和通信终端构成，具备接收GPS信息实时解算自己的坐标位置的功能，车载终端收到命令后，应在显示屏上显示并进行相应的语音提示。当调度中心对其轮询指令后，车载终端应将自己的IP号、位置、状态等信息发给调度中心。

2. 通信网络

矿区应实现无线专网的全面覆盖，具备承载多个应用系统的通信，满足语音调度、视频接入、数据传输、设备遥控等业务需求，保障各监控点、各中继点的可靠网络连接。

3. 调度中心

实时分析每台设备的位置、状态等信息并将结果以二维动态图形方式显示出来，同时根据需要自动产生调度指令发送给车载终端；实时掌握车辆油耗情况，对燃油异常消耗进行报警提示并自动记录报警信息及报警时间、位置等，以便进行事故分析查询。

6.2 智能技术

砂石行业的智能技术包括但不限于采用工业机器人、增强现实、增材制造（3D打印）、5G通信、物联网、大数据、云计算、人工智能、网络安全技术、数字孪生、脑机接口、无人驾驶等新一代技术。

6.2.1 工业机器人

工业机器人配备视觉、力觉、触觉、接近觉等多种类型的传感器，以及传感信号的采集处理系统，实时对外部环境进行检测和感知，具备自动控制和移动等功能，在计算机自动控制下可以完成相对应的作业操作。

装车工序的自动装车工业机器人通过技术手段实现了"装载过程自动化"，配有行走、称重、伺服、工控和扩展系统，解决了一卡通系统内所配置的库底固定地磅难以完成的工作；无须司机和操作工动手即可完成装载，且料位平齐规整，装载适量而高效便捷，工位、厂路不撒料。其解决了传统人工装载方式沟通不畅、操作失误等安全隐患，较传统方式节能增效的效果十分明显。

工业机器人是砂石骨料生产线中的具体应用模块，进行少量的基础性改造就可以进行嵌入式应用，是快速提升运输装载效率的手段之一。

6.2.2 数字孪生

数字孪生是对象、产品、设备、人员、过程、供应链乃至整个业务生态系统的精确虚拟副本。它是由物联网（IoT）传感器技术派生而来的数据创建的，该技术附加到或嵌入原始对象中。这种与云连接的数据允许实时查看对象发生的结构和操作视图，从而使工程师可以监控系统并为系统动力学建模。在对原始系统进行任何更改之前，可以对数字孪生体进行调整，以查看系统在现实生活中的变化。数字孪生对于改善砂石行业的作用体现在以下几方面。

1. 产品设计

数字孪生在设计阶段可以是虚拟原型，可以进行调整以测试不同的仿真或设计，然后建立实体原型。例如，采矿智能设计系统：通过获取矿山生产的各项参数，完成/完善采矿生产设计，根据设计参数计算工程量，生成设计模型；指导矿山生产中长期计划、短期计划、露天爆破设计；根据矿体、断层模型、品位模型等数据进行计划编制，支持在三维可视化环境下根据工程类型、施工条件等对计划进行动态更新，从而节省时间和成本。

2. 工艺优化

矿区及生产线上的传感器可用于创建工艺过程的数字孪生并分析重要的性能指标。对数字孪生体的调整可以被确定是优化产量、减少差异并帮助进行根本原因分析的一种新方法。例如，矿山测量管理系统：快速处理各种测量仪器、多种测量方法取得的测量数据，建立地表、采矿台段、爆堆三维模型，计算工程量。

3. 质量管理

在生产过程中，监控和响应来自 IoT 传感器的数据对于保持最高质量和避免返工至关重要。数字孪生模型可以对生产过程的每个部分进行建模，以识别发生误差的位置，或者可以使用更好的材料或流程。如质量检测系统堆场建模，以定位技术、三维扫描技术、建模技术等多种技术手段，同时结合破碎后矿石原料的品位情况，对进入堆场内的矿石原料进行精确的品位建模，从而精确计算出各取料断面的品位信息，为后续生产进行指导反馈控制。

4. 供应链管理

供应链和物流/分销公司可依靠数字孪生来跟踪和分析包装性能、车队管理和路线效率等关键性能指标。它们对于零库存生产或按序生产以及分析分销路线特别有用。

5. 预测性维护

用于单个设备或制造过程的数字孪生可以识别出在严重问题发生之前进行预防性维修或维护的变化幅度。它们还可以帮助优化负载水平、工具校准和循环时间。例如，基于虚拟仿真技术建立三维可视化生产管控平台，综合展示矿山动态，实现对矿山生产现场的远程、集中、精准、高效管理。三维可视化生产管控平台通过倾斜摄影、地理信息系统（GIS）、通信、传感、控制与定位等技术，建设采矿三维可视化生产管控系统，将真实矿山生产场景在虚拟环境中平行体现，实时展示矿山开采状态、设备运行工况、人员及移动设备位置，并进行综合分析、预警报警和全局决策分析。对破碎站、品位分析仪、视频监控点位、边坡监测点位、环境监测点位等的机理进行分析，结合数据模型，实现模块化应用。

6.2.3 无人驾驶

无人驾驶系统是指用控制装置、GPS 导航、无线通信技术和软件取代驾驶室的司机，车辆能按照既定路线行驶、装载和卸载，自动完成工作循环，实现无驾驶人员驾驶矿用车。无人驾驶是矿山自动化运行的重要组成部分，它在一定程度上可以改善安全健康业绩指标，还能降低运行成本，提高生产率。

近年来，无人驾驶系统应用在更多场合，尤其是砂石行业。国内虽然起步研发较晚，但是经过一系列研制及测试，依靠智能机器人和车辆线控技术，无人驾驶矿山系统已经可在矿山现场流畅、精准、平稳地完成倒车入位、挖机装载、精准停靠、自动倾卸、轨迹运行、自动避障等多个环节。具体来说，无人驾驶矿车保险杠左右两侧各安装了一个激光雷达系统，其在车辆行驶的过程中可以大范围地扫描车前部的障碍物。前保险杠中央安装毫米波雷达，控制车辆的巡航系统和紧急制动系统，和普通商用车上的FCW（前方碰撞预警系统）、ACC（自适应雷达巡航控制系统和AEBS紧急刹车辅助系统）完全相同，均由计算机来控制与车辆的协同。最简单的无人驾驶矿用车通过以下几个操作来实现车辆在矿区内部的无人驾驶：

（1）控制人员将设定好的路线输入车辆，高精度GPS系统会根据设定好的轨迹和速度行驶，并且在设定好的装卸地点进行精准停车。

（2）行驶过程中，各雷达和传感器相互配合，实现对道路的感知。前方有行人、车辆或者障碍物时，车辆将会自动制动；情况消失后，车辆继续前进。

（3）后台实时监测车辆的运行轨迹和运输情况，多点运载卸载可根据设定好的路线来调派车辆，为不同车辆指派不同任务。

此外，对于智能化程度高的矿山，通过与顶级移动通信商及软件信息设备商合作，完成矿区5G SA独立组网、仿真测试、设备静态改造、封闭场地动态调试、编组连续运行、全天候不间断作业、车内无安全员作业等建设环节。新研制的无人驾驶系统攻克了自主驾驶技术、自动作业技术、环境感知技术、定位导航技术，保证无人矿车接收无线指令，以预定速度按照规定路线运行，由总控制台上的协调系统建成一套无人驾驶卡车与挖掘机、遥控推土机、平路机等多种设备协同辅助作业车辆的完整无人运输作业系统。

在效率提升方面，持续降低硬件系统故障率、提升软件系统稳定性，确保无人驾驶系统的高可动率；以卸载物料残留检测、二次提车卸载、地图自动采集与一键更新、道路平整度自动检测、防车辙均衡碾压控制等确保系统运行的连贯性，有效提升作业时长。

传统行业需进行根本性变革才能存活，砂石矿山在自动化应用上已经有了认知并且有了不小的进展。无人驾驶技术极大程度降低了人工劳动力成本和生产效率。但同时，车辆成本增加、对运输道路要求高都增加了维护工作量。后续无人驾驶技术还可以进一步扩大项目应用范围，增加探索区域，在当前基础上进一步提高综合效率。

6.2.4 5G通信

随着砂石行业转型升级步伐不断加快，砂石装备自动化、智能化不断发展，国家不断出台有利政策等，为了提高生产力、增强安全性并降低成本，砂石矿山的数字化和自动化的需求必将日益增加，砂石矿山对可靠且高性能的5G技术的需求会越来越多，包括远程控制操作设备，收集设备性能数据等。通过充分利用现代通信、传感、信息与通信技术，实现矿山生产过程的自动检测、智能监测、智能控制与智慧调度，有效提高矿山资源综合回收利用率、劳动生产率和经济效益收益率。5G的引入对于实现智能行业数字化及自动化的全部价值而言至关重要，可以全面提升我国矿山行业的生产技术水平，推动传统行业的转型升级。通过智能信息技术的应用，使矿山具有人类般的思考、反应和行动能力，实现物物、物人、人人的全面信息集成和响应能力，主动感知、分析并快速做出正确处理。

5G 无线通信技术是指升级、改进及优化处理后的各种无线网络技术，其注重应用纳米技术，具备便利性和灵活性，可确保用户隐私、提高传递速度及减少能耗。为打破传统网络技术的约束，此技术采用新的 IP 地址作为数据传递基站，实时搜集、汇总大量信息放入移动终端，提高了数据的有效性和安全性。它在经营管理中的能耗较少，信息传递效率较高。利用 5G 技术搭建一个完善的网络平台，当发生信息传递阻碍时，此技术可第一时间察觉并启动保护措施。其可灵活地为人们提供服务。5G 解决方案的主要优点包括更大的覆盖范围、更高的可靠性和更强的安全性，尤其是多台设备在同一区域共享信息时。这项技术在地下和露天矿山都可以应用。

目前，我国已经研制出应用 5G 网络远程控制矿区的车辆设备进行工地采矿挖掘装运，让一线工人真正地远离尘土飞扬的环境，保障人身安全和身体健康。操作人员只需要坐在类似于驾驶室的控制椅上，通过操作台实际进行控制，就能在大屏幕上通过 5G 网络看到千里之外的矿区的工作环境。通过建立 5G 通信基站，部分无人采矿设备应用 5G 技术已经调试成功并投入使用。相关 5G 系统与采矿设备可实现露天矿区钻、铲、装、运全程无人操作，使矿区生产的安全性、开采效率、资源利用率得到提升，降低生产成本。

5G 时代的智能矿山是对生产、职业健康与安全、技术和后勤保障等进行主动感知、自动分析、快速处理的无人矿山。安全矿山、高效矿山、清洁矿山、矿山的数字化、信息化是智能矿山建设的前提和基础。建设 5G + 智能矿山，以 5G 通信技术和卫星遥感技术为支撑，以大数据、区块链、物联网、云平台、边缘计算等技术应用为载体，由通信公司投资建设 5G 基站，实现 5G 信号全覆盖，满足各类应用场景下的信号需求；后续结合智能矿山需求，在场景应用、技术指导、数据分析、科技攻关、成果转化等方面提供技术支撑和保障。

5G 为超级连接世界与智能世界而生，5G 将作为强大的技术平台使许多新的应用、商业模式和行业前景逐渐清晰。对于砂石等矿业而言，5G 技术与现代化砂石开采技术结合，能够确保稳定而安全的采矿作业，从而提高设备利用率和生产力，并降低成本。现代智能高新技术和全套矿山自动化设备能够通过对生产过程的动态实时监控，将矿山生产维持在最佳状态和最优水平，逐渐实现无人采矿，最大限度提高矿山生产效率。未来，随着 5G 技术的成熟，5G 技术与砂石矿山建设、运营的融合度将不断提升，推动万物互联，更将持续推动激动人心的产业革命，把更安全更智能的无人采矿，推向崭新的社会发展舞台，让科技保障安全的梦想变为现实，开启精彩的工业新时代。

6.2.5 人工智能

关键制造装备采用人工智能技术，通过计算机视觉、复杂环境识别、智能语音处理、自然语言理解、智能决策控制以及新型人机交互等先进技术，实现制造装备的自感知、自学习、自适应、自控制。应用机器学习、专家系统、深度学习等人工智能技术对智能工厂的生产数据、管理数据、采购数据、销售数据进行分析和挖掘，实现对研发设计、生产制造、经营管理、物流仓储及运维服务进行智能决策。

基于人工智能的粗骨料监测系统由在线粒径监测设备、粗骨料粒形级配分析仪以及粗骨料在线自动取料和粒形级配监测一体化设备组成，从而提供良好的解决方案。

6.2.5.1 在线粒径监测设备

对产品端而言，矿山生产工艺目前尚缺乏量化指标，没有直接的粒径量化监测方式，基本上采用人工方式对产品进行监测和判断。人工操作很可能导致无法及时发现破碎机腔型、骨料粒径产生变化，当筛网破损及筛网溢料情况出现时，也往往做不到及时预警。在线粒径监测设备可以安装在破碎机开口下端，通过高速相机实时拍摄输送线骨料（根据带速，最快1s对图像分析计算两次），以自主研发分割算法精确测算粒径，在显示器上实时更新生成的粒径变化曲线。倘若安装在成品皮带上方（可适应不同带速、宽度的输送线），能通过粒径曲线的变化把控产品一致性，及时发现筛网破损、溢料等情况，对超粒径骨料、成品皮带线混料等情况进行预警，避免严重生产事故的发生。与此同时，它还能够反向指导破碎机调整、筛网工艺改进等，助力减工时、减损失、优品牌。

6.2.5.2 粗骨料粒形级配分析仪

根据实验室的传统检测模式，在将成品样本取回之后，还需要经历烘干、缩分、过筛、称重、过针片状仪等流程，整体步骤十分烦琐，而且在损耗了大量人力和工时的情况下，依然无法保证所有产品均能完成检测。此外，随着近年来砂石矿山的规模不断扩大，其出品量也与日俱增，需要完成检测的成品数量和次数随之增多，粗骨料粒形级配分析仪的出现，提供了很大的帮助。其采用可移动式小车设计，能够通过三维成像的方式自动测算骨料粒径的仪器，以骨料粒径数据统计形成级配曲线，直接输出骨料质量检测报告，可代替实验室的粗骨料质检员绝大部分的工作。它通过3D测量的方式，能够更好模拟出产品形态，从而快速准确自动检测样品粗骨料级配及针片状颗粒含量，不仅检测处理速度快、单次样品通过量大，而且烘干骨料、潮湿骨料均可检测，自动生成的质量报表还能直接发送至数据中心、手机操作端、中控室乃至卖家和质量检测机构手中，突破了粗骨料级配、针片状颗粒检测时间长、不及时、分析检测频次低、工作烦琐、耗费人力的行业难题。

6.2.5.3 粒形级配监测一体化设备

粗骨料在线自动取料和粒形级配监测一体化设备无须人工操作，可自动从输送线抓取足量骨料样品，自动完成骨料粒径监测，随后骨料可回流到输送线，不造成任何浪费。此外，该设备设计灵活，可适应不同的现场环境。人工智能自动监测除输出级配、针片状颗粒含量等信息外，还能集成在线含水率等拓展监测信息，并提供高效的骨料质量检测合格质量报告。

人工智能跟现有砂石矿山的痛点结合，切入点具有独特性。砂石行业正处于蓬勃向上阶段，无论是装备公司还是砂石公司，人工智能市场发展空间都很大。一旦突破各个技术难点，智慧矿山建设的水平将会大幅度提升。

6.2.6 物联网

应用物联网技术于砂石，意在构建高质量、高效、个性化的砂石生产管理、销售服务等。建设智能管控平台，利用物联网技术实现工厂互联互通，全面感知人、机位置状态，并对设备进行控制，为工厂提供安全生产实时监测监控数据和矿山业务数据的采集、存储、查询、统计、订阅与推送等全系列综合服务，进一步实现业务流程的协同管理与自动化。

砂石企业运营包括开采、运输、生产、销售、财务管理，每个环节都至关重要，需要进行有力监管。劳动强度大，容易出现人为作弊、人为损失是依靠人工管理的弊端，因此，需依靠信息化技术手段实时监控。

建立砂石骨料智能化管理系统，将综合运用移动互联网技术、大数据、云计算、物联网、RFID 射频识别等新一代信息化技术，实现对矿山企业的开采、生产、运输、销售全过程信息化覆盖面，系统支持数据多终端查看，包括 PC 电脑端、企业手机 App。采用"大数据云平台"集约化智能识别技术和数据分析系统，自动税费征收和预警锁证偷逃作弊，大幅降低征管成本，实现应收尽收。砂石资源国有化监管平台采用"六位一体"的砂石资源国有化管理的严密监管体系，覆盖开采、运输、加工、销售和盗采全过程的智能化信息监管系统。

砂石骨料智能化管理系统为矿企管理者实现信息化远程控制，从砂石骨料生产源头的挖掘机智能管理以及原石车过磅管理，再到生产线设备管理以及电气自动化环节，以及料仓放料智能化管理、铲车装车智能管理、厂区车辆智能管理、车辆 GPS 定位管理、销售地磅智能管理、防逃逸卡口抓拍、手机 App 管理、智能砂石数据管理云平台、财务管理、大客户管理、数据管理等环节，实现砂石骨料综合一体化管控。

6.2.6.1 开采环节

在挖掘机上安装智能监控终端，通过手机可实时监控挖掘机工作画面，利用物联网技术、油耗监控技术监控挖掘机开关机时间、设备油耗、实际工作时间，所有数据手机端可实时查看。系统对数据按年、月进行汇总，方便企业主查询。

6.2.6.2 运输环节

运用物联网技术、北斗卫星技术、GPS 定位技术，采集车辆的定位信息，管理者可以通过手机在电子地图上清楚地查看车辆的实时定位、工作区域、运输路径。

6.2.6.3 销售环节

运用移动互联网技术为客户、运输司机、砂石企业构建客户交互平台，客户可在线下单、充值、查看订单运输状态，订单结算全部通过手机 App 完成，出现异常可追溯，对异常数据进行预警。

司机扫码进厂、扫码称重、扫码装料，整个销售过程全部通过手机操作，结算信息发至手机，手机 App 可看历史订单、订单流水。

6.2.6.4 实时监管

系统将管理者最为关心的生产数据、销售数据实时统计分析并推送到手机端，为管理者提供实时数据和数据统计报表。

系统支持对多个分厂进行监管，通过手机端可实时查看各个分厂的生产、销售数据。

系统对厂区各环节的监管，通过手机都可以查看与审核，解放了企业主，实现了随时随地高效办公。

物联网在不断地赋能砂石行业。通过 PCS，对基础通信、人员定位、视频监测等基础自动化系统对接。通过 MES，对地址分析等数字采矿平台、生产过程智能调度管控等制造执行系统对接。通过 ERP，对财务、供应链、人力、生产计划、管理等企业资源管理系统对接。在生产方面，环保装备、远程运维，对于物流及砂石骨料上下游相关行业，都有不同的业务点进行提升，逐步向高度决策等方向发展。"物联网＋"势必成为未来砂石行业发展的大方向。

6.2.7 大数据

砂石作为一种传统的大宗基础建筑材料，大数据分析是十分必要的。基于大数据分析的决策支持、可视化展现等技术手段，实现生产准备过程中的透明化协同管理、生产设备智能化的互联互通、智能化的生产资源管理、智能化的决策支持、仿真与优化，从而全方位达到智能化的生产过程管理与控制。

6.2.7.1 数据基础好

砂石行业体量庞大，数据量丰富，可基于数据进行分析的空间大。

据中国砂石骨料网统计测算，中国砂石骨料年消耗量超过 180 亿吨，按照每吨骨料价格 60 元计算，每年的市场容量已超过了 10000 亿元。这一庞大的用量背后包含着生产量、供应量、需求量、价格、生产点分布等数百种（组）重要数据。数据样本越大，其准确度就会越高，这为砂石骨料大数据分析打下了坚实的基础。

6.2.7.2 数据依赖性

砂石行业的金融属性对大数据分析有着很强的依赖性。

根据中国信息通信研究院统计数据，2017 年金融在重点领域大数据潜在价值中排名第一，高达 2800 亿美元。与此同时，近年来砂石行业投资的热度极高，砂石行业作为较封闭的产业，其投资门槛一直较高。外行业资本在进入砂石行业的过程中，对行业大数据有着极高的依赖性。

此外，砂石行业投入成本高，回报周期较长，需要依赖大数据进行长期并且准确的预判。在生产层面，砂石骨料开采销售企业投入巨大。兴建一座达标的绿色矿山往往需要数亿甚至数十亿元的投入，对应的成本收回期也较长，这就需要企业根据大数据对行业市场的运作有长期且准确的预判,砂石骨料大数据分析的必要性也从而凸显。

6.2.7.3 数据敏感性

因政策变化,砂石企业需要大数据分析结果进行参考。

砂石行业对政策变化的敏感度极高。国家或地方政府站在一定高度上制定新的政策法规,主要对行业整体长期的发展进行规划,然而在短期内,政策变化或在短期内对个体企业造成较大的压力。而大数据分析可以在一定程度上预测政策拐点,使企业提前做出应对。

6.2.7.4 数据前瞻性

行业上下游均为经济发展的重要支柱,延伸性数据有重要作用。

砂石骨料行业是机械制造等行业的重要用户,下游则对接工程建筑等板块,均是经济发展中的重要组成部分。对砂石骨料行业大数据的分析及掌控,有助于更好制定上下游产业的发展战略。

6.3 在线监测和智能控制

机制砂石的在线监测与管控主要体现在质量、设备、安全、能源环保等方面,具体包括生产管理、破碎整形、级配调整、质量监测、粉尘收集、废水处理、物料储运等环节。

6.3.1 质量在线监测与管控

质量检测系统包括矿石原料在线品位分析、堆场建模和称重计量环节。

6.3.1.1 矿石原料在线品位分析

矿石原料在线品位分析仪安装在破碎站后端皮带处,以中子活化等检测技术手段,对生产矿石原料进行全面的在线品位分析,同时结合采矿装备智能控制系统,对破碎后生产的矿石原料进行实时的、全面的、在线的品位检测,并将检测结果及时反馈到采矿装备智能控制系统,以实现生产与质量检测的闭环回路控制。在稳定矿石原料品位的基础上,合理利用资源,有效延长矿山服务年限。

6.3.1.2 堆场建模

堆场建模定位、三维扫描技术对堆场内的矿石原料进行精确的品位建模,计算品位信息,对后续生产进行反馈控制。

6.3.1.3 称重计量

称重计量有皮带秤、地磅等多种方式,对矿石生产量进行计量,并且将实时产量信息进行实时反馈,从而形成动态的生产作业统计。

此外,采矿生产管理系统建立以生产计划为依据、基于生产过程的实时工艺信息和设备运行状态信息，提供包括计划执行与修正、资源合理利用、产量与质量统计分析、平衡工况的优化调度、异常工况的动态调度、辅助生产调度决策等功能的生产管理系统，做到"实时监控、平衡协调、动态调度、资源优化"，从而持续提高劳动生产率，挖掘设备的生产潜力，优化生产组织，实现生产过程精细化、透明化管理。

6.3.2 设备在线监测与远程运维

开发专门的设备管理系统，建立设备档案，实时监测设备运行状况，强化设备专项检查管理、设备保养、设备维修管理，及时发现设备故障隐患，及时消除隐患，从而提高设备运转率，减少备品备件消耗，为矿山生产提供保障。

针对钻机、铲装车、运输车等矿山生产过程中的主体采矿设备，通过矿山大数据中心整合设备机理、设备运行数据，实现设备状态实时监控、指标统计分析、主动预警维护、及时运维服务。针对破碎机等设备，实时监测设备运行状况，提供定期的设备健康评估报告、故障诊断与预测性维护服务。

在矿山区域应用采矿装备控制系统。通过矿用传感器、人工智能和3S（GIS\GPS\RS）等技术实现电铲的智能化、精准化作业，在作业过程中确定电铲的合理位置、铲斗的合理挖掘方式；准确识别岩石块度，并把地质数据实时传输到生产控制中心，为工作面下一次推进做出合理的规划；装车时，可准确识别运输车位置以及车斗内物料的堆积形状，为铲斗悬停位置提供引导，保证运输车的满载率；建设采矿装备智能调度系统，实现采矿装备运行状态监控、装备高精度定位、远程操控、破碎作业远距离控制、露天采矿生产优化调度等功能，达到采运设备的智能调度、可视化监控、智能化安全管理。

6.3.2.1 采矿装备高精度定位系统

配备位置显示软件、定位引擎软件、定位基站、定位终端，实时监测装备移动作业过程，精准反馈装备位置及行驶信息，连续化描述装备运行轨迹。建设具有车载显示终端的系统，实现全局装备位置及工况信息的实时推送，实现人机交互，实现调度指令的上传下达，实现智能化生产调度。

6.3.2.2 采矿装备远程操控系统

通过固定网络通信设备、远程操控台、控制服务器、车载无线通信终端、车辆定位装置、车载控制器、数控执行机构、无线视频摄像机、电缆、光缆、接线盒、避雷器、软件等，实现工况条件不佳作业区域矿用铲装车、矿用运输车、装药车全部作业工序（寻孔、装药、铲装、运输、卸载）及行驶的视距遥控与地表远程遥控。

6.3.2.3 采矿装备精细化管理系统

建设涵盖矿山主要装备（矿用铲装车、矿用运输车）的全流程作业管理系统，配备车辆标识卡、车辆定位基站、车载传输终端、车载存储设备、作业分析和管控软件，实现装备运行路线追踪、违规作业识别、危险驾驶行为识别（疲劳驾驶、超速、急转、急停、闯限）、装备作业量和作业效率统计等功能。

6.3.2.4 固定式作业装备远程控制系统

通过固定网络通信设备、远程操控台、控制服务器、无线通信终端、运动控制器、数控/液压执行机构、数字摄像机、电缆、光缆、接线盒、避雷器、软件等，在保留固定式破碎机现场手动操作功能的基础上，实现地表远程作业控制、电气和机械参数采集、设备故障预警及装备预维护。

6.3.3 安全在线监测系统

安全管理信息化系统可细化为矿山人员管理系统、矿山装备碰撞预警系统、矿山安全监测、矿山视频安防、矿山安全预警系统。针对矿山作业环境恶劣、人员安全风险高、安全管理压力大等问题，在矿山原有安全系统的基础上，集成GIS、监测监控、物联网等技术，针对人、机、环、管四个要素，从集成化、系统化的角度出发，将人员行为安全、作业环境安全、设备运转安全、安全制度保障等安全生产要素全面集成和智能化提升，形成以全面评估、闭环管理、实时联动、智能预警为特征的主动安全管理保障体系，实现面向人、机、环、管的全方位主动安全管理。

6.3.3.1 矿山人员管理系统

实现区域划分监控和区域内人员安全监控，对于人员越界、与车辆危险接近等进行预警。采用全球卫星定位技术实现作业人员的实时位置追踪。

6.3.3.2 矿山装备碰撞预警系统

采用全球卫星定位技术、雷达探测技术等技术手段建设矿山车辆防碰撞预警系统，配备车辆智能终端、防碰撞预警模块，实现车辆行驶、作业过程中车辆—车辆、车辆—人员、车辆—固定设施间碰撞事故的预警。

6.3.3.3 矿山安全监测

建设边坡在线监测系统、排土场在线监测系统，对边坡表面位移、爆破振动、降雨量进行监测监控，实现数据采集、分析与风险预警。

6.3.3.4 矿山视频安防

在采区主要生产作业区域、主要道路、高位区域、边界区域等建立视频监控系统，对被监测区域进行24h的实时视频监控，并通过矿山网络实现远程的视频图像调取、历史录像查询。同时，结合视频分析功能，对进入矿区不佩戴安全帽、外来人员闯入、进入危险区域等进行识别，及时发出报警信息。鼓励有条件的露天矿山配置视频安防监控无人机，以实现采区全范围的、动态的、全面的视频安防监控。

6.3.3.5 矿山安全预警系统

包括监测和预警两大方面，监测即对灾害系统的各主要方面进行过程性监视、追踪分析和警情预报，如矿山地质灾害预警、矿山环境监测和预警。在预警系统中，安全预测模型是至关重要的部分。在预警系统的设计和研制中，要建立针对不同矿山生产条件和与生产环境相适应的预测模型，对各种隐患事故做出超前预警警示，实现预防和科学管理。

6.3.4　能源环保在线监测系统

建设由信息采集、数据传输及监控平台组成的露天矿环境监测系统，利用智能监控手段实时监控矿山粉尘污染情况，加强爆破抑尘装备建设，实现矿山生产作业过程中生态环境保护的数字化、智能化管理。

矿山智能能源管理系统将采集各能耗监测点的能耗和运行信息，形成能耗的分类、分项、分区域统计分析，对能源的统一调度、优化能源介质平衡、提高环保质量、降低矿山综合能耗有重要作用，从而实现"节能管理、绿色能效"。该能源管理系统支持能耗数据采集、用能趋势分析、能耗分享分析、用能时段分析、多维度用能分析、报表服务等功能。

此外，仍需制定矿山能源使用规章制度，管理并监督合理使用能源。鼓励采用先进工艺和低能耗设备，降低采选能耗。制定矿山能耗指标并组织考核，指标落实到开采点、班组。定期统计分析能源报表，从而有效提高矿山能源综合利用率。

确定矿区碳资产管理架构形式，厘清核算方法，全面准确掌握矿山碳排放数据；基于碳排放情况和区域减排政策，制订符合矿山目标和实际的碳减排计划，引入减碳和去碳技术，调整能源结构等，完成碳管理体系的构建。

6.4　数据融合和决策优化

建立企业数据中心和调度控制中心，支持数据采集、信息管理、视频监控、安全监测等信息化应用。实现全矿基础信息的采集与汇集，并建立独立的信息化部门。在生产过程中，实施并实现整矿的综合管控平台、集成的人员与资产信息管理系统及视频安全系统。

6.4.1　数据中心

建立数据采集和服务系统，实现全领域数据采集、共享、融合、存取、备份等服务。建立数据中心和数据统一存储与备份机制，开发标准化数据交换接口，运用数据收集和数据融合技术，将产品工艺、生产、检测、物流、销售、售后等全生命周期各环节智能化装备及系统所产生的数据进行深度集成。

数据采集与服务系统根据"先进、实用、稳定、可靠"的原则建设，基本要求是保证系统运行的可靠性，保证系统的设计寿命，保证信息安全的要求，保证操作人员的工作环境。

（1）可靠性方面。为保证数据中心能为用户提供 7×24 小时服务，数据中心必须具有高可靠性。在系统设计时，应注意尽量减少单点故障的存在，对存在单点故障的环节，在设计上必须减少其对整个系统的影响。由于该数据中心内部计算机系统涉及机密信息，其泄密可能严重危害社会秩序，因此需要保证数据中心的安全性，必须具有安保系统以保证用户的设备和数据不受侵害。实现高安全性的措施包括：建设闭路电视监测、门禁系统、自动安全报警系统等。

（2）可扩展性方面。鉴于信息网络系统需求的不断发展与变化，技术也在不断提高，故在建设时应考虑这些变化对资源需求的改变，以使整个系统具有灵活的可扩展性，特别是精密空调、配电开关及配电柜、UPS 及供电母线等。中心的服务器、存储、网络都可以不用停机就扩容服务器、存储、网络等设备。

（3）管理方面。通过使用先进和可靠的管理工具来实现系统的高质量管理，以节约人力资源。由于数据中心内设备繁多，具有一定的复杂性，随着业务的不断发展，管理的任务必定会日益繁重。因此，在建设时，必须配备一套完善的数据中心管理和监控系统。实时监控、监测整个数据中心的运行状况、语音报警、实时事件记录，可以迅速确定故障，提高可靠性，简化数据中心管理人员的维护工作。中心的资源池支持方便灵活地管理维护和审计。

（4）性价比方面。数据中心所需设备的选型应该以适用为主，合理选择材料与设备，不要造成资源浪费，同时要保证该数据中心的高可靠性。以较高的性能价格比设计数据中心，能以较低的成本、较少的人员投入来维持系统运转，提供高效能与高效益。

6.4.2　决策分析系统

建立决策分析系统，通过多系统数据集成和融合、数据统计和分析，实现全流程全过程智能分析和决策支持。围绕网络化协同制造，运用基于工业现场感知数据集成技术、信息系统集成，实现计划排产、智能生产与检测、售后服务的集成和协同优化，将产品工艺、生产、检测、物流、销售、售后等各业务环节数据与生产、管理、经营等软件和平台实现信息集成，实现决策优化。

6.4.3　三维可视化生产管控平台

矿山企业可利用更高性能计算设备、GIS、建模技术、通信、传感、控制与定位等技术建设矿山生产场景和关键设备或工序的三维模型，通过与现场各执行系统进行数据实时交互，打造数据孪生体系。建设矿山三维可视化生产管控平台，实时展示矿山生产状态、设备运行工况、人员及移动设备位置，实现生产辅助决策与动态优化。

矿山三维可视化生产管控平台将实现所有地质、测量、安全、生产等相关数据的集合与展现，矿山所有信息都可以通过可视化模型进行查询并得到直观的体现，如矿山历史生产状况回溯、开采与检验生产计划方案的模拟、工程实施与生产计划的核验等操作，形成机电设备、生产计划与工程管理等系统进行智慧化应用的基础。

整体来说，砂石企业通过选取具备智能传感与控制的筛振工业机器人及自动装车工业机器人，利用5G与物联网技术将矿区生产生活设施设备进行统一化管控。管控平台对生产大数据进行收集与分析，同时利用数字孪生技术将矿区资源与资产进行输入与孪生应用，形成数字孪生资产管控体系，使各子系统与软件体系都可正常运行。一体化智能管控平台系统包括生产管理物联管控子系统、生产管理大数据分析子系统、生产安全管理子系统、矿区资产数据孪生子系统等相关智能技术。系统可以实现生产管理过程的智能设备接入物联网统管统控、生产大数据的自动收集与趋势分析、生产过程人员区域、穿戴安全及明火警告等的自动分析、矿区资产实现三维可视化与资产信息的数字孪生等功能。

6.4.4 协同管理与调度平台

建立协同管理与调度平台，实现全过程数据分析、实时预警、应急联动、协同管理、调度指挥、远程服务等功能。运用工业互联网、大数据、数字孪生等技术，实现生产线全过程重点数据分析、重要节点数据实时预警，基于应急联动系统实现安全生产、调度指挥和远程服务等功能。

6.4.5 视频监控和安全生产

建立企业数据中心和调度控制中心，支持数据采集、信息管理、视频监控、安全监测等信息化应用，实现安全生产全过程、全要素连接和监管，具备安全感知、监测、预警、处置、评估等功能。建设安全生产综合管控平台，实现企业安全生产数据资源在线汇聚、有序流动和价值挖掘。支持获取监控视频加载点位置以及监控的视频服务数据，并集成人员与资产信息管理系统数据，从而可以将相应的集成数据加载到虚拟工厂展示图上，能实现视频监控数据在虚拟工厂中实时地显示生产信息、监控信息的汇聚、统计、预警等信息，实现了通过大屏、虚拟现实（VR）的形式展现各个业务的数据统计、分析、应用场景。当监控信息出现异常时，可及时发出预警信息。支持决策人员对监控区域监控信息的查看、浏览、历史监控视频查看等功能。

7 数字智能化电气控制在砂石系统中的应用

7.1 数字智能化电气控制安装的简便性

7.1.1 传统砂石加工系统的电气控制的现状

传统砂石加工系统，在设计设备盘柜时，需要设计 PLC 电气柜，还有就是敷设大量的控制电缆，每个盘柜共有 12~15 回路的电缆进入 PLC 柜，每个回路需要的控制电缆长度为 15~25m，随着砂石项目的增多，逐步显现出配电室需要配置盘柜和电缆数量大的问题，具体表现在以下几个方面：

（1）电气设备在安装时所有控制电缆需要从 0.4kV 盘柜敷设到 PLC 柜，需要多根电缆，施工时需要大量人工完成，从时间上和人员分配上不能满足现在施工的需要。

（2）特别是在电缆敷设完成后，二次配线需要多人才能完成，从电气安装完成到调试还需要时间。

（3）设备运行后，电气设备一旦出现故障，查找部位就会增加，既耽误时间又需要人员，查找问题效率低、工作强度大。

（4）电气设备采用中间转换 PLC 在计算机监控，中间产生的环节多，设备投入运行前的调试工作较烦琐，造成生产设备的工作效率较低。

7.1.2 砂石加工系统数字化智能电气控制技术

（1）数字化砂石加工技术在我国正处于起步阶段，数字化砂石加工系统就是把原来的砂石加工系统的电缆配线全部实现数字化传输数据，用一根光纤或一根网线把需要的数据信息传到中控室上位机上，所有的开机和故障处理，都由现场开关柜内的数字元件完成。这项技术汇集多方面、多层次技术革新。

（2）数字智能化电气控制取消了 PLC 控制柜，采用的是数字式 PLC 分离模块安装在 0.4kV 控制盘柜上，这样可节省大量电缆的采购和安装。进入计算机系统，只需一根光纤或一根网线就能完成整个传输工作，从而实现设备安装的简便化，用工的合理化，生产设备的智能化，最终实现设备安装运行简便，从而实现砂石系统生产电气控制模式提升的要求。

（3）砂石加工系统的数字化控制 PLC 分离元件接线方式：采用盘柜上的分离式（数字 PLC 元件）总线控制接线，主要是盘柜内部接线要多些。这些盘柜内部配置接线在生产厂家的厂房内就已完成配置、调试，因此，在安装期间不用现场安装人员进行敷设电缆和接线，可以节省大量人工和电缆材料；使用数字化电气控制，减少了很多电缆的使用；运行期间可以减少故障范围，电气控制车间已经把要做的故障类别和现象用计算机技术进行了描述，使得运行人员对故障查找、处理比较容易实现。

7.2 数字智能化电气控制操作及维护的简便性

数字化电气控制用于砂石加工系统主要是信息采集、传输、处理、输出过程的全部数字化，其基本特征是设备智能化、通信网络化、模型和通信统一化、运行管理自动化。

简单来说，砂石系统数字化电气控制，可以使设备操作更加简单，效率更高，性能更可靠，便于操作和管理，降低了砂石系统的电气控制，在建设期和运行维护期成本更低，也可以使砂石系统电气设备更加安全、高效、可靠。

从数据源头转变成数字化信息，才真正实现电气数据采集的数字化应用，并为实现信息集成化和数据的共享性提供可能。砂石加工系统的数字化电气控制技术，将具有监视、控制、保护、测量与计量等功能单一、相互独立的传统控制转型成为采用计算机监控，而且将原有的硬件重复配置、信息不共享、投资成本大的局面转变成新建装置和系统之间通过串口或网口交换信息的综合自动化系统，使得原来分散的二次系统装置，具备了向信息集成和功能合理优化、整合转变的基础，即"感知层""数据层""应用层""业务层""网络和过程层"监测网络。这种构架实现了信息采集、传输、处理和输出过程的数字化，使砂石加工系统内的数字化电气控制信息全部做到数字化转换、信息传递，实现了设备运行的网络化，通信模型达到标准化，各种设备和功能共享统一的信息平台。

7.2.1 数字化电气控制设备的层次化

针对在砂石系统的电气安装方面需要人力支配和控制电缆敷设接线的烦琐工作，首先提出取消 PLC 控制柜，采用 PLC 分离式数字模块安装在各个动力盘柜上，节省了盘柜的安装空间和电缆敷设。同时，到中控室只需要网线和光纤就可以实现信息的整体和统一处理，具备砂石加工系统电气盘柜内 PLC 接口之间、动力盘柜内部和中控室主机之间协同互动运行的能力。

由于所有设备的功能差异，砂石加工系统电气控制的结构逻辑可分成间隔层、过程层以及数字转换层。间隔层的作用是通过单个盘柜的数据作用于自身回路的电力拖动设备。所有与电力拖动设备接口功能的实现是通过过程层（二次控制应接线）完成的。利用配电室盘柜的分离式元件采集到的数据，砂石加工集控层可以对砂石加工系统的电力拖动设备进行监视以及控制，同时可以实现与远方控制中心进行数据交换。

7.2.2 数字化电气控制设备的自动化

通过智能终端对砂石加工系统的控制设备的运行数据、图像、视频等进行实时监测，随时随地都能进行检阅。利用数据分析系统，做好信息和数据的分析，实现互联互通，做到有迹可查，达到追溯查询的目的。在可视化的基础上，增加操作功能指令，根据粮情等因素的变化，达到可操控的目的。利用安防监视器、读卡器、地磅传感器、温湿传感器等感知元件收集数据，达到数据收集准确，分析充分，对发现的问题进行针对性的解决。实现系统内部功能模块接口的统一，不仅可实现砂石系统对设备运行状况的监测终端数据的自动读取，而且可以达到上一级管理部门管理平台的互联互通。

有序地管理进出车辆和产品发运，自动记录车辆进厂、过皮、装车、过磅、出厂等信息，并建立成品销售数据库，数据传送到上位机，实现销售记录的数据化、网络化管理。通过传感器把称量数据反馈到上位机，实时监测产量情况，当产量超出设定范围时，自动调整半成品给料量，使系统一直保持满负荷运行状态，并建立产量数据库，统计各级成品产量。根据统计的生产和销售量，计算成品料仓各种成品骨料的库存量，并根据订单中各种产品的需求量，自动调节各种产品的生产比例，实现产销平衡。对主要设备的油温、电流等进行监控，发现异常及时预警或停机。建立设备维护、保养数据库，根据不同设备的保养时间的设定，按时用语音广播通知，及时对设备进行维护保养。建立设备检修、耗材数据库，统计每天的故障次数、检修时间、检修耗材、人员数量。成品质量控制，通过采集破碎设备不同进料级配、不同转速、不同产量时的破碎级配、选粉风量和筛分机粗砂调配控制阀开度，建立成品质量控制调配数据库，控制成品质量在合格的范围内。在生产区域内装设粉尘和噪声监测装置，进行粉尘与噪声监测和数据采集。建立上班人员上岗档案库，每天上班需要刷脸或刷卡，进入厂区后进入监控系统，随时知道工作人员在厂区的动态，对上班人员进行静态管理。

7.2.3 数字化现场总线控制系统

7.2.3.1 现场总线控制系统的主要特点

1. 系统的开放性

现场总线致力于建立统一的工厂底层网络的开放系统。用户可根据自己的需要，通过现场总线把来自不同厂商的产品组成大小随意的开放系统。

2. 互操作性与互用性

互操作性是指实现互联设备间、系统间的信息传送与沟通;互用性则意味着不同生产厂家的性能类似的设备可实现相互替换。

3. 现场设备的智能化与功能自治性

它将传感测量、补偿计算、工程量处理与控制等功能分散到现场设备中完成,仅靠现场设备即可完成自动控制的基本功能,并可随时诊断设备的运行状态。

4. 系统结构的高度分散性

现场总线构成一种新的全分散式控制系统的体系结构,从根本上改变了集中与分散相结合的 PLC 体系,简化了系统结构,提高了可靠性。

5. 对现场环境的适应性

现场总线是专为现场环境而设计的,支持各种通信介质,具有较强的抗干扰能力,能采用两线制实现供电与通信,并可满足本质上的安全防爆要求等。

7.2.3.2 现场总线系统的先进性

1. 节省硬件数量与投资

由于分散在现场的智能设备能直接执行多种传感、测量、控制、报警和计算功能,因此可减少变送器的数量,不再需要单独的调节器、计算单元等,也不再需要 PLC 系统的信号调理、转换、隔离等功能单元及其复杂接线,还可以用工控 PC 机作为操作站,从而节省了一大笔硬件投资,并可减少控制室的占地面积。

2. 节省安装费用

现场总线系统的接线十分简单,一对双绞线或一条电缆上通常可挂接多个设备,因而电缆、端子、槽盒、桥架的用量大大减少,连线设计与接头校对的工作量也大大减少。当需要增加现场控制设备时,无须增设新的电缆,可就近连接在原有的电缆上,既节省了投资,又减少了设计、安装的工作量。据有关典型试验工程的测算资料表明,可节约安装费用 65% 以上。

3. 节省维护开销

现场控制设备具有自诊断与简单故障处理的能力,并通过数字通信将相关的诊断维护信息送往控制室,用户可以查询所有设备的运行,诊断维护信息,以便早期分析故障原因并快速排除,缩短了维护停工时间,同时由于系统结构简化、连线简单而减少了维护工作量。

4. 用户具有高度的系统集成主动权

用户可以自由选择不同厂商所提供的设备来集成系统,避免了因选择了某一品牌的产品而限制了使用设备的选择范围,不会为系统集成中不兼容的协议、接口而一筹莫展,使系统集成过程中的主动权牢牢掌握在用户手中。

5. 提高了系统的准确性与可靠性

现场设备的智能化、数字化与模拟信号相比,从根本上提高了测量与控制的精确度,减少了传送误差。简化的系统结构,设备与连线减少,现场设备内部功能加强,减少了信号的往返传输,提高了系统的工作可靠性。

7.2.4 信息采集——传感器技术

7.2.4.1 传感器的定义与构成

(1) 能感受到规定的被测量并按照一定规律转换成可用输出信号的器件和装置。通常传感器由敏感元件和转换元件组成,其中,敏感传感器是指传感器中能直接感受被测量的部分,转换元件是指传感器中能将敏感元件输出量转换为适用于传输和测量的电信号部分。

(2) 被测量通过敏感元件转换后,再经过传感元件转换成电参量。例如,在圆盘型电位器中,电位器为传感元件,它将角位移转换成电参量——电阻的变换 (ΔR)。测量转换电路的作用是将传感元件输出的电参量转换成易处理的电压、电流或频率量。当电位器的两端加上电源后,电位器就是一个分压比电路,它的输出量是与电位器的分压端成一定关系的电压 U_0。传感器技术在信息系统中处于最基层和最前端,它的性能将直接影响整个系统的工作状态与质量控制。

7.2.4.2 砂石加工系统常用的传感器

1. 压力传感器

压力是最重要的物理常数之一,测压仪表也是自动化仪表领域中发展最快的仪器仪表。随着大规模集成电路、计算机、新材料、硅微加工、半导体加工等技术的发展,从 20 世纪 70 年代的硅压阻传感器问世到今天,测压仪表已经基本完成了从 20 世纪 40—50 年代的传统机械仪表、20 世纪 60—70 年代的各种电磁、模拟电子仪表和传感器直到今天的各种数字化仪表和集成固态传感器占主导地位的转变。测压仪表的发展依然呈现两大趋势:一方面,利用现代高科技制造的传感器不断涌现;另一方面,以波登管为代表的传统压力表,随着时间的推移会逐渐衰退。砂石系统的除尘设备的粉尘就是用压缩空气回收的。

2. 应变式传感器

当金属丝在外力作用下发生机械变形时,其电阻值将发生相应变化。金属电阻应变片主要由基片、电阻丝、覆盖层、引出线组成。它的材料电阻率随应变产生的变化很小,基本可忽略不计。采用的公式是 $\Delta R/R \approx (1 + 2\mu) \times \varepsilon = K_0 \varepsilon$。应变片电阻的相对变化与应变片纵向应变成正比,并且对同一电阻材料,常数 $K_0 = 1 + 2\mu$。其灵敏度系数在 1.7~3.6。主要有以下两种形式:

(1) 金属箔式应变片:在绝缘基底上,将厚度为 0.003~0.01mm 电阻箔材,利用照相制板或光刻腐蚀的方法,制成适用于各种设备的位置空间需要的形状。优点是尺寸准确、线条均匀、使用不同的测量要求;可制成多种复杂形状、尺寸准确的灵敏栅;与被测试件的接触面积大,黏结性能好,散热条件好,允许电流大,灵敏度高;横向效应可以忽略,蠕变、机械滞后小,疲劳寿命长等。缺点是电阻值的分散性大,有些相差几十欧姆,故需做阻值调整;生产工序复杂,焊点采用锡焊,不适合在高温环境下测量。

（2）金属薄膜应变片：采用真空蒸发或真空沉积等方法在薄的绝缘基片上形成厚度在 $0.1\mu m$ 以下的金属电阻材料薄膜敏感栅，加上保护层。优点是应变灵敏系数大，允许电流密度大，工作范围广，易实现工厂化生产。缺点是难以控制电阻与温度和时间的变化关系。

3. 温度传感器

温度测量是大多数工业控制的关键环节，其实现方法通常是温度传感器与待测固体表面相接触或浸入待测流体。在选择温度传感器时应考虑的几个因素是温度测量范围、精度、响应时间、稳定性、线性度和灵敏度。应用最广泛的温度传感器是热偶和电阻式温度探测器。真正把温度变成电信号的传感器是1821年由德国物理学家赛贝发明的，这就是后来的热电偶传感器。在1871年以后，另一位德国人西门子发明了铂电阻温度计。在半导体技术的支持下，21世纪相继开发了半导体热电偶传感器、PN结温度传感器和集成温度传感器。与之相应，根据波与物质的相互作用规律，相继开发了声学温度传感器、红外传感器和微波传感器等。下面分别进行说明：

（1）温度测量的基本概念：温度标志着物质内部大量分子无规律运动的剧烈程度。温度越高表示物质内部的分子热运动越剧烈。温度的数字表示方法称为温标，它规定了温度读数的起点（即零点）以及温度的单位。各类温度计的刻度均由温标确定。国际上规定的温标有摄氏温度、华氏温度、热力学温标等。其中，热力学温标是建立在热力学第二定律基础上的最科学的使用温标，是由英国物理学家、发明家开尔文根据热力学定律提出来的新的开氏温标。

（2）温度测量及传感器分类：温度传感器按照用途可分为基准温度计和工业温度计；按照测量方法可分为接触式和非接触式；按照工作原理分为膨胀式、电阻式、热电式、辐射式等；按输出方式分为自发电型和非电测型等。

（3）热电偶的基本测量原理（热电效应）：1821年德国物理学家赛贝克用两种不同的金属组成闭合回路，用酒精灯加热其中一个部位的触点（又叫结点），发现放在回路中的指南针发生偏转，如果用两盏酒精灯对两个部位触点同时加热，指南针的偏转反而减小。显然，指南针的偏转说明回路中有电动势产生，并且有电流在闭合回路里流动，电流的强弱与两个部位触点的温差有关。根据热效应原理采用的两种不同材质的导体，如在某点互相连接在一起，对这个连接点加热，在它们不加热的部位就会出现电位差。这个电位差的数字与不加热部位测量点的温度有关，并且和这两种导体的材质有关。

（4）测温热电阻传感器：金属热电阻的产生是由于温度升高，金属内部原子晶格的振动加剧，从而使金属内部的自由电子通过金属导体时的阻力增大，外部表现出电阻率变大，电阻值增加，即电阻值与温度的变化趋势相同，称为正温度系数。

（5）温度信号的调理电路：温度传感器在选择时固然十分重要，信号调理电路的选择也非常关键。温度传感器通常集成于控制系统中，而这些系统一般采用PLC和DCS形式。集成方法是将温度探测器直接与控制器连接。

4. 物位传感器

物位（包括料位、液面、界面）检测技术在现代化工业过程控制中占有重要地位。通过对物位的测量，获得物位的连续变量或开关信号，从而实现对物料的处理以及加工过程最优化的控制，并且对在线物料的储存管理提供有用的信息。

（1）超声波检测技术。

①测量原理：超声波物位传感器通过高性能的压陶瓷探头发射聚焦的脉冲波束，发射波遇到介质表面后被反射回来。反射信号经过智能化的软、硬件处理，滤去噪声，算出声波的运行时间，进而得出探头与介质表面的距离，输出对应于物位的模拟或数字信号，送至上位机显示，或者作为过程变量，参与物位的连续自动控制。

②特点：超声波是一种机械波，传播速度与介质有关（当介质不是空气时，直接对声速编程），这种类型是介质温度与压力的函数。对于液位的精确测量，必须考虑对这些因素进行补偿。当环境剧烈变化时，探头必须内置温度传感器。由于超声波的产生是基于元件的压电效应，目前压力补偿还无法做到，因此，超声波检测技术不适合在高温高压的条件下工作。目前，其最高工作温度是150℃，压力不超过0.3MPa。

超声波的频率范围一般在10~100kHz，只有当压电晶体停振后，才能用于反射波的接收。考虑压电晶体的停振时间，以及按声波周期所对应的发射时间有一个测量盲区，盲区决定了在探头表面和容积内最高物位的最小距离。一般情况下，测量范围越大，波束的发射角越小，声波频率越低，波长（$\lambda = V/F$）越长，机械波衰减越小，所对的盲区越大，低余振可以使盲区降到最小。

超声波检测技术采用非接触测量形式，使机械构件不受被测介质的影响，探头高频振动可以自动清理膜片的冷凝水和灰尘。元件无磨损，牢固耐用，不受介质密度、介电常数和导电性的影响，并且在一定范围内，容器压力不会影响测量。但是，不适合用于高温、高压、有波动、蒸汽、闪蒸、气泡、泡沫等场合的物位检测，固体料位测量中有大量粉尘振动的场合也不适用。

（2）雷达检测技术。

①时域反射技术：雷达天线以波束的形式发射频率在2.4~24GHz的雷达信号，反射回来的回波信号仍由天线接收。雷达脉冲信号从发射到接收的时间与传感器到被测介质表面的距离成正比。雷达的传播速度与介质无关，其以光速进行传播。因此，雷达传感器可以工作在高温（采用测量窗或弯管天线，介质温度可达1000℃）、高压（选择合适的法兰构造，可达6.4MPa）、真空的环境中。介质的介电常数越大（大于1.5F/m），雷达信号的反射效果越好。

如一束雷达脉冲波的发射时间是1ns，发射周期是278ns，脉冲波束的频率是3.6MHz。天线在发射间隔作为接收装置使用。仪表分析处理时间小于10^{-10}s的回波信号，并在极短的一瞬间内分析处理回波图。利用调整时间间隔技术，将360~600s的回波图放大、定位，然后进行分析处理。由于雷达传感器的信号运行时间极短，因此对信号分析处理要求极高，且价格较贵，从而影响到这种技术在物位测量中的运用。只有当其他物位测量仪表都无法完成测量时,才考虑使用雷达传感器。

②调节连续波技术:雷达系统利用线性调节高频信号,发射频率随一定的时间间隔(扫描频率)线性增加。由于微波频率是随着信号传播中的时延变化的,反射信号与发射信号所对应的频率差,经过 FFT 变换,变换成数字信号进行分析处理,从而计算出物位的高度。雷达传感器的测量精度主要由扫描频率及其重复性决定。

扫描频率的非线性直接影响到测量精度,采用振荡器的特性曲线使用线性补偿,这种补偿可以校正非线性的 98%,对于更高精度的测量要求,必须采用瞬时频率控制技术,这种频率控制回路称为锁相环,即雷达发射频率在短时间间隔内连续调整,在毫秒数量级内跟踪设定点的频率,接收的频率直接转换为数字值,接收器的混频器自动锁定正确的频率。

时域反射式雷达与 FMCW 雷达相比,信号处理上有所不同,前者无须进行 FFT 分析,靠脉冲分组发射,功耗小,很小的电流就可以维持系统工作,易实现两线制接线。FMCW 雷达传感器可以连续发射,功耗大,一般采用四线制接线。时域反射式雷达传感器精度比 FMCW 雷达传感器低,价格相对便宜。

雷达检测技术可用于对液体、浆粒、颗粒料的物位进行非接触连续性测量,耐磨损、耐老化,适用于真空、温度、压力变化大,有气体、蒸汽、粉尘存在的条件恶劣的场合。一般超声波技术不适用的场合,采用雷达技术都可以获得满意的效果。

5. 流体量传感器

所谓流体量传感器是指液体和气体等形状容易改变的物体。为了研究物体的各种现象,就需要研究和开发流体传感器。在流体技术的范畴内,所要测量的物理量有流速、流量、液位、黏度、密度、流体的成分以及温度、压力等非电物理量。对于这些非电量的测量,一般利用被测量的某些物理量、化学效应等,通过流体传感器将非电量转换成电量,实现非电量的电测量。在一定条件下,流体传感器的输入和输出之间有确定的关系,大多数传感器是模拟量传感器,它将被测量物理量转换成模拟电量,例如涡轮流速计、多普勒流量计等。在流体量测量中,数字传感器的类型很有限,但是通过模/数转换器,可以将模拟传感器输出的模拟量很方便地转换成数字量。因此,在流体数字测量系统中,目前使用的传感器绝大数仍然是模拟传感器。

流量体传感器主要有流量/流速传感器、黏度传感器、密度传感器、流体成分传感器等。

(1) 流量传感器:为了检测流量,人类设想了很多方法,从浮子流量计、椭圆齿轮流量计、涡街流量计到核磁流量计等,在当今的工业生产中得到了广泛运用。

测量流量的方法很多,有流速法、溶积法、质量法、水槽法等。流速法中,又有叶轮式、涡轮式、卡门涡流式(又称涡街式)、热线式、多普勒式、超声波式、电磁式、差压节流式等,在工业中大部分使用的是压差式流量计。

①超声波流量计:声波的传播方向与液体的流动方向相同时,其传播时间比逆向传播所需的时间短。超声波流量计正是应用这个原理进行流量测量的,其时间差即反映了液体的流速。

以超声波作为检测手段，产生超声波和接收超声波的装置就是超声波传感器，习惯上称之为超声换能器，或者叫超声探头。

②电磁流量计：根据导体切割磁力线产生的电荷的原理，当液体（含有电离子）以一定的速度，在一定截面的管径内，从固定的磁场穿过时，会有电压产生，其公式是$U=kBvD$，由于k、B、D都是常数，因此被测电压与流速成线性关系，只要用流量对时间进行积分即可求得流量。

③压差式流量计：压差式流量计是在管道中安装的某种节流元件（孔板、喷嘴、文丘里管等），当流体流过节流元件时，在它前后形成与流量成一定函数关系的压力差，即可确定通过的流量。因此这种主要由节流元件和差压计（或差压变送器），两部分组成的流量计在工业中应用较为广。

④文丘里流量计：文丘里流量计与压差式具有相似的工作原理，主要区别是在管线或通风导管中部逐渐缩小形成一个狭窄小孔（不是突变的小孔），并且在下游的小孔又逐渐地扩大。在收缩中的压力损失几乎全部可恢复，一个显著的特点就是文丘里流量计不易被磨损。

⑤涡轮流量计：主要用管线中的液体流量测量，但易受磨损和卡塞，特别不适用于污浊的流体测量，在热水和冷却水系统中对于加热仪器应用涡轮流量计还是主要的选择。

⑥漩涡流量计：适用于液体测量并且具有很高的精度，其工作原理是由漩涡而产生压力波动的频率，漩涡是由于流量冲击垂直挡体而产生的，其频率与流体的流速成正比例关系。

（2）流速传感器：在水处理系统中，水流的流速测量是非常重要的，因为它的精度直接影响整个系统的控制性能。流速传感器采用的几种类型：皮托管、孔板、文丘里流量计、涡轮流量计等。

①皮托管：顾名思义，其适用于管内通风系统，而且是基于两端开口的管路，一根管迎着牵气流安装，另一根与气流垂直安装。基于伯努力方程在两根管之间所测到的压力差可表示气流的速度。其精度主要取决于管内所记录的采样测量的次数和仪表对不同压力的测量结果。

②孔板：其是基于管线或通风管两端的压力差进行检测的，也就是流体通过一个节流孔而产生的节流作用，从而达到测量压力差的目的。孔板结构简单，但易被流体磨损，特别是一些污浊并带有微粒的流体。孔板曾经被广泛用于管道流体的测量。

（3）红外传感器

红外传感器是用红外线作为介质的测量系统，按照功能分项共有如下形式。辐射式用于辐射和光谱测量；搜索和跟踪系统用于搜索和跟踪红外目标，确定其空间位置并对它的运动轨迹进行跟踪；热成像系统可产生整个目标的红外辐射分布图像；红外测距和通信系统。混合系统是指以上各类系统中的两个或多个组合体。

7.3 数字智能化电气控制数模转换的可靠性

7.3.1 数字化控制技术设计安装的合理、协调性

7.3.1.1 选用合理的结构形式

（1）PLC 的选择主要应从 PLC 的机型、容量、I/O 模块、电源模块、浪涌保护模块、特殊功能、通信联网能力等方面加以综合考虑。

（2）整体式的 PLC 的每一个 I/O 点的平均价格比整体模块式的便宜，还能根据使用数量的多少，进行合理的组合配置，并且安装体积较小。一般用于砂石系统工艺过程较为固定的中小型控制系统中，而分离式模块的 PLC 的功能扩展灵活方便，在 I/O 点数、输入点数和输出点数的比例、I/O 模块的种类等方面选择余地较大，而且维修方便，一般用于砂石加工的中等以上的系统中。

7.3.1.2 安装方式的可控性

（1）PLC 系统的安装方式分为集控式和分离式两种，集控式需要配置 PLC 控制柜，而且需要配置大量电缆，分离式是指所有 PLC 分离模块分别装在各个动力盘柜上，只需要一根网线和一根光纤就能把所有数据进行数字转换，送到中控室的多台上位机上。远程 I/O 模块可以分散安装在现场设备操作柜上，需要配置通信接口模块。

（2）使用在砂石系统中的 PLC 都要具备逻辑计算、定时计算、计数等功能，对于砂石加工系统的电气控制需要以开关量、模拟量等为主要的选型模式进行。对于设备控制时间启动设备的地方，需要加减法运算，还需要 PID 模数运算、砂石加工系统电控设计需做闭环控制、通信联网等功能，可视控制模式规模大小及复杂程度，选用高一级的 PLC 模块控制。

7.3.1.3 集散式控制系统的可靠性

集散式控制系统是以多个微处理机为基础，利用现代网络技术、现代控制技术、图形显示技术和冗余技术等实现对分散控制对象的调节、监视管理的控制技术。其特点是以分散的控制适应分散的控制对象，以集中的监视和操作达到掌握全局的目的。系统具有较高的稳定性、可靠性和可扩展性。主要功能是过程输入—输出接口、过程控制单元（基本控制器和控制站）、数据高速通路、CRT 操作站、管理计算机（上位机）等。

由被控对象、传感器、变送器、控制器和执行器组成一个闭合回路，也称闭环反馈控制系统。如果把执行器、被控对象、传感器、变送器归并在一起，称为"广义被控对象"或"广义对象"，可以简化为广义对象和控制器两部分。单回路控制系统的设计和参数整定方法，是各种复杂控制系统的设计和整定的基础。

自动控制系统的设计工作主要是确定控制目标与被控制量，选择操作量，分析对象特性并确定控制方案，选择控制器与执行器，设计报警和连锁保护系统等。主要从以下

三点进行说明：

（1）确定控制目标：控制目标是指对控制系统总的要求，控制目标与工艺要求密切相关，应根据具体情况提出不同的控制目标。为了实现不同的控制目标，需要制订不同的控制方案，如锤式破碎机、颚式破碎机、反击破碎机、立轴破碎机等设备特性不同，在做设计时，应根据厂家技术参数和砂石加工的生产量进行合理的选型配置。

（2）被控制量的选择：被控制量的选择是控制系统的核心，影响生产过程的因素很多，如果在选择上数据配置不当，将直接影响设备的正常运行。在设计时应根据具体情况提出不同的控制目标。设计人员应熟悉和掌握工艺要求，找出对产品的产量和质量以及安全生产都具有决定意义的参数作为被控制量。

（3）操作量的选择：能控制被控量变化的因数往往很多，应选择使控制系统具有良好可控性的因数作为操作量。操作量的作用是经控制通道，使被控量恢复设定值，起校正作用。设计时应分析各方面的变化因数的来源和大小，以被控对象特性参数对控制质量的影响为依据，合理配置操作量。

7.3.2 砂石系统电气控制数模转换器的稳定可靠性

7.3.2.1 模数转换（A/D）技术

（1）模数转换器是模拟量输入和模拟量输出通路中的核心部件。在实际控制系统中，各种非电物理量需要由各种传感器把它们转换成模拟电流或电压信号后，才能加到A/D转换器转换成数字量。

（2）传感器的输出信号只有微伏或毫伏级，需要采用高输入阻抗的运算放大器将这些微弱的信号放大到一定的幅度，有时候还要进行信号滤波，去除各种干扰和噪声，保留所需要的有用信号。送入A/D转换器的信号大小与A/D转换器的输入范围不一致时，还需进行信号预处理。

（3）在计算机控制系统中，若测量的模拟信号有几路或几十路，考虑到控制系统的成本，可采用多路开关对被测信号进行切换，使各种信号共用一个A/D转换器。

7.3.2.2 数模转换（D/A）技术

（1）一般来说，传感器的输出信号只有微伏或毫伏级，需要采用高输入阻抗的运算放大器将这些微弱的信号放大到一定的幅度，有时候还要进行信号滤波，去除各种干扰和噪声，保留所需要的有用信号。

（2）在计算机控制系统中，若测量的模拟信号有几路或几十路，考虑到控制系统的成本，可采用多路开关对被测信号进行切换，使各种信号共用一个D/A转换器。

（3）若模拟信号变化较快，为了保证模数转换的正确性，还需要使用采样保持器。在输出通道，对那些需要用模拟信号驱动的执行机构，由计算机将经过运算决策后确定的控制量（数字量）送D/A转换器，转换成模拟量以驱动执行机构动作，完成控制过程。

（4）用数模转换器可实现的 0.4kV 盘柜的多路控制回路（设备模拟量、设备开关量与数模转换器连接），该控制回路用一个数模转换器实现多路控制，减少数模转换器数量，降低了产品体积和成本。模拟量可以通过传感器变成与之对应的电压、电流等模拟量。为了实现数字系统对这些电模拟量的测量、运算和控制，就需要一个模拟量和数字量之间的相互转化的过程。

（5）PLC 机型选择的基本原则是在满足功能的要求及保证可靠、维护方面的前提下，力争最佳的性能价格比，选择时应考虑到合理的结构形式、安装方式的选择，相应的功能要求、响应速度要求及系统可靠性要求，机型尽量一致等。

（6）分离式可编程（PLC）控制器可以替换砂石加工系统中、电气控制二次回路中的继电器及其配套的逻辑回路，采用网络数字转换器、光纤数字转换器和网线、光纤将会使砂石加工系统目前使用硬链接，普通的模拟信号和控制线路被替代使用。

（7）采用 0.4kV 盘柜的集成模块是数字式智能控制系统，采用整体解决方案能避免一些软件和硬件衔接的难度，提供更加可靠的数字转换模块系统，可以实时监测砂石加工的整个生产过程，根据每台设备的运行情况，可以直接采集数据，并将数据传送给自动控制系统。

8 机制砂石生产智能制造典型案例

在机制砂石行业,数字化新基建助力高质量砂石开采加工实现精细化管理,以达到降低人力与生产成本,提高砂石产量与质量,实现绿色、环保、高效生产等目标。为了让广大读者更加直观地了解机制砂石行业智能制造,本章选取了 5 个代表性案例进行深入探讨,详细介绍舟山凝灰岩矿砂石加工生产线自动化控制与智能系统实施、神山灰岩矿智慧化建设及运营期智能管控、蓝天环保项目、雄安智慧砂石项目以及淇县二道庄废弃矿山治理综合利用工程。

8.1 案例1:中电建年产7000万吨神山灰岩矿项目

8.1.1 项目概况

神山灰岩矿项目位于安徽省池州市西南方向,矿山隶属于池州市贵池区牌楼镇青山村、神山村,距离池州市区约37km。项目所属物流廊道工程贯穿牌楼镇、殷汇镇和牛头山镇,所属矿石码头工程位于牛头山镇牛头山港区。

矿区面积约 4.73km^2,总储量约 19.08 亿吨,开采矿种为石灰岩料。项目总运营期约 30 年,生产规模为 7000 万吨/年,分为矿山开采及矿石加工、物流廊道和矿石码头三大部分。矿石爆破开采后经溜井平台运输至矿石加工系统,加工后成品混合料经长距离胶带机运输至码头堆场,经再次筛洗分级后由装船机装船外销。

矿山工程和码头工程拟分两期实施。一期建设工期2年,生产能力3500万吨/年,一期工程已于2019年6月底投产;投运1年后实施二期建设,最终生产规模达到7000万吨/年。

8.1.2 整体规划

根据智慧化建设和运行管理的需求,实现建设和生产过程的自动检测、智能监测、智能控制与智慧调度,提高项目资源综合利用率、劳动生产率和经济效益,主要包括:

（1）工程建设期智能化实施，主要实现为项目建设规划、土地资源利用、施工模拟、重难点冲突模拟等提供智慧化解决方案，结合项目管理系统，实时掌握工程建设进度、投资等指标。

（2）运营期智慧化建设，主要包括项目物联网系统设计，码头自动化控制系统及料仓计量系统、总控系统、除尘设备控制系统、装船机控制系统之间的控制及通信等的建设。

该项目实现了全过程的智慧化生产系统，包括生产过程的自动检测、智能监测、智能控制与智慧调度，并在此基础上开发智慧矿山综合管控平台和智慧码头管控平台。目前各系统运行正常，实用性良好，智能调度、物流、监测等方面效果显著。经专家鉴定，项目智能智慧化水平已达国际领先水平。

8.1.3 智慧工地建设

8.1.3.1 总体设计

项目建设期智慧管理主要通过"GIS+BIM+物联网"的模式实施数字化管控，具体包括：

（1）利用BIM虚拟现实技术，实现项目方案虚拟化，提高参建各方的沟通效率，提升品牌宣传力度。针对加工工艺、系统的部署、料场开拓中的重大技术方案进行模拟展示，辅助项目管理决策，达到优化方案、降本增效、缩短工期的目的。

（2）利用BIM技术对矿山设计方案进行深化设计，确保方案能够利于现场组织实施，使原本在施工现场才能发现的问题尽早在设计阶段就得到解决，以达到减少错误和浪费的目的。通过深化设计和虚拟建造模拟，使设计图纸切实符合施工现场操作的要求，减少图纸中错、漏、碰、缺的发生，提高项目信息传递的有效性和准确性。开展BIM5D的应用，提升项目信息化管理水平，提高项目管理的工作效率。

（3）利用BIM技术提高施工过程的进度、质量、安全、成本管控，探索大型矿山开发数字化建设履约管理。以施工现场管理标准化为突破口，利用BIM技术对深化设计、施工工艺、进度管理、质量管理、安全管理进行规范、科学的标准化改进，建立有效的预防与持续改进机制，逐步革新现场管理方式和施工组织方式，从而实现精细化管理（表8-1）。

表8-1 应用工具统计

软件	应用方向	使用对象	备注
InfraWorks	规划设计（总图）	技术	自然和建筑环境的模型
Civil 3D+无人机测量	开挖、测量	技术、测量	三维地形、开挖场平
Revit	建筑、结构、电气	技术	三位模块
Inventor	机械、设备	技术	设备、非标杆
Tekla	结构深化（钢、混）	技术	出详图、结构计算
PKPM	结构计算	技术	结构受力分析
Navisworks	进度、漫游	技术、施工	4D
P6/Project/Navisworks	进度	技术、施工	进度控制
Unity 3D、会声会影	动画、二次开发	BIM小组	奖项申报、宣传

8.1.3.2 技术方案与实施

1. 安全文明管理

(1) 对重难点工程部位进行施工方案可视化模拟,预先发现施工安全隐患,优化施工方案。在深化交底的过程中,使安全管理人员摆脱二维图纸的信息传达障碍,从根本上、全方位进行全过程的施工安全管控。

(2) BIM 技术人员运用建模及后期渲染等技术手段,对项目安全技术措施进行策划,完善企业安全措施标准,实现策划先行、标准化管理(图 8-1)。

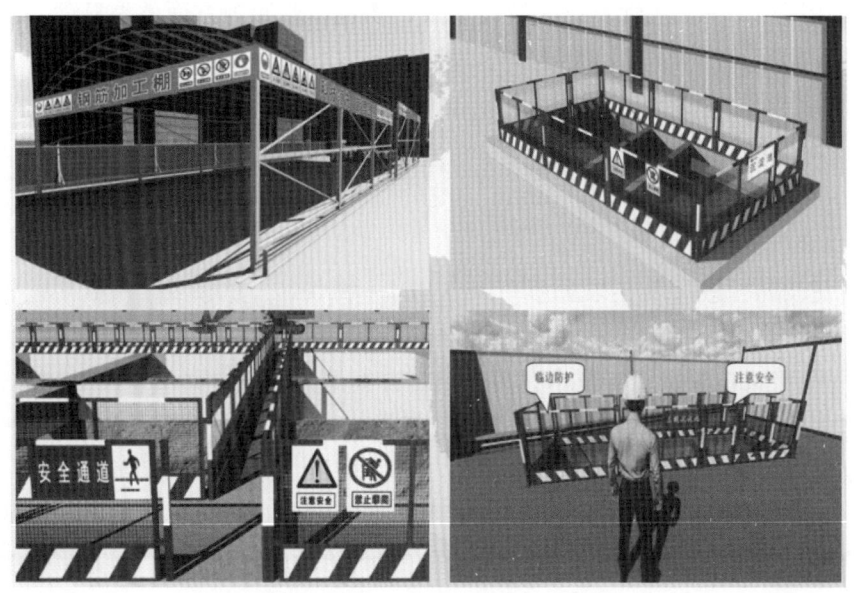

图 8-1　标准化示意图

(3) 门禁管理系统。通过劳务人员实名制管理、人员进出管理(门禁管理)、考勤管理,解决农民工工资纠纷问题(图 8-2)。

图 8-2　门禁示意图

（4）通过对现场的多方位实时监控、实时回放、远程访问，轻松解决因施工场地人多而不易管理的问题，施工现场安全得到了保障（图8-3）。

(a) 现场安装的红外枪机与红外球机

(b) 本地及移动端查看视频监控

图8-3 监控系统示图

2. 质量管理

（1）图纸会审管理：项目技术人员利用BIM技术手段，完成项目图纸会审工作，提前发现并解决图纸问题33项，减少25项图纸变更问题，深化并优化设计达到18项。

（2）技术交底可视化：对设计图纸及现场重难施工节点进行三维建模工作，达到施工节点技术交底可视化，起到直观易懂的效果（图8-4）。

图8-4 碰撞检查示意图

例如，1号破碎硐室为矿山开采的第一条生产线之咽喉，开挖复杂，集合了地下硐室群掘进支护工程、厂房结构混凝土浇筑工程、重型起重机及设备安装工程等，工序繁多，结构复杂，施工难度极大。针对空间关系复杂、工序繁多、工期任务紧的情况，运用 Revit、3Ds Max 对地下厂房结构进行了全面建模，剖析设计图纸，并对施工队伍及管理人员进行了持续性的 BIM 技术交底，核对出图纸错误 8 处，提前发现设计结构碰撞等问题，并持续为后续的施工方案提供了可靠的分析、参考对象，为 1 号破碎硐室的顺利完工提供了强大的技术支撑（图 8-5）。

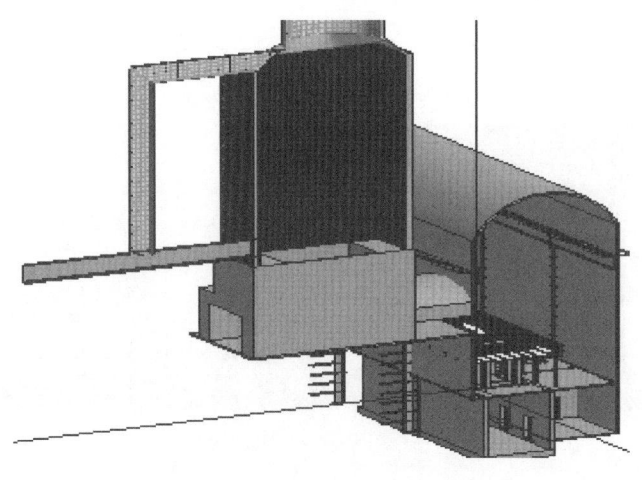

图 8-5　破碎硐室三维交底示意图

（3）矿山开拓道路动态设计。因移民征地、实际地形和设计地形偏差较大等原因，矿山开拓道路未能按原设计道路方案施工。为了满足工期要求，尽快为系统回填施工等提供回填料，尽快形成上山道路，启动溜井平台的开挖从而启动溜井掘进工程。BIM 工作站运用 Civil 3D 进行动态道路设计，根据实测数据，准确复原山形地貌，并根据实际情况，进行了道路的设计及后续优化，为上山找到了一条符合设计规范要求的方案，可动态调整开挖量、坡度、回填量等，路线相较原设计缩短 0.95km，加快了工期进度，为溜井的开工创造了有利条件，节省了成本。

（4）非标件三维化设计。加工系统非标件数量庞大，且多为异型板材，运用 Tekla 准确建立三维模型，一键输出精确的构件图、材料表，动态设计让复杂的空间形体快速成型，提高了出图效率，杜绝了因设计不明确或者构建详图表示错误造成的材料浪费（图 8-6）。

3. 进度计划管理

通过 BIM 模型动态虚拟展示形象进度、资源计划，利用 Navisworks 结合 Project、P6 进行施工模拟与资源优化配置，严格控制节点工期。针对重点部位进行严格把控，进度识别与快速调整，获得最优赶工期方案。预先对施工全过程，包括施工阶段材料用量、施工工序、延期因素等进行了全方位模拟和分析，提高了项目管理的决策效率和精准度，实现了基于进度计划的动态资源管理（图 8-7）。

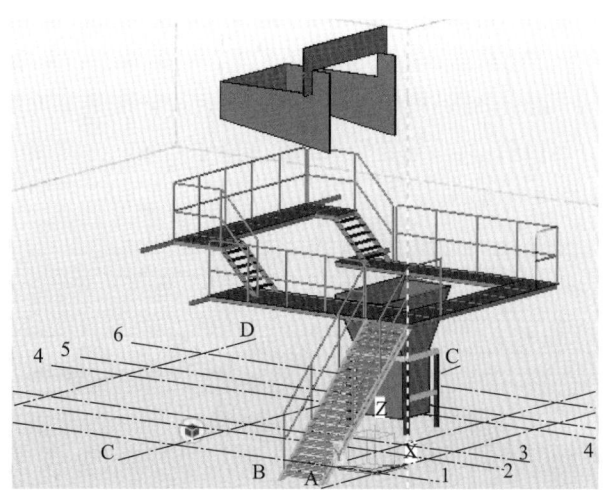

图 8-6 粗碎平台非标件示意图

图 8-7 进度模拟示意图

8.1.3.3 效果与特色

项目通过智慧工地应用，使各部门之间的协同管理效率提升，对现场问题和反馈速度明显加强，实现了协作提效；通过视频监控等模块应用，使项目管理层对施工区域全范围内进展情况掌握更加全面，无形中降低了项目隐形成本，实现了现场透明；对重大危险源进行实时监控，极大减少了安全生产事故发生的概率，避免了人员伤亡事故的发生，营造了安全、高效的工地环境，实现了安全保障。

8.1.4 智慧运营管控

8.1.4.1 总体设计

主要目标是实现矿山资源与开采安全数字化、技术装备智能化、信息传输网络化、生产过程自动化、管理信息化、决策科学化，主要内容包括对开采、加工、仓储、输送和装船等全流程进行监测和自动化控制，通过对设备状态的监控，提供实时而准确的数据化支持，有效提升生产效率，并通过与外部信息系统的接口，形成真正的全链条互通。管控平台通过采集生产实绩对产线性能进行分析，实时统计产量等重要经营数据，评估生产效益，合理安排生产计划，科学管控生产进度，降本增效，为管理者提供决策支持。

系统功能构架如图 8-8 所示。

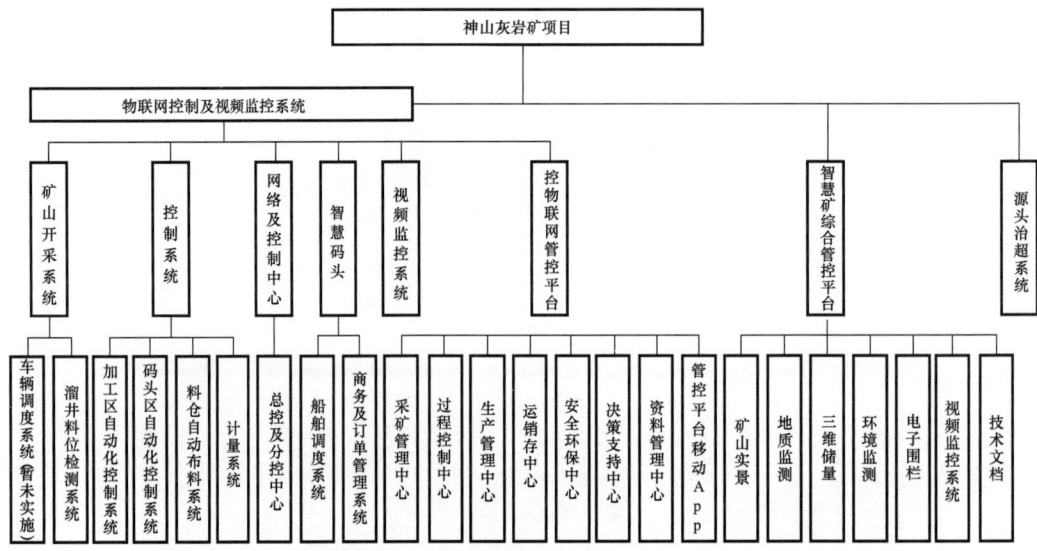

图 8-8　功能构架图

8.1.4.2　智慧码头管控平台

智慧码头将 N 层系统架构、SOA 架构、Acegi 框架、SSO 框架、负载均衡框架、缓存框架和多种 Ajax 界面表现框架组合起来形成一种综合性框架。

1. 软件平台架构

平台系统架构采用 SOA 架构。这种架构主要分为应用扩展层、服务支持层和平台基础层，其各层都可调用下层提供的数据、功能或者服务机制，同层模块、系统之间也可互相调用（图 8-9）。

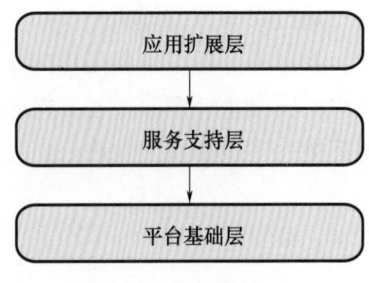

图 8-9　SOA 架构图

这种系统架构使得多个系统间进行了合理的分工，是一种良性的系统架构，在具体实施中可以逐步扩展其服务，减少后续建设投资。

2. 智慧码头管控平台架构

智慧码头管控平台架构如图 8-10 所示。

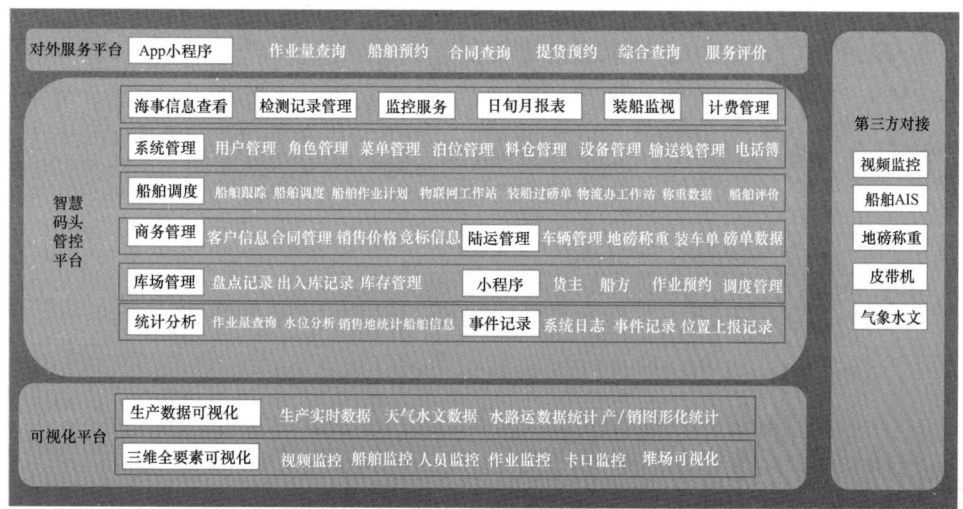

图 8-10 智慧码头管控平台架构图

3. 智慧码头调度系统

通过管控平台对产品合同签订至销售全过程实施全线上管理，其中，合同发起，客户提货计划下达，船舶（车辆）预约、船舶报港、船舶（车辆）作业等功能均通过互联网、移动端小程序、短信服务等现代化通信手段建立线上互动，实现安全高效管理。

（1）商务管理。

商务管理由客户信息、物料管理、销售价格、水运合同、陆运合同组成。对于客户临时性需求采用临时提货单形式。

（2）船舶计划。

船舶计划由船舶资料、提货计划、预约审核、发货计划、船舶排位组成。

船舶资料：当客户申报船舶资料时，如系统没有，应录入船舶名称及编码，其他由客户或船舶完善资料。

提货计划：由计划管理人员编制提货计划，经审核后，客户手机小程序可以根据计划安排船只。在实施中计划可以调整，以保证客户船舶安排合理。

预约审核：在客户提交船舶后，由船舶计划人员对船舶相关资料进行审核。经审核通过船舶系统确定预约船舶，并通过船讯网实时跟踪船舶位置。船舶方可以登录手机小程序查看信息。

发货计划：当船舶到达锚地后，由船舶手机小程序报港。报港船舶由计划人员决定是否纳入发货，通过贸易公司审核、批准后，控制中心才能进行船舶作业调度。

船舶自动排位：当船舶进入自动排位模式后，对发货计划内船舶进行自动排位。

船舶状态：可以实时掌握预报船舶、锚地船舶、计划船舶、作业船舶信息。

船舶跟踪：通过与船讯网对接，跟踪已预约审核通过的船舶信息。

（3）船舶作业。

船舶作业分两部分，由控制中心发出船舶进出泊指令，船舶通过手机小程序提出进行入泊，并确认到达泊位可以装船；当调度中心收到到泊信息后，经视频确认后，向物联网控制系统发出装船指令，物联网操作人员通过提示，按发货信息选择输送线对应骨料启动控制系统。对于操作控制流程的重要步骤，系统设置二级密码，保证系统操作安全，如皮带秤"清零"、船舶"入泊"、船舶"出泊"等（图8-11）。重要事件均带语音提示。

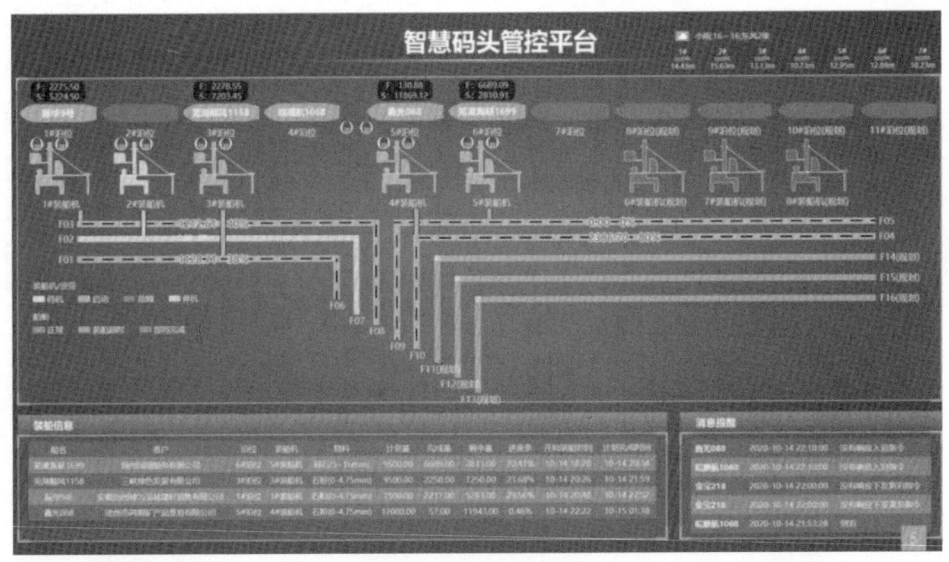

图8-11　智慧码头管控平台

（4）陆运作业。

①陆运管理。

车辆管理：由客户提交并录入车辆信息。

车辆预约：当客户签订合同后，通过手机小程序，提交查询装载车辆信息。

磅单管理：对参与码头运输和矿山运输的过磅车辆信息汇总、编辑磅单。

货物交接：核对过磅单，生成当天货物交接单，经过手机小程序上客户、发货单位和贸易公司三方审核后存入系统。

②作业管理。

提货单管理：当车辆进入后，系统打印装车单，由客户持装车单提货。

码头（矿山）皮重过磅：当车辆初次装车时，必须经过皮重过磅，其数据可供下次使用。

码头（矿山）装载过磅：当车辆装载完成过磅，如超过车辆总重时，系统提示超重吨位。

码头（矿山）磅单数据：过磅数据查询与编辑。作废单据保留备查，对部分信息错误录入进行修正，过磅称重吨位不能改变，经审核生成当天货物交接单。

4. 智慧码头数据及辅助系统

智慧码头数据辅助功能包括计费管理、质检管理、库存管理、查询分析、统计报表、单据审单系统管理、事件管理、海事监管等内容。

（1）质检管理。

自动获取装船信息取样检测，由线上生成对应装船骨料检测记录模板，录入监测数据后，通过检测、审核、批准三级审核，生成检测报告。

（2）库存管理。

通过成品料仓自动布料系统对料仓高度数据进行检测，可视化直观反映成品料仓堆料高度。点击画面布置的摄像头显示料仓视频信号。通过与物联网管控平台对接获取入库骨料信息。通过料仓数据，盘点和修正料仓库存误差。

（3）单据审单系统管理。

通过线上二维码扫码核单，确认系统单据与线下打印单据的一致性，防止错单、重单、漏单。

（4）查询分析。

对系统获取的销售地、船舶、装船机、水位、气象等数据信息提供实时查询与统计分析（图8-12）。

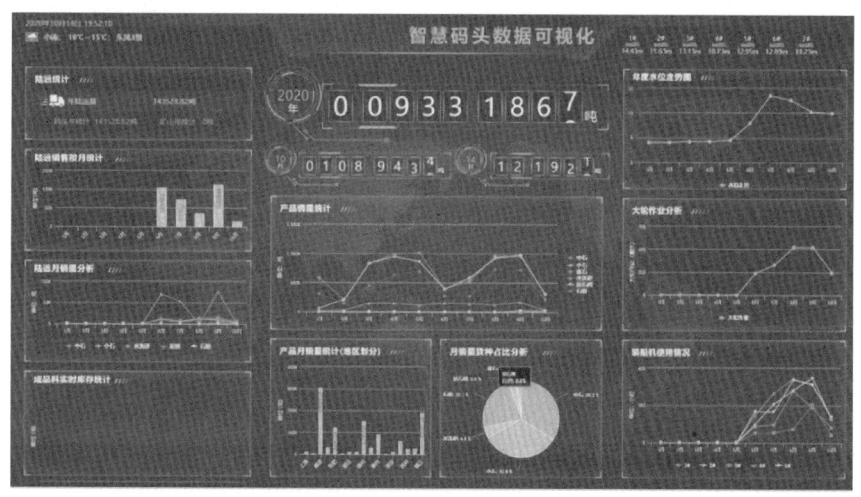

图8-12　智慧码头管控平台数据显示界面

（5）统计报表。

分别生成水运和陆运日、旬、月、年等销售报表。

①短信服务。

短信服务是指为客户、船舶及相关生产管理人员设置短信推送提醒功能，系统会及时提醒客户关注手机小程序并完成操作。当客户、船舶无响应时，相关运行人员应采用线下电话通信方式，与客户、船舶取得联系。

②企业微信。

与工程局企业微信对接，显示日、月、年销售统计信息，供公司及相关管理人员查看。

③微信小程序。

完成控制流程中船舶计划的审核、批准。显示作业过程信息与销售信息,供现场审查调度,供相关人员实时掌握生产信息。

④系统管理。

用于系统菜单、用户、角色等权限管理。

⑤视频信息。

包括每个装船机读取装船下料视频及皮带监视视频、码头中部安装 2 路船舶进出港监视视频以及多成品料仓监视视频,系统中对应画面均能获取视频信息(图 8-13)。

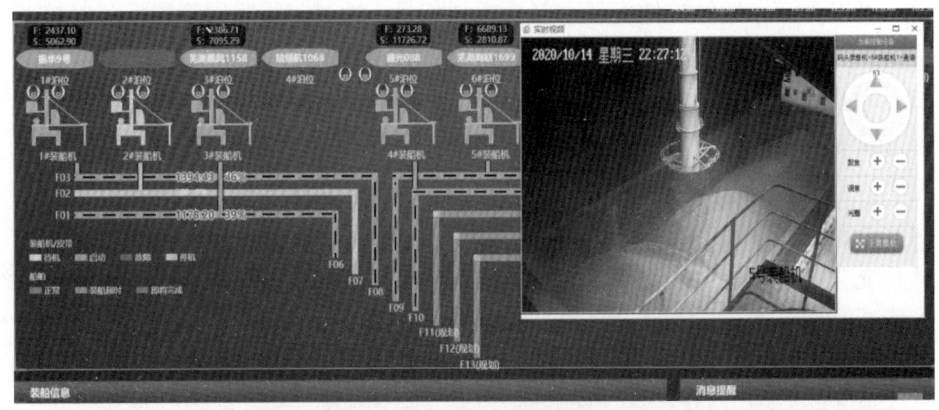

图 8-13　智慧码头管控平台作业状态及视讯界面

⑥语音提示。

系统除正常事件提示外,对部分操作流程设置了语音提示,以方便使用。

⑦船舶信息。

对接船舶预报的船舶,接收船舶 AIS 数据(船讯网),在电子地图中实时显示船舶位置,点击船舶图标后,可查看船舶到离港时间、船舶动态信息、船舶作业进度等信息(图 8-14)。

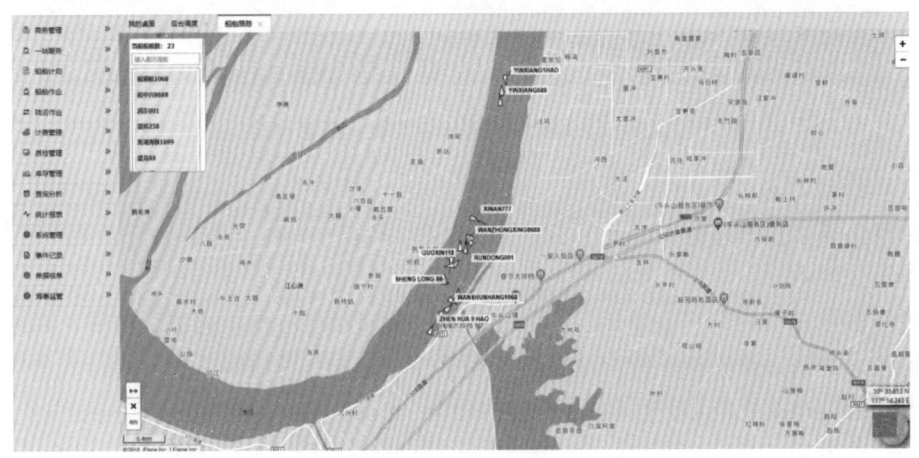

图 8-14　智慧码头管控平台船舶信息状态界面

5. 智慧码头调度中心

智慧码头调度中心如图 8-15 所示。

图 8-15　智慧码头调度中心

码头调度中心安装了 12 块 55 寸高清拼接电视墙，可以显示智慧码头系统画面、视频组合画面以及物联网控制系统画面。布置了两台调度工作站，通过电视墙可以监视船舶、成品料仓以及矿山码头物联网控制系统等所有实时信息。

6. 应用效果

平台于 2020 年 6 月 8 日进入试运行阶段，系统采集存储了大量信息，包括合同信息、客户信息、船舶信息、销售数据、作业信息、销售地信息、长江安庆水位信息、日气象信息等，重要数据均可实现查询，同比、环比分析以及相应图表展示，极大降低了人工收集的强度、不确定性和整理的滞后性，减少了人员投入成本，为科学决策提供了完备客观的数据资料。流程作业管控满足现场运行需求，通过手机小程序互动，加强了与客户、船舶紧密协同，提高了工作效率；特别是通过视频系统，调度人员实时掌握船舶状态，有效提高了装船安全性。根据上线试运行情况，系统完全匹配骨料生产加工能力，并常处于等待船舶或成品料仓骨料不足状态，截止到 2020 年 10 月 1 日，水运骨料销售结算吨位 791.3653 万吨，1606 船次，系统提高工作效率 20% ~30%。

8.1.4.3　物联网控制系统

1. 物联网控制及视频监控

物联网控制系统具备智能调度、设备管控、运行监测、数据采集及分析、数据网络传输等功能。监控系统具有实时高清视频监控、智能视频分析、远程配置与维护等功能，所有视频信号均可通过云服务平台和移动服务端查看（图 8-16、图 8-17）。

按区域和用途分别对开采区、加工区、廊道料仓及码头物联网系统、控制中心、网络传输系统等进行实时监测，具体如下：

（1）溜井料位监测系统。

采用激光扫描、传感器及摄像头等监测料位高度和堵塞状态。

图 8-16　物联网控制室

图 8-17　物联网矿山分控制中心

（2）加工系统物联网系统。

①配置总控 PLC 实现所有设备的启停顺序及联锁的自动控制。

②按常规控制方式设计所有设备的自动控制和状态工况等信息。

③预留接口，破碎机出料口处配置识别系统，监测物料粒径，反馈控制破碎机开口大小。

④配置不同的控制器来控制不同物料种类的给料机，实现可分别控制多台开启和停止。

⑤除尘系统：环境在线监测，具备报警及公共区域数据显示等功能，预留接口给环保部门。

（3）廊道物联网系统。

①对已安装的西门子控制系统读取数据，可显示、查询及报警。

②前后端皮带运行数据互联，依据皮带启停状态，实现前后关联闭锁。

（4）料仓物联网系统。

①给料车配备测量装置，检测料堆高低，控制给料车是否卸料。

②依据进料口和出料口的数据统计料仓库存。

（5）码头物联网系统。

①设备运行状况读取。

②按常规方式对所有设备的自动控制和状态工况等在线监测。

③水处理系统在线监测。

（6）控制中心。

包含拼接大屏、数据机房等标准配置，包括一个总控制中心和两个分控中心。

（7）网络传输系统。

覆盖整个项目现场的工业以太网（图8-18、图8-19）。

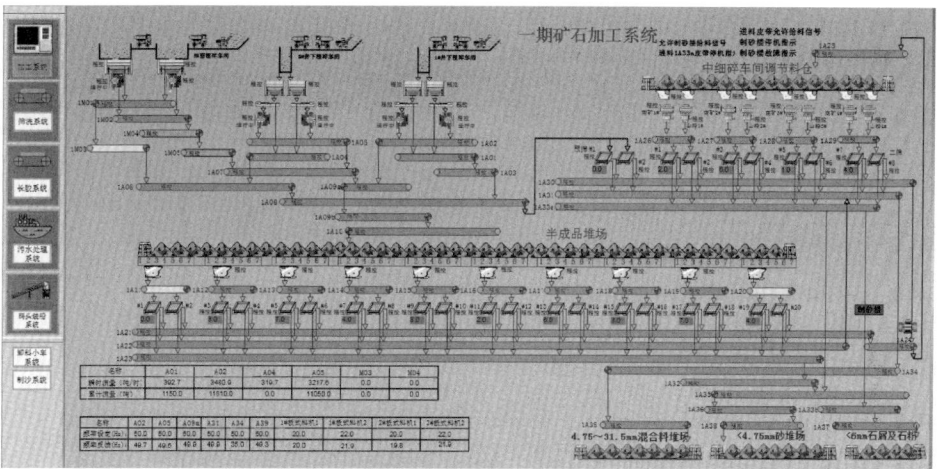

图8-18　物联网控制界面图——加工系统

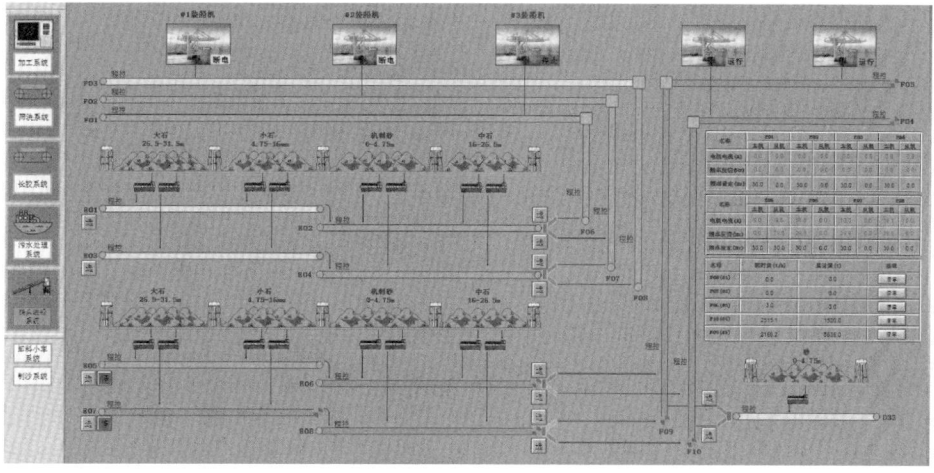

图8-19　物联网控制界面图——装船系统

2. 自动布料系统

自动布料系统包含智能控制、智能电控、料位监测、小车定位、视频监控及通信等子系统，无缝接入物联网控制系统，实现小车的智能布料、自动精准下料并控制布料高度。自动布料系统由操作人员设置布料高度、初始运行方向等参数，系统启动运行后根据精确定位传感器、精确料位监测的反馈数据和多参数自反馈智能控制策略，自动控制卸料小车或皮带的精确行走机构移动至布料位置进行布料，同时精确控制料位高度，最大限度减少布料时砂石料对堆场结构件的冲击，实现安全、高效布料（图8-20）。

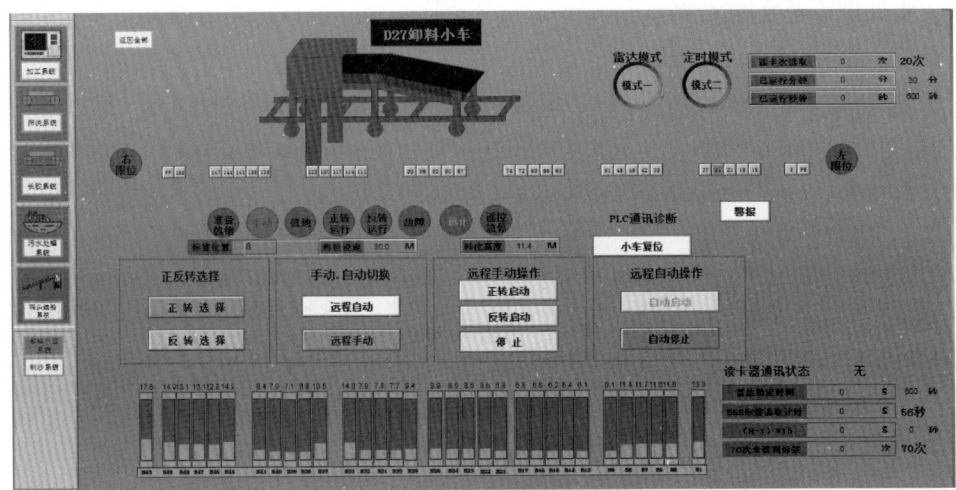

图8-20 自动布料系统控制界面图

3. 物联网管控平台

管控平台与计量系统、溜井料位监测系统、视频监控系统、自动化控制系统、装船机控制系统、污水处理系统、除尘系统、物流廊道系统等对接，将神山灰岩矿项目的所有设备、产线、操作、控制数据统一规约于平台之中，获取综合信息并生成数据报表和趋势分析，为神山灰岩矿的生产管理提供全方位的软件应用服务，为生产运行过程中的管理人员、操作人员提供不同的权限与服务内容。平台支持各种智能终端，如LED大屏幕、多媒体触摸屏、电视屏、平板电脑、智能手机等，实现与多种不同设备之间的数据交互与同步。

平台包括采矿管理中心、过程控制中心、生产管理中心、运销存管理中心、安全环保中心、视频监控中心、资料管理中心和数据中心等系统，主要功能包含生产过程自动化控制模块、视频监控模块、生产实时数据采集模块、市场管理信息模块、销售管理信息模块、物资管理信息模块、管理报表模块、消息预警模块、策略管理模块等（图8-21）。

（1）采矿管理中心。

对接三维矿业软件，获取生产计划，生成数据报表和趋势分析；对接溜井料位监测系统、获取开采区两条溜井的料位信息。基于三维矿业软件进行二次开发，实现管控平台与三维矿业软件集成，生产人员可直接在管控平台中实现三维矿业软件的生产计划编制、爆破炮孔设计、配矿编制等工作。具体功能包括：

①三维模型展示：建立神山矿山开采区三维模型，在模型上展示开采区生产情况、车辆装备运行情况、车辆实时位置。

②生产计划编制：根据矿体资源模型进行生产计划编制、爆破炮孔设计、配矿设计等。

③车辆调度管理：预留与车辆调度系统的接口，实时查询卡车、铲车等的位置、实时状态、油耗、里程、卸矿次数等信息；实时显示车辆运行情况；统计车辆运输数据；对车辆调度系统发送调度指令。

④溜井料位监测：对接溜井料位监测系统，实时展示溜井料位，同时实现与车辆调度系统联动。

⑤采矿报表统计：支持日期查询，以图表方式展示采矿计划总体情况，具体报表包括采矿计划统计表、采矿情况统计表、采区运输情况统计表等。

图 8-21　物联网管控现场实景图

（2）过程控制中心。

过程控制中心从加工区、长距离物流廊道及码头的自动控制系统、5 套装船机控制系统中获取过程控制中的实时数据并进行存储，同时生成数据报表和趋势分析图表，包括生产状态实时监测、生产线可视化、设备历史数据和报警信息等。具体功能包括：

①设备状态监测：实时查询产线各设备的运行情况；由现场前端采集运行状态数据并展示、存储，例如电量、电流、功率、皮带速度、轴承温度等；以 Flash 图形或三维模型形式展示所选择设备当前时刻的运行状态、运行参数，支持时间周期查询历史运行数据；生成设备运行情况统计表等报表。

②生产线可视化：通过工艺流程图逻辑关系，展示生产线重要设备实时运行情况，正常工作、停机或故障状态；显示每条皮带输送设备输送的加工产品信息。

③设备运行管理：根据时间周期，按设备类别、品牌、所属产线，查询产线内各设备的运行时间、保养记录、备品备件使用情况等；提供设备运行时间统计表、设备保养记录表、设备维修记录、备品备件库存统计表、设备运行保养分析表等报表。

④生产调度：出现紧急情况时，可通过人工交互接口控制各设备的启停。

⑤报警查询：支持查询产线各类报警信息的报警时刻、故障设备、报警类型；提供报警统计表、故障统计表、报警/故障类型分析表等报表。

（3）生产管理中心。

生产管理中心从系统中获取生产数据，进行统计和分析。包括每日生产概括、生产班次统计、报表统计、事故分析和消息管理等。具体功能包括：

①每日生产概况：查询每日的出入矿量、各皮带的产量、设备开机时间、总能耗等，根据实际生产管理要求生成相应报表。

②生产班次统计：按班次、时间周期查询产线生产的统计情况，根据实际生产管理要求生成相应报表。

③日产量统计：查询不同粒度的物料的日产量、库存量等，根据实际生产管理要求生成相应报表。

④事故分析：显示指定日期段内的事故列表及明细，根据实际生产管理要求生成相应报表；以图表形式显示设备的各类报警类型及相关分析；提供事故统计分析表等报表。

⑤生产报表：根据实际管理要求，对产量、进度、销量按照不同组合维度进行综合统计，生成生产趋势图，各单位产量对比、同比以及所占比例的分析，同时根据生产调度基础数据生成生产调度报表；提供季/月/周生产情况表等报表和分析图谱。

⑥消息管理：将产线运行核心内容自动生成简报，并推送到移动终端App。

（4）运销存管理中心。

运销存管理中心设计包括客户信息管理、运单信息、库存信息、销售统计、市场分析、船舶调度等。生产相关的计量数据，直接从物联网系统中的计量系统获取；销售运输相关的计量数据，从智慧码头系统中获取。具体功能包括：

①客户信息、运单信息查询：与智慧码头系统对接，查询客户信息资料和运单信息资料，包括客户信息、联系人信息、客户不良记录、运单信息等。

②库存信息和销量统计：与智慧码头系统对接，获取产品的库存、销售量，并可进行分时段统计和查询；提供库存情况表、销售情况表等报表和分析图。

③市场分析：与智慧码头系统、物联网控制系统对接，获取产品的销售数据、运输数据、生产数据、能耗数据等，同时对不同物料的销售价格、销量、成本、行业政策等多维度进行综合分析，生产综合分析报告。

④泊位调度：与智慧码头系统对接。查询船舶预约计划、装船日期、船舶作业量、月吞吐量、船舶作业进度、未按作业安排到港的货主不良记录等。

（5）视频监测中心。

视频监控中心从加工区和码头分控中心调用现场摄像头的视频信号，设计的功能包括视频展示、录像查询、录像回放、故障报警等。

①界面集成：视频监控的集成接入，以完整统一视频监控集成页面进行展现。

②视频设备展示：在矿山三维模型（包含矿山开采区、加工区、物流廊道、码头区）上直观展示视频点位的分布，可实时调用视频。

③视频直播：在平台中可以直播系统内任何一路前端视频图像。

(6) 安全环保中心。

针对生产现场的安全管理工作，提供安全隐患排查、安全教育培训、设备点巡检等功能，实现安全管理的信息化；生成月培训记录统计表、月安全隐患台账等报表。

预留与粉尘处理系统和污水处理系统的接口，从粉尘处理系统和污水处理系统中获取环保数据信息并进行存储分析，实现对生产环境状态的实时监控，监测参数超标/不达标时自动报警；支持数据统计查询，生成粉尘监测情况表、水质监测情况表等报表和分析图。

预留与远程抄表系统接口，实时统计各主要设备的用电情况，生成电量分析，与安全、环保监管部门信息系统进行对接，按照要求生成相关报表。

(7) 决策支持中心。

决策支持中心从各模块中进行数据挖掘、统计和分析，为决策提供支持，主要功能包括业务统计、销售统计、市场分析等，通过形象直观的图表，对所有的生产调度指标进行图表分析，可以选择任意的指标和不同的图表（柱状图、饼状图等）来进行数据对比浏览，从生产计划、过程控制、库存信息、运营等维度分析生产绩效。

(8) 资料管理中心。

资料管理中心将神山矿建设和生产过程中积累的大量资料进行保存、分类，支持查询、统计和分析，通过图纸、文档的在线查看和编辑，实现资源共享。其功能包括设备管理、技术文件管理、施工队管理、合同管理等。

(9) 数据中心。

数据中心将获取的系统数据信息进行存储、备份、维护，主要功能包括数据备份、数据接口、数据维护、异常查询等，支持自定义系统备份。

(10) 移动端设计。

管控平台移动端 App 分为门户展现、采矿管理中心、过程控制中心、生产管理中心、运销存管理中心、视频监测中心、安全环保中心、决策支持中心、资料管理中心，各中心具备数据展示、查询、数据报表生成、分析图查看等功能，用户可根据权限查看相关数据，移动用户终端（包括手机和 PAD）可以实时获取管控平台的信息，及时了解现场情况并进行处理（图 8-22 ~ 图 8-24）。

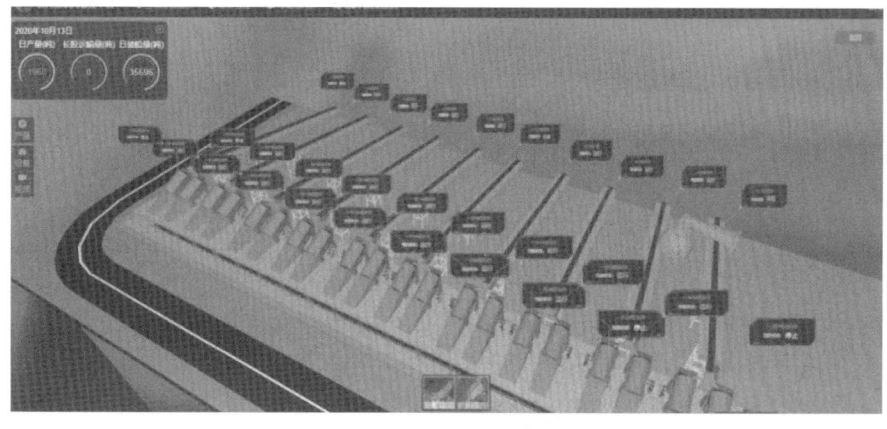

图 8-22 物联网管控三维图

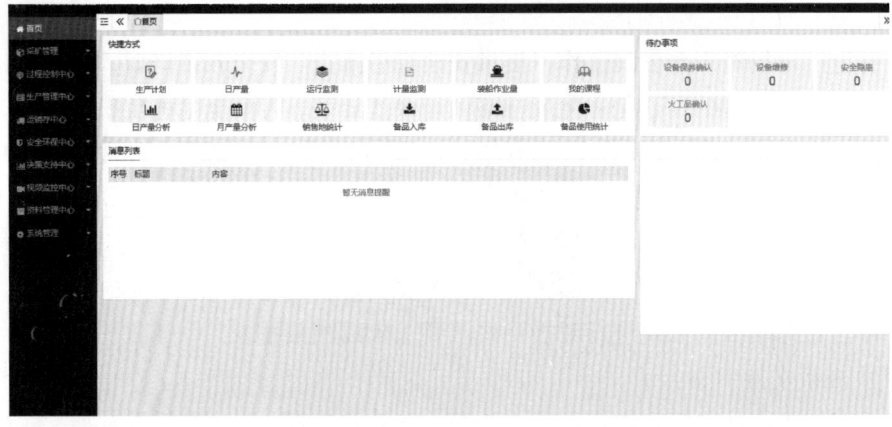

图 8-23　物联网管控菜单功能图

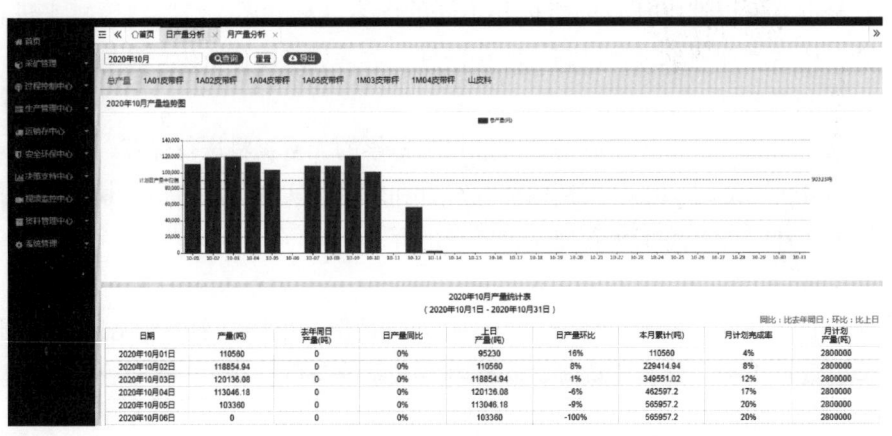

图 8-24　物联网管控产量统计图

4. 应用效果

物联网控制系统于 2019 年 6 月投入使用，具备智能调度、设备管控、运行监测、数据采集报警、数据网络传输等功能，应用效果如下：

（1）上位机组态画面与现场设备相对应，显示动态过程变量和设备状态的生产流程图，操作人员可方便地对生产过程进行操作和监控。

（2）报警功能：现场设备出现故障或变量超出预警值时，屏幕会弹出报警画面或故障设备参数，并伴有声响警示灯报警提示操作人员予以处理。报警功能有效地将事故扼杀于萌芽阶段，对出现故障的现场设备则能及时发现、处理，从而有效减少故障停车时间。

（3）显示变量趋势图：能同时显示多个模拟量数值的实时趋势和历史曲线，并具有历史数据回顾和储存功能，方便流程考查和数据分析。

（4）设备的远程启停：有权限的相关操作人员根据设备运行、故障等状态，可通过远程操作实现设备的集中启停或单台启停。

（5）事件记录及故障报警记录：可实现操作员操作、工艺参数或设备状态改变及报警信息的记录。

(6) 各种生产信息通过 Web 远程发布，送达各级管理人员，按权限实现网上浏览。

8.1.4.4 源头治超系统

1. 系统概述

利用企业源头称重设备，将运输车辆的称重信息接入到市、县级联网治超管理信息平台中；利用企业称重检测处的车牌自动识别系统、视频监控系统、票据管理系统，实现对辖区内源头矿企的重要监管，将科技治超手段深入到货物源头超限治理的每一个环节，实现真正意义上的货物源头治超信息化监管闭环，进一步提高监管工作效率，加大监管工作力度，防止被监管企业、人员弄虚作假，同时方便上级管理部门实时督查对超限装载源头矿企的处罚情况。

2. 系统部署

源头治超系统部署在各源头矿企治超站点。前端接入网络需将所有前端采集设备信息数据接入县级监控中心，包括视频、监测数据等；监控中心通过运营商 MSTP 方式与前端接入网络互联互通，每个模块内部又集成视频存储服务器、工控机等设备，通过内部局域网互联互通。县级监控中心通过交通行业专网与市级监控中心互联互通。监控中心与源头矿业互联互通网络设计如图 8-25 所示，可实现监控摄像机抓拍图像、监控视频与称重监测数据接入回传，实现全市源头矿企治超网络联通共享，有效集成，实现无缝平滑扩展。

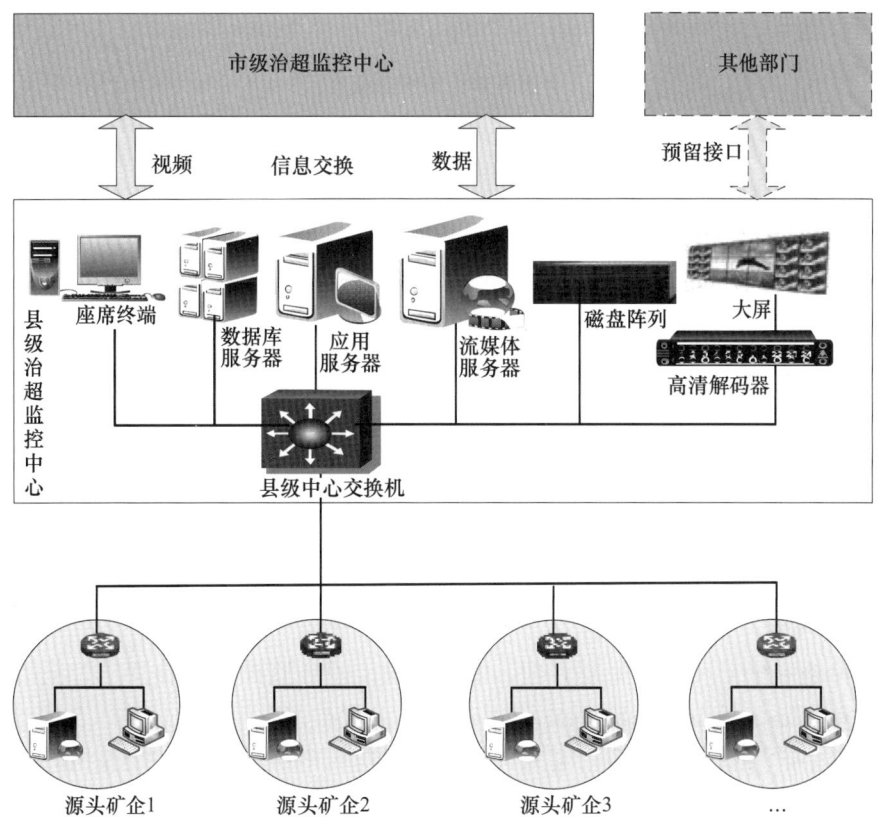

图 8-25 系统部署架构

3. 系统组成

系统依托于源头矿企地磅、车牌识别系统、视频监控系统、拦杆器、打印机、显示器（鼠、键）、网络机柜、工控机、费显等以及配套基础与辅材。系统组成如图8-26所示。

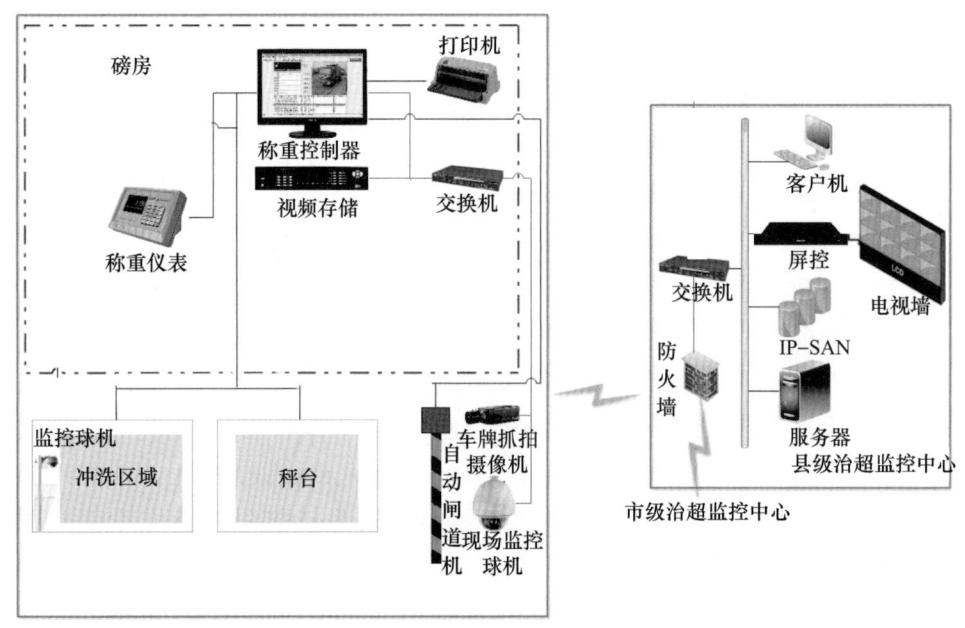

图8-26　系统组成

4. 系统工作流程

系统工作流程如图8-27所示。

（1）车辆进入称重检测区，车牌识别系统自动完成车辆抓拍和车牌识别，称重系统完成对车货总重的检测，并依托网络将检测信息传输至源头治超站点监测数据库。如无法识别车牌号，系统自动弹窗并提示人工手动输入。

（2）自动调用车辆备案信息表，获取当前货运装载车辆轴数、限重、自重数值。

（3）系统根据相关标准判断监测数据是否超限，对不超载的车辆保存称重数据上传中心，打印计量信息单，道闸自动打开放行，若超载则提示超载卸货，车辆倒回货场，卸货后复称，直到不超载为止，否则无法打印计量信息单。

（4）完成车辆的检测，并依托网络将检测信息传输至县联网治超管理系统监测数据库。

5. 应用效果

源头治超系统实现了"计划管理、安全运输、闭环监控"工作要求，坚持源头管控、属地负责、上下联动、部门协同工作机制，开展矿产品生产和运输综合整治，着力解决矿产品生产与运输过程中"超采、超载、超速"等突出问题，全面扭转了矿产品运输量过度增长造成交通运输环境恶化的被动局面，促进了矿产品生产与安全运输有序进行。

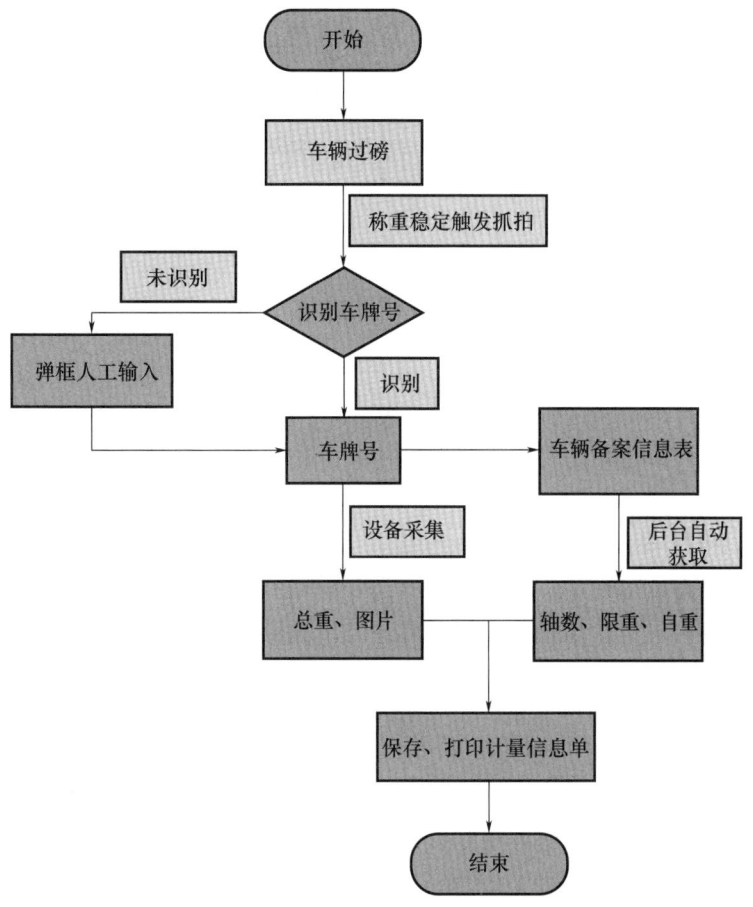

图 8-27 系统工作流程

8.1.4.5 智慧矿山综合管控平台

基于时空演化模型采集的数据、机电设备的智能化产生的数据和生产计划与工程管理产生的数据，依托互联网、物联网、云计算、大数据、地理信息集成等新兴技术，建立智慧矿山综合管理平台，实现安全、生产、环保等方面的系统化、全面化管理，提升企业的精益生产管理水平，实现露天开采的本质绿色，最终实现建设和谐、美丽、可持续发展的露天矿山。

1. 总体思路

智慧矿山综合管理平台架构分为数据采集层、数据处理层和应用层（数据展示层）三部分，其中，数据采集层分为硬件和软件两部分，硬件采集设备采集施工现场视频监控数据，并通过网络传输等方式传至服务器，服务器调用持久化接口保存数据至数据存储层，数据展示层根据不同的业务逻辑，通过调用接口的方式，从数据存储层获取数据，根据需要以 Web 页面形式展示数据，总体架构如图 8-28 所示。

2. 系统功能

（1）绿色矿山。

绿色矿山模块展示矿山相关图片与简介，绿色矿山一级指标等（图 8-29）。

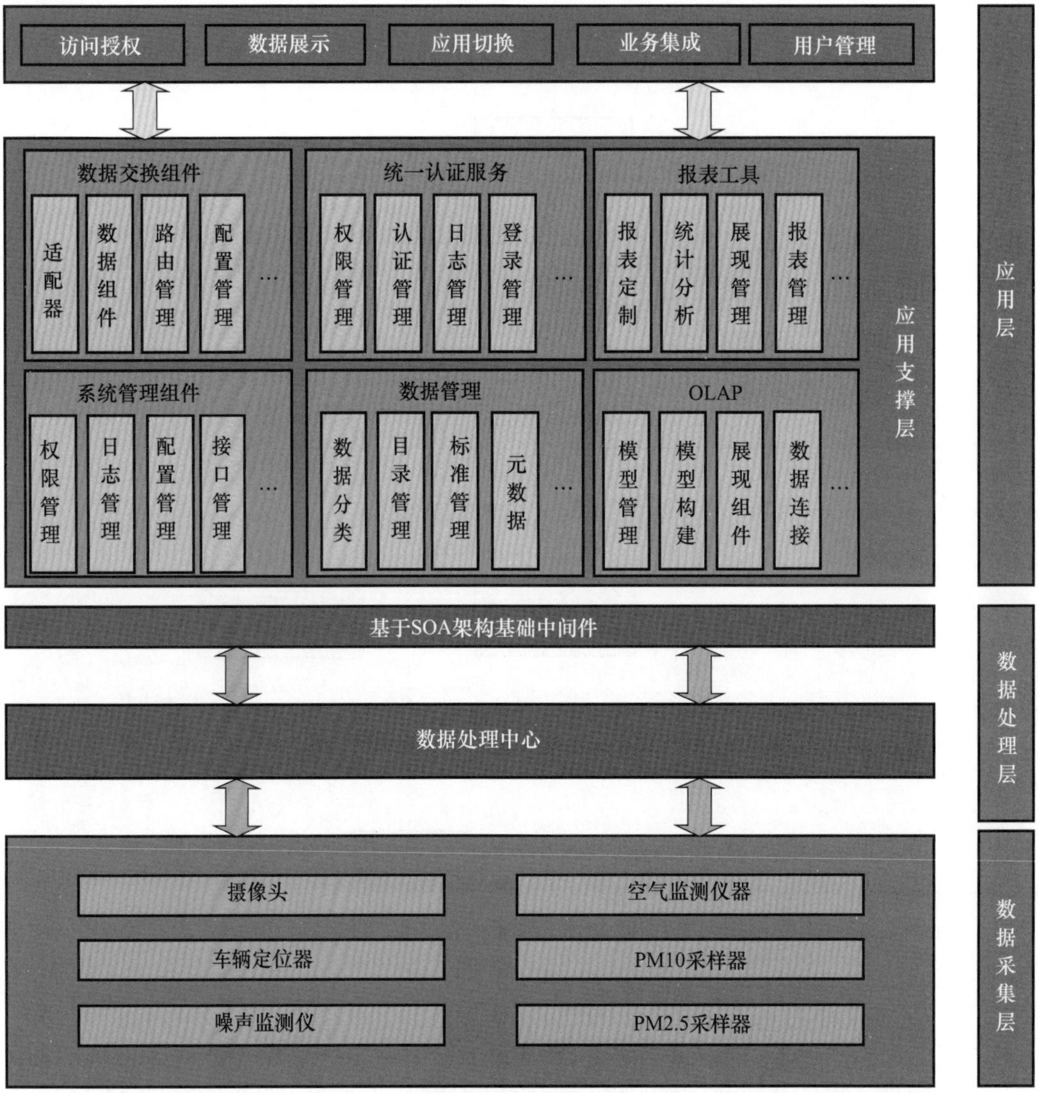

图 8-28 总体构架

图 8-29 绿色矿山界面

（2）视频监控。

通过视频可视化加强矿山施工现场的安全防护管理，实时监测施工现场安全生产措施的落实情况，对施工操作工作面上的各安全要素进行有效监控，同时消除施工安全隐患，加强和改善矿山的安全与质量管理，实现矿山监管模式的创新。视频监控系统架构如图 8-30 所示。

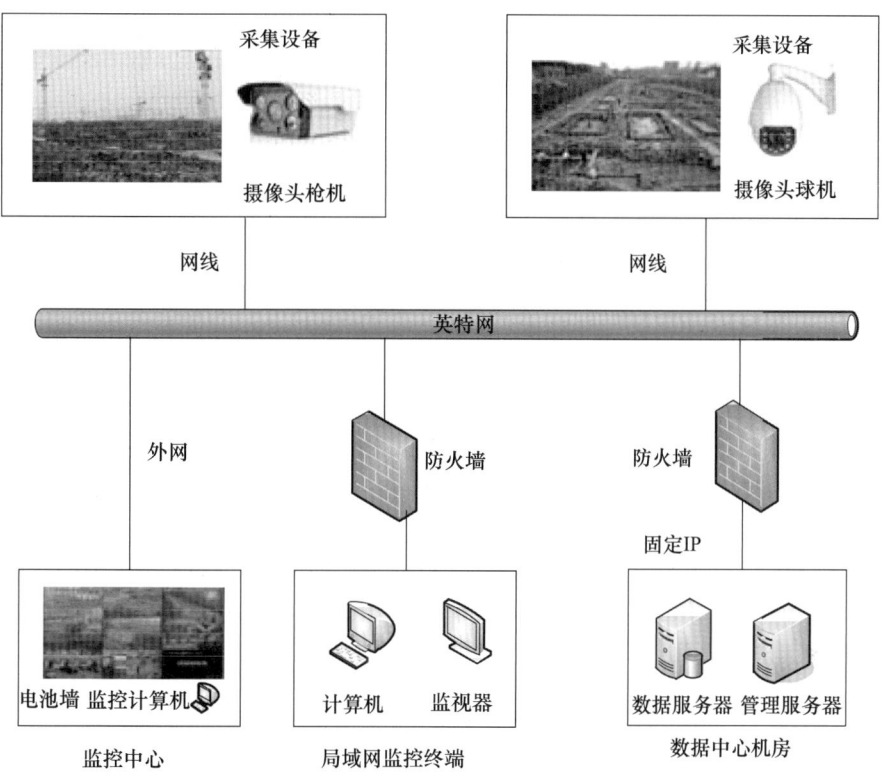

图 8-30　视频监控系统架构

视频监控管理如图 8-31 所示。

图 8-31　视频监控管理

（3）环境监测。

环境监测系统架构如图 8-32 所示。

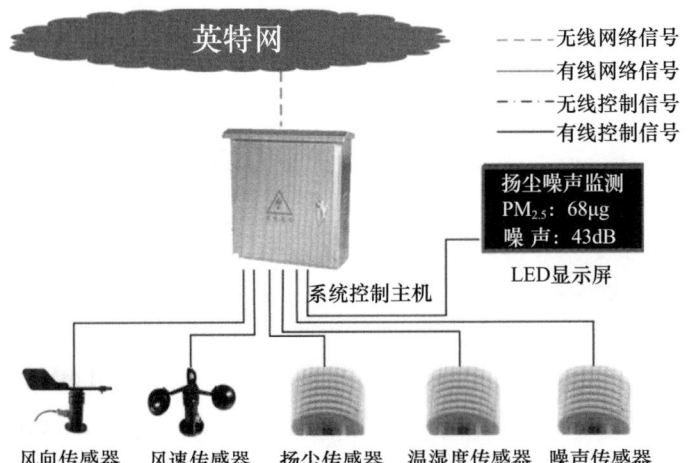

图 8-32　环境监测系统架构

环境监测模块包括矿山现场扬尘噪声可视化系统数据监测和报警展示的平台端与监测设备端。通过监测设备，对矿山施工现场的气象参数、扬尘参数等进行监测与显示，可实现对建设工程扬尘监测设备采集到的 PM2.5、PM10、TSP 等扬尘数据，噪声数据，风速、风向、温度、湿度和大气压等数据进行展示，并对以上数据进行分时段统计，同时对施工现场视频图形进行远程展示，从而实现对工程施工现场扬尘污染等监控、监测的远程化、可视化（图 8-33）。

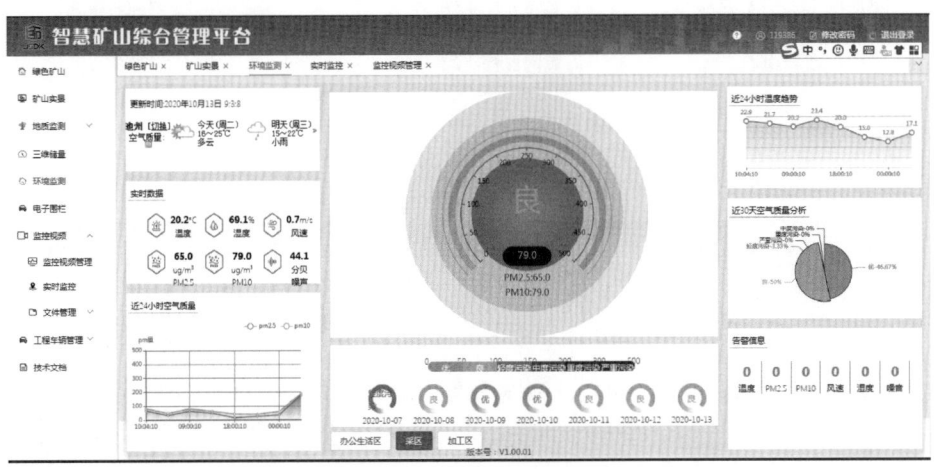

图 8-33　环境监控界面

（4）电子围栏。

主要实现对矿山车辆的实时管理。通过车辆定位系统能实时监控车辆的状态，查看车辆的历史轨迹，划定电子围栏并做报警记录（图 8-34）。

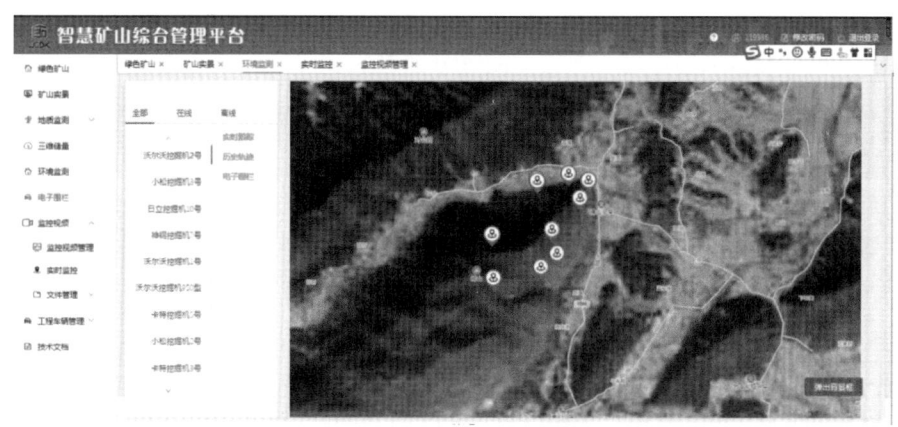

图 8-34 电子围栏界面

(5) 矿山实景。

矿山实景模块结合矿山实景图,通过无人机航拍三维建模展示。本模块分为两部分,一部分展示无人机三维模型,另一部分展示矿山实景(图 8-35)。

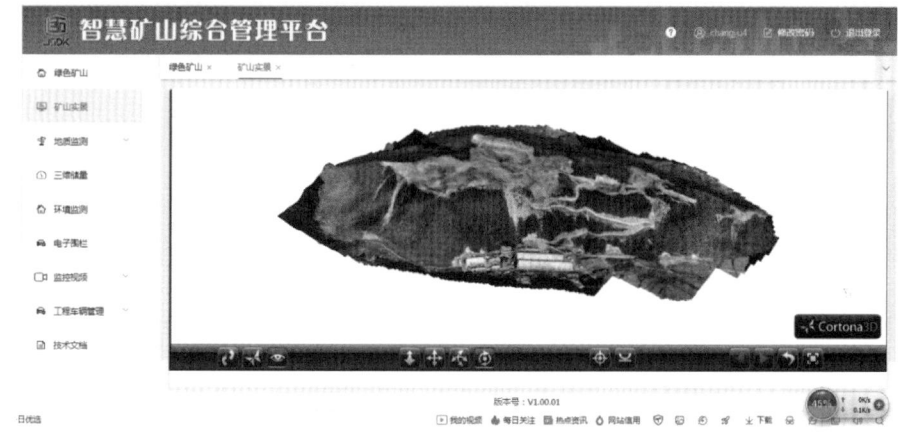

图 8-35 矿山实景界面

(6) 三维储量。

三维储量模块主要通过三维建模,并将建模数据通过 JS 插件,展示矿山最近的储量(图 8-36)。

(7) 技术文档。

技术文档模块主要管理矿山相关的文件,具有上传、下载、预览和增删改查等功能(图 8-37)。

3. 应用效果

智慧矿山综合管理平台于 2020 年 8 月试运行至今,基本实现了绿色矿山建设、远程视频监控、环境动态监测、矿山实景模拟、三维储量动态管理等功能,实现了在安全、生产、环保等方面的系统化、全面化管理。在自然资源及规划部门和生态环境部门对矿山的多次考察和调研中，均对其表示了肯定。总体来说，系统达到了智慧化管控的基本要求，未来可在采剥计划、数据监测等方面进一步深度开发利用。

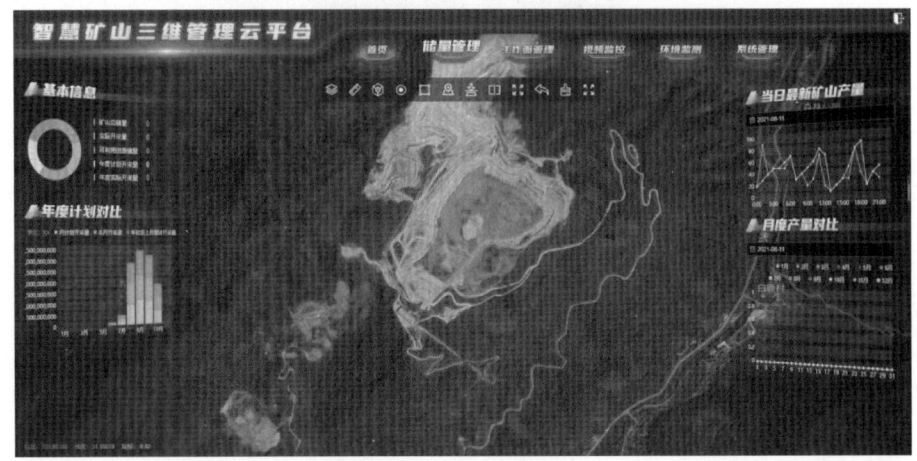

图 8-36　三维储量界面

图 8-37　文档管理界面

8.1.4.6　无人机摄影测量

1. 无人机全景技术

VR（虚拟现实）720°全景展示技术是目前全球范围内迅速发展并逐步流行的一种视觉新技术。无人机摄影测量的流程如下：

（1）无人机拍摄。

相机水平状态下拍摄一圈：观察相机取景，找到一个物体作为参照物，拍摄第一张，水平旋转镜头，利用参考线及目测第二张图与第一张图画面有40%重合时，进行拍摄。然后依次进行旋转、拍摄，直到水平360°景物全部被记录下来，大概拍摄张数为8~10张，具体以相机取景重合为准。调整相机俯仰至向下30°~45°拍摄一圈→俯仰至向下50°~60°拍摄一圈→俯仰至向下90°拍摄一张或多张（图8-38）。

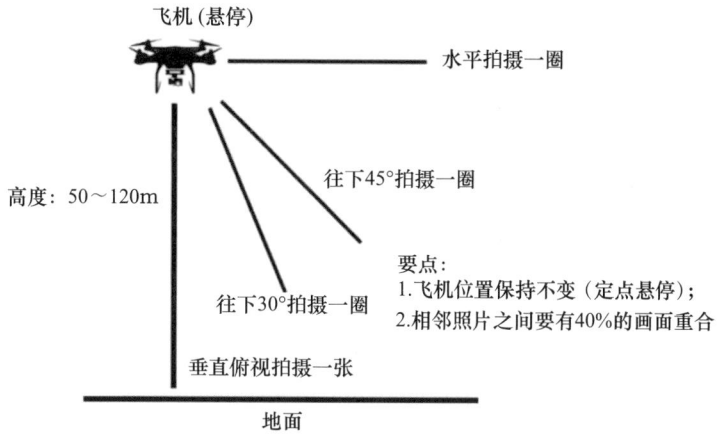

图 8-38　无人机拍摄示意图

(2) 后期软件处理。

使用 PTGui 软件对拍好的照片进行拼接，生成全景图片；将生成好的全景图片通过 PS 软件进行后期补天处理（图 8-39）。

图 8-39　全景合成图

(3) 平台设置展示。

将后期处理完成的全景图片上传至平台，并对热点、视角、沙盘点位进行设置，将所有的全景图片整合成一个完整的全景作品（图 8-40）。

2. 无人机航测矿山储量动态监测

在矿山开采过程中会涉及土石计量等技术问题，有效、准确的土石方计量是工程经济效益的重要影响因素。传统的土石方测量方法有水准仪法、全站仪法和 GPS 法等，这些测量方法需要人工对地形特征点逐个现场测量，外业量大、组织困难、工期较长，人工成本也比较高，当遇到危险的测量环境时，会对测绘人员的生命财产安全造成巨大威胁，存在重大的安全生产隐患。

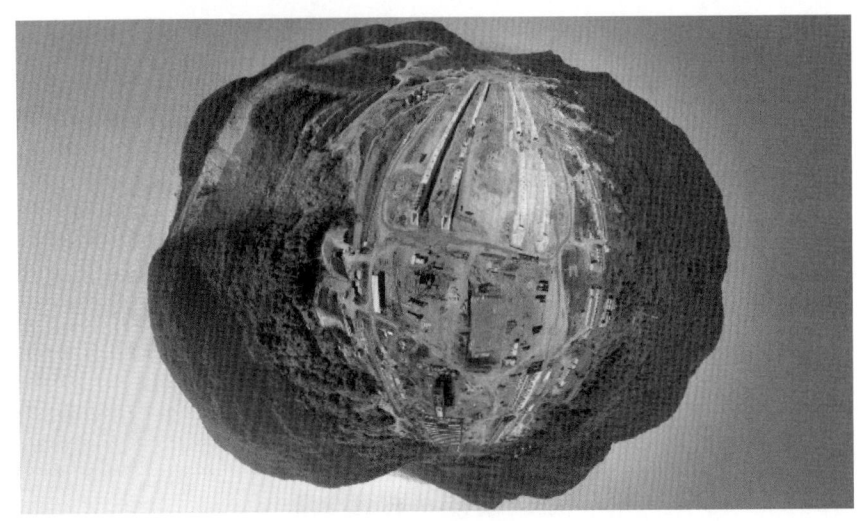

图 8-40　全景作品

（1）应用流程。

利用无人机摄影测量技术计算矿山工程土石采剥量时，主要是通过无人机对需要计算方量区域进行开挖前和开挖后两期数据的采集，将两期数据导入 Civil 3D 软件中，计算区域范围内的采剥方量。

（2）外业数据采集。

影像数据通过无人机低空摄影方式采集，选择在天气晴朗、风力小于 5 级的气象条件下，根据预设的航线、航高等执行航测任务。

①航带设计。确定采剥区域范围后，需要在测区进行现场踏勘，确定测区范围内的地形与环境。通过踏勘并结合《低空数字航空摄影测量外业规范》（CH/T 3004—2021）中的航测规范要求，对区域外业进行航带设计。

②像控点布设。根据规范要求，像控点布设一般遵循在测区四周及中间均匀布设，且满足像控点在航向三片重叠和旁向中心线附近。同时，在采集像控坐标之前，需对测区基础控制点进行校正，确保校正后水平和垂直残差在允许范围内。

③检查点采集。在测区范围不同区域采集检查点坐标，确保后期数据处理精度要求。在采集检查点时需要注意，检查点宜采集平地区域，且分块采集，避免某一区域的偶然性。

（3）航测数据处理。

外业航测数据采集完成后，利用 Pix 4D mapper 软件对航测数据进行全自动化处理，具体数据处理流程如图 8-41 所示。

①影像匹配与联合平差。在 Pix 4D mapper 软件中，导入无人机航摄所获取的影像数据、像控点数据，结合控制点实景照片完成刺点，最后通过控制点数据空三（空中三角测量）加密联合平差。

②正射与点云输出。在软件中设置点云采样间距为 5m，最终生成数字正射影像（DOM）和数字表面模型（DSM）等，如图 8-42、图 8-43 所示。

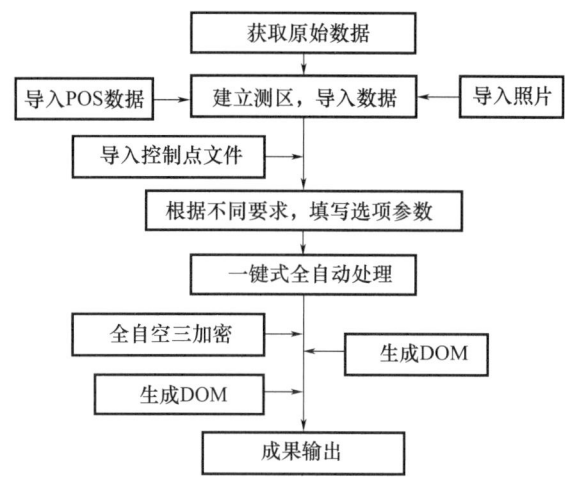

图 8-41　航测数据处理流程

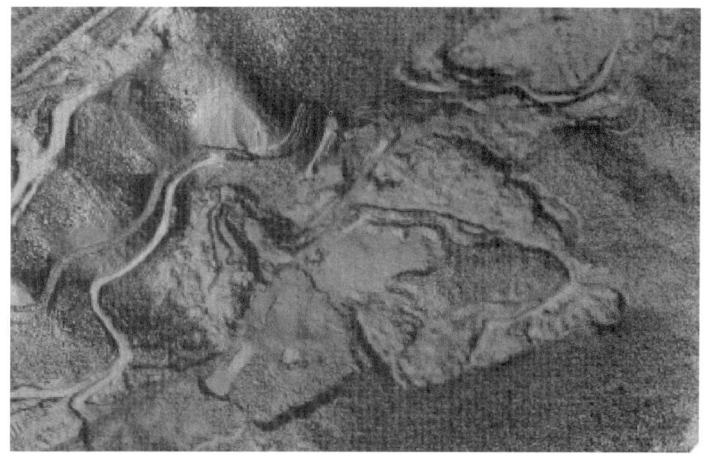

图 8-42　数字表面模型

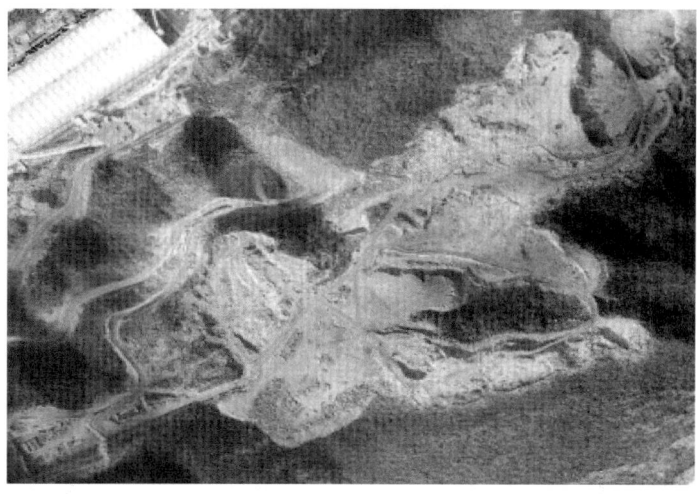

图 8-43　数字正射影像

③原始地形等高线生成。将生成的点数据通过格式转换生成 cass 可以识别的文件，在软件中通过点数据生成三角网，最后在三角网的基础上生成原始地形图，如图 8-44 所示。该方法外业采集和内业编辑自动化程度较高，大幅度提高了成图的效率和成本。

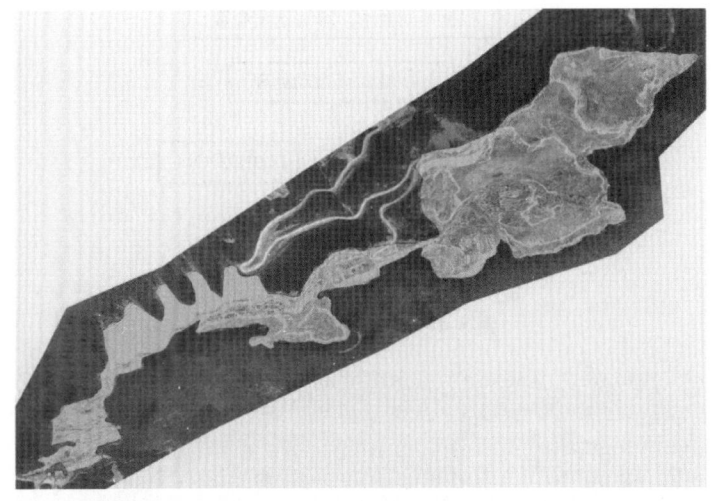

图 8-44　等高线地形图

（4）土石方量计算。

开挖前后原始地形地貌的准确表达对土方计算至关重要。测区覆盖植被和非地面点数据会影响计算精度。结合 Global Mapper 软件对测区范围之外正射影像数据进行裁剪，然后利用裁剪后的正射影像与附加输出的点云数据进行叠加，剔除区域非地面点数据。最后，把修改后的数据导入 Civil 3D 软件中，构造三维地形曲面。利用曲面与曲面之间的 Z 值差值进行土石方计算。

3. 应用效果

项目建设伊始即引进无人机航测技术，矿山、物流廊道、码头（含水域）共测量面积约 20km^2，大大节省了测量外业时间，同时避免了人的因素造成测量误差，为项目精准设计奠定了基础。720°VR 技术以其超强的现场表现能力、强烈的体验感、传递信息量大和传播查阅便捷的特性，为项目建设管控提供了更加便捷、灵活的渠道。传统采场规划采用二维布置，且开采量计算采用平行断面法，利用上下两个断面根据高度粗略计算，工作繁杂且计算误差大。通过无人机航测和 Civil 3D 软件，对采场进行三维建模，三维规划开采区域，及时动态调整料场开采量，精确计算开采量（图 8-45）。同时，在项目运营期为矿山储量动态监测提供了较为可靠的技术支撑。

8.1.5　小结

建设智慧项目在实现绿色建造、引领信息技术应用、提升社会综合竞争力等方面具有重要意义。本项目在做智慧化系统规划和实施的过程中，积累的经验如下：

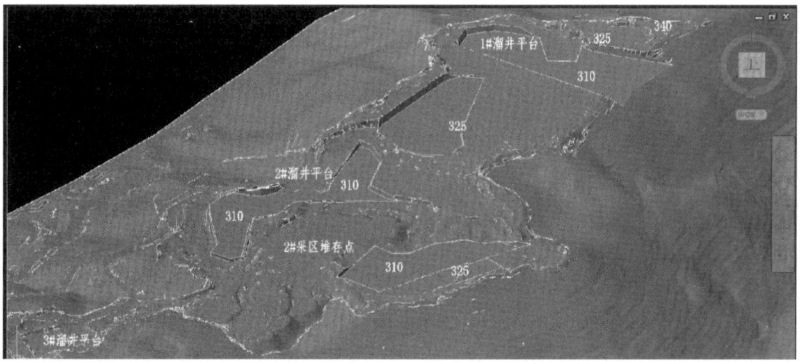

图 8-45　矿山开采规划三维图

（1）项目智能化建设和运营，需要既了解企业核心业务又具备信息技术、信息化项目管理和实施能力的人才。除外部聘请相关专业人才外，还要加强内部培训，注重内部人员的培养，建立知识转移和共享的机制。

（2）要结合工作目标、时间、对象和实施难易程度等因素，以小目标带动大目标，有计划、分层次、分阶段推进"智慧工地"建设工作，即先易后难，步步推进。

（3）建设主管部门要加强顶层设计，积极探索，先行先试。做好顶层设计，标准引路，自上而下地开展"智慧项目"建设工作。

（4）以企业需求和监管问题为导向，在便捷性、高效性、适用性上下功夫，发挥信息化的引领和支撑作用，提升行业监管效能与企业管理水平。

8.2 案例2：舟山大皇山凝灰岩矿砂石骨料项目

8.2.1 项目概况

舟山大皇山凝灰岩矿砂石骨料项目，矿区面积约 $1.0481km^2$，基础储量 1.84 亿 t，初步设计开采规模为 1500 万 t/年，服务年限 15 年。项目位于舟山定海区册子岛北部，上海、钱塘江入海口周边，以其长三角海上砂石料的良好区位优势及丰富的资源储量受到各方关注（图 8-46）。舟山大皇山项目建成后将成为长三角地区规模最大的建筑骨料生产基地之一，可满足浙江省建设高速、铁路等交通网络的砂石需求（图 8-47）。这意味着该项目生产的砂石骨料需要满足高速、铁路用砂石骨料的相关标准要求。

大皇山砂石骨料生产线加工生产的砂石骨料运输外运主要通过舟山码头海运实现，在舟山主体项目基础上建设新码头二期项目。

8.2.2 整体规划

2019 年 3 月，"大皇山凝灰岩矿砂石骨料加工生产线自动化控制系统"项目正式启动,项目通过对舟山册子岛矿区实施全面的新线控制系统设计规划,将物联网新一代信息技术用于爆破开采、石料运输、破碎筛分、仓储物流等矿山全生产流程中,有效地将自动化控制系统、环保监控系统、安全监控智能化系统所涉及的智能控制及视频监控系统纳入统一管理平台,实现无缝衔接。

图 8-46 大皇山矿地理位置

图 8-47 大皇山矿开采现场

大皇山凝灰岩矿砂石骨料线的整体规划设计包含:(1)生产加工区自动化控制系统、视频监控系统的设计及该系统、柜体的软硬件等的供应、安装和调试;(2)矿区北侧 2000t 级货运码头自动化控制系统;(3)矿区安防监控系统设计、安装、调试、开通;(4)现场集中控制中心设计、安装(图 8-48)。

整个舟山项目分为 4 块区域:粗破区、中细碎及制砂区、成品料仓区和码头区,针对生产线工艺特点,制定了智能自动化集散网络控制系统(DCS)、全线视频监控系统、码头装船控制系统、安防系统四个子系统。该系统可以满足产线设备的信息采集、智能判断及反馈控制功能。

图 8-48　整体规划概览图

8.2.3　系统设计与实施

8.2.3.1　智能自动化集散网络控制系统

从爆破开采到生产加工再到料仓以及海运，生产加工区是整个矿区中最核心的环节（图 8-49）。除预留的污水处理子站外，还有其他四个现场分控站，分别为粗破系统控制子站、中破系统控制子站、筛分及入库系统控制子站和装船系统控制子站，其中，前三个子站都位于生产加工区内。

图 8-49　生产加工区

智能自动化集散网络控制系统（DCS），主要包含 PLC 控制子站、母料计量系统、产品销售皮带称重系统、破碎物料计量系统、料仓料位监测及报警系统、料仓出料防堵系统、电量统计系统、产线使用指标统计系统、安全管理自动化系统等模块。通过 DCS 数据采集，可为大皇山产线统计设备各项运行指标，提供设备维保提醒，实施故障维修流程管控，以及提供安全和环保方面的自动化管理控制。DCS 设计方案实现了产线整体数据的采集和设备的控制，大数据分析的结果会通过数据接口反馈调整产线运行参数，为节能、省人工提供支撑（图 8-50）。

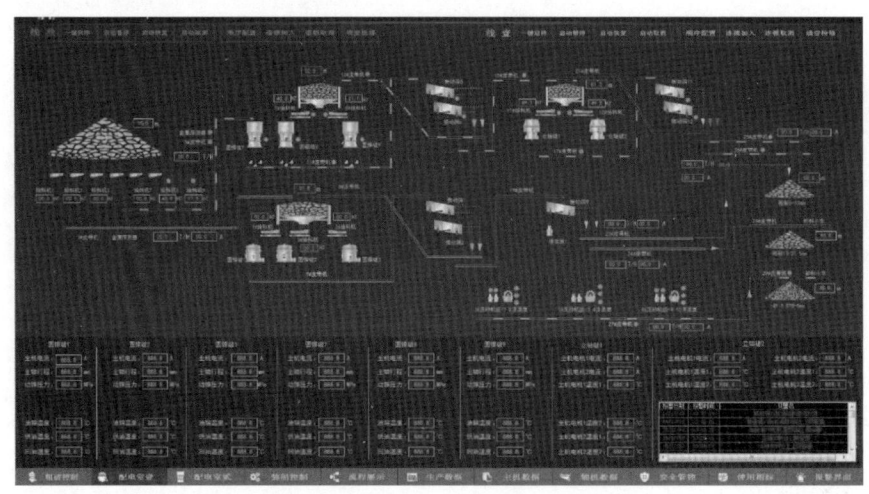

图 8-50　砂石骨料生产 DCS 控制系统

8.2.3.2　全线视频监控系统

矿区生产过程复杂，环境恶劣，易发生影响生产的突发事件情况及人身安全事故，科学高效的视频监控系统，能够为安全生产、调度指挥提供直观、可靠的决策支持。

监控中心是整个系统的中枢和核心，所有的前端生产设备、环保设备、监控设备等实时运行状态信息均可在监控中心平台进行统一展现，并接受中心平台统一调度管理。监控中心主要由三部分构成：大屏幕展示部分、控制台位部分、网络机房部分（图 8-51）。监控范围涵盖舟山矿区全方位流程，包括爆破开采、石料运输、生产加工、破碎筛分、仓储装车、物流装船等环节。

拼接大屏布置于产线集控中心，显示监控内容主要分三个部分：采矿区、生产加工区和码头装船区（图 8-52）。

（1）采矿区主要展示采矿工作面、爆破作业和边坡情况。

（2）生产加工区主要展示 DCS 产线流程图、产线整体状态图、机制产量监控、设备监控、报警监控和班组管理等界面图。

（3）码头装船区域主要展示料仓上码头主皮带、装船机及当前装船情况。

通过 DCS 系统进行产线整体数据的采集和设备的控制，可以实现在监控中心全面监测生产现场数据，实时记录相关事件以及数据生产报表，为客户实现生产现场的可视化、生产统计的智能化和生产过程的可追溯性。

图 8-51 监控中心

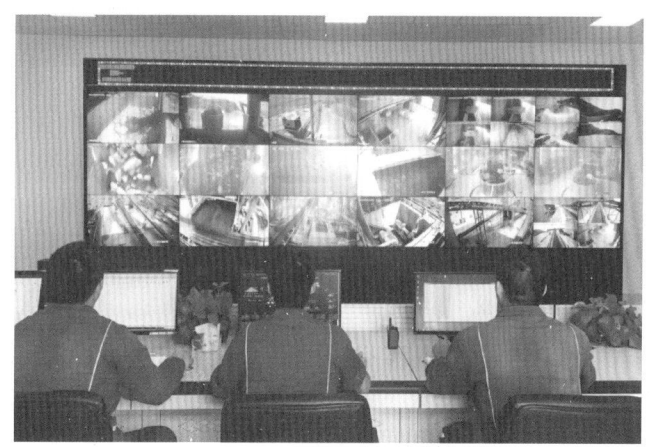

图 8-52 拼接大屏幕

8.2.3.3 码头装船控制系统

大皇山生产的砂石骨料外运主要通过舟山码头海运实现，新码头二期项目是在舟山主体项目基础上设计与实施的，因此，打通与主体项目之间不同系统模块和硬件设备的联系，规避冲突建设和重复建设是关键。

新码头二期项目智能化系统规划充分结合现有基础及实施条件，兼顾舟山项目整体架构。码头采用两台控制柜加两台控制箱实现现场的本地控制和无线遥控，在符合控制系统功能、结构要求的前提下，优化设计方案，极大地节约了码头控制系统硬件成本。在装船皮带附近（龙门上）安装装船数据显示箱，实时显示装船数据，通过无线连接的方式避免龙门行走位置不定而导致有线线路的增加和故障的出现。在装船数据显示箱附近放置无线遥控装置，实现远程遥控，方便现场人员操作（图8-53）。

8.2.3.4 安防系统

舟山安防二期项目（以下简称安防二期项目）以"打造舟山市民爆从业单位作业

示范点"为目标,以"矿区内人员智能管控和火工器材智能管控"为实现要点,对大皇山矿区安防监控设施进行智能化系统规划,基于个性化需求沟通调研,结合舟山市公安局诉求,制定了与公安局人脸大数据系统对接的智能化系统规划方案。

图 8-53　舟山新码头

考虑到矿区生产过程复杂、环境恶劣,易发生影响生产的突发事件情况及人身安全事故,除了全方位覆盖监控系统外,安防系统通过入侵报警系统、视频安防监控系统、出入口控制系统、防爆安全检查等组成综合防护系统。

矿区作为特种作业场所,必须预防突发安全事故的发生。基于此,共包括七个智能化安防子系统:(1)人证比对访客登记系统;(2)车辆识别通道系统;(3)人脸识别人员通道管理系统;(4)人脸抓拍比对监控系统;(5)门岗一键报警系统(保安公司实施);(6)矿区视频监控系统;(7)安全帽系统。其中,人脸管理方案主要由前端抓拍机及公安人脸大数据中心组成,前端人脸抓拍机通过网络接入公安专网,对监管区域内所有行进人员进行人脸抓拍,公安人脸大数据中心对人脸的识别、分析、建模,可实现重点人员布控报警、人脸比对、人脸照片查询等功能(图 8-54、图 8-55)。

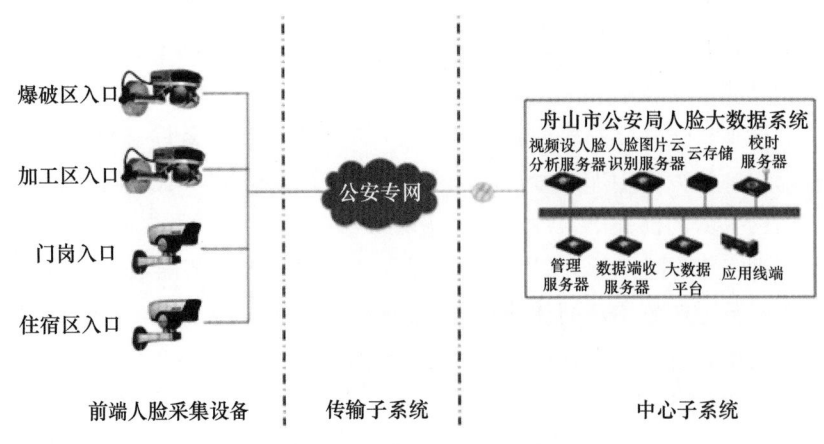

图 8-54　矿区内部的人脸识别系统

图 8-55　矿区内部摄像头

考虑到现有的监控点位不一定达到 100% 无死角覆盖，因此，使用布控球临时布控，可临时补充缺失的监控点；对各临时施工现场，通过移动布控球，也可降低成本，面对应急事件也能及时补上监控位。矿区内部监控网络如图 8-56 所示。

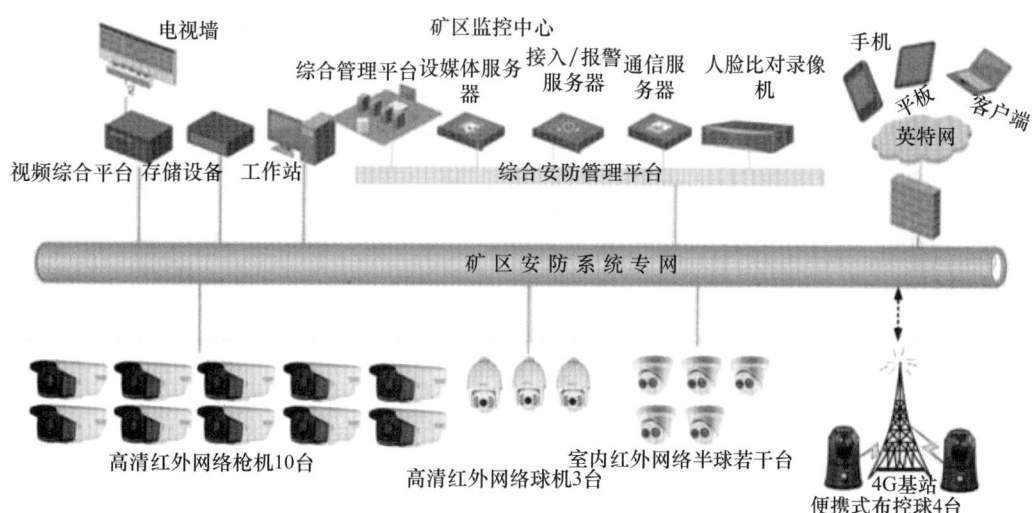

图 8-56　矿区内部监控网络

作为数字化新基建的应用成果，安防二期项目为大皇山矿区管理提供了高效的管理手段，大大减轻了库管人员压力，降低了矿区安全隐患。

8.2.4　小结

"大皇山凝灰岩矿砂石骨料加工生产线自动化控制系统"研发与实现基于紧密结

合客户需求,将舟山册子岛灰岩矿的自动化控制系统、环保监控系统、安全监控智能化系统所涉及的智能控制及视频监控系统纳入统一管理平台,实现了应用平台系统集成。

舟山项目涉及的控制点位数量多,数据采集种类多,控制网络及通信网络工程量大,项目已上线单元通过对开采爆破区、生产加工区、堆场及皮带装船码头所涉及设备的全方面数据采集与监控,切实满足了生产、管理的快速、准确、低成本要求,加强了实时调度和监控功能,提高了系统运行的可靠性和生产自动化程度。

后续还可针对舟山产线的具体需求,完成二、四单元的上线投产,建成码头船只调度等智能化系统,围绕产、供、销等核心业务,进一步提升生产效益。智能化的舟山大皇山项目,代表了行业发展方向,在为企业自身带来效益的同时,也将成为砂石骨料生产的标杆工程。

8.3 案例3:山东鑫厦新型建材智能工厂项目

1. 项目介绍

为推进绿色勘察和绿色矿山建设,加强矿山地质环境治理恢复和矿区土地复垦,加快转变矿业发展方式,提高资源集约节约利用水平,山东鑫厦新型建材有限公司投资机制砂石智能工厂项目,项目地址位于薛城区陶庄镇梁山,生态综合治理面积为584400m^2(约876.56亩),对采掘区进行边坡修复、土地复垦,种植绿化树木及草地,并利用废旧矿石生产砂石骨料,如图8-57所示。

项目规划占地55187m^2(约82.78亩),建设破碎车间、筛分及输送车间、制砂车间、水稳层生产线、干混砂浆生产线、原料储存、商品混凝土搅拌站、中控及办公楼等建筑物,总建筑面积43369.20m^2,购置破碎机、筛分机、皮带机、收尘器、空压机、混凝土搅拌站、砂浆生产成套设备等设备167台(套),如图8-58和图8-59所示。

图8-57 厂区外貌

图 8-58　JSPCD2226 新型单段锤式破碎机

图 8-59　JSVSI1145 立轴冲击式破碎机

项目治理完成后，复垦耕地 366061.6m²（约 549 亩），综合利用废石，年产出高品质骨料 200 万 t、机制砂 100 万 t，并对其进行综合利用，年产出商品混凝土 120 万 m³、水稳层 20 万 t、干混砂浆 15 万 t。

2. 智能工厂系统应用

鑫厦项目生产线管理采用枣庄鑫金山智能装备有限公司研发的砂石智能工厂建设综合利用技术与成套装备，该技术围绕构建绿色高效智能砂石同出生产线为目标，将骨料线与制砂线相结合，以破碎、筛分、输送和除尘设备智能化为基础，实现生产线的远程智能监控、故障预测和诊断、可持续性维护及生产大数据的汇总分析，再通过智能化装车系统、智能进料系统和工厂综合管理系统，将工厂的设备运行数据、生产经营数据、环境数据和监控视频等传输到"工业云平台"，打造随时随地可视化的砂石智能工厂，实现工业化与信息化完美融合，具有高效、节能、环保、智能等特点，达到国际先进技术水平，并配备先进 ERP 系统，实现装车、进料、仓储和设备管理的自动化、智能化（图 8-60）。

图 8-60　项目中控室

3. 中控系统主要功能介绍

（1）中央控制中心

中央控制中心由控制台、电脑、DCS 系统、CCR 大屏组成，可显示生产线运行状态、检修时间及场内监控等。通过传感器、监控等设备将生产线数据反馈至 CCR 大屏（图 8-61）。

图 8-61　中央控制中心

(2) 智能分析系统

智能分析系统根据各设备通过量、储料仓进料量、成品量等信息运用大数据深度分析生产线存在问题并进行可视化展现。产量异常情况下，系统自行分析原因并报警至中控中心，生产线出现故障都可利用此系统提示并快速解决，减少人工检修时间，避免无故停机现象。

(3) PIC 智能控制

①一键启停：DCS 控制系统中的 PIC 系统通过自锁、互锁、联锁三把智能锁实现生产线的一键启停及顺序启停。

②综合保护：各设备自带保险功能，如有故障发生可自动停止运作并配合联锁功能关闭生产系统，并将问题记录至中控中心，方便安排人员检修。

③手动自动远程机旁转换：以中央控制室的集中自动控制为主，辅以单机集中操作及机旁就地操作，保证检修人员安全作业。

(4) 生产 KPI

可结合设备、现场的实时监控画面，KPI 统计报表，监控画面综合展示于 CCR 大屏（图 8-62），给管理层综合展示现场的关键信息，第一时间了解现场的总体运营状况，主要指标包括：当前产量，历史产量，板仓料位，板仓料位变化趋势，运输车辆车次、载重实时及历史数据。

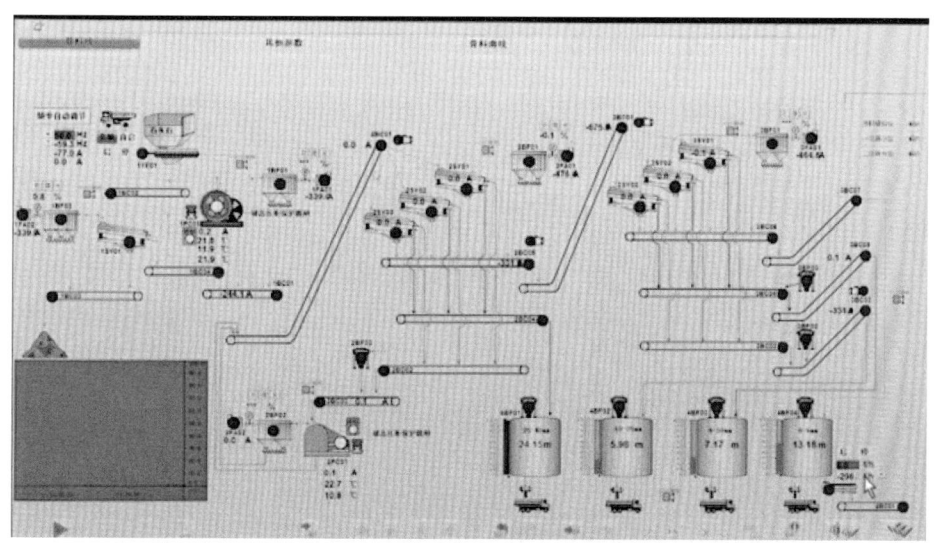

图 8-62 PIC 智能控制系统

(5) 智能计量系统

智能计量系统由皮带出料称重及料位感应器组成，可实时监控生产线成品产量及料棚堆存储量。

(6) 设备智能监测

各设备出现问题及时反馈至中控中心，设备故障也可自动停止。实现生产线所有设备的运行数据统计、存储、分析、历史查询等扩展功能，实现故障诊断、分析、预警等

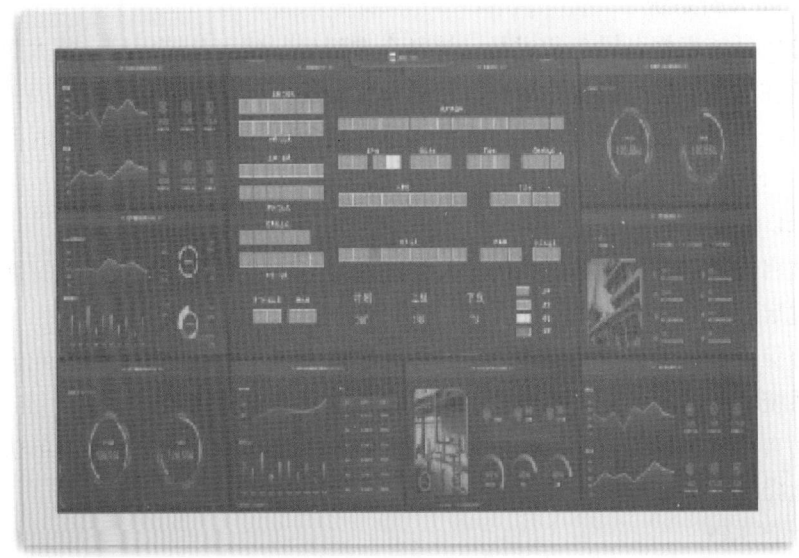

图 8-63 CCR 综合看板

辅助功能。实现生产线整体运行状态的监测并可根据监测结果调整生产线主要设备的运行效率。

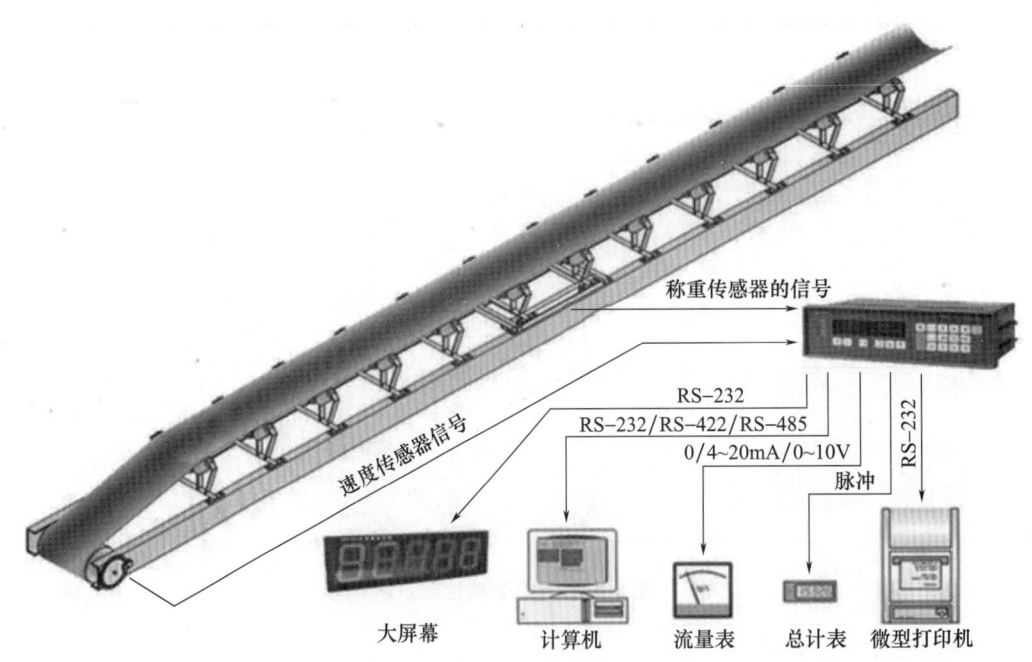

图 8-64 皮带出料称重及料位感应器

4. 成品销售发运管理系统

装料与售料阶段通过智能购销系统销售地磅一卡通，系统打印票据，减轻磅房人员工作量。智能工厂系统在厂区内科学分布监控点，将铲车、进料、入场、排队、装车等关键场景汇集到云监控系统,实时监控现场各环节运行情况。自动生成详细的数据报表,实现厂区销售情况监控与汇总,系统内置基础财务模块,方便财务核算矿山资产。当有异常情况发生时,系统将主动显示并发出报警信息,提醒值班人员进行处理。监控视频音频可以存储至本地服务器以及云端,用户可以通过电脑端或者手机端时时查看现场监控情况,实现对生产线的远程可视化管理。

销售发运系统主要流程如下:

(1)订单录入

对客户和经销商设立独立账户,增加客户经销商多级核算体系,从而有效地对客户和经销商进行账户及往来管理,客户和经销商独立维护,也可与企业现有系统共享客户档案。可根据不同的客户进行不同的价格政策、营销策略、销售限量等设置,便于客户进行分类管理。

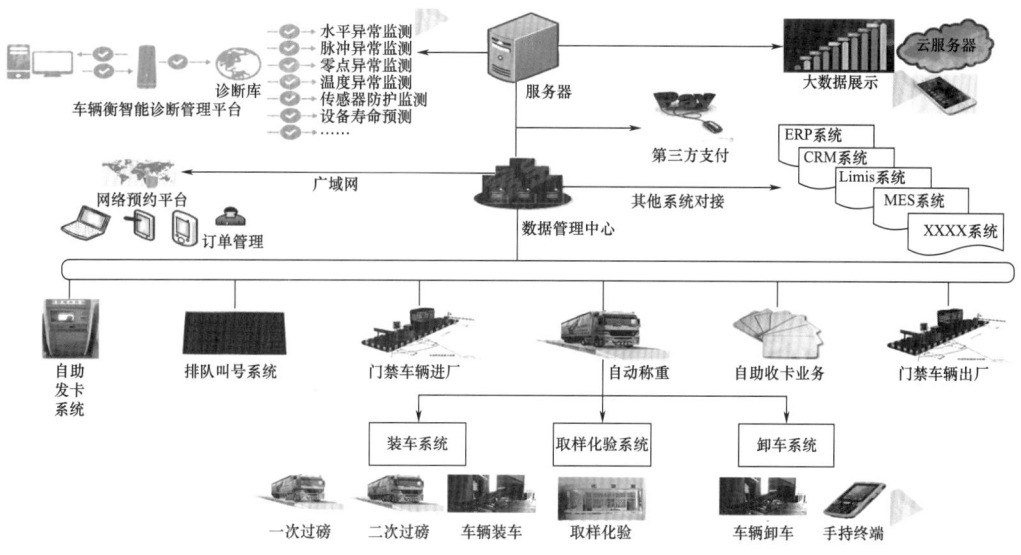

图 8-65 全设备智能监测系统

(2)车辆进厂

鑫厦项目厂区大门安装门禁系统,依靠车牌识别相机、辅助刷卡器、道闸等硬件设备,借助计算机信息技术,实现对进出厂业务车辆的管控,杜绝屏蔽非业务车辆的进厂和作弊车辆的出厂。并支持白名单功能,允许范围内的非业务车辆的进出厂。

(3)无人值守地磅计量系统

通过计算机技术,实现车辆在不下磅的情况下,对车辆皮毛重进行准确计量,同时辅助防作弊系统,屏蔽人为干扰因素,降低人工成本,提高工作效率。

(4)储料装运

1)车辆驶入:司机将车辆驶入地磅,在计量读卡器处刷卡计量皮重。

2)调整车位:放料员通过看监控显示屏,显示屏显示的实时视频图像作为依据,语音引导司机调整好车的位置,确保放料口对准车辆的箱体。

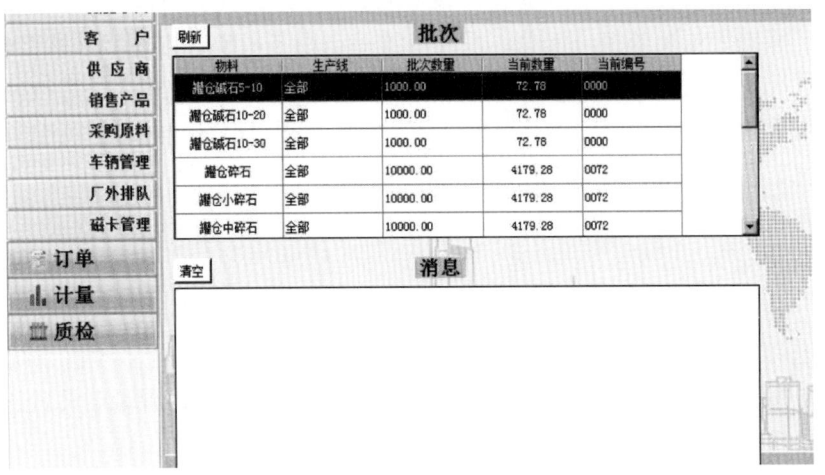

图 8-66 订单录入系统

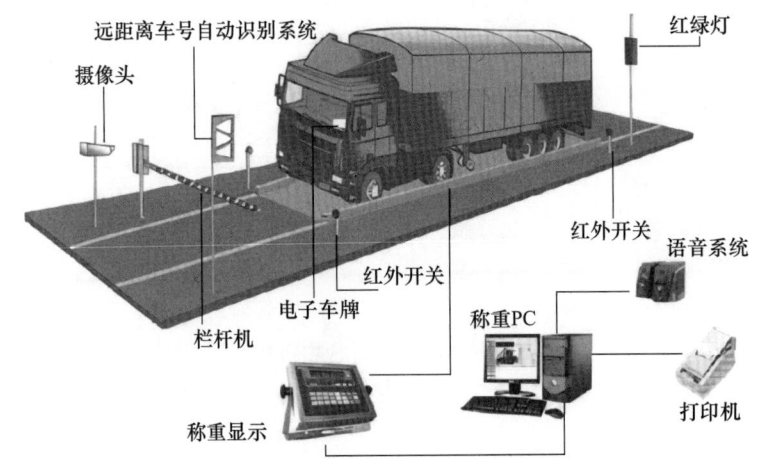

图 8-67 出入场门禁系统

3）下降放料口。

4）装车。

5）停止：当装车数量达到预装量时，放料员或自动控制停止放料。

6）取卡：通过人机交互系统提醒司机取卡出磅。

装运系统通过发货控制器、摄像头、显示屏、语音设备、放料控制箱等硬件设备的协同工作，装车物料具有唯一性特征，指定的物料只能在指定的料口装车，否则不予以通电放料。

（5）出厂核验

持内部流通卡车辆将 IC 卡插入大门内侧多功能一体机（收卡、打印、控制倒闸），一体机自动收取 IC 卡，控制单元校验车辆业务完整无误后，根据 IC 卡信息自动打印该车辆的计量信息，倒闸抬起，车辆出厂。

图 8-68 无人值守地磅计量系统

(6) 自助收卡打印

出厂收卡打印系统主要实现对车辆的出厂进行复核及打印功能。车辆行驶到门卫处,司机持卡到自助收卡机,将卡插入自助收卡机收卡口,系统读取该卡信息,验证该车辆是否按照厂内要求完整且正确地进行操作,若验证到车辆缺少皮重或毛重的计量环节数据,则收卡机不收卡,也不能打印磅单凭证;若验证整个流程无误后,收卡机才会自动收回该卡,并打印计量小票(磅单)。计量磅单可根据企业业务需求设定打印联数。

(7) 数据结算中心

销售数据返回至中控中心完成闭环,实现自动购销。

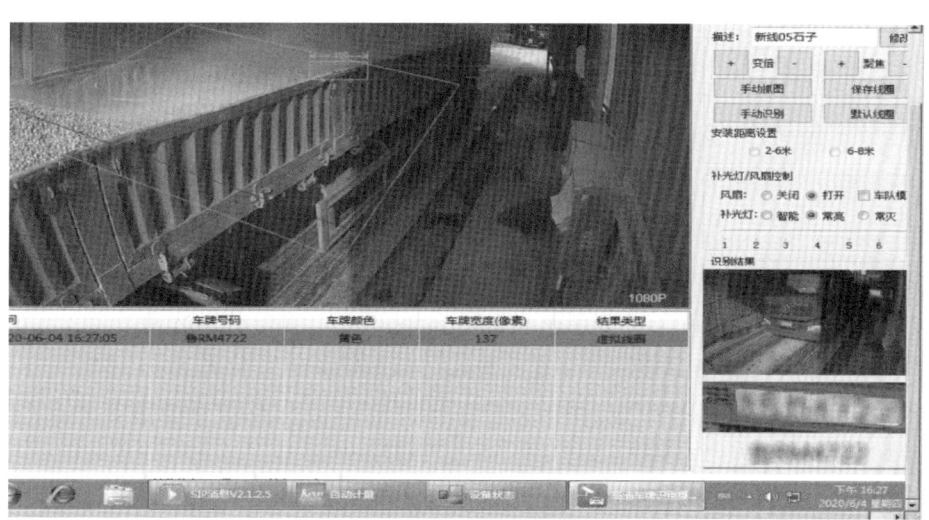

图 8-69 储料装运系统

系统优势：

1）规范流程：采用闭环控制，规范业务流程，管控业务风险，防范资金流失；

2）防范作弊：砂石骨料智慧物流称重系统有多种防作弊手段，防止司机与工作人员串通作弊；

3）提高效率：相关各个节点的控制自动判断和处理，提高业务效率；

4）降低成本：智慧物流称重环节、自动装车环节无人参与，降低企业人力资源成本。

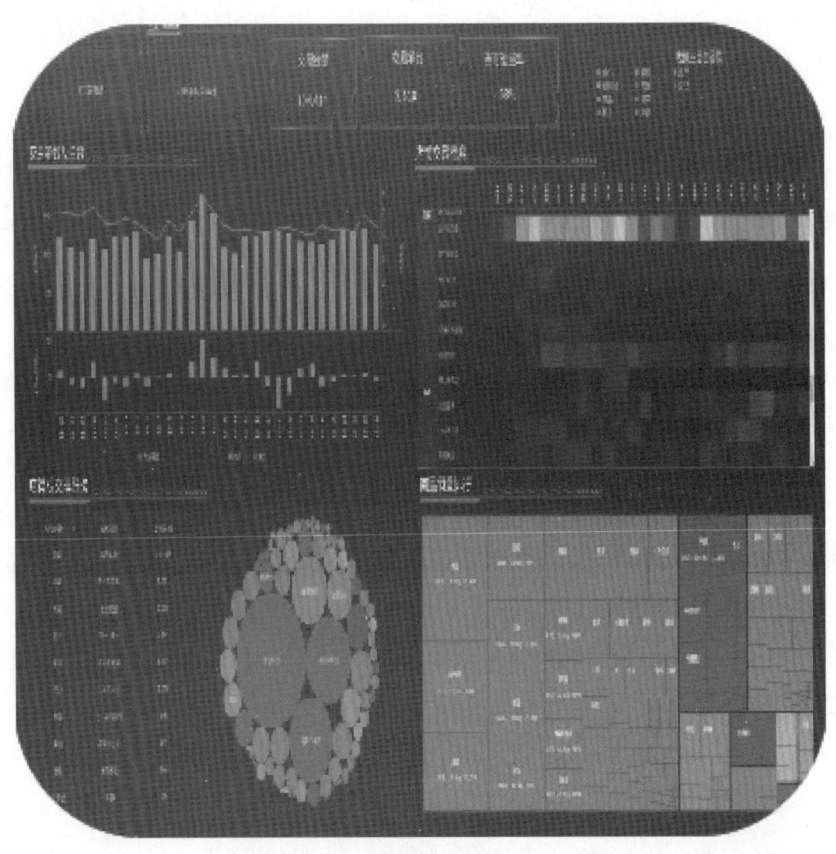

图 8-70　智慧物流系统数据结算中心

山东鑫厦新型建材智能工厂项目符合十部门《关于推进机制砂石行业高质量发展的若干意见》、十五部门《关于促进砂石行业健康有序发展的指导意见》、《"十四五"原材料工业发展规划》、《建材工业智能制造数字转型行动计划（2021—2023年）》、《砂石行业"十四五"发展规划》等相关产业指导政策要求，符合二十大报告中关于建设现代化产业体系，推动制造业高端化、智能化、绿色化发展的相关要求。

本技术入选了国家发展改革委发布的《产业基础创新发展目录（2021年版）》和自然资源部发布的《矿产资源节约和综合利用先进适用技术目录（2022年版）》。

8.4 案例4：雄安智慧砂石项目

8.4.1 项目概况

南水北调雄安调蓄库砂石加工厂位于河北省保定市徐水区义联庄乡，该项目是将南水北调中线雄安调蓄库下库的工程开挖弃料中的可用料加工成不同粒径的建筑骨料产品，以满足雄安新区的建设需要。本项目共需生产建筑骨料约4亿t，设计年产能2500万t，建设及运行期约16年，如图8-71和图8-72所示。

图 8-71　项目总布置图

图 8-72　弃渣工程布置图

在新区规划的建筑材料运输专用线（以下简称容易线）建成之前，加工后的成品骨料在系统内装车，通过新建的荣乌高速的连接线运输至雄安新区；当容易线建成后，采用胶带机运输系统将成品骨料转运至容易线附近的中转仓，装车后经容易线运输至雄安新区。

8.4.2 整体规划

本项目智慧建设策划和实施遵循技术先进、方案合理、运行可靠、智能控制、操作方便的总体原则，以"统一规划、顶层设计、数据共享、分步实施"作为指导思想。整个系统在满足功能及性能要求的前提下，设计先进成熟的技术方案，有效地消除了各业务模块可能产生的瓶颈，充分利用了现有设备和资源，综合考虑了系统的建设、升级和维护费用，尽量降低系统建设成本。针对骨料加工系统建设、运行期间的痛点需求，针对性开发打磨产品，以确保产品功能的实用性，以期对项目生产运营产生价值。

本项目将"智慧"延伸到工程项目的建造生产过程中，利用5G、物联网、云计算、大数据、移动互联、BIM等技术，赋予矿山能够自动感知、快速处理、自主学习、主动执行的特性，实现工业化、信息化、绿色化"三化"融合。本项目从砂石项目的规划设计、建设运营、环境治理和生态修复各阶段绿色化着手，旨在实现毛料开采无人化、骨料生产工业化、成品销售智能化、集成管控信息化，积极助力天蓝、地绿、山青、水净的绿色骨料生产。

8.4.3 智慧建设

8.4.3.1 BIM技术应用

本项目采用如下BIM相关技术与软件，加快施工过程的精度，提高质量、安全、成本管控能力和数字化砂石工厂建设履约管理水平。主要功能包括：

(1) 基于BIM的设计管理：相较于传统砂石项目CAD绘图过程，可以直观设计方案，提高参建各方设计过程的沟通效率，确保方案利于现场组织实施，降低返工风险，避免浪费。

(2) 基于BIM技术地质建模，绘制采区断层、裂隙、夹层等部位，下达开采管控指标，提高矿山资源利用率，降低加工成本。

(3) 基于BIM完成生产计划管理、爆破设计、排土规划、开挖计量等工作，施工各方可以从模型中直接读取所需参数信息，大幅提高协同效率，保证施工质量（图8-73～图8-75）。

8.4.3.2 远程监控和诊断平台

采用360°全景漫游技术建设南水北调雄安调蓄库弃渣综合利用工程远程监控和诊断平台。通过无人机定期拍摄上传施工现场全景，展现整个项目的施工现状，展示给远程专家和所有工程参与者；通过手机或计算机实时了解现场进展情况，指导施工或远程诊断工程进展问题（图8-76和图8-77）；保存工程从开工到竣工所有的进展影像数据信息，实现溯源查询。

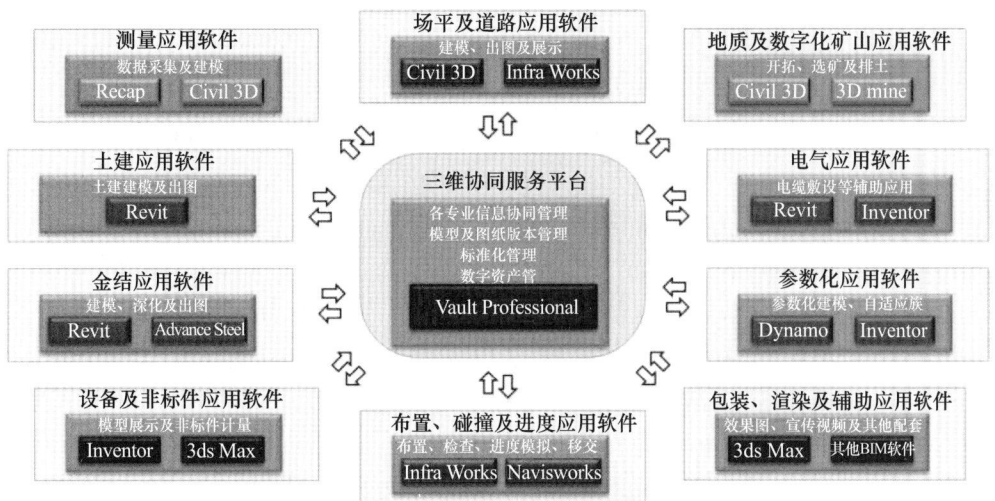

图 8-73 BIM 相关技术与软件

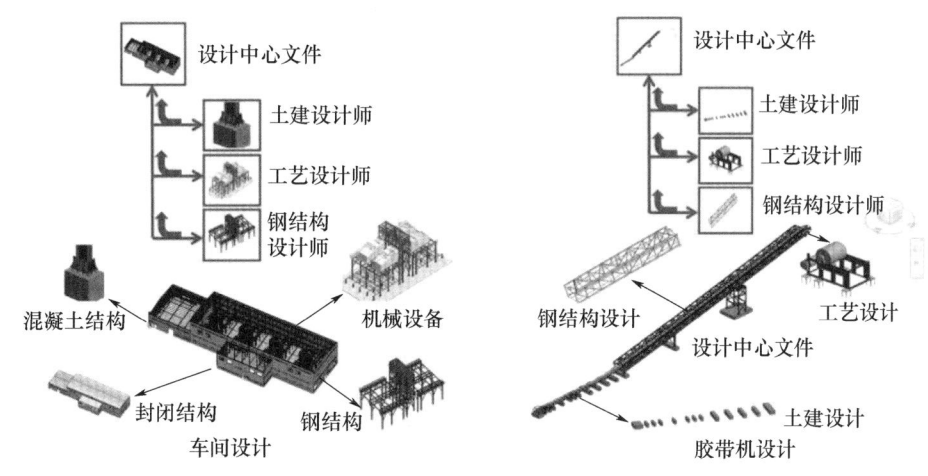

图 8-74 BIM 设计管理

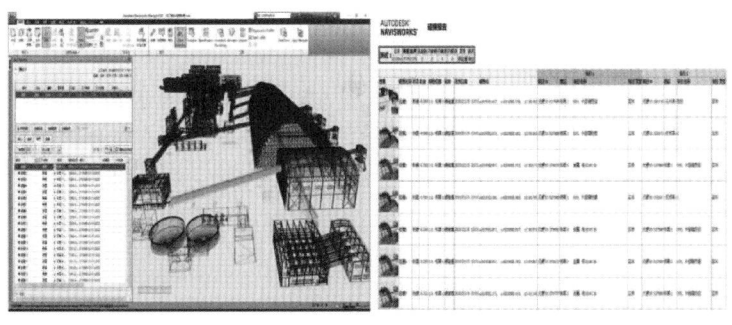

图 8-75 BIM 施工应用

图 8-76　远程诊断手机端界面

图 8-77　远程诊断电脑端界面

8.4.3.3　智慧开采管理

管控框架设计主要功能包括：

（1）三维建模展示：系统与 3Dmine 软件无缝对接矿山地表及地质三维模型（图 8-78），可以对接采区卡车调度系统的实时数据，并将矿山中的固有信息数字化，按三维坐标组织起一个数字矿山，全面、详尽地刻画矿山及矿体，并在此基础上嵌入相关信息组成一个意义更加广泛的多维的数字矿山，在三维环境中真实展示挖机、卡车设备的位置、工况以及实时生产数据，并以三维形式实时更新展示矿山生产进度。系统可在用户 PC 端和智慧砂石工厂的数字孪生厅分别展示。具有数据过滤和保密功能，以便根据不同观看者有针对性地展示不同数据。

（2）智能生产调度：系统将生产计划，装、运、卸生产调度以及运输量自动计量统计与管理集成为一体，采用物联网等一系列高新技术，实现对装、运、卸生产过程的实时数据采集、判断、显示、控制与管理，实时监控和优化调度矿卡、挖机等设备的运行，实时对采矿生产的数据进行监测及控制，智能规划车辆运输路径，动态调整车铲比，减少矿车等待时间，提高车铲装载效率，形成一种信息化、智能化、自动化的全方位的新型现代智慧矿山开采系统。智能调度管控子系统中矿卡、挖机和骨料加工仓的调度作业流程采用"一单一派"的派单形式，矿卡司机和挖机司机可以在 App 上自主选择是否接单，骨料加工仓也可以在 App 上选择是否启动生产收料。当系统产生调度派单后，系统用户可以全程监控矿卡运输行为，系统能够对矿卡的运载行为严格约束，不符合调度指令则无法完成运载任务（图 8-79）。

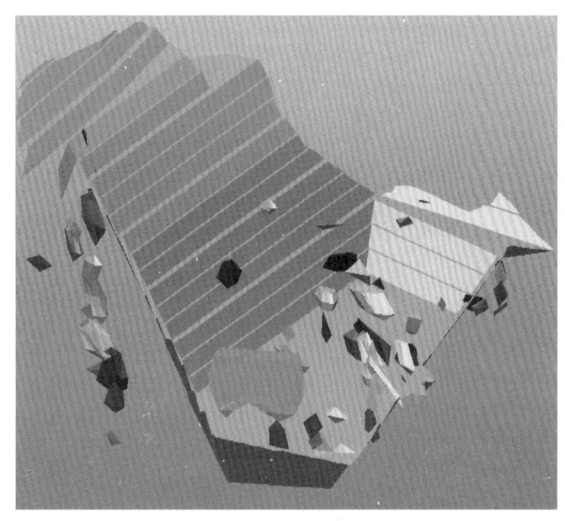

图 8-78 三维地质建模

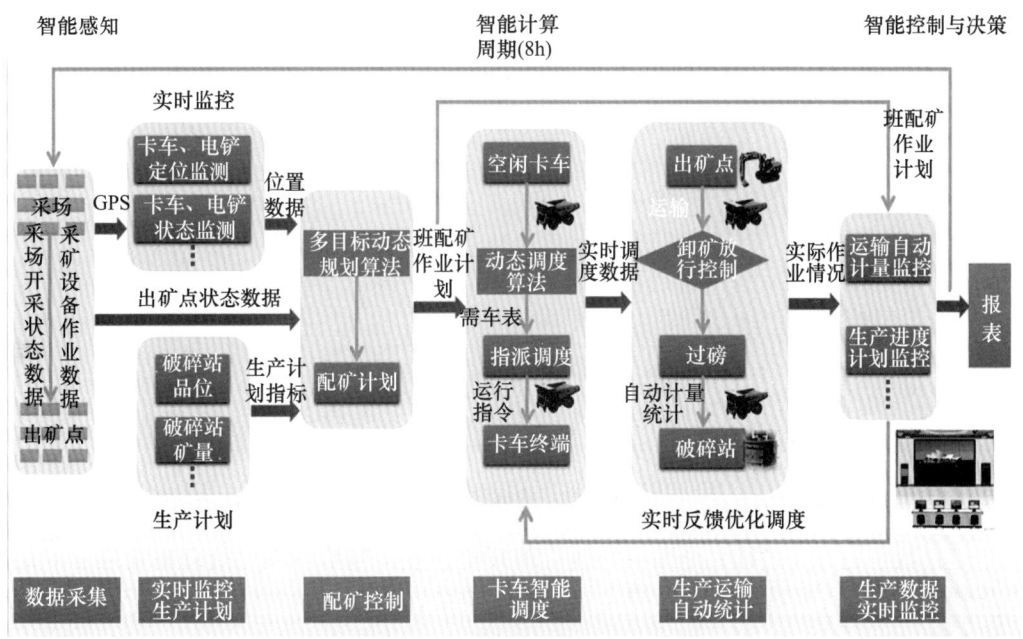

图 8-79 智慧开采管控框架

(3)生产状态监控：系统集计划执行与修正、资源合理利用、产量与质量统计分析、平衡工况的优化调度、异常工况的动态调度、辅助生产调度决策等功能于一体，以生产计划为依据，实时监控生产过程的工艺信息和设备运行状态信息，实现"实时监控、平衡协调、动态调度、资源优化"，提高劳动生产率，优化生产组织，实现生产过程精细化、透明化管理（图8-80）。

图8-80　生产状态监控

(4)数据统计管理：以大数据技术为支撑，将设备状态、计划完成率、工效及能效、矿岩运载量、挖机装载量、当前爆堆的剩余矿量、品位等数据，通过智能数据关联分析技术进行统计管理，在卸载称重时实现矿卡、出矿点、出矿品位、吨位等数据智能识别，所有数据实时汇总至云平台中心数据库，系统自动将数据与配矿、调度指令进行实时比对，对未按要求进行"装—运—卸"操作的矿卡进行自动提示，大幅降低计量劳动强度，保证配矿及调度执行的准确性，为生产管理人员掌握矿区总体生产情况和科学决策提供依据（图8-81）。

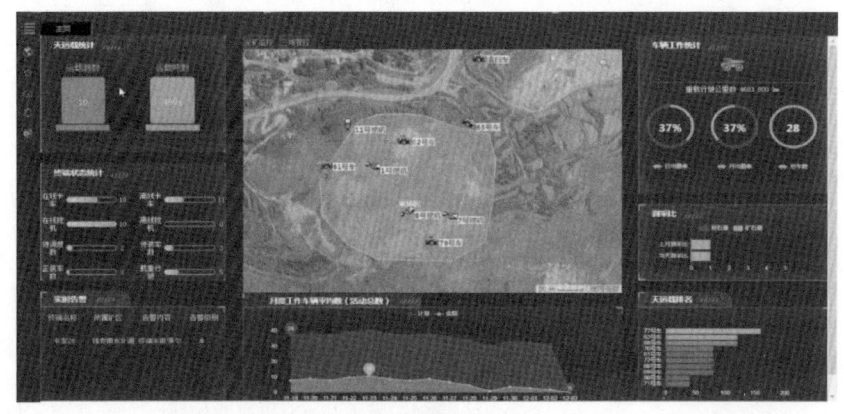

图8-81　数据统计管理

(5)数字化作业过程，全面系统地管理开挖作业，包括可视化处理覆盖层、断层、裂隙侵染带、夹层与有用料的空间关系，明确采矿境界和利用指标，精细化开采管理，数字化全过程监控，提升监管力度，提高科学作业水平和工作效率。

（6）利用数据库管理爆破孔的定位、孔径、孔深、倾角、方位角等信息，数字化设计装药结构和爆破网络，自动化形成爆破方案，实现了爆破作业信息化从管理端延伸到生产端。

（7）运用数字化、信息化、智能化的管理手段构建监管平台，集矿山挖装运、数据分析于一体，解决矿山精细化管理数据颗粒度过大、数据统计不及时、生产管理可视化不足、挖装运效率低等生产管理粗放的问题。

在业务覆盖上，能够支撑设备、生产、质量、安全、能源、成本等多方面的服务能力，对实时生产数据进行全面感知、实时分析、科学决策和精准执行，实现面向全过程、全方位、全流程的生产智慧管理系统。

在生产自动化控制体系上融合运维体系、监测体系、调度体系、协同体系，将资源管理、智能生产、智能调度、智慧物流、智能诊断、数据挖掘等业务进行融合，结合移动物联网、大数据、人工智能技术做管理决策优化（图8-82）。

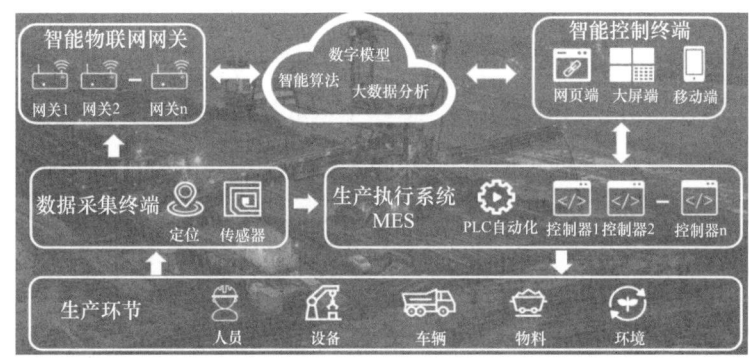

图8-82 数字矿山平台架构图

8.4.3.4 智慧加工管理

本项目将绿色环保可持续发展理念融入整个生产过程中，推动数字化、智能化、智慧化全流程升级，提高产品质量和生产效率，降低运营成本和人员投入，如图8-83所示，具体功能包括：

图8-83 智慧加工功能结构图

(1) 设备监控与管理：通过物联网建设，对生产线上主机设备电流、温度、振动、声音等信息进行采集和分析，监测设备状态，诊断发现异常及时报警。在每台设备上粘贴二维码，关联故障记录和维修保养档案，定期按管理规定向移动端推送保养计划和备品备件更换提醒，设备检修保养流程和操作培训均可扫码获取，实现设备检修维保流程管理信息化。

(2) 工艺检测：骨料入仓前布设粒径分析设备和电子皮带秤，通过AI神经网络识别技术、边缘计算和云端大数据训练，实现产品粒径（粗骨料、细骨料）在线监测，通过电子皮带秤在线监测成品产能，通过称重和粒径分析实现在线工艺检测。

(3) 实绩采集：在卸料小车和仓储罐上增加多种智能料位检测终端，模拟储量和缺口数量，实现自动卸料和仓储，联动生产和销售数据，自动匹配销售需求、仓储容量和所需加工计划三项系统中时刻变动的指标，通过不确定性指标动态协调，减少人员投入，保障生产有序推进。

(4) 数字孪生：利用数字孪生技术将生产中必要环节的生产加工与BIM模拟端进行一一对应和关联，集成展示需要的各类信息和数据，加大总体管控力度（图8-84）。

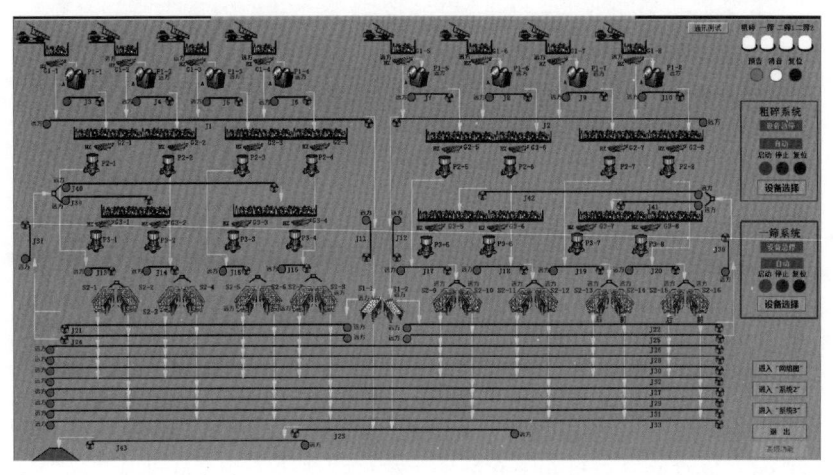

图8-84 智慧加工革新拓展图

8.4.3.5 智慧监控管理

现场监控监管点多面广，本项目利用"人、机、料、法、环"系统归类，然后进行集成管理，实现对众多离散信息的系统监管，具体功能包括：

(1) 人脸识别门禁：负责对企业安全防范区域内各场所进行出入控制管理。

(2) 访客自助服务：访客自助登记，授权后二维码或人脸识别通行。

(3) 疫情上报：根据上班打卡测温和自助申报数据，自动上报疫情信息。

(4) 智能安全帽：实现人员定位、危险报警、事件上报、无线通信对话。

(5) 智能厂界安防：布设AI摄像机，配合语音、灯光等手段预防入侵。

(6) 可视化监控：布设监控摄像机，实时监控系统内车间设备状态。

(7) 环境监测：全天候监测和记录气温、风力、噪声、粉尘指数。

(8) 智能水电表：自动抄表、远程控制、自动统计、大屏分析展示。

(9) 巡检机器人：监测核心胶带机运行状态，排查隐患，确保生产安全。

智慧监控管理如图 8-85 和图 8-86 所示。

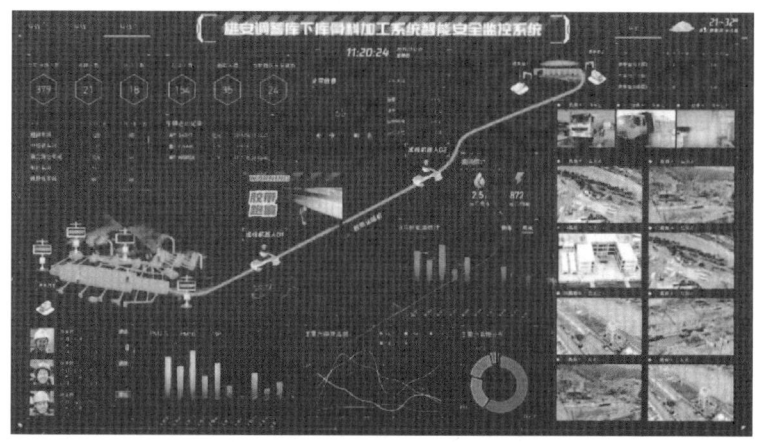

图 8-85　安全监控系统界面

图 8-86　监控界面

8.4.3.6　智慧销售

销售管理平台流程如图 8-87 所示。本项目搭建供应链管理平台，主要包括客商需求管理、订单管理、销售质量管理、装车排队管理、称重计量管理、运输调度管理、结算管理等模块。利用智能终端和智能算法，将对外服务、多方对接、产品销售、可视化管理融为一体，高效线上解决供、需、运多方沟通问题，在优化管理的同时提高了服务质量。

主要功能包括：

(1) 线上解决供、需、运多方的订单、运输、对单沟通问题，实现了无人化可控供应，各方任务节点完成情况可预期。

(2) 销售供应链各方均有启停操作，平台能根据启停情况对供、需、运的实际情况进行智能判断，平衡各方需求并生成订单。

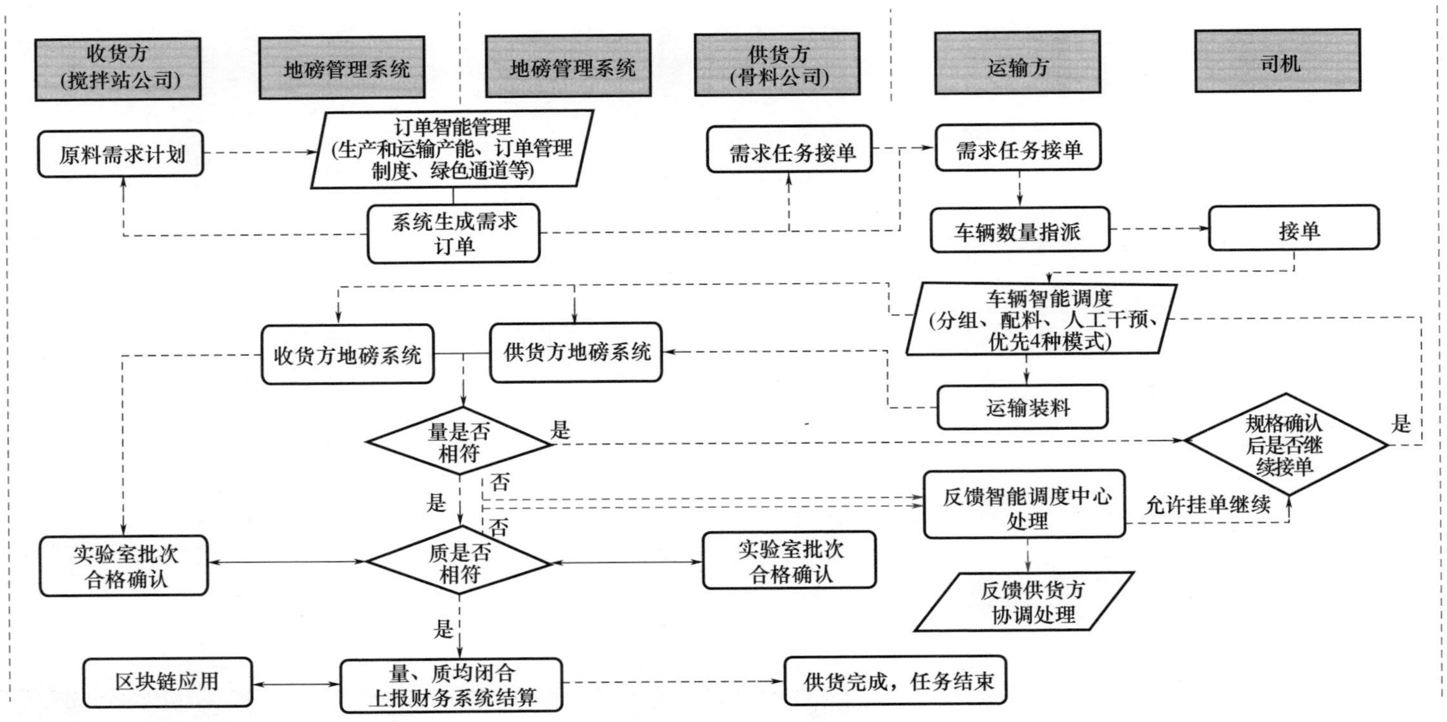

图 8-87 销售管理平台流程图

（3）成品料运输情况复杂，运输调度和运输到达难以控制，利用分组、配料、优先、人工干预等多种算法，自动匹配需求，实现智能调度。

（4）销售磅单核对是一项艰巨而繁重的工作，存在大量无误的"冗余"工作，通过信息化手段减少了大量"无用功"，并应用区块链消除了各方的信任方面的猜忌（图8-88）。

（5）系统化提升销售供应链运行效率、统一数据口径、降低人员工作强度，为提质增效和创新发展夯实基础。

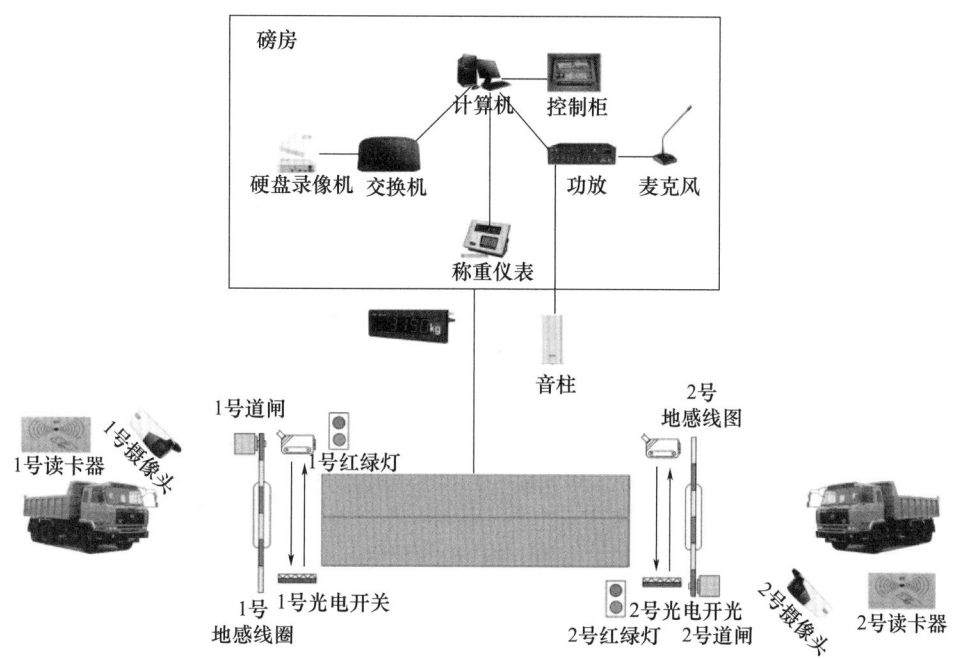

图 8-88　汽车衡称重系统架构图

8.4.4　小结

砂石产业工业化基础薄弱，监控监管在生产过程中消耗了大量的人力资源，实现信息化、智能化，减少人员投入，是推动产业可持续发展的重要亮点。未来应加大引导传统企业对智慧化建设的认知，不仅仅把智慧化建设作为成本投入来看待。为了在实施过程中能顺利立项开展业务而逐步推进项目策划阶段融入智慧化专项，在智慧化应用过程中沉淀成套技术，全面规划智慧系统，明确应用技术线路，分阶段、分步骤、分区域实施，根据外部环境和自身需求持续推进智慧化与业务管理深度融合，按照系统工程的思路全面开展，系统性提升智慧化的效益。同时，开展企业文化建设，帮助员工提高智慧化素养和意识，提高智慧化建设的应用效果，共同为砂石骨料行业赋能、赋智、赋值。

8.5 案例5：淇县二道庄废弃矿山治理综合利用项目

8.5.1 项目概况

淇县二道庄废弃矿山治理综合利用工程项目，位于河南省鹤壁市淇县庙口镇东场村西约1km处，东北距庙口镇2.7km，东南距淇县县城约10km，距京广铁路7km，隶属于淇县庙口镇。施工现场东约1.6km处有S222，南约2.7km处有S20等省级公路通过，现有道路连接S20省道，路面宽度约6m，水泥路面，设计产能为每年1000万吨砂石骨料。生产出售骨料约2亿吨，预计生产运行期20年（图8-89、图8-90）。

图8-89 项目俯视总布置图

图8-90 项目平面总布置图

8.5.2 整体规划

项目以"节能减排、减员增效""互联网＋、工业4.0"为指导思想,以"建成最先进的骨料生产线"为目标。建设以大数据为支撑的智能化工厂,充分利用自动化技术、视频监控技术、视频分析技术、物联网技术、信息化技术、射频技术,实现加工厂生产过程的自动化、信息化和可视化,从而实现工厂智能化,达到提高生产效率、提产节能降耗的目的。

本项目以砂石骨料生产管理需求为依据,建设一体化智能管控平台,建设目标是建立资源、生产、计量、质量、设备、能源、成本等多维度的综合信息化管理平台,按照计划、调度、执行、监控、考核的思路建立一套科学高效的管理系统。具体包括:

（1）一方面,实现对生产过程数据的自动实时采集,经系统的综合统计计算,向ERP呈报所需经营统计数据,实现数据不落地;另一方面,实现生产执行智能化,在生产计划的执行过程中,实时采集作业空间、设备效率、质量变化、上下道工序变化等信息,实现动态优化,确保生产计划的有效落实。

（2）在一体化智能管控平台上,业务流和数据流实现了闭环,生产、调度、设备运维、能源管控等各级管理人员可以操作日常生产业务、查询生产统计数据,利用系统提供的综合统计分析结果指导和优化作业。一体化智能管控系统与采选自动化、监测监控、自动计量等系统进行通信,将生产现场的实时信息集成到管控平台,为各级管理人员提供随时可洞察生产全局和细节的"千里眼"和"透视眼"。

建设要点包括:

（1）充分利用自动化技术、信息化技术、信息通信技术、视频监控技术实现骨料生产线的全自动化,生产现场的无人化。

（2）充分发掘系统的应用和拓展潜力,全面整合生产现场数据,对现场每一个重要生产环节加以同步追踪和控制,实时记录相关事件以及数据生成报表,实现生产现场的可视化、生产统计的智能化和生产过程的可追溯性。

（3）可以实时掌握设备的运行状况和工艺参数的变化,保证工艺流程的稳定,并且保证仪表监控设备的安全正常运行,也要保障生产线设备的常规运行,不能存在过度控制。

（4）采集和记录设备使用过程数据能够追溯回放,包括设备启停记录、故障记录、运行过程中的电流、主要点位温度变化等,实现设备全生命周期管理,降低设备故障率,减少潜在的安全隐患,降低维护成本。

（5）构建智慧物流和自动装车系统,实现产存销一体化管控。

8.5.3 智能工厂建设

8.5.3.1 生产管理体系

1. 制订生产计划

计划管理主要包括生产计划的制订、分解、执行跟踪、计划调整、考核等功能,与

ERP 系统、资源管理系统进行集成，获取公司生产经营数据、骨料销售合同数据、商业混凝土销售合同数据等，根据生产设计能力，结合设备检修计划、停产计划、商业混凝土销售合同等进行生产排产计划，作为每日生产的指导，分解下达为原石开采计划、骨料加工量计划，并将该数据作为具体生产计划编制的依据。

一体化智能管控系统中将 ERP 级的公司经营管理计划进行细化，管理采掘计划、砂石骨料加工技术经济指标计划、生产跟踪计划、地质储量消耗计划、资源利用计划、能源消耗计划、设备运行计划、检修计划等具体生产计划，为生产加工、调度管理、设备管理、能源管理、质量管理等提供计划数据来源，实现月、日、班组级的计划管理。同时基于实绩数据，随时跟踪生产执行状态，各工艺阶段的生产参数变化情况，实时优化，确保计划的有效落实。

系统支持将计划数据在授权范围内进行数据共享，提高信息的传递效率。一体化智能管控系统与 ERP、其他管理系统的集成，实现了数据的无缝集成和传递过程的"不落地"（图 8-91）。

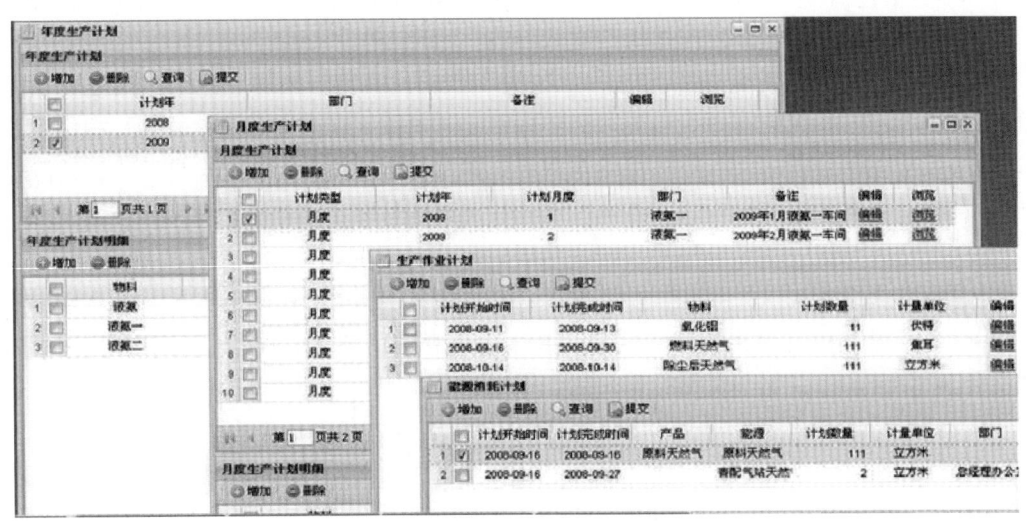

图 8-91　生产计划管理

2. 生产调度体系

调度管理系统为调度管理人员提供数据采集、工作记录、事务管理、报表管理等功能，帮助调度人员自动采集现场生产指标数据、汇总调度指令、编制调度日报，提高调度人员对现场生产信息的掌握能力，提高调度信息共享性，实现实时监控各自生产领域的调度信息的目的（图 8-92）。

（1）对于采矿调度室，系统结合数据采集功能，进行卡车智能调度系统、自动计量系统等自动化系统生产数据采集，并进行能源消耗、设备作业等调度环节中关注的生产数据自动采集。系统将这些调度环节中关注的数据采集至生产作业数据填报页面当中，为采矿调度作业数据记录和调度报表提供数据，同时，系统提供采矿调度工作、指令记录功能，提高采矿调度信息的及时性，调度指令下达的准确性。

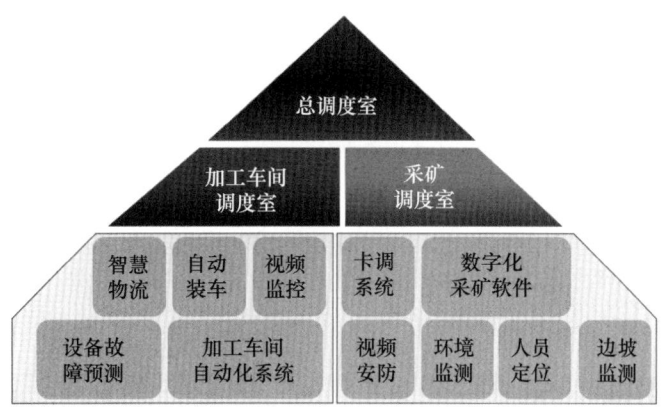

图 8-92 生产调度框架

（2）对于加工车间调度室，系统结合数据采集功能，将破碎、筛分、制砂、自动装车等生产环节的自动化数据及设备运转、能源消耗、材料消耗、变电站、泵房、采矿出矿量、视频监控系统等调度关心的生产数据自动采集至生产作业数据填报页面当中，为加工车间调度作业数据记录和调度报表提供数据支持，同时，系统提供加工车间调度工作、指令记录功能，提高选矿调度信息的及时性、调度指令下达的准确性。

（3）总调度室作为全厂调度指令、数据的集散地，可从系统内直接查看采矿、加工车间调度室填报的调度信息、供电量等，可统计全厂的生产数据、调度数据、日志、指令等，作为全厂调度工作日记录，系统支持全厂的生产信息查询统计，监控全厂的生产作业、调度作业，为稳定全厂生产、合理调配调度资源提供数据支撑（图 8-93）。

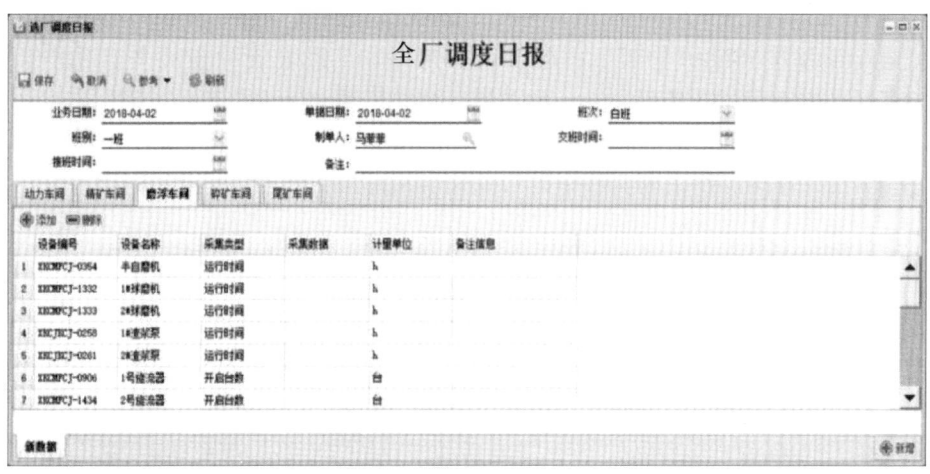

图 8-93 生产调度管理

3. 实时监控系统

实时监控模块是实现智慧工厂不可缺少的一个综合性集成监控平台，平台监控的内容范围涵盖了生产、设备、安全、质量、能源、物资等方面的全部关键信息。生产管理人员不仅可以通过它随时随地查看生产过程、生产参数、能源消耗、物料消耗、设备运行、生产安全等实时数据信息，还可监控所有生产管理的信息，包括各种计划的按期执行情况、物料库存/消耗情况、设备保养情况、安全隐患整改情况、质量目标执行等，以及与本系统对接的 ERP 系统里的管理数据。

系统提供生产异常、设备故障、质量异常、安全库存、安全隐患超期未整改、设备保养超期未执行、计划执行偏离等监控范围内的预警功能。系统支持分级预警，根据不同分级预警给不同的管理人员，并可通过手机通知给所有责任人，及时排除故障和隐患，纠正异常和偏离，保证生产顺利进行（图 8-94）。

图 8-94　实时监控管理

8.5.3.2　设备管理体系

设备管理实现设备的全生命周期管理，包含设备基础管理、设备运行管理、设备点检管理、设备维修维护管理、备品备件管理、KPI 报表统计分析等，功能框架如图 8-95 所示，覆盖了设备管理工作中的点检、使用、维修维护、保养、更新至报废的全过程，并将过程中的数据进行记录、跟踪，提高设备点巡检、维修维护、统计分析等业务的处理效率。实现降低设备维修成本，提高设备利用效率和投资回报率的目的。

系统以优化企业设备维护资源为目标，利用信息技术手段，通过积极主动的预防性维护，例如根据破碎机运行时间、振动筛带料运行时间、皮带运行时间等，定期对设备进行预防性维护；系统对接设备故障预测及健康管理系统监测数据，进行危险隐患管理，对于发现的设备隐患及时发起检修流程。通过定期巡检和故障预测性维护系统相结合保证设备资产处于高可用性状态，提高设备利用效率。

1. 基础信息管理

设备的相关信息管理，包括设备名称、设备编码编号、位置结构、维护对象、供应商与制造商、设备分类、备件编号、设备状态、生产日历、成本类型、成本中心等内容（图 8-96～图 8-98）。

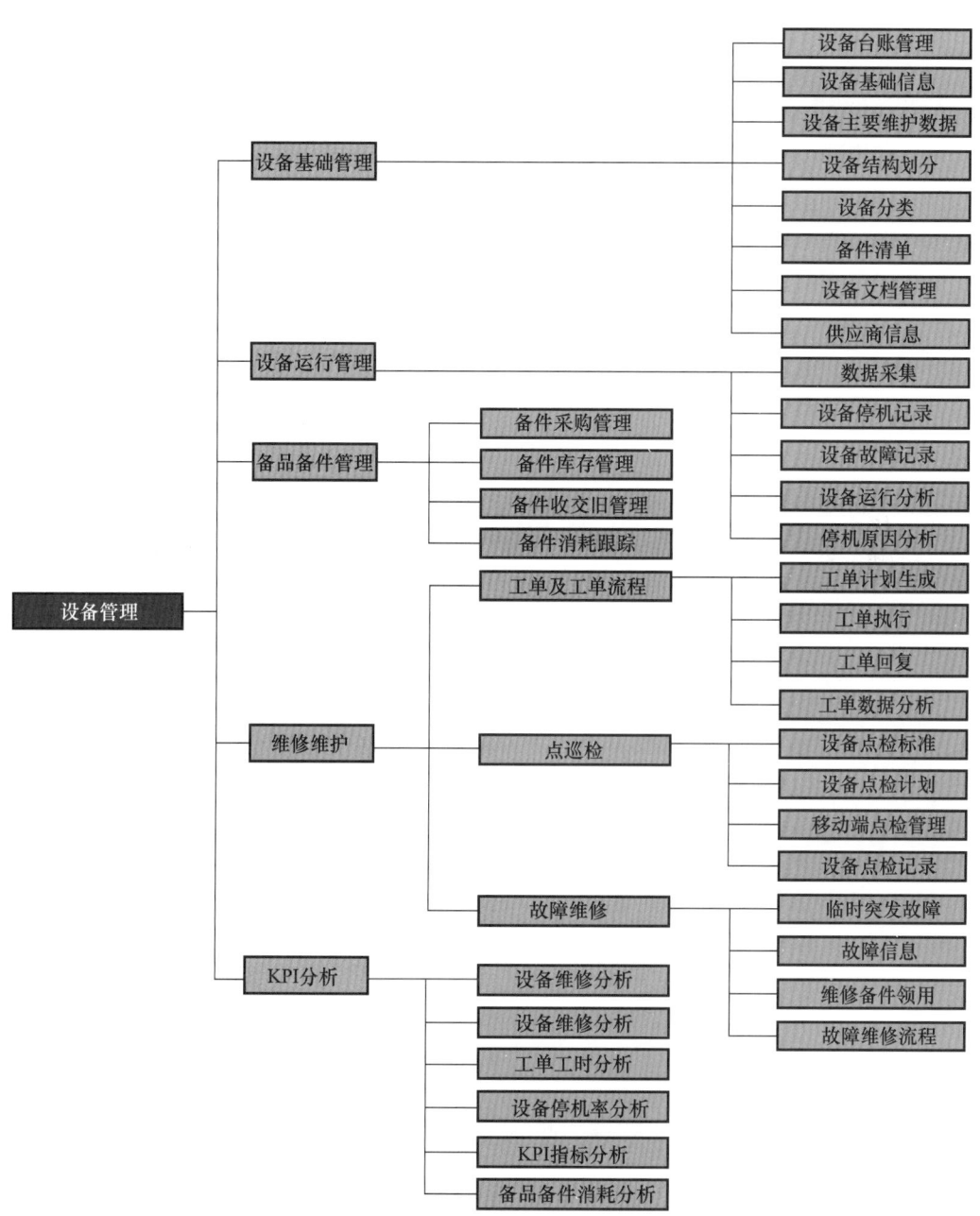

图 8-95 设备管理体系

2. 设备运行管理

设备运行管理结合了设备动态实时运行信息，记录各个设备开机、停机、故障、事故等过程数据，统计状态监测记录，为设备维检提供数据信息支持，并通过数据的长期积累，实现历史数据的分析统计。从现场采集的数据主要包括：关键设备运行小时数、设备动作次数、所有设备的开停机状态等。在此基础上，根据一定算法形成分析结果，为管理决策提供依据（图 8-99、图 8-100）。

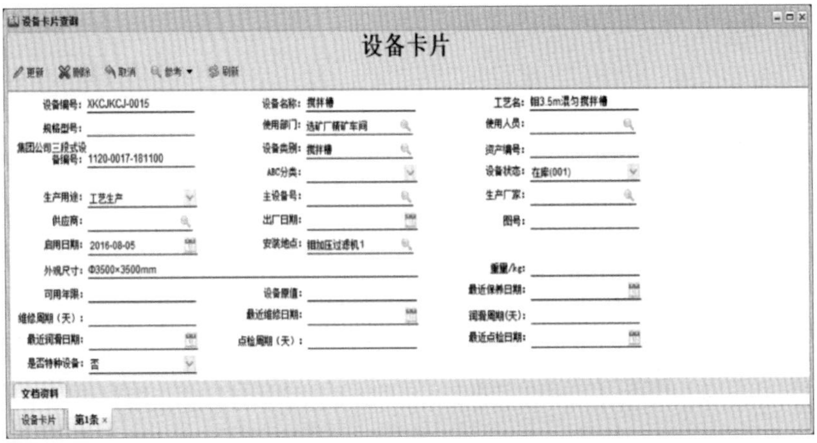

图 8-96　设备卡片

图 8-97　设备基本信息

图 8-98　设备备件清单

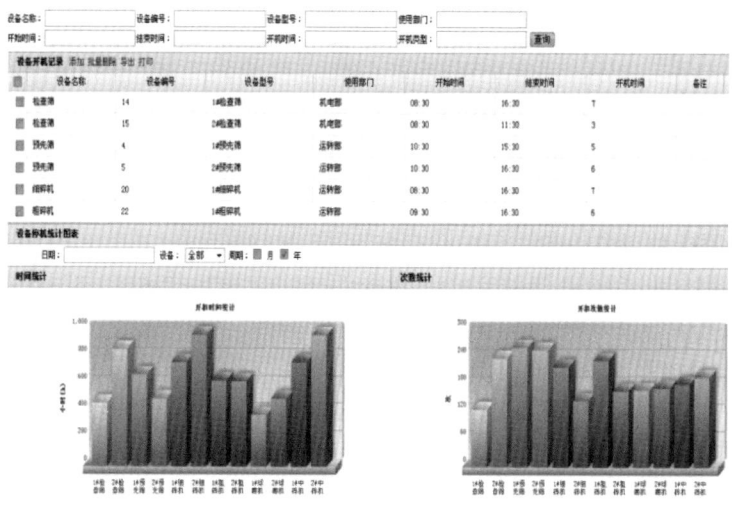

图 8-99　设备运行管理

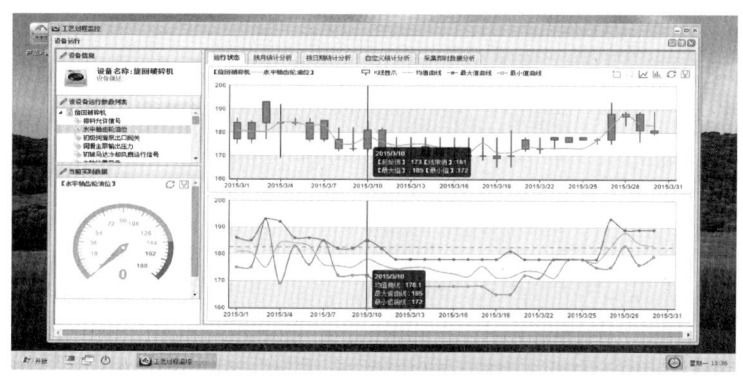

图 8-100　设备运行趋势分析

3. 设备维修维护管理

设备维修维护管理，主要分为计划性维修和非计划性维修两大类。计划性维修工作是以标准为基准，以一定周期进行循环执行的设备相关管理，主要包含专业点检、巡检、专项保养、润滑等预防性维护，以及设备维修维护管理计划的制订、安排、执行和反馈等预防性维护保养流程设置。非计划性维修主要是事后维修，指故障发生后进行的维修工作，或由计划性工作触发的故障维修工作。

4. 系统集成方案

系统具备灵活开放的各种接口，可以方便地与其他系统相接并扩充现有功能；系统各模块既可单独使用，又能灵活协同工作，做到信息充分、准确、及时共享，保证工作流、信息流的一致性；实现备件的库存管理与 ERP 系统中的物资管理接口，以实现维修备件领用应用，并自动实时保持 ERP 和系统中的库存数据一致；设备台账信息可通过读入固定资产系统信息建立，使设备基础信息与固定资产信息保持一致，如编码、使用部门、使用年限、原值等。

8.5.3.3 质量化验管理

(1) 产品质量模块通过人工录入化验室监测数据建立砂石骨料生产质量数据库,为砂石骨料产品质量管理提供基础数据。

(2) 根据企业化验室化验指标,分别对压碎值、碱活性骨料、体积密度、含泥量、泥块含量、氯离子含量、石粉含量、碎石或卵石中针、片状颗粒含量、吸水率、含水率、砂的粗细程度按细度模数等产品技术指标进行综合管理。

(3) 依据时间和产品批次建立砂石骨料产品质量统计报表,为产品质量追溯提供数据支撑。

8.5.3.4 能源管理

能源数据系统主要实现能源数据信息的采集、存储、管理和有效利用,将企业能源进行集中管理。通过不同班组不同时间能耗数据的对标,发现能源使用的不合理现象,优化管理流程,建立客观的能源消耗评价体系,减少企业运行成本,提高能源管理工作效率,实时了解企业的能源需求和消耗的状况,有效地减少能源浪费,通过能源监控指导和优化生产,提高能源利用率,使能源的合理利用达到一个新的水平,为企业的工艺优化改造行为提供数据支撑。功能结构如图 8-101 所示。

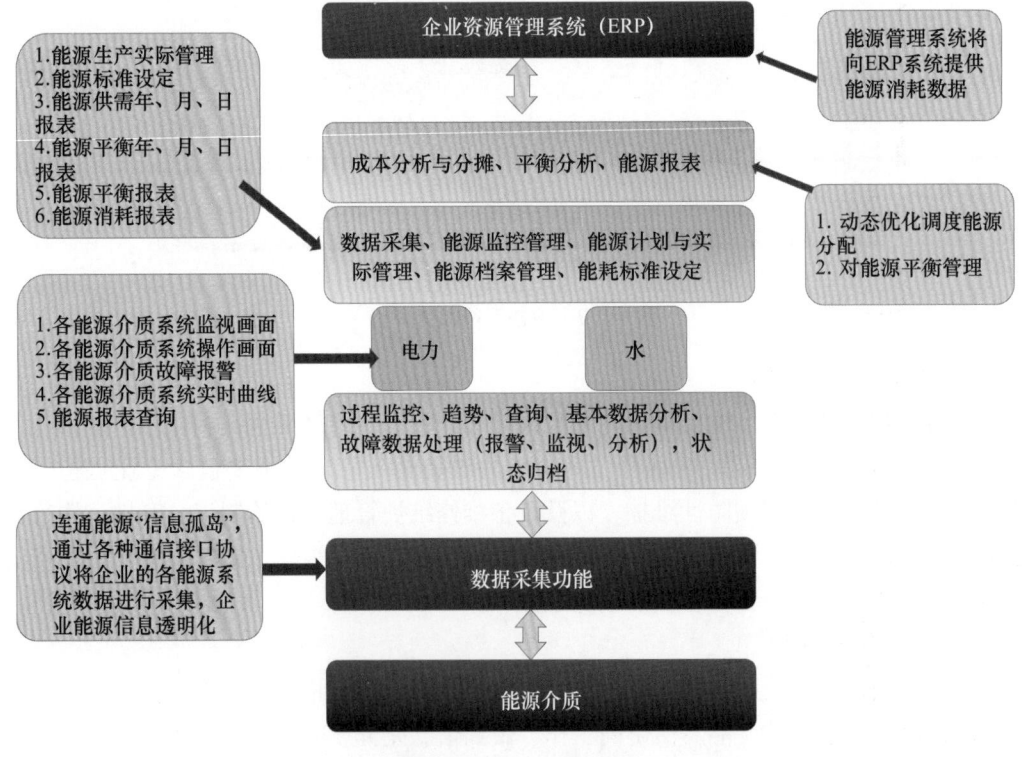

图 8-101 功能结构图

系统根据电力收费在尖、峰、平、谷四个时间段不同的情况,将电量数据按照尖、峰、平、谷四个时间段进行划分,每个采集点的能源数据按照不同时段会被分配到一个或多个费用中心,并产生预设报告。此报告可允许用户按照费用中心分配能源成本,生产能源验证账单,分析能源账单,并比较在不同收费单价架构下的费用,促使合理调度用电负荷,科学指导安排生产,有效避开峰电时段,最大限度地减少峰电时段的高昂电费支出。

能源管理系统中的报表功能,可根据客户的需要,对各类工艺数据进行分析和统计。对于工业水、非工业用水系统的产出量、管网送出量、各用户使用量、排污量,循环水系统的补水量、循环量、排污量的测量信号提供报表输出。对于电力的进线电量、用户电量、单耗等测量信号提供报表输出,报表种类包括实时报表、班报、时报、日报、旬报、月报、季报等,内容包括月成本分摊报告、月消耗报告、能源对账单报告等。

8.5.3.5 成本核算管理

成本核算管理是财务管理工作的重要内容之一。成本核算系统可加强企业对成本的管理,根据其他系统资料形成材料成本,按一定的分配标准,对轨迹的生产费用和制造费用进行分摊,分步骤核算产品成本,同时,成本核算系统提供成本分析功能,对成本项目进行变动成本和固定成本、可控成本和不可控成本的分析,实现对单位成本变动信息进行分析。提供直接材料成本差异分析,帮助企业找出成本差异产生的原因。

砂石骨料企业成本计算的精细化、实时化由 PCS、MES 和 ERP 3 个平台共同完成。与直接生产相关的成本信息伴随生产活动而产生,采集于各自动化管理平台,关键加工在 MES 平台中的成本管理,并由 ERP 平台中的账目管理形成补充分摊与核算。这一多平台支撑方式如图 8-102 所示。

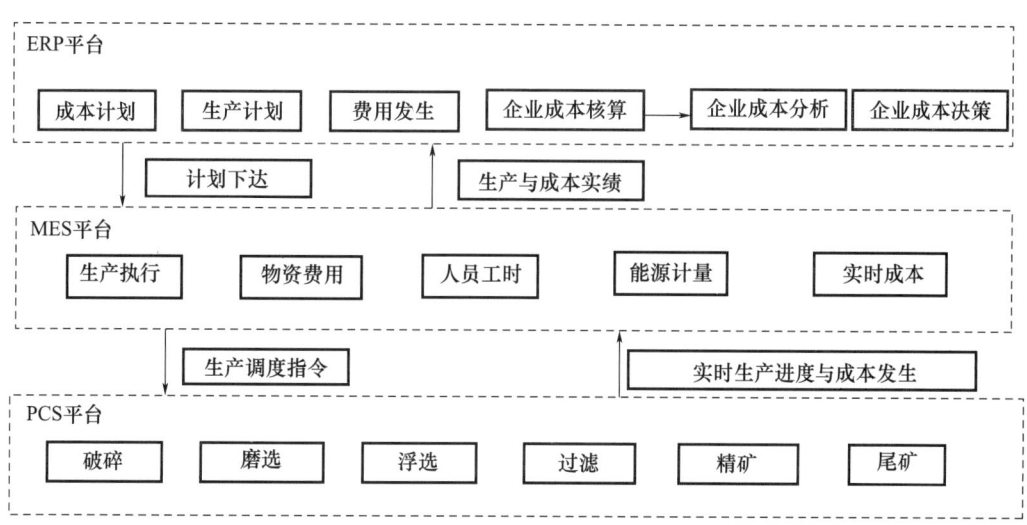

图 8-102 砂石生产成本管理的系统架构

8.5.3.6 生产统计

生产统计模块主要实现统计、分析和考核功能。系统整合了多种数据分析算法,并对数据进行可视化手段呈现,基于各业务管理模块产生的数据,进行多维度的综合计算和分析，为用户提供各种生产统计报表和看板。对标考核管理基于一体化智能管控平台各业务模块的生产实际数据与工艺设计指标、生产计划指标，实现考核管理。例如，供矿量、含泥量、供矿品位、处理量、水/电/油消耗量等各项指标进行对标管理。系统结合报工单和自动采集数据实现班日数据统计，结合 ERP 标准成本和预算管理，可实现日成本核算，如图 8-103、图 8-104 所示。

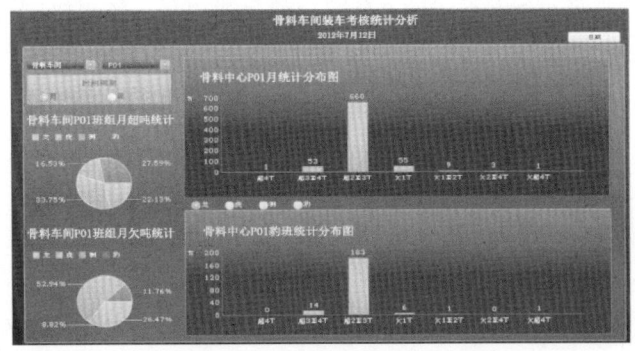

图 8-103　考核统计分析

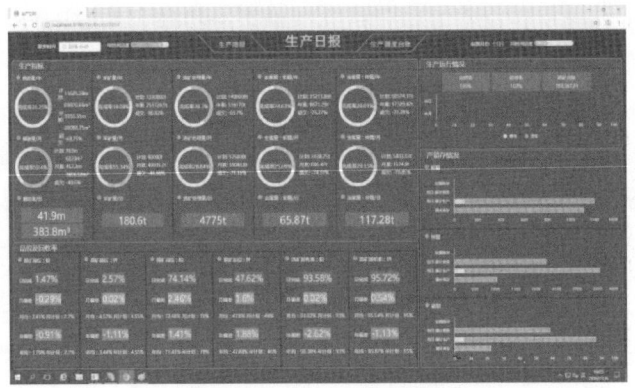

图 8-104　生产日报系统

8.5.3.7　大数据中心建设

构建企业数据中心，实现对企业生产经营数据的统一管理、统一格式、统一分配、长期存储、便捷共享、深入挖掘和分析利用，防止出现"信息孤岛"。数据中心是企业内部的数据仓库系统，包括生产、经营、管理等综合信息，是企业实现生产经营管理信息化和资源管理数字化的基础。建设综合性的数据中心可以提高数据应用的质量，建立更便捷的数据联动管道，综合性的数据中心包括生产组织相关的关系型数据，也有从自动化系统、在线计量系统、安全监控系统、调度指挥系统等处采集的实时数据，实时数据的数据量大、采集频率高，还要对外连续提供数据服务，用于远程监控。因此，建立综合性的数据中心意义重大。

本项目通过将数据采集系统、数据存储系统、数据发布系统、数据应用系统统一架构、分层部署，建立 DaaS（Data as a Service，数据即服务）服务平台，实现数据的分流处理,提高数据服务效率;创建实时数据库系统,在线处理高并发、实时性强的数据,提高数据应用效率。按照后期数据挖掘的统一规划要求,建立数据的预处理机制,提高数据的有效性。

8.5.3.8 智慧生产集控系统

1. 设计原则与网络构架

智慧生产集控系统设计秉承可靠、先进、集成、易维护、可扩展、开放等原则,网络构架如图 8-105 所示,具体包括:

(1) 自动化系统充分考虑系统的可靠性,保证软硬件产品在满足工艺要求的基础上能长期稳定运行,并具有抗各种干扰的能力,满足电磁兼容性和安全性的要求;所提供的系统软件是当今国际计算机控制领域公认的、稳定可靠的、工业标准的实时操作系统和相应的系统软件;系统配置的通信网络、过程控制系统、系统软件和标准的商用软件具有高容错能力;所提供的设备符合工业标准。所有部件均具有较强的抗电磁及无线电干扰能力;整个综合自动化系统分成三级网络(设备网、控制网、信息网),各层网络要求能够独立运行,保证综合自动化系统的独立性和安全性。

(2) 所采用的系统硬件和系统软件,在交货时分别是当时先进的产品和成熟版本软件,当更先进和成熟的产品和软件版本出现时,能与所提供的产品和软件保持兼容。系统充分利用现代最新技术、最可靠的成果,保证在较长的时间内与社会发展相适应。

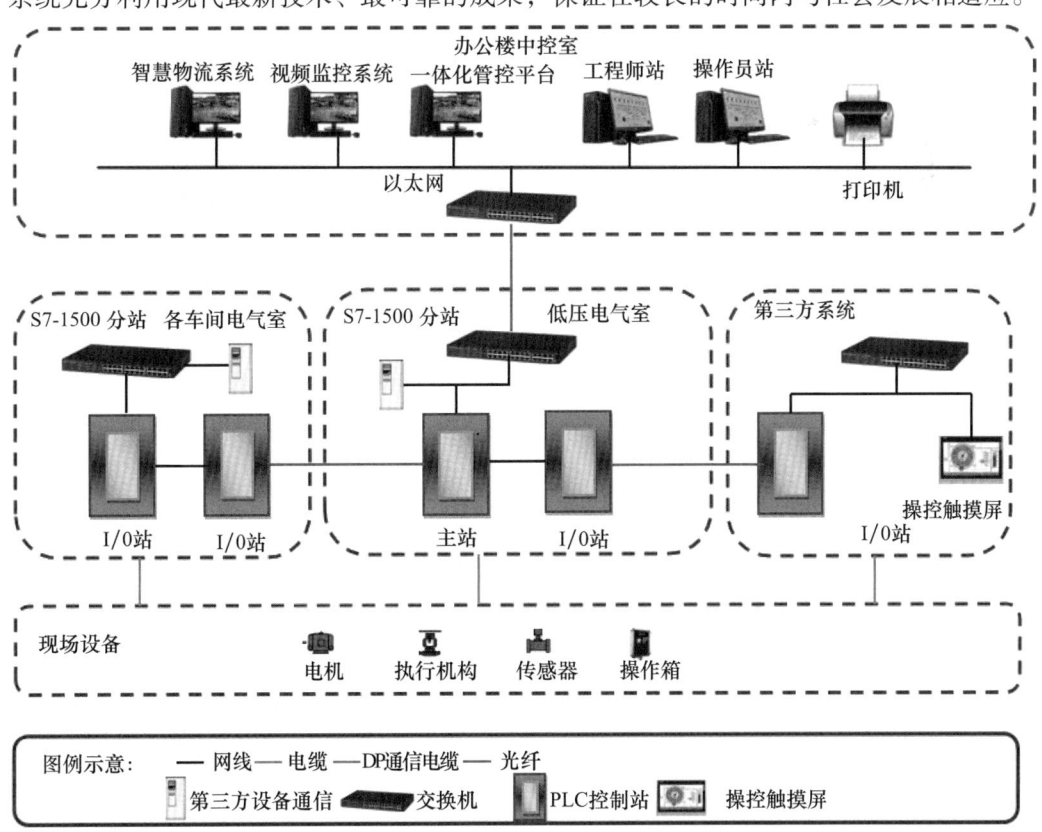

图 8-105 系统网络构架

（3）充分发挥控制系统的应用能力，可以把单机设备自配系统、工艺子站等"子系统"建立逻辑关系、融合集成，实现数据自动采集、处理、共享，工艺画面显示、参数超限报警、设备故障报警和远程控制及生成报表输出打印等功能，充分保证系统的整体性与集合性。

（4）系统充分考虑其维护性，保证系统易于维护、操作简便、接线方便可靠，并且系统具有自诊断功能，维护人员按照系统的简要提示即可完成故障原因诊断，节省维护时间；系统按生产线工艺设计性能可靠稳定的控制单元，并且其 I/O 卡件可以在线更换，单个 I/O 卡件损坏均不影响整个控制系统的运行。

（5）系统具有灵活的扩展能力，以保证在工厂扩建或改造时，满足工厂对控制系统的扩容要求。除了系统的硬件的要求外，系统软件和应用软件具有灵活的扩展能力。一方面，全面满足当前及可预见的未来一段时间内的应用需求；另一方面，当需求变动或新增需求时，开发人员能够基于以前的系统架构做出快速开发，灵活地增减功能模块，从而保证在扩建或改造时，满足对控制系统的扩容要求，保证其可扩展性。

（6）控制系统采用开放的网络体系结构，符合 ISO 的有关通信标准，方便系统扩充。系统具有完整的数据处理、分析、归纳能力，具有标准的扩展接口，方便后期数据管理平台对系统数据的采集；系统设计的硬件完全标准性，符合通用性，适应各种自动化系统的扩展，方便日后的扩展，从而保证系统的开放性。

2. 工艺流程

本项目智能化工厂各车间工艺流程如图 8-106 ~ 图 8-111 所示。

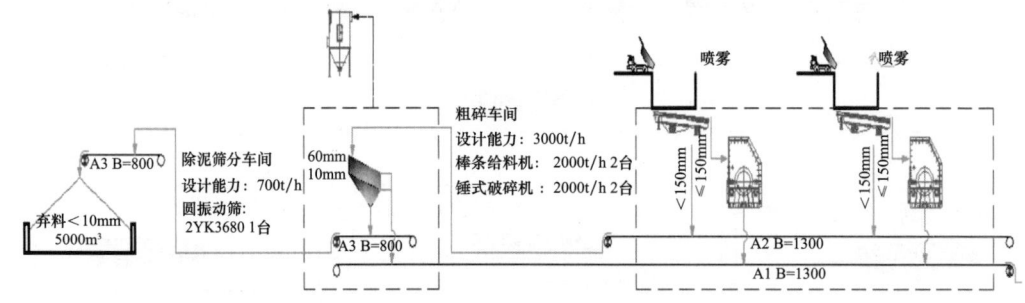

图 8-106　粗碎车间工艺流程

3. 智慧控制系统方案

本项目砂石骨料生产过程顺序控制主要实现从粗碎开始，到成品堆棚及散装为止的电气设备的集中监视和集中管理，整个过程实现连锁控制与保护：

（1）逆序开车，顺序停车；

（2）实现不积料、不满仓的控制效果；

（3）故障停车与联锁保护；

（4）各设备运行状态监控、报警。

生产过程远程集中监控，减轻工人劳动强度，使一线操作人员由以手动操作为主变为以巡视为主，实现无人值守控制。

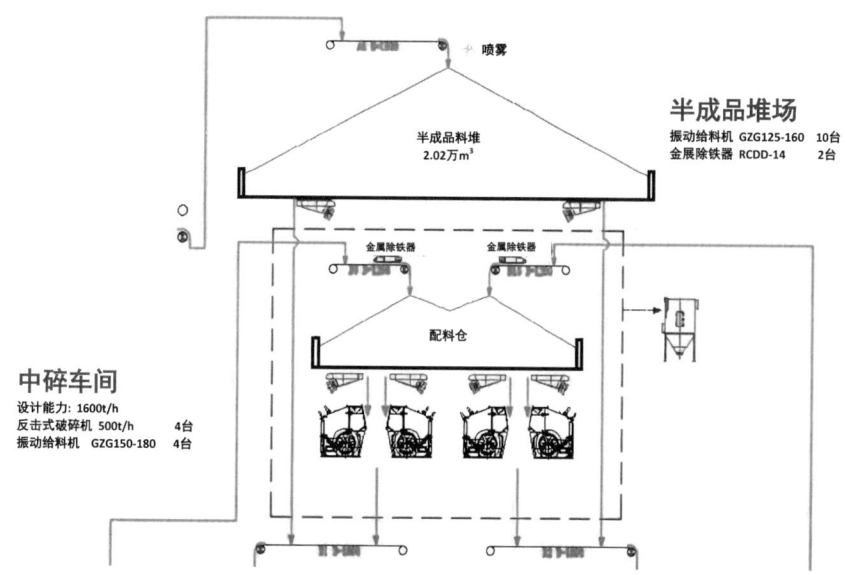

图 8-107　中碎车间工艺流程

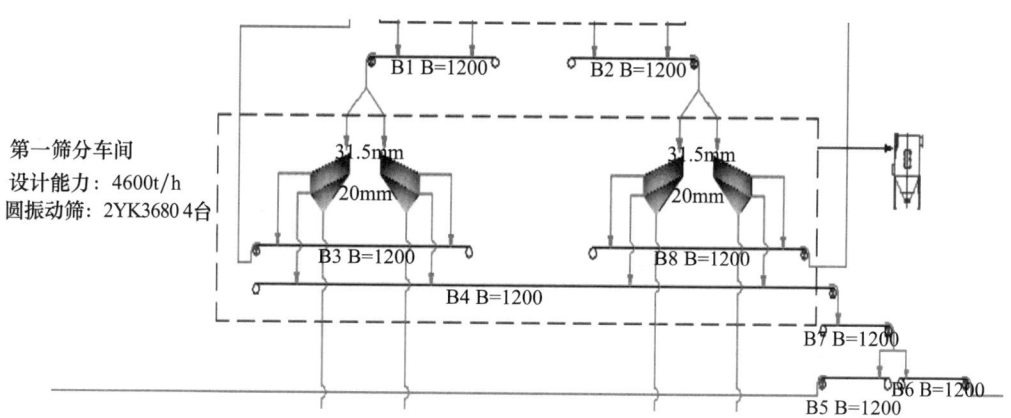

图 8-108　第一筛分车间工艺流程

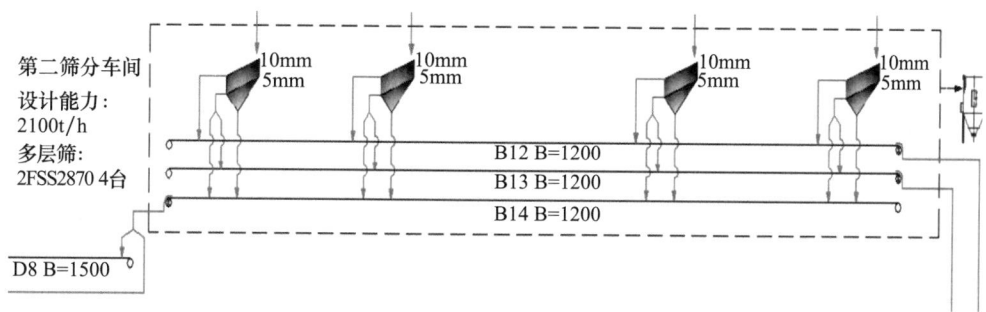

图 8-109　第二筛分车间工艺流程

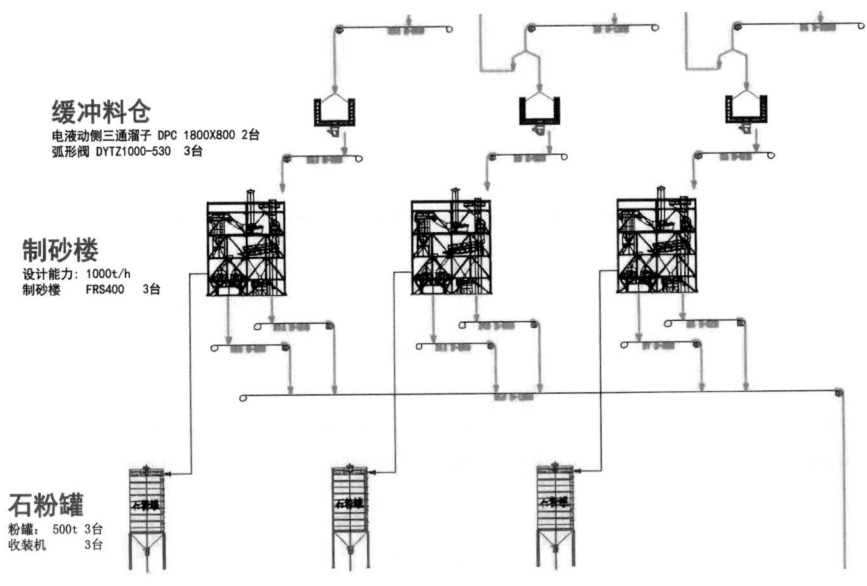

图 8-110 制砂车间工艺流程

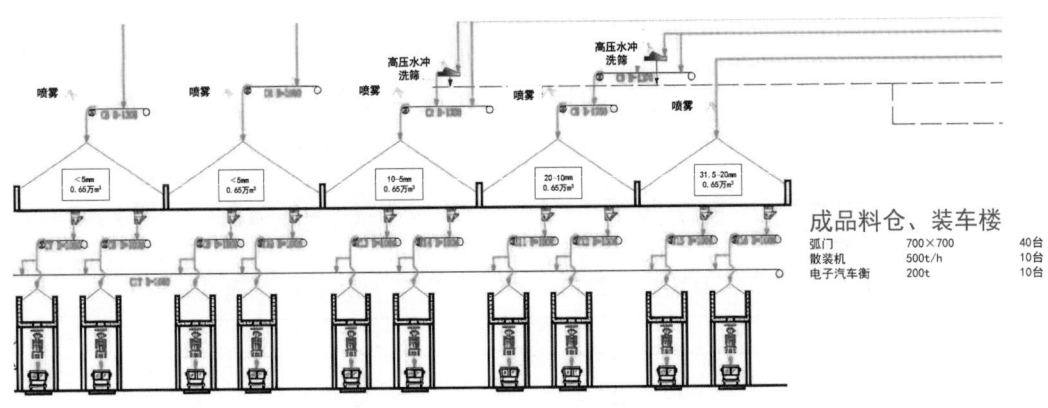

图 8-111 成品料仓、装车发运楼工艺流程

在实施控制过程中,可以实现破碎流程的逆序开车,顺序延时停车,并具有一键连锁启停、故障连锁停车等功能。同时,利用各矿仓的缓冲功能,对破碎流程进行分段,实现分段保护控制,提高碎矿的生产率。通过实现破碎、筛分、洗砂、制砂工序自动控制,使破碎工序实现整个工序设备和系统运行安全稳定、高效可靠,为后续工序打下良好的基础。

控制系统选择德国西门子 S7-1500 控制系统,该系统目前已在矿山自动化控制领域全面应用,可以满足骨料生产厂信息化工程对自动化控制系统的需要。实施关键技术包括:

(1) 为了保证该控制系统的兼容性,方便与 ABB、施耐德、霍尼韦尔或者其他控制系统进行兼容整合,方案中设计了目前控制领域里通用的符合相关标准的自动化接口:工业以太网接口、PROFIBUS DP 和 MODBUS RTU 通信接口,可以有效地实现与其他系统的兼容整合，保证了系统兼容的灵活性和多变性。

（2）为了保证该系统的扩展性，针对以下四个方面进行了扩展性设计：I/O 点数扩展、I/O 卡件扩展、第三方通信设备扩展和远程 I/O 站扩展。

①该项目实现升级优化控制，所统计出来的 I/O 点数预留了 20% 的余量，不仅完全满足了现场的实际需要，而且充分保证了其扩展性，方便未来现场新增设备或仪表的集成和扩展。

②设计的 I/O 卡件所带点数完全满足现场 I/O 点数的控制需求，同时考虑扩展性，选择了西门子 ET200 系列的 I/O 卡件，具有灵活的扩展性，完全满足未来扩展需要。

③为了保证与其他控制系统或者第三方通信设备的兼容性和扩展性，设计多个工业以太网接口、PROFIBUS DP 和 MODBUS RTU 通信接口，并根据现场工艺流程进行划分，每个控制站上均设计了通信接口，满足现场通信设备的通信质量和未来通信设备的扩展性。

④所有的 I/O 模块、通信模块、控制器、底板等硬件均具有防雷、防尘、防腐等功能，满足 G3 防腐标准，系统具备良好的电磁抗干扰性能和工业环境适应性。

8.5.3.9 应用效果

智能化工厂的控制核心——调度指挥中心如图 8-112 所示，主要实施效果如下。

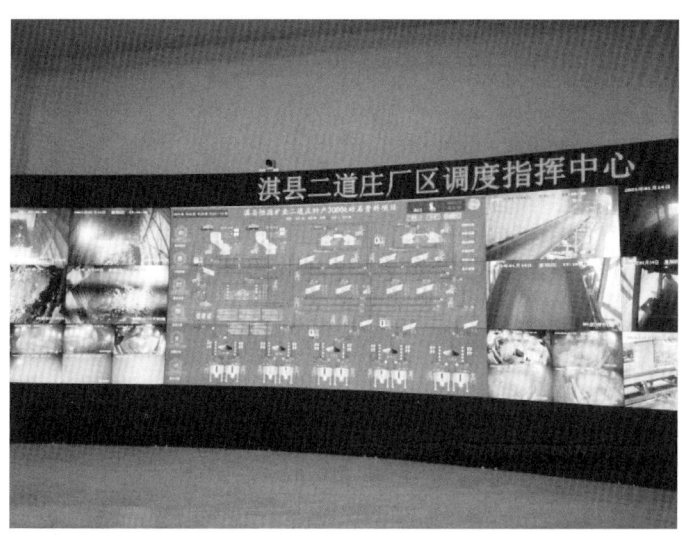

图 8-112　调度指挥中心

1. 先进的电气及控制系统

电气系统共设计了 3 个配电室，分别为 1 号配电室（粗碎）、1 号配电室（中碎）、3 号配电室（成品）。每个配电室均设置 10kV 高压开关柜、变压器、低压电气控制柜。1 号配电室电气柜主要控制粗碎的 2 台高压锤破、A1～A4 大功率胶带机，筛分车间设备及其他附属设备；2 号配电室电气柜主要控制中碎系统的主设备反击破，其他皮带机、除尘器等附属设备；3 号配电室电气柜主要控制成品仓输送系统、电动弧门系统等设备，保证成品的分区存储、输送及装车等（图 8-113）。

图 8-113　电气及控制系统

硬件采用变频控制系统对关键的生产砂石骨料速度进行控制，使工艺生产控制更加精准，采用法国施耐德公司的 ATV610 变频器，配合料仓的料高实时反馈，通过调度控制中心对变频控制系统进行精准的手动和自动控制，保证了生产工艺的连续性、时效性和稳定性（图 8-114）。

图 8-114　变频器

2. 生产过程自动化智慧集控系统

淇县二道庄废弃矿山治理综合利用工程项目（3000t/h 砂石骨料生产线），采用先进的智能化生产系统、电力能源自动化管理系统 SCADA、强大的视频监控系统。生产过程自动化智慧集控系统位于淇县二道庄调度控制中心，设置 48 块 0.88mm 拼缝的液晶拼接展示大屏，配置智慧生产系统 3 套、电力能源自动化管理系统 2 套，253 个测点的现场实施视频监控系统 1 套。智能化生产控制系统，涵盖三大工序的网络监测、联动停机、远程操作、远程监视、动态画面、实时数据等功能。自动化系统的控制核心元件 CPU 采用西门子最新的 STEP7-1500 系列，拓扑结构为中控室统一管理，三个配电室各设置一套主 CPU 进行分区管理。所有数据实时上传至中控室，通过中控室配置的 6 工位专用工业自动化控制计算机、服务器进行数据处理、转换，发送至矩阵 4×12 大屏进行各工序画面实时动态显示，同时可以进行远程手动、自动操作功能（图 8-115）。

图 8-115　自动化智慧集控系统

辅助工序的三大工艺生产工序的除尘器、料仓、污水数据实时监测并对其进行自动控制（图 8-116）。

图 8-116　调度指挥中心

通过西门子雷达物位计对装车料仓进行监测，实时反馈装车料位，预置自动补料料位，进行料位自动补料，减少频繁的人工补料，释放了大量人力（图 8-117）。

3. 集中分析式的电力能源管理系统

对各类能源在使用过程中的重要环节提供能源平衡统计分析，提供能源的绝对损耗值、环比损耗、同比损耗计算，当能源的损耗超标时，告知人员及时处理。粗碎、中碎、成品的三个配电室进行电力能耗监测及分析。对各类能源的流向和分布情况，提供基于"能流图"的耗能平衡监测和分析。对用能的各环节进行损耗率统计,并可实现损耗超标预警,避免能源的跑冒滴漏。1~3号配电室的10kV系统、400V系统、变压器的所有电量参数及非电量参数通过PMC-1308通信管理机采集数据,涵盖的电气参数有电压V、电流I、有功功率P、无功功率Q、频率Hz、相位、开关状态、故障状态、工作位置、试验位置、摇出位置、12h运行记录、24h运行记录;涉及的非电量参数有开关柜温度、湿度、配电房温度、湿度、变压器温度、油位等。

图8-117 装车料仓

电力数据分析根据不同电压等级,使用脚本语言if...else...及PLC专用编程语言梯形图和指令表进行分析逻辑判断,对不同的数据进行处理,分析计算出数据结果。人机界面可视化采用工业自动化领域上的自动化组态软件,结合电力主接线图、一次原理图,运行方式进行组态、非标设计,实时显示电力数据实时值、历史记录值(图8-118)。

图8-118 电力能源管理系统

电力能源实时管理及历史峰值数据查询、生产物流重量实时管理及区间报表管理,按日报、月报、季报、年报等不同要求的时间区间进行统计,以可视化图表形式展示(图8-119)。

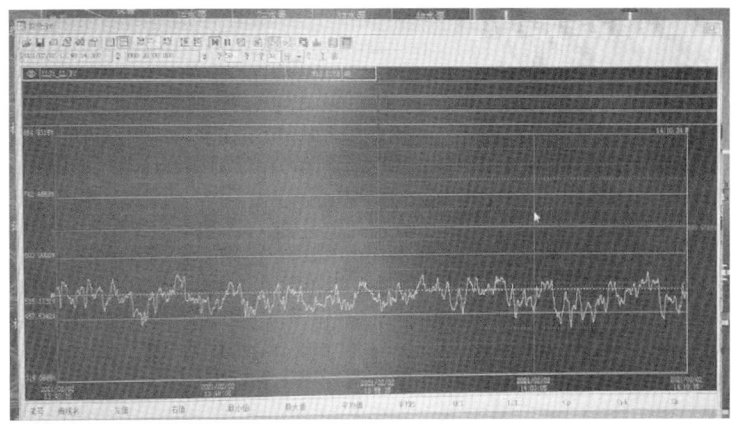

图8-119　电力能源管理系统数据统计

4. 生产过程视频监控系统

全厂视频监控网络采用光纤环网结构、分级级联结构进行网络搭建,将视频监控网络完全独立,电源系统完全独立,重要的监控视频设置不间断电源进行后备保护。253个视频监控测点全部实时传输至阵列式硬盘录像机,安装了最新的海康威视 iVMS-4200WALL 电视墙视频管理软件,可调用任意一个监控点视频到 0.88mm 液晶拼缝大屏进行展示,同时,视频能够与生产工艺进行联动(图8-120)。

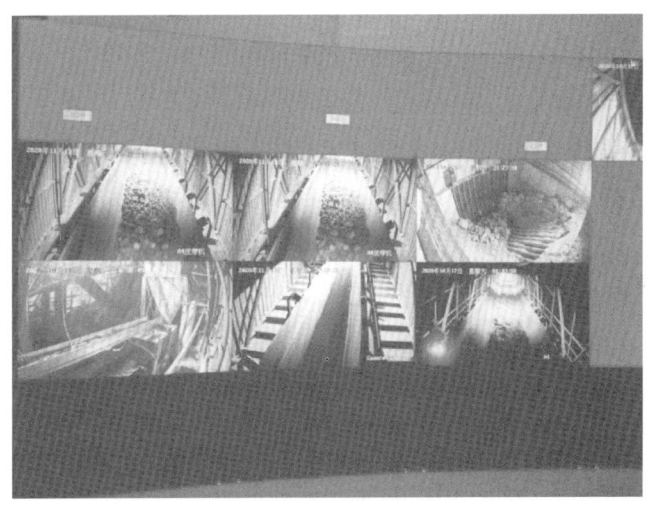

图8-120　生产过程视频监控系统

生产自动化智慧控制系统进行操作控制时,相应的视频实时联动切换,保证操作人员进行操作时的视频监控点同步显示,保证生产开关机过程的视频实时性。采用 SIEMENS 公司的脚本语言,结合海康威视的视频插件进行联动连接(图8-121)。

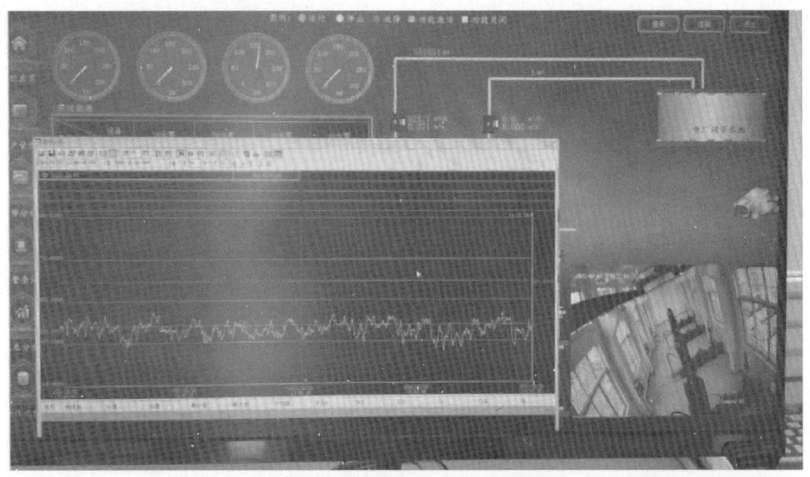

图 8-121　视频实时联动切换

8.5.4　小结

本项目以砂石骨料生产管理需求为依据，建设涵盖资源、生产、计量、质量、设备、能源、成本等维度的综合信息化管理平台，实现计划、调度、执行、监控、考核等方面的科学高效的管理，通过资源管理、MES 与 ERP 系统的协同运作，使企业由"先生产、后核算"转变为"先测算、再生产"，实现日清日结，按日核算生产成本。

8.6　案例6：蓝天项目

8.6.1　项目概况

本项目位于河南省卫辉市太公镇，占地 100 余亩（1 亩≈666.7m^2），项目投资 1.1 亿元，于 2018 年 10 月 22 日开工建设，历时 5 个月，于 2019 年 3 月正式投产。本项目生产销售包括砂石骨料、机制砂、干混砂浆、混凝土等在内的多种建材产品，生产线可年产优质砂石骨料 300 万吨、机制砂 100 万吨、干混砂浆 120 万吨、混凝土 100 万 m^3。项目以打造现代化、集约化、绿色化、智能化的混凝土、干混砂浆生产销售基地为目标，为推动新乡市当地建材行业绿色可持续发展注入了新动力（图 8-122）。

本项目生产线采用 DLPCZ1916 重型锤式反击破碎机、DLZSJ1416 双转子制砂机、DLV900 选粉机、NSE600 提升机、DLVSI1140 冲击破整形机以及国内先进的双 HZS240 混凝土生产设备、2SBT180 干混砂浆混合搅拌设备，配套砂石分离设备、喷淋设备等（图 8-123～图 8-126）。本项目的生产线智能化系统采用整套智慧矿山解决方案，主要包含矿山生产管理系统、矿山进销管理系统、生产监控视频系统、低压配电系统、矿山综合数据管理平台以及矿山管家、矿山易购等工业 App 平台等子系统。

图 8-122　项目生产线航拍图

图 8-123　DLPCZ1916 重型锤式反击破碎机

8.6.2　整体规划

本项目在规划建设之初，将智能化管理系统作为重要建设内容，要将本项目建设成为运行高效、节省人力、管理先进的智能化生产线。本项目建设的智能化管理系统如图 8-127 所示。

图 8-124　DLZSJ1416 双转子制砂机

图 8-125　DLVSI1140 冲击破整形机

图 8-126　HZS240 混凝土生产设备

通过此套智慧矿山解决方案在本项目的应用，在原石收料环节，无人值守原石收料系统自动进行过磅称重，拉运车辆只需根据系统提示上磅，自动记录拉运车号和重量，无须人员参与；在生产加工过程中，设备开关机指令通过矿山生产管理系统（生产自动化控制 DCS 系统），在中央控制室计算机端执行，实现集中自动化控制，矿山设备的运行实时状态（如电流、轴承温度、振动频率等）在软件界面上直观展示，设备运行当中发生的故障异常随时提醒，并记录到系统数据库中，同时通过 App（矿山管家）可以随时随地查看生产线的运行情况；在产品销售过程，客户在 App（矿山易购平台）在线预约订单，指派承运车辆到厂区拉料，车辆到场经过门禁系统自动识别进场，通过无人值守称重计量系统称重，随后到装车点库下扫订单二维码或者刷卡认证装车，装车结束后，即在装车库下的地磅上称毛重进行结算扣款，司机如需打印销售运单，可到营销中心，通过自助服务终端打印票据，最后，司机通过门禁系统识别后出厂。这些环节流程当中的设备运行、收料、销售、监控视频等数据，传输到矿山综合数据管理平台的数据中台集中存储，经过数据清洗、加工、分析后，以丰富多样的可视化图表展示到数据中心大屏上，可以帮助矿山管理者全面掌握矿山生产线的整体经营情况。

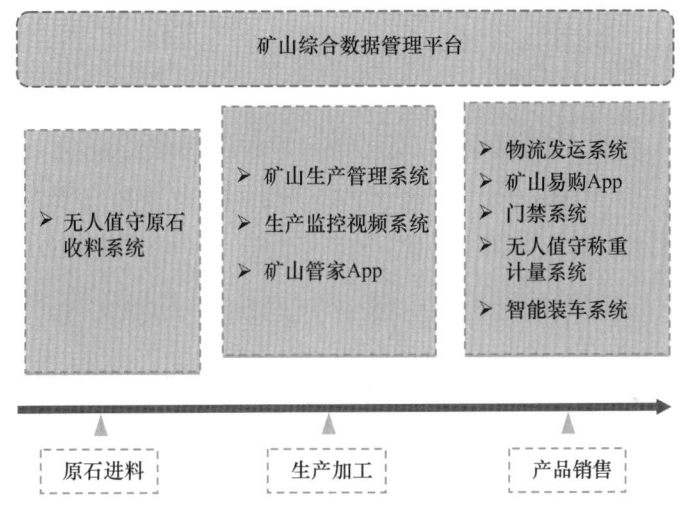

图 8-127　项目整体规划图

8.6.3　智能化系统设计

按照厂区生产的工艺流程，下面将具体介绍各子系统的设计方案及应用效果。

8.6.3.1　无人值守原石收料系统

本项目无自有矿山开采资源，生产所用原石均采购自附近矿山开采点，每车拉运到厂区的原石，均需要称重计量，并在月末统一跟矿山开采公司结算支付。本项目通过无人值守方式实现了原石进料过磅计量，通过系统拉运车辆自行上磅即可完成称重，整个过程无须人员参与。

在软件架构设计上，无人值守原石收料系统属于矿山进销系统的进料功能部分，系统采用 B/S 架构，数据集中存储在厂区部署的中央服务器内，可以通过管理后台完成供应商管理、运输车辆管理、过磅记录查询导出、运费统计等操作功能，方便跟矿山开采公司对账。在硬件设备配置上，本系统用到的硬件设备主要有：中远距离 UHF 读卡器、

LED 显示屏、红外对射传感器、票据打印机箱、RFID 电子标签卡以及抓拍监控摄像头等。所用到的硬件设备少，造价便宜（图 8-128）。

图 8-128　无人值守原石收料系统硬件布置图

本系统的主要技术原理为：首先在系统中登记制作 RFID 电子标签卡，由工作人员在管理后台将 ID 卡号和车号登记填写到系统中进行绑定。在过磅称重时，系统通过地磅前端中远距离 UHF 读卡器读取车窗上粘贴的电子标签卡，在后台检索到绑定的对应车辆信息及运单信息，识别车辆身份；车辆上磅待地磅读数稳定且未遮挡前后红外对射传感器（防止未完全上磅的作弊行为）后，系统自动保存地磅重量信息到车辆关联的运单信息，自动打印过磅票据，并通过 LED 显示屏提醒司机下磅，司机拿走票据，开车下磅。回皮称重过程与此类似。

无人值守原石收料系统部署方便、稳定高效，降低了人力成本和磅房基础设备投入，可以防止人为作弊，在本项目产生了很好的使用效果。

8.3.3.2　矿山生产管理系统

本项目生产线管理采用矿山生产管理系统，系统电气控制硬件使用西门子 1500PLC 系统，通过 WinCC 组态实现生产工艺的流程控制。在矿山生产管理系统中，实现整条生产线"破碎—筛分—输送—除尘—成品"环节的生产控制和设备运行状态检测，可以实现生产线一键开机、生产设备异常报警、设备健康管理、运行数据统计分析等管理功能。根据自有 PID 调节算法，系统动态调节给料机给料量，确保头破（DLPCZ1916 重型锤破）不空载、不过载。通过分析设备电机实时电流和额定电流的比值，分析统计设备的运行负荷情况，结合历史生产数据，自动动态调节给定电流，在保证设备运行稳定的前提下最大化提高设备利用率，降低无效电能消耗。在生产线上的每个生产车间安装智能电表，通过系统采集每个生产环节的能源消耗，结合当班次的生产产量对比历史数据，分析当班生产能耗是否合理；根据当地的阶梯电价，可以合理安排生产计划，有效降低生产线能耗成本。

本项目在中央控制集中控制整条生产线,在中控室配置 2 台中控操作站,1 个主站 1 个备用站,通过光纤组建环网到破碎生产车间、筛分生产车间以及成品仓储车间等分站。各分站通过工业总线连接所在配电室的电气控制回路进行运行、备妥、故障等信号采集,现场的传感器设备信号(如轴承温度、振动、皮带跑偏、皮带打滑等)通过信号线缆传输到分站,3 个分站与主 1500PLC 通过 Profinet 协议进行网络通信。网络架构如图 8-129 所示。

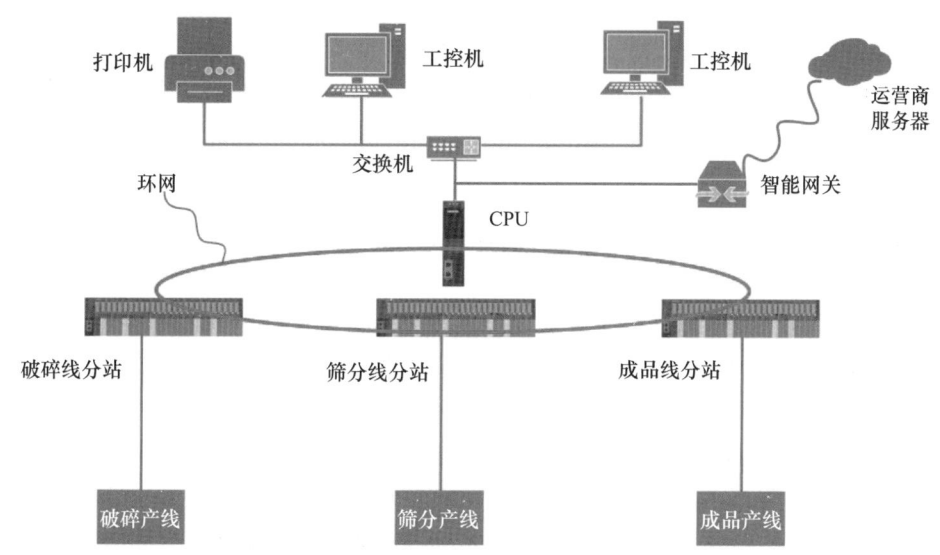

图 8-129 矿山生产管理系统网络布置图

矿山生产管理系统功能结构如图 8-130 所示,具体内容包括:

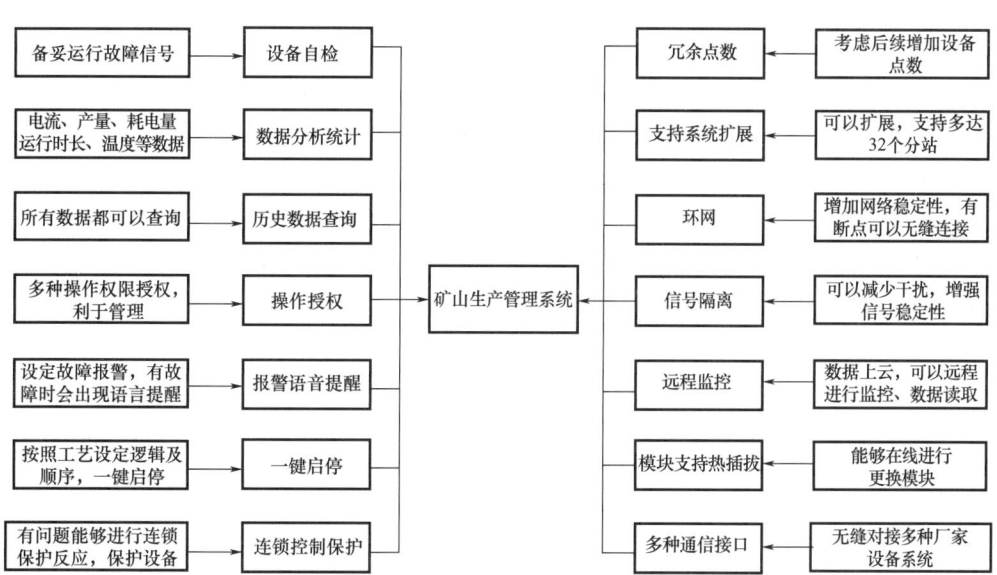

图 8-130 矿山生产管理系统功能图

1. 实现逆料流启动

逆料流启动是指在工艺流程上有直接衔接关系的设备在启动时按逆料流方向依次延时启动。逆料流启动是为了：（1）错开设备启动时间，防止多台设备同时启动对电网的不利影响；（2）设备带料启动时，避免造成受料设备积料大量堆积或溢出。为了缩短启动时间，可以在当设备无流程上的衔接关系且其供电电源取自不同的变压器，或供电电源取自同一变压器且设备功率不大时允许多台设备同时启动。

2. 实现顺料流停车

顺料流停车是指在工艺流程上有直接衔接关系的设备在停止时按顺料流方向依次延时停车。顺料流停车是为了保证设备停机时，其承载或处理的物料处于卸空状态。系统允许多设备在承载或物料卸空的前提下同时停机，以缩短系统停机时间，从而降耗节能。

3. 延时启停

系统可对设备延时启动、停止的时间，按照连续启动顺序设置设备的启动时间。延时停机的时间可根据设备卸空物料所需的时间设定。

4. 故障停机和停机机制

当设备故障停机或应急停机时，系统可实现来料方向的所有给料机设备立即停机。破碎机下方的受料胶带机故障停机时，系统可实现破碎机上方的给料机立即停机，并允许破碎机在处理完余料后停机。

5. 故障停机及特殊设备停机后的联动停机功能

系统的故障处理是中控系统的基本功能，系统能监控整个砂石加工系统受控设备的运行状态，能识别设备是否运行。可以识别本地控制或远程控制状态，同时可以判断系统是否过载。集控中心中控台可展示各种信号指示，如全系统和各场地控制单元的起、停、急停、复位等信号指示。当设备故障时，实现联锁安全停机，实现故障报警、记录、统计及相关数据的输出。

6. 设备启停的安全控制

设备启停设权限保护，包括自动（远程控制）、手动（设备现场急停）、检修（设备现场）等主要权限。启停权限按顺序逐级增大。

7. 设备状态监控

中控系统可以显示所有设备的运行状态、过程参数、报警等，还可以进行各运行方式的选择和切换，进行自动程控操作。同时，具有模拟量参数显示、棒状图显示、声光报警等功能。

8. 远程监测系统

参数设定功能系统可灵活设置各参数的安全运行范围，实现故障预测、报警停机等功能。参数设定分为两档，处于上限或下限时故障预警，处于上上限或下下限时自动报警停机。

9. 故障诊断与报警功能

系统可实现对包括电气回路故障、轴承损坏、设备进铁、过载堵料、皮带滑带、液压及润滑系统故障、料仓库位异常、跑冒滴漏、设备空转、效率低下等在内的故障或问题进行诊断和故障快速定位，实现故障预警和报警。

本项目上位机 WinCC 组态界面如图 8-131 所示。

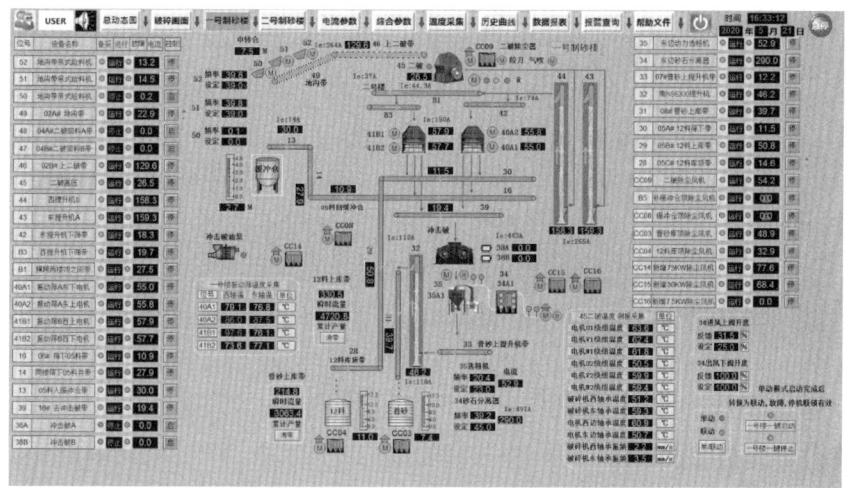

图 8-131　矿山生产管理系统组态界面图

8.6.3.3　生产监控视频系统

生产监控视频系统是生产管理过程中的"眼睛"，生产现场的状况都通过生产监控视频系统来查看，在判断生产设备是否异常、设备是否空载、生产现场是否安全可以开动方面起到关键作用。生产监控视频系统为指挥调度、安全生产提供直观可靠的支持。

视频监控系统主要由中控中心监控大屏、存储录像 NVR 单元、前端摄像头三部分组成。

1. 中控中心监控大屏

中控中心监控大屏是生产过程中直接用到的设备是生产中控指挥调度中心的重要组成部分。在日常生产中，操作员可以通过监控大屏看到生产现场的状况，判断并做出合适的生产操作。

本项目选用设备为海康威视 55 寸液晶显示屏，按照 4×8 拼接，共计 32 块，监控画面通过 2 台 16 路海康威视解码器连接录像机投放到大屏上。在本项目中，监控大屏不仅作为监控画面显示使用，还会显示矿山综合数字管理平台的页面，供管理者查看生产线整体经营情况（图 8-132）。

2. 存储录像 NVR 单元

为了记录生产线生产过程的视频数据，本项目选用设备为 2 台 64 路海康威视录像机，录像机布置在中控中心，录像机连接桌面 32 寸显示器，供操作员查询使用。录像机通过千兆网络与前端摄像头连接。

3. 前端摄像头

本项目在生产线现场安装的摄像头主要为 4mm、6mm 焦距的海康威视摄像头，主要布置在卸料平台、破碎机口、破碎车间、筛分车间、制砂车间、皮带廊道、成品装车区等部位，共计 106 处。

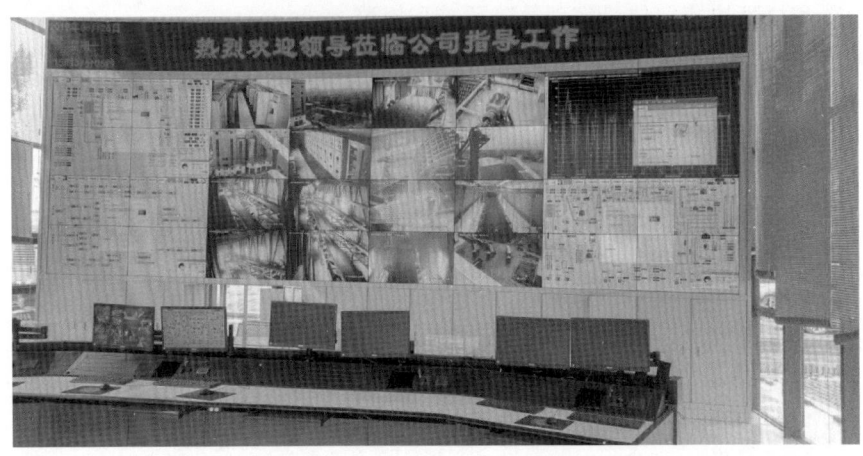

图 8-132　监控中心大屏图

8.6.3.4　矿山管家 App

矿山管家 App 的应用，主要是为了方便矿山生产线企业负责人、生产线管理人员、操作工人在手机等移动端查看生产线数据和进行生产台账记录、设备巡检等日常业务操作。矿山管家 App 可以灵活地控制用户权限，不同的角色在平台所看到的信息不同。在平台上，企业负责人可以看到全部的生产线信息，如今日是否开机、何时开机、运行时长、每日生产报表及销售报表、每日有哪些设备发生了故障、何时进行了维修、维修的哪些内容、处理结果怎么样以及生产现场的监控视频等；生产线负责人可以看到设备当前是否开机、电流电压等实时运行数据、设备是否异常故障以及部分经营报表等；操作员可以在平台上进行生产台账填报、指派巡检任务、执行巡检任务等。

矿山管家 App 目前采集的数据主要分为三部分：生产线设备数据、进料数据和销售数据。设备数据通过厂区网络从 PLC 采集传输，进料数据和销售数据通过业务系统抓取上传，这些数据在云端存储运算分析，最后在 App 上进行展示呈现。矿山管家 App 是一个开放的工业 App 平台，本项目通过数据对接上传，即实现了前述功能（图 8-133）。

8.6.3.5　物流发运系统

物流发运系统所涉及的环节流程较多，本节将从矿山易购 App 平台下单预约开始到门禁系统识别进场、无人值守称重计量、智能装车等环节，按照完整的发运流程介绍所运用的技术方案。

1. App 手机预约下单

买方客户通过 App 上预约下单，本项目厂区发运系统将同步接收到司机用户的基本订单信息（客户单位、产品规格、预装重量、车牌号等），方便厂区合理安排生产及销售发运任务，为买方司机提供服务（图 8-134）。买方司机用户可通过预约订单的二维码功能，实现自助式入场、计量、排队、装车、结算、打票、出场等，全流程可实现无人值守，流程便捷高效，节约人工。

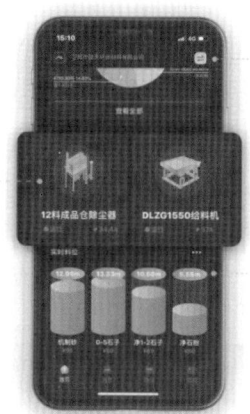

● 点击切换按钮，即可切换厂区

● 关注的设备
可以在设备实况中，通过关注操作，展示在首页，方便快速查看设备的运行状态、电流、温度

● 实时料位
在App上可以实时查看各个料仓的料位器米数值，当料位超出或者低于预警高度，自动发送App提醒通知

办公页面 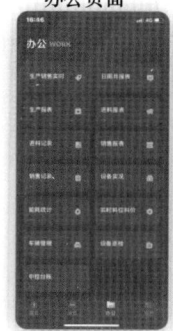　生产实时销售 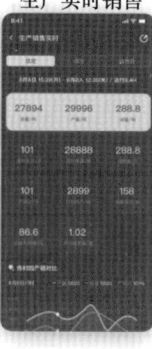　进料报表 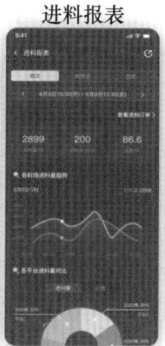　设备实况 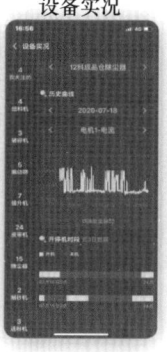　销售报表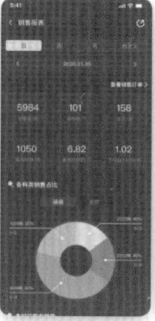

图 8-133　矿山管家 App 示意图

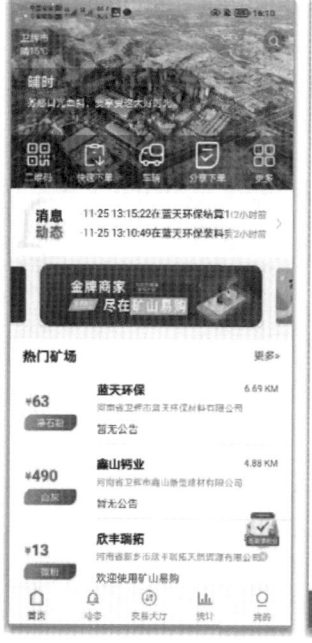 

图 8-134　App 下单示意图

2. 门禁管理系统

厂区门岗处安装了门禁系统，可代替门卫人员值守管理车辆进场，防止车辆拉运货物后逃逸，无须门卫人员凭过磅单放行车辆，可在一定程度上防止串通作弊。系统通过车牌识别自动验证车辆是否允许进厂，从而减少了人工投入及成本（图8-135）。

图8-135　厂区内的门禁系统

3. 无人值守过磅计量系统

无人值守过磅系统在地磅两端安装了车牌识别机，当车辆到达车牌识别区域内后，通过识别车牌信息查询与之关联的预约订单信息，实现自动过磅称重。无人值守过磅可以完成空车称皮、重车称毛等计量环节，全部通过系统自动完成，全过程司机无须下磅，系统稳定且高效，可以节约人力资源，通过安装监控摄像头抓拍记录过磅过程图片及视频数据，减少人为误差（图8-136）。

图8-136　厂区内的称重系统

4. 智能装车系统

车辆按照顺序排队进场到库下装车，司机打开 App 在扫码刷卡终端上被扫订单二维码，系统自动对比订单登记的料类是否与当前装车位置所装料类匹配，料类不符合时，将无法启动装车设备装车；系统校验通过后，放料员可以启动装车设备进行装车，项目中使用现场装车的模式，由放料员在装车现场使用放料遥控器控制装车（图 8-137）。

图 8-137　智能装车系统

装车车道安装有地磅，在车辆装车过程中，当达到预装重量时，系统发送信号给装车系统停止信号，达到定量装车的目的。装车中，地磅前的 LED 显示屏，显示当前装载车辆的订单信息及当前已装载重量信息等。

装车完成后，系统根据客户类型，进行结算处理，完成结算的车辆可在通过门禁时验证离场。

5. 矿山综合数字管理平台

矿山综合数字管理平台可将矿山进料数据、生产数据、销售数据集中采集到数据中台，通过关系数据库及实时数据库进行存储，经过数据的清洗、加工、分析后，通过可视化图表进行呈现，具体效果如图 8-138 所示。

平台默认展示为当日的生产经营情况数据，也可以查询浏览生产线某时段（年、月、周、日）的生产经营情况。平台主要功能有：

（1）设备运行数据。

浏览生产设备列表，查询设备的生产实时运行数据（电流、轴承温度、振动等）或历史数据（电流曲线、故障记录、维修记录等），在设备发生故障时，会提醒操作员关注处理。

图 8-138　矿山综合数字管理平台效果图

（2）成品料仓料位。

平台采骨料仓料位计传感器数据，在平台上通过柱状图等形式直观展示当前储量，料位数据到超高、超低等警戒值时，系统会通过弹窗提醒。

（3）产量分析。

通过采集进料系统数据，可以展示当日即时总产量，采集成品皮带流量计数据，可以统计各种规格料类的产量占比，以饼状图进行展示。

（4）销量分析。

与物流发运系统对接，通过提取销量数据，可以分析统计各种规格成品当前销量、销量占比以及产品市场状况；通过客户的采购订单数据，分析客户排名；通过周期内销量趋势图，了解厂区销售情况，合理做出调价计划。

8.6.4　小结

本项目所采用的智能化系统各功能模块，至今稳定运行，未出现问题，系统功能贴合生产管理需要，帮助企业提高了生产执行、销售发运运行效率，扩大了厂区的经济效益，降低了生产经营成本，通过技术的手段减少了管理漏洞、防止了人为失误。

本系统目前在应用中继续完善，已规划将企业管理（如流程审批、人事管理、绩效考核）、供应链管理（SCM 系统）、能源管理与环境检测等模块完善到系统中，未来将进一步通过人工智能、AI 算法等技术，提升矿山生产管理过程的自动调节自学习能力，进一步提高生产线产能，降低能源消耗。

附录1：本文所引用的设计规范和标准

- 《水电水利工程砂石加工系统施工技术规程》DL/T 5271—2012
- 《砂石行业绿色矿山建设规范》DZ/T 0316—2018
- 《机制砂石骨料工厂设计规范》GB 51186—2016
- 《水电工程砂石系统废水处理技术规范》DL/T 5724—2015
- 《水电工程砂石加工系统设计规范》DL/T 5098—2021
- 《水电工程环境保护设计规范》NB/T 10504—2021
- 《污水综合排放标准》GB/T 8978—1996
- 《室外排水设计标准》GB 50014—2021
- 《工业企业厂界环境噪声排放标准》GB 12348—2008
- 《工业企业噪声控制设计规范》GB/T 50087—2013
- 《给水排水工程管道结构设计规范》GB 50332—2002
- 《给水排水工程构筑物结构设计规范》GB 50069—2002
- 《水处理设备技术条件》NB/T 10790—2021
- 《环境空气质量标准》GB 3095—2012
- 《恶臭污染物排放标准》GB 14554—1993
- 《建筑结构荷载规范》GB 50009—2012
- 《建筑地基基础设计规范》GB 50007—2011
- 《混凝土结构设计规范》GB 50010—2010（2015年版）
- 《建筑物防雷设计规范》GB 50057—2010
- 《供配电系统设计规范》GB 50052—2009
- 《控制室设计规范》HG/T 20508—2014
- 《仪表供电设计规范》HG/T 20509—2014
- 《仪表系统接地设计规范》HG/T 20513—2014
- 《建筑照明设计标准》GB 50034—2013
- 《电力工程电缆设计标准》GB 50217—2018
- 《交流电气装置的接地设计规范》GB/T 50065—2011
- 《可编程序控制器系统设计规范》HG/T 20700—2014
- 《自动化仪表选型设计规范》HG/T 20507—2014
- 《信号报警及联锁系统设计规范》HG/T 20511—2014
- 《仪表配管配线设计规范》HG/T 20512—2014

附录2：中国砂石行业智能制造先进适用技术入选国家级目录（2021—2023年度）

中国砂石行业智能制造先进适用技术入选国家级目录（2021—2023年度）

序号	技术名称	申报单位	技术领域	主要技术内容	入选目录/获奖名称	主管部门	年度
1	砂石智能工厂建设综合利用技术与成套装备	枣庄鑫金山智能装备有限公司	数字化技术及智能化装备	围绕构建绿色高效智能砂石工厂为目标，将骨料线与制砂线相结合，以破碎、筛分、输送和除尘设备智能化为基础，实现生产线的远程智能监控、故障预测和诊断、可持续性维护及生产大数据的汇总分析，再通过智能化装车系统、智能进料系统和工厂综合管理系统，将工厂的设备运行数据、生产经营数据、环境数据和监控视频等传输到"工业云平台"，打造随时随地可视化的砂石智能工厂，实现工业化与信息化完美融合，具有高效、节能、环保、智能等特点，技术水平达到国内领先	产业基础创新发展目录	中国工程院、国家制造强国建设战略咨询委员会、国家产业基础专家委员会	2021年
2	建筑垃圾废弃混凝土的处置管理系统	上海云统信息科技有限公司	再生资源回收利用	系统建立了全过程监管模式，形成覆盖收集、运输、再生处理和再生产品应用的制度设计。推动形成"建材—建筑物—建筑废弃物—再生建材"的循环生产方式，将政府管理端与企业端有机联结，为管理部门做好城市建筑垃圾的处置和再生管理提供实时依据，为处置企业生产管理提供数据支撑，提高建筑废弃混凝土回收利用水平和质量，促进循环经济发展，实现政府、企业、社会三赢	国家工业资源综合利用先进适用工艺技术设备目录	工信部	2021年
3	采区移动设备智能化监管系统	湖州新开元碎石有限公司、南京工业大学	数字化智能化技术	通过采用无线通信网络与安装在调度中心内的车辆监控调度系统，构建集车辆监控派遣、调度于一体的现代化调度系统。每台车上安装现场采集站，读取车辆的位置坐标和工作状态，并与中心站以同频段数据通信；中心站通过PC每2s循环扫描各个现场采集站数据，将其存入数据库中，并在显示屏上集中显示，通过话筒进行语音调度。通过RFID技术、车辆自动识别技术，自动记录矿石运输中车辆、采区、平台、挖机、运价、运量、过磅时间、值班人等基础信息，对平台、挖机、汽车装载运输量及成本信息进行自动统计，同时对汽车过载行为进行控制	矿产资源节约和综合利用先进适用技术目录	自然资源部	2022年

续表

序号	技术名称	申报单位	技术领域	主要技术内容	入选目录/获奖名称	主管部门	年度
4	全工况增程式智能矿卡技术及装备	深圳得到运通科技有限公司、北京得到运通科技有限公司、焦作千业新材料有限公司、建筑材料工业信息中心	数字化智能化技术	全工况增程式矿卡是油电耦合的多动力驱动,各子系统之间存在着能量的多方向流动和多路径传输,创新性地提出一个基于能量流的增程式车辆的系统优化分析方法。通过构建出参数化的系统模型,可以实现优化理论和系统降能耗指标的有效关联,完成对增程型车辆从整车系统层到子系统层,再到零部件层的拓扑优化。利用能量流的参数化模型,可以从机构上对轻量化设计,行驶阻力和电气损耗进行层级化分解,并结合油耗和电耗的能量分配管理策略,实现物理层和控制层的联动优化	矿产资源节约和综合利用先进适用技术目录	自然资源部	2022年
5	花岗岩石屑智能化控制制砂技术	广州市顺兴石场有限公司	数字化智能化技术	顺兴石场花岗岩石屑智能化控制制砂技术是将0~7mm花岗岩石屑尾料(一级石粉和二级石粉)采用半干半湿法工艺制砂,依托数字矿山平台的智能化控制系统,进一步提升高品质机制中砂生产线的高效节能、绿色低碳	矿产资源节约和综合利用先进适用技术目录	自然资源部	2022年
6	砂石骨料生产智能化设计与控制技术	枣庄鑫金山智能装备有限公司、北京百旺环境科技股份有限公司、高品质砂石骨料院士工作站、高品质砂石骨料研发中心	数字化智能化技术	运用短流程破碎工艺,利用破碎过程仿真与破碎机优化设计技术、通过高压变频技术和吸音减振技术,机器视觉技术、射频技术和蓝牙技术开发智能装车系统、智能仓储系统和智能进料系统,将先进控制思想与操作经验相结合实现矿石破碎过程的优化控制,达到节能降耗的总体目标	矿产资源节约和综合利用先进适用技术目录	自然资源部	2022年
7	智能制造示范工厂	焦作千业新材料有限公司	智能制造装备、智能制造软件	采用颚式破碎机、反击式破碎机、立轴冲击式破碎机组成的三段破碎系统,破碎后的骨料采用圆振动筛两级筛分的干法生产工艺。精品机制砂生产线选用德国BHS制砂机,集"破碎、制砂、整形"三位于一体,一次成砂率高达90%。所产机制砂级配连续性好,颗粒形状好,呈多边形,无针状片状,含粉量可控,且机制砂品质不受制砂耗件磨损影响。商砼生产线选用德国BHS双卧轴混凝土搅拌机,配套国产自动配料控制系统,建成现代化混凝土搅拌站	建材行业智能制造示范工厂	工信部	2022年

续表

序号	技术名称	申报单位	技术领域	主要技术内容	入选目录/获奖名称	主管部门	年度
8	玄武岩石料生产线除尘设备智能运维系统	浙江交投嵊兴矿业有限公司	智能制造装备、智能制造软件	本项目基于工业互联网和数字孪生技术，通过远程监测、智能控制、异常诊断、智能维保和创新的人机交互，赋能用户实现布袋除尘系统的"三低运维"——低故障、低能耗和低成本。将不同生产场景下的设备知识和专家经验沉淀到数字孪生体中，实现自适应控制，即根据工况变化，实时调整控制策略，确保合理、节能运行。此外，数字孪生体融入了故障预测算法和故障诊断知识，可以提前预警潜在故障，可以指导维修人员定位问题根源，标本兼治。对于除尘设备养护，数字孪生体基于专家经验和备件预测算法，也实现了数据驱动	砂石骨料行业工业互联网平台	工信部	2022年
9	短流程低能耗高品质砂石制备技术	枣庄鑫金山智能装备有限公司	高端装备自动化技术	采用短流程破碎工艺、楼宇式集成处理系统，干法生产工艺，生产过程环保，无污水粉尘排放；创新开发了新型大产量低能耗锤式破碎机和RV制砂机；工艺和设备的优化组合，模块化设计，保证了成品砂石的粒形优，颗粒级配合理，石粉含量可控；系统高度集成，从前端预处理到成品仓储装生产工艺全面涵盖并纳入统一集中控制系统	建材行业智能制造数字转型优秀解决方案	工信部	2022年
10	砂石骨料行业工业互联网平台	新乡市中誉鼎力软件科技股份有限公司	智能制造软件	通过对生产过程中物料、设备、辅助生产资源等数据采集，并集成PDM、ERP、CRM、MES等应用系统，实现订单执行与生产现场的集中管理与调度。提供设备远程维保服务，由数据分析得出的结论可以实现预测性维护，提前处理潜在故障，避免意外停机。对工业大数据的处理与建模，为行业企业产品研发、质量改进、提升产品质量、快速解决故障提供数据支持，实现产品全生命周期的效率提升，提升产品市场竞争力。生产数据结合企业信息系统的应用，有助于确保产品符合市场需求，在新产品开发中，增加客户使用数据的支撑，能够从供应链的角度，完善对新产品设计、开发、客户服务等内容	建材行业智能制造数字转型优秀解决方案	工信部	2022年

续表

序号	技术名称	申报单位	技术领域	主要技术内容	入选目录/获奖名称	主管部门	年度
11	建筑废弃混凝土处置管理系统	上海云统信息科技有限公司	智能制造软件	本系统主要应用在建筑垃圾回收再利用的加工过程中，以典型建筑垃圾回收再利用机械设备为对象，从建筑垃圾再生产线工艺设计、设备选型定制、建筑垃圾再生设备工况采集、产线故障诊断、自动反馈控制实现建筑垃圾再生产全产线智能化服务，实现设备智能化、产线智慧化、管理云服务化等的科学融合。通过监测产线设备运行状态和综合工作状态，为设备提供全方位的智能化监控，同时依据产线和设备状态数据，通过专家系统数据分析，进行产线和设备的优化调整，将生产智能化和管理智慧化结合，实现产运销管控一体化集成服务，实现建筑垃圾再生产线的智能化综合运营管理	建材行业智能制造数字转型优秀解决方案	工信部	2022年
12	机制砂石工厂智能制造系统解决方案	上海云统信息科技有限公司枣庄鑫金山智能装备有限公司	智能制造软件	通过应用传感器采集生产环节各方面数据，结合大数据、物联网技术，建设智能化制砂中控系统，实现机制砂石工厂的智能化生产管理，包括生产过程的智能化控制，生产的精细化管理，智能装车装船调度、远程运维等；同时该方案可与智能矿山平台集成，全面实现生产监控、设备管理、质量管理、物资管理、成本管理、安全环保、决策指挥等数字化管理应用	砂石智能矿山及机制砂石工厂智能制造方案	工信部	2023年
13	智能矿山综合解决方案	广州市顺兴石场有限公司枣庄鑫金山智能装备有限公司	智能制造软件	该技术适用于水泥、骨料及其它非金属矿山智能化建设，包括矿山数据中心、数字采矿平台、生产执行平台、三维可视化管控平台以及多个应用子系统，解决矿山信息孤岛、数据散乱、资源合理规划、生产过程优化、安全集中管控等问题	砂石智能矿山及机制砂石工厂智能制造方案	工信部	2023年